論語如是知

——薛僑東

LITERARY TIMES
蘭臺出版社

自序

出版這本書，實在是奇妙的因緣，恰是「失之東隅，收之桑榆」的真實寫照。二十多年前，因為工作的關係，前往台中上班，由於公司上上下下全部都是知名的「天帝教」道親，所以也不免入境隨俗的「吃素生活」；這樣的際遇，竟是一路至今「求道」的開始。

從「吃素」的生活中，啟蒙了「嗅覺與味覺」的深刻認識，連帶著也開啟了其他「感官」、「知覺」、「心靈」的好奇與迷惑；為了瞭解這類知識的「答案」，於是從此踏上所謂「學道」的征途。數年之後，因為小有心得，所以生起了「出家」的念頭，可惜當時已三十歲，正逢「適婚」之際，兩方家長均施以壓力，雖經「商量」，也無力改變既成的「趨勢」；唯可慰心的是「配偶」體貼明理，願隨本願之修行生活。為感念其「貼心」，亦自許諾，若學有所證，定當「同享同樂」，絕不「獨樂樂」。

「配偶」是商學科系，與中國文學、形上哲學的傳統文化，幾乎毫無瓜葛；其學生時期的知識，也自承都是為了「考試」和「文憑」，所以雖然用一腔熱血，耗盡所能，也難以使她「有所體會…」於萬一。因此興起「惡補學分」之想，重新紮根，建立基礎，然後循階而上……，至於日後能否信心堅定地順利「入道」，也只好隨順福德因緣了！

懈，已經「信念堅定」、「無所懷疑」，甚至自起「分享」之心，願學「法布施」，以饗有緣大眾。此書付梓前，其心力付出，某至為感佩，並此隨喜讚嘆，功德無量！

《論語如是知》就是在此情形下，點點滴滴積累而成的「結果」，如今「同修」的勤奮不

作者謹序 二〇一四年七月

前言

孟子說：「人之所異於禽獸者，幾希！」禮記：「鸚鵡能言，不離飛鳥；猩猩能言，不離禽獸；今人而無禮，雖能言，不亦禽獸之心乎？………，故聖人作為禮以教人，使人以有禮，知自別於禽獸。」聖賢之言，其義遠矣！

生而為人，自當有其尊嚴，確實為一大幸事！倘若徒有人身，不具人心，卻是無限悲哀！內典有云：「如來無量劫勤苦修學，而於人間成道……。」是知為人，何其幸也！因此如何補足「人心自覺」，約束「本能野性」，應該是「禮樂教育」的根本目標，從而建立真心「互助和諧」，真正「彼此尊重」的文明社會。

遠古時期的人類，可以想見其「無禮義之行、無羞恥之心」，僅為求三餐溫飽，耗盡全力，便已無暇他顧矣。當人類漸次進化，從漁獵到農耕時期的部落生活，首先演化出「分工互助」的觀念，也是後來「禮制」的濫觴。因為穩定的部落族群，是發展「禮制」的基礎，若不借「禮」的遊戲規則，斷然無法壯大族群，更遑論「發展」？從「各司其職」與「各取所需」的交換法則，使人類突破小群體的部落生活，成為地球上最強大的生命共同體；如果說人類終將滅亡的話，除了不可抗衡的天災異變之外，大概只剩下人類愚蠢的「互相殺害」了！而造成這個必然結果，就只能是「無禮則亂」、「無禮而危」的根本原因啊！

從近處來說，如果不明白適用於人的「禮」，在生活上會「手足無措」；在應對上是「語無倫次」；在往來時將「進退失據」………。這就像是急就章的演員，猛然地套上戲服（人皮），便遭人推上舞台，又豈能不驚慌失措，胡亂踏位，胡言亂語，令人扼腕地敗壞一場「人生大戲」；此事不只自害而已，甚且傷害於身旁的至親好友，師長同事，綿延無盡。

因此，真正愛護一個人，應該教育他認識「人心」的意義，建立「尊嚴」的人生，自覺「人性」的價值，而這一切的一切，都離不開「禮」的學習和運用；如果說有任何值得終生學習的知識，那麼「禮」一定要排序第一的，何以故？因為「人而無禮，胡不遄死」啊！朋友們，想不到「禮」竟有這麼重要的意義吧？想進一步了解「人心」到底有多麼重要？有多麼大的價值嗎？當然要先一睹究竟，才能明白其中的奧妙與含義，在此先祝福您「愛好學習，樂在其中」！

作者謹誌

目錄

一、學而

子曰：「學而時習之，不亦說乎？」

●文意：孔子說：「學著認識各種事物的原理和法則，並且時時練習不忘，直到能夠靈活運用，這樣完整無缺的學習，不是令人歡喜又快樂的事嗎？」

習（不忘）		學（了解）	
不忘	念念	知其所以然	知其然
常憶所知理	常思所知理	貫通所知理	感官所見知
修正所行事	信奉所知義	不疑所知事	提問所知事
果（悅）		行（說作）	
他	自	行為	言語
於人無事（問題）	心安理得	所行必依理	所言必合理
與他無諍（衝突）	心平氣和	所作不中斷	語他必信諾

◆義解：如表格所示

「有朋自遠方來，不亦樂乎？」

●文意：志同道合的朋友，不辭艱辛，從遠方而來共聚一堂，暢談所學，彼此慰勉，這樣的事情，不是令人歡欣且鼓舞的嗎？

◆義解：如百年老店，真材實料，客人自各方而來。表為「認同」、「支持」、「讚許」之意。修學有成，如香遠聞，聞香之客，自遠而來。自知有成，朋友肯定，豈非樂耶？

「人不知而不慍，不亦君子乎？」

●文義：「他人不認識我或不了解我，以至於誤會我，甚至於攻擊我，但是我不會因此生氣、發怒，這樣不是更加顯示自己是一位貨真價實的君子嗎？」

◆義解：他人知亦不喜，人不知亦不慍。他人頗知我學而有成，我亦不喜；何故不喜耶？緣我所學本非求他之肯定，是故何喜之有？世人不知我學之成否，我亦不怒；何故不慍耶？緣我所學本非為他之否定而學故，是以何慍之有？子曰：「古之學者為己，今之學者為人。」若我在學，應知為己，若我學成，方可為人也。

子曰：「巧言令色，鮮矣仁。」

●文意：孔子說：「說話很擅長修飾、包裝；表達的態度，卑顏屈膝，笑臉迎人；這不會是仁慈不害的人。」（註：參考《孟子》滕文公下，曾子曰：「脅肩諂笑、病於夏畦。」子路曰：「未同而言，觀其色赧赧然，非由之所知也。」）

◆義解：「巧言令色」就是花言巧語，裝模作樣。如此投其所好，所為何來？事必有因，行必有本。如此表現，所求何事？一為求生，二為求樂。求生或許身不由己，求樂則為享受；貪戀享受如債務無窮，似深淵無底。由於享樂成癮，所以永不知足。人為求生，或患不生；為求其樂，或患不樂，則不管他人之生死苦樂，這是因為已經無力顧他了。「巧言令色」之人，只想求生與享樂，所作所為並非出自真心和誠意，正是世人所說的「虛情假意」的人。

曾子曰：「吾日三省吾身：為人謀，而不忠乎？與朋友交，而不信乎？傳，不習乎？」

●文意：曾子說：「我每天都要自我檢討三項事情。為人服務，或受人所託的事，有沒有全力以赴，忠於職守，無愧於人呢？往來的朋友們，都能信任我嗎？所學會的課業知識已經練習到不忘了嗎？」

◆義解：俗話說：「人貴自知」，自信的人總是不敢忘了自己的斤兩，因為他常會自我反省，隨時了解自己的優缺點。如果想要了解自己的斤兩，那就不能不好好秤秤啊！

自省的人就是自秤，自秤之後才有自知，自知的人才有自信。自信的人才有不隨波逐流的定力，不必也不會淹死在他人的口水中。讀書明理的人，總該自知所學、自知所解、自知所想、自知所言、自知所行、自知所得，自知所受吧！有了自知以後，才有自我改正、自我提醒、自我管理的自覺智慧可言！

君（義）	
責任—權利	權利—責任
臣（忠）	
父（慈）	
責任—權利	權利—責任
子（孝）	
師（尊）	
責任—權利	權利—責任
生（卑）	

子曰：「道千乘之國，敬事而信，節用而愛人，使民以時。」

●文意：孔子說：「領導一個大國（大企業、大團體）專心誠敬的處理政事，不敢分心。調查清楚，資訊明確，然後下令推行，決不會朝令夕改，失信於民。努力杜絕各種浪費及為了消化預算的種種工程建設（蚊子館）、慶祝活動……。珍惜民眾所繳納的稅金、充分使用在必要的建設（軟硬體）上。再想辦法減輕民眾的各種負擔、壓力，照顧弱勢團體並支持無力生存的個人或家庭，安慰人民鼓勵大眾，給予信心、給予支持。徵調民眾服役要避免影響民眾之就學或就業。」

◆義解：「千乘之國」，大約是今天的縣市級政府或省級單位，論其治理原則，也是古今略同耳。孔子強調領導人（CEO）或是國君（所有權人），只要掌握治理的大綱：第一說話有信，處事誠敬。第二杜絕浪費，視民如己。第三善用民力，避免擾民。如此治國，雖不能國富民強，但絕對足以保家衛國，免於滅亡的。

子曰：「弟子入則孝，出則弟，謹而信，汎愛眾，而親仁。」

●文意：孔子說：「未成年的孩子，在家中時，要聽從父母的安排和規定。離家在外時，與長者同在應恭敬有禮，同行在路應隨後而行。與年幼孩子相處，要注意照顧。有所表達要說明清楚，同時謹慎用詞用語，不可錯誤示範胡言亂語。凡有答應承諾，應當依禮（角色本分），並且守信不忘。對於一切眾人，乃至生物，都不能有傷害或玩弄的行為。更要遠離那些不懂事、喜歡傷害人、作弄人的孩子，而要多多參加和接近那些善良、有同情心的朋友或團體。」

◆義解：孩子最大的幸福就是有人生、有人養、有人護、有人教。在家行孝，出外知悌（序），謹言慎行、堅守信用、發揮同情心、斷絕傷害心，選擇朋友，受薰於善友們。如此紮根築基，就是平安且幸福的人生。

子曰：「行有餘力，則以學文。」

●文意：孔子說：「如果以上的要求都能做到了，才有條件再學其他的知識和技能，否則必將本末倒置，遺害人間（社會、國家）。」

◆義解：有德有才，眾人受惠；無德有才，眾人受害；無德無才，眾人相安。

子夏曰：「賢賢易色，事父母能竭其力，事君能致其身，與朋友交，言而有信。雖曰未學，吾必謂之學矣。」

●文意：子夏說：「從內心珍惜，尊敬並佩服有才德的賢人，如同喜好美色，得到美人那樣的心情。盡一切所能，以奉養父母為優先。效忠國君（領導人、上司）能完全投入，不會心有二志（私下為自己打算）。朋友往來，所言必信守不忘。像這樣的人，即使自稱沒有學過做人的道理，我也要說他是學過禮法的人，而且是學習有成的人啊！」

◆義解：喜好美色、財物、貪圖享樂是凡夫俗子共同所有之心情。賢明的國君或領導人因為知道輕重緩急、先後高下，而不敢把私人領域的喜怒哀樂，利害得失，置於公領域的國家大事之上；更高明的國君，則是把私領域的部份約束，甚至放棄，而把公領域視為唯一僅存之大事，盡忠職守，絕不敢以私害公。所以子夏說：「像這樣的人是學禮有成的人，而他卻說沒有學過，那他一定是指其他才藝或技術吧？因為即使學過角色本分，也不見得可以做到這些事啊！」

子曰：「君子不重則不威，學則不固。」

●文意：孔子說：「君子的言行舉止不能穩重，就不能散發不怒而威的領袖氣質，而其所學也往往不能穩固不移、通過考驗。」

◆義解：人是動物之一，動是本能，但盲動、亂動，像毛毛蟲一樣躁動不安，則是病了。穩重不是天生的，而是後天學習漸進而成的。先從模仿開始，叫做裝模作樣，或者有模有樣，如同扮戲一般。這是外在刻意的行為，只能勉強一時，還缺少內在氣質的動力來源。如果能進一步或同時學習禮法有成，達到心安理得，心平氣和，那麼心中安穩不動、行為自然不疾不徐，穩如立松。孔子所說的話，主要在說明學習不可急躁，冒進，要按步就班，一步一腳印，否則欲速則不達。此句可以反向演述為：「君子重則威，學則固。」所以毛毛躁躁、急切求成的人，反而不容易成就的。

禮是傳統文化的中心思想，仁是從禮的基礎再提昇，稱為「不害」。孔子說：「己所不欲，勿施於人。」人人皆有「將心比心」的能力，以此發展就成「恕道」。佛家稱為「自通之法」，心理學家稱為「自他換」。仁者的極至是「殺身成仁」，意謂遭生命之危，也不起害他之心。是故仁者之心，常在平和無諍之中。能貫徹執行於禮的人，稱為「行義」，而行義的內容就是「禮」。想法合於禮、說話合於禮、行為合於禮、則心常安定，是謂「心安理得」也。人類生存及發展的演化史，是由漁獵、農耕、畜牧而成聚落、部族。文明的演進就如演化史一般，也是由自給自足到以物易物、分工合作的現代社會。藉此演進，人類從生物之一，進化到最強大的族群，但是以物易物僅可以幫助人類容易生存而不能超越生存。分工可以專業化工作內容，合作可以發展群體，發揮出1+1大於2的效果。人類社會的智慧精華，充分顯現在地球現狀的一切。可惜文明的腳步、方向，逐漸偏重物質的發展，而疏忽了精神世界的提昇和心靈的自覺。人類存有原始野性的求生本能，也有潛藏心靈的理性智能，如同寶藏礦物，亟待開發才能致用。如果極度的偏重物質發展，忽略了精神的提昇，那就像痛苦的富人，倒不如快樂的窮人。因為不平衡發展的下場，如雙軌火車因重心偏移，終將出軌，車毀人亡。又好像無智之子，繼承龐大財富事業卻無力掌控，最後事業敗亡。因此沒有提升的精神，就不配擁有高度的物質文明；否則雖蒙其利，必受其害。

傳統文化中的禮，可以說是「分工合作」加上「角色本分」的代名詞。只要符合「分工互助、忠於角色」的原則，在國家則富強壯大，在企業則鴻圖大展，在家族則人丁興旺、富甲一方，違逆於禮，則國破家亡。另外，從自然界的生態鏈來對比人類分工的世界，便知生物的法則是大吃小、強欺弱、互相傷害、互相啃食。人類智能的表現確實是動物所不及，人類分工互助，動物強弱互害。互助是在「利他」之後換得「利己」，互害是在「害他」之後換得「利己」；目的同為自利，而方法手段卻有天壤之別。所以人之不同於動物，且勝過動物，就是因為「利他」與「害他」之行為完全不同。但是也有雖是人的身形，而心卻等同畜牲的人，只求自利，不知利他，甚至害人以求自利，這樣的人應該稱為「未受教化」的動物啊！

子曰：「主忠信，無友不如己者，過則勿憚改。」

●文意：孔子說：「學禮當以忠信為主，要忠於職守，要得到他（對應角色）的信任。在學期間，千萬不要交往不如自己的人，因為恐怕近朱者赤，近墨者黑。既然學習了禮法、名分，就了解是非對錯的標準所在，不管是他人的指教、批評，或是自我反省所發現的過失或不及（做的不夠好），千萬不要害怕改正。」（如果因為害怕有所損失或羞辱而不敢承認，那麼小過失將如星火之燎原，水滴盈滿大海，後果不堪設想。任何人都不願受損，但是犯了過失而不肯付出代價或接受處罰的人，他將面對「連本帶利」、「如滾雪球」的恐怖負擔，將在不可知的未來一次付清，又何必自找麻煩，自尋煩惱呢？）

◆義解：忠於職守，則能心安理得。得他信任，則事情好辦，且溝通無礙。初學之人，如薰布紙，氣味不定，雜味來染，學必不成；為護所學，是故擇友，當勝於我，非是輕鄙他人之義。學若有成，當教於他，賢愚不肖，不拒其來，春風化雨，各自有成。改過要先知過，不知有過，怎肯改過？知過者「智」，智者必「學」。過失就是「太過」與「不及」。先由角色定位，才能確定對應關係之範圍，然後以此標準釐清權責是否對等，一如天秤之平衡。人心之平，在心服口服，在公平公正，公平則相安無事，公正則天下太平，否則埋怨、報復、冤屈、紛亂、指日可待也。通常「太過」是指侵權奪利、竊權佔利，而「不及」是指責任盡的不夠、做的太少、做的不好。說的究竟些，即使盡責過了頭，也是不對；應得的權利，不聞不問、不取不得，也是錯誤。因為這會搞亂了是非標準，正是混亂之源。過與不及叫做「非」；無過、無不及則稱為「是」。是即對、非即錯；不害是「善」，害他是「惡」。善人即好人，惡人即壞（歹）人（徒）。

少欲知足者心富；廣有財富者身富；助人以財者為福德；助人解厄者為貴人；教人以智者為師；施而無求者為大德；斷欲無求者為天仙；自利利人者為修道；自覺覺他者為聖人。

曾子曰：「慎終追遠，民德歸厚矣。」

●文意：曾子說：「民眾之心如流水，流水要引導。民心要教導，要讓民心從澆薄無情回歸到風俗醇厚（樂善好施、急公好義），那就要從敬慎開始，還要加上敬慎終了（指時間）；近處從自身（指國君）作起，影響所及才能遠至他方（指空間）。」

◆義解：這是曾子告誡、教導領導人的施政原則，而非建議或觀察之心得。凡夫俗子，往往只有三分鐘熱度。施政初期大多正常，久了以後就鬆懈、怠慢了啊！另外最好的教化要以身作則，身教重於言教，否則說一套做一套，絕對行不通。民心最不服的就是「只許州官放火，不許百姓點燈」。道德的社會，民心厚道善良，人人喜歡做好事，人情味濃厚。現實的社會，民心奸詐，好佔便宜，好鬥好爭，欺詐傷害，錦上添花，落井下石，多是衰弱敗亡之象。

子曰：「父在觀其志，父沒觀其行。三年無改於父之道，可謂孝矣。」

●文意：孔子說：「父親活著的時候，可以看到父親所做所為的想法、目標、志向；父親過世之後，也還能看到父親所做所為的績效、結果、影響。孝子不會在父親過世後，立刻改弦更張，大刀闊斧的將人事大調整，整肅異己。孝子應當在父親過世後三年內，以繼承父親之志向為前提下，維持現狀，如同父親還活著，不忍心改變，這樣可以說是孝子了。」

◆義解：知道受恩的人才知道報恩，如同受害的人，念念想著報仇一樣。孝子的孺慕之情，可以推知父母慈愛的歷歷往事。所以強者知道施恩，如同父母（君子常施恩，是民眾之父母）；弱者知道受他之恩，如同子女。強者願意施恩無求，弱者自知受恩思報，則天下太平也，世界大同矣！

有子曰：「信近於義，言可復也；恭近於禮，遠恥辱也。因不失其親，亦可宗也。」

●文意：有子說：「一說再說，都沒有受到質疑，並能得到他人的信任，那是因為所說的話，都能符合自己的角色本分。一作再作，都不會受人指責、羞辱，並得到上司、長官的肯定，那是因為所有表現，總是根據角色本分作為標準。就是因為所作所為都不會違背角色本分的範圍，所以君子才會受到眾人的親近、喜愛，理所當然的就成為大家推崇敬重的人。」

◆義解：學過禮的人，才能知禮。禮就是名分。「名」是角色，「分」是權利責任。角色是對應又配合的關係，必須雙方同意之後，角色才能成立，然後權利及責任就會同步產生，如影之隨行。有人好評論他人是非對錯，而且以此為業，甚至以此為樂。竟不知道世界上只有父母與師長的角色，才具有評論指正孩子和學生的資格。即使是君臣的關係，也沒有資格批評。君王可以處罰、罷免臣子，臣子可以辭官、上諫，卻沒有相互批評、人身攻擊、毀謗的權力啊！天下之亂，正是沒有標準所造成，公說公有理，婆說婆有理，你不服我，我不服你，人心昏亂，莫衷一是，日久天長，豈能不亂？

〈孟子〉公孫丑篇（下）第八章「沈同以其私⋯⋯。」燕國雖有罪，卻不是身為臣子階級（角色）所可以征討的（無權）。譬如有人當街搶劫或暗巷偷竊，並非人人可以追捕或殺戮、收監、判刑的。要具備角色、身分如法官、檢警才有國家的授權來執行。現代人在生活及工作當中，從來沒有角色本分的觀念，更不會反省推求自己究竟有權或無權去批評他人或評論人事。受批評的人對於角色也是茫然無知，於是照單全收，對號入座，僅憑本能的逃避或反擊，有樣學樣，把這個互利互助的文明禮法社會，漸漸轉變成弱肉強食的叢林世界。由於自私害他的野蠻思想，形成大吃小，強欺弱的「食物生態鏈」世界，也就不得不受大自然物競天擇，優勝劣敗的淘汰法則，必然墮落退化，終將步入族群滅亡。

子曰：「君子食無求飽，居無求安，敏於事而慎於言，就有道而正焉，可謂好學也已。」

●文意：孔子說：「立志成為君子而好學不倦的人，他在飲食的部份，不會在意吃的飽不飽、好不好；他在居住的方面，不會念念想要舒適、滿意；保持專注於勤快地處理自身角色的事務（解決問題）；若有所交談或發言時，總是先考慮自己的身分立場後，才小心發言（不敢製造問題）。除了常自省所有言行外，還要把握機會，定時或不定時去請教有道德、有學問的先進，進而修正習以為常，自以為是的看法、想法、說法及作法。像這樣的人，可以說是好學不倦了啊！」

◆義解：食衣住行，人生必要之事。若不知足，求好求完美，則必陷溺在其中，而忘忽更重要的人生大事。說到求生及求存，即使聖人也不會反對。但是人生如同一艘航向斷崖的單程之旅，如果只顧忙著船上的一切事物，忘記了「船毀」的最終下場，浪費了尚未毀滅（結束）之前，還有追求棄船上岸的平安方法和機會，豈不可惜？一個人能做到敏於事，慎於言，就可以心安理得，平安無事了。至於為什麼還要就教於有道之士呢？因為人外有人，天外有天，學無止盡啊！自我要求，自我提升的人是不會畫地自限的，除非確知已經達到完美無暇的境界了。譬如，池中蓮花，根莖沒入水面之下，爛泥之中，污穢不潔好比塵世，而仁人君子的立志好學，就像那出淤泥而不染的蓮花，純淨鮮白，毫無染著，人見人羨，人愛人敬。從出污泥到污水，再到水面、到空中、層層關卡、一一突破，豈可得少便足呢？如果出汙泥後停留在污水中，這算是死在污水中了，因為忘記繼續提昇，所以喪失了達成最大成就的可能性。求生求樂要適可而止，更要知足少欲；好學好問要永不知足、永不厭倦。人的一生，財富地位，來來去去，變幻莫測，極不可靠。而智慧學問一悟永悟，就能不畏人言，不隨他變。立志成為君子的人，難道不是羨慕那像蓮花一樣純潔無染的美好成就嗎？

子貢曰：「貧而無諂，富而無驕，何如？」子曰：「可也，未若貧而樂，富而好禮者也。」子貢曰：「《詩》云：『如切如磋，如琢如磨』，其斯之謂與？」子曰：「賜也，始可與言詩已矣，告諸往而知來者。」

●文意：子貢問說：「一個人處在貧困無助的時候，並不會巴結諂媚有錢有勢的人，以求富貴；當他處於富貴得勢的時候，也不會氣焰囂張，驕傲凌人，這樣如何啊？」孔子說：「不錯，還算可以吧！不過如果在貧困的時候，還能好學不倦，甚至樂在其中；富貴的時候，也不忘省察自己的角色本分，修正改過，不是更好嗎？」子貢說：

「《詩經》裡有一句詩這樣說：『把不是玉石的部份，先切除下來，然後打磨出預定的造型（雛形）。接著在細部的地方再整理修飾，最後進行玉石表面的拋光處理，按步就班，循序漸進，以至於完成』。老師所說的莫非就是此意嗎？」孔子說：「賜啊！這樣就可以跟你談詩了。因為由單一事件而不能聯想到其他事物或領域的人，是沒有辦法來學習詩經的；一定先要俱備靈活的想像力，才能領悟詩裡無限的引申意。」

◆義解：人之常情是貧則易諂，富則易驕。所以子貢自以為超越了這種一般人常犯的過失，而來孔子面前討肯定、求讚美。孔子滿了他的願，但又把飄飄然的子貢，澆了一盆冷水。意思是比下雖然有餘，比上則嫌不足啊！孔子真才實學正由此可見，子貢遇到好老師，才有機會成為學而有成的賢達之士。至於受學之人，有多少層次的內容，才算完成？儒家以仁為目的的學習，次序如下：

貧	無諂	樂學	樂守	樂善（獨善其身）
富	無驕	好禮	好仁	好施（兼善天下）

子曰：「不患人之不己知，患不知人也。」

●文意：孔子說：「不必擔心人家不了解我，而該擔心自己有沒有了解他人的能力啊！」

◆義解：了解別人的程度、能力是一種智慧，是努力學習的成果。如同見少知多，見來知去，都是推理而知的能力。想要了解別人的方法並不是去猜測或發問請教他人。而是先透澈認識自己，自然就能了解他人。如果對於自己尚且一知半解、模糊不清的人，是絕對不可能了解他人的。譬如麵包店的學徒，在未學成之前，又怎能明白其他麵包店的麵包商品是好還是不好，是成功還是失敗呢？若是學成出師之後，有了自知的能力，就有能力評論他人的產品優劣了，但也不見得會說出來。所以先有了解自己的能力，自然就能了解他人了。了解自己的範圍很大，並非三言兩語可以說明白，但就「原則」來說就容易了。

首先要知道自己的所學，因為有了所學，才算有所知，有了所知（既知其然，也知其所以然）才算有一定的見解（獨到見地），定見若成，就不會隨風搖擺，人云亦云了。接著還要能念念不忘，朝夕與共，與我同在，永不分離。從此在有所計畫，有所想法的時候，以此所知為根據、標準，既不敢也不會違背。倘若有所發言和作為時，更是遵循不敢有違；如同駕車於道路上，遵守各項號誌及規則、不敢違犯，以免付出慘痛代價。了解別人的順序是從自己的學習開始，同樣的，別人想要了解、認識我，也要從他學習自知開始，否則就算自己願意坦承以對，剖腹相見，他也還是不會明白的。至於為什麼自知便能知他呢？因為人同此心、心同此理啊！

自己				他人
禮		仁		亦如上列
名	分	善	惡	
是—對	非—錯	不害	有害	
念念		念念		
言	行	言	行	
行義—心安理得	行不義—虧欠不安	善行不害—心平氣和	惡行害人—心亂恐懼	
君子	小人	賞—升	罰—墮	

二、為政

子曰：「為政以德，譬如北辰，居其所，而眾星共之。」

●文意：孔子說：「執政的人（領導人）應當是以照顧、守護自己孩子的心情來服務百姓，不但不敢傷害到人民，影響民眾，而且是施恩無所求報的。自己就像北極星居其本位（角色本分）不逾越、不妄動。而由其他星辰（臣屬、部下）來配合他的指揮（行動）。」

◆義解：指揮的人自身不動，才能縱觀全局，掌握關鍵、輕重緩急。受指揮者，則展開行動，解決問題，完成各項任務。如果領導人忙碌的像個業務人員，拜訪市調，來來去去（美其名為視察），而被領導的下屬卻安坐不動、穩如泰山，專等民眾自動上門，被動以待。那麼民怨沸騰、不滿，時日既久，恐怕將被「取而代之」了。指揮者應該居中不動如北極星，光芒四射照耀四方，像天地無心，施恩萬物而無所求回報。

子曰：「詩三百，一言以蔽之，曰思無邪。」

●文意：孔子說：「《詩經》有三百多篇，用一句話總結，就是心思純正無邪（不害）。」

◆義解：人有喜怒哀樂，月有陰晴圓缺；又有：「人生不如意事，十有八九」，人生是多苦少欒。道家隱士，藏於山林，吐納歸元，學道成仙。佛家比丘，出家受戒，修斷諸有，解脫生死。我輩凡夫，在於塵俗，智光暗蔽，迷昧貪求。隨順前境，而有取捨，以貪求心，行害他事，先是害他，後必自害。害他自害，從何而起？一言蔽之，曰所思邪。由所知邪，生諸邪思。欲得正思，唯有學習。正思無邪，正言無妄，正行無惡，是謂仁善。善人感天，天必賜福，平安長壽，蔭及子孫。思想邪曲，眾惡之源，言不及義，行皆求利，唯利是圖，殃必及身，民心邪僻、社會紛亂。

子曰：「道之以政，齊之以刑，民免而無恥；道之以德，齊之以禮，有恥且格。」

●文意：孔子說：「用發布政令的方式來治理國家，而不管民眾的感受及反應；又用嚴刑峻法來管理大眾，而不在乎人民犯法違規的原因；最後在『上有政策，下有對策』的風氣下，百姓只求免除刑罰臨身。為求免除刑罰，則說謊、掩飾、賄賂、買通⋯種種無恥行徑，將瀰漫國家社會。如果以無所求報，施恩於民的心，解決民眾生活、工作、就學種種問題；再用『角色本分』的是非標準來教育和管理大眾，並以身作則，演好角色；最後在『風行草偃、上行下效』的作用下，民眾有羞恥之心，互相勸勉。人民知恥，行為端正，社會當然安定。」（國家貧富強弱和經濟發展有關；國家穩固社會安定，則與禮法息息相關）

◆義解：彼此尊重，利他互助，人人為我，我為人人，這是大同世界。有禮國度，謹守名分，施者受者，公平交換，這是文明社會。刑法國家，各求自保，爭功諉過，相爭互害，那是紛亂的社會，恐慌的世界。人類很難再回到小康社會，不分你我，共享共榮的大同世界；除非大戰、浩劫之後，人口銳減，才會回到人人相親相愛，互助合作，不分彼此，同心協力。在人口近七十億的時代，想要人人相安，互相尊重，就如同滿坑滿谷的車輛，卻仍保有暢通的車流與秩序，人人都能依序平安到達目的地；雖然所費時間較長，但是總比交通打結好得太多了，這也是多虧了交通規則的運作，否則絕不可能的。法律也如同交通規則的作用，強調無情執法，遵照實施，至於沒有法律規範或規範不及之處，則互相禮讓、絕不爭道，那就達到了「文明有禮」的境界。管仲曾說「禮義廉恥，四維不張」的國家一定滅亡，那麼試想一下，沒有「禮」的人，又該是怎麼樣的下場啊？

子曰：「吾十有五而志於學，三十而立，四十而不惑，五十而知天命，六十而耳順，七十而從心所欲，不踰矩。」

●文意：孔子說：「我從十五歲的時候，就已經立定『終身學習』的志向。三十歲以後，能獨立的思考，不會隨耳語謠言、人云亦云。四十歲以後，凡是學習中產生的問題都得到了解答，不再疑惑。五十歲的時候，明白了命運的定數和運作的原理，從此不再心存不滿、抗拒命運、怨天尤人。六十歲的時候，所有的音聲、語言，都不會逆耳擾心了。到了七十歲，終於從紛紛擾擾的感官世界中，突破重重纏縛，心不在焉，獲得寧靜，但也不會違背已有或既有的角色和本分。」

◆義解：孔子家境清寒，無親無靠，無財無勢，只有血統高貴的背景。所以若不立志向學，又怎能出人頭地、成聖成賢呢？他自稱資質普通，若不是立志終身學習，又怎能成為「至聖先師」呢？只花了十五年就完成以「禮」為主的中心思想，如同編定有形可見的國家建設計畫書一樣，令人佩服。凡學者必有疑，若能不疑，無所疑者，可謂「學而有成」矣！天道命理與性命之學，非人人皆可學，若無慧根與悟性，則如觀「無字天書」，難入甚深妙境。孔子自稱已知天命，曾說：「命矣夫！」又說：「不為已甚也」（一切配合不強求）。耳之所聞，言語音聲，心若不靜，所聞若刺；其心靜者，一切無礙；障在自心，並非在外。七十歲的孔子，身體機能隨時間的消逝而衰弱，但心靈智慧隨著自我提昇而強化。隨心所欲就是自在的意思（這樣也可以，那樣也好，無可無不可），而「不踰矩」則是說明自身扮演的「角色本分」綽綽有餘的意思。

孔子說的「自在」，並不容易體會，必須藉助一般人共有經驗、常識來說明才能明白。譬如，一位莽撞的青少年，完全不知道交通規則，又沒有駕照，他趁父母不在時，把家中的汽車開上道路。上路以後，看到其他車輛有時前進、有時停、有時左轉、有時右轉、忽而在內車道、忽而在外車道；目不暇已的他，心慌意亂，嚇得他急踩煞車板或猛踩油門，終不免撞上他車或被追撞。等到被開罰單，吊扣牌照，又賠償他車的損失之後，也還不明白是怎麼回事呢？這位年青人，日後去學習一切交通規則及報考並取得駕照之後，便從事計程車事業，開設車行，申請各種加盟，終身不斷的執業五十年，直到七十歲時，在交通事業有關的經驗、歷練、出神入化、登峰造極，就是「隨心所欲」而「不踰矩」的自在境界。

孟懿子問孝。子曰：「無違。」樊遲御，子告之曰：「孟孫問孝於我，我對曰：『無違。』」樊遲曰：「何謂也？」子曰：「生、事之以禮，死、葬之以禮，祭之以禮。」

●文意：仲孫何忌（孟懿子）向孔子請教如何盡孝。孔子回答說：「不要違背禮制中的規定就可以了。」孔子出來後，坐上馬車，學生樊遲替孔子駕著馬車，孔子對學生樊遲說：「剛才孟孫請教我如何盡孝？」我回答說：「不要違背禮制。」樊遲回答說：「這是什麼意思呢？」孔子回答說：「活著的時候，用子女的禮節來對待父母；父母死時，用規定的禮來殯葬父母；往後的周年，用規定的祭禮來追思父母。」

◆義解：周公時代的制禮作樂，如同現今立法院中立法委員討論法案，形成共識，然後制定法案，最後依法行政。立法行政屬法律層級，有強制性，是自外而來的「他律」；而禮制非法律，是「自律」而非「他律」。個人可以透過參加學習「禮教」內容，進而了解「自律」的所以然，不久之後就會產生認同、深以為然的見解，最後成為行動上的「自律」——自我約束、自我反省、自我改過、自我昇華。禮制必須從教育入手，誘發人的榮譽感、羞恥心，屬「自覺式」的自我管理，能使人心安定、平服，所以社會就能夠安定不亂。法律是「他律」，民眾無力參與或明白所以然，故不可能自覺，乃至自我管理……，頂多是基於利害的考量，衡量損益價值，被迫做出守法與否的抉擇。法治的社會國家，表面似乎亂中有序、序中有亂，其實是大亂未現、小亂不斷，而且社會人心，總是惴惴不安，憂鬱煩惱。人與人之間，勾心鬥角，以利害得失為敵友之分。所以人心日趨下流，日積月累毀滅的能量，只待成熟溢滿即便敗亡。

有禮制的國家社會，是把經費資源投資在個人（教育民眾），而法制的國家卻把資源放在設備、立法、警力、司法等方面。動亂不安的源頭在人心，並非在行為上，解決之首要在教化、感化人心、疏導情緒，而非濫用資源在限制各種活動，以及處罰犯法的行為上。另外，極盡諷刺的是投入在司法、警力、設備……的經費，卻創造無數的就業機會與連動經濟，意外的形成了一股「地下經濟」，竟然成了照顧人民的另類德政（養家活口）。國家的存在是為人民服務，怎麼能忍心使民眾生活在恐慌與壓力的生活下呢？須知，追求「富而好禮」的祥和社會才是英明政府、睿智領導人努力的方向啊！

孟武伯問孝。子曰：「父母唯其疾之憂。」

●文意：孟孫的兒子孟武伯請問孔子關於盡孝的道理。孔子回答他說：「父母擔心子女的範圍太廣了，但最擔心的總是以健康為第一優先。」

◆義解：絕大多數的父母從孩子出生後，第一句話就問「孩子正常嗎？」、「孩子健康嗎？」，由此可知，孩子的健康或疾病，永遠是父母首要掛心憂慮的第一大事。孟武伯問孔子「盡孝」的道理，孔子回答的卻是孟孫所擔心的事，豈不是答非所問嗎？由於孟孫是魯國大夫的貴族階級，兒子孟武伯是貴族之子，將來可以世襲大夫之職，除非他犯了重罪，罷除爵位，否則不至於喪失貴族之身分地位。既然孟武伯之條件如此，便可以想見「公子哥兒」、「王孫權貴」……，驕縱成性、奢侈糜爛的貴族生活習性，多多少少都會薰染一些；所謂傷身、敗德、豈能得免。孔子身為人臣，也不好直接指正他「這個不行、那種少碰」，所以用委婉的、繞圈子的方式，讓他體會父母總是憂心孩子的「身體健康」，身為人子應該避免傷害身體的一切行為，使父母不必也不用掛念、擔心。

其實孟武伯也不是真心「問孝」於孔子的，因為篇中並沒有孟武伯回答「謹受教」的語句。所以孔子只是把孟武伯最嚴重的「傷身」、「親憂」說出來而已。但即使不肖如孟武伯，只要肯發問，孔子也有教無類平等視之，因材施教，婉轉點化。本篇之旨，本就不在孟武伯及其所問之「孝」，而是要體會孔子教人的「用心良苦」與「因材施教」的妙處！

子游問孝。子曰：「今之孝者，是謂能養。至於犬馬，皆能有養。不敬，何以別乎？」

●文意：子游請問要如何盡「孝」？孔子回答說：「現在的人，大多是把孝順父母的定義，放在物質方面的奉養無缺；但是想想家中所飼養的貓、狗、駕車用的馬，不是也給養無缺嗎？如果供養父母少了『感念恩德』的心，那和餵養動物、牲畜又有什麼不同呢？」

◆義解：孝子三階段：第一是供養父母衣食，第二是不忘親恩，視親如恩人，第三是有親無我（不惜一切，報答父母）；如同施恩之三階段分享、奉獻、犧牲。由於時代不同，東西方文化衝擊明顯，社會環境變遷甚大，孝順之定義亦有說明先後順序之必要。

譬如頂客族、不婚族、單親族、宅男宅女族……。種種多元文化之演變下，產生了連古人也難以想像的生活型態（啃老族、失業族、網路族、暴走族、動漫族……）。在孔子的時代，以人皆善良而視之；今之社會，難可得聞「禮」之教化，是故應有下修之必要。若以前述三種層級之孝行為善，再配以相對應之三不惡為孝，亦聊以維繫傳統文化之不墜也。三不惡如下：

第一、無力奉養父母，但盡力自給自足，莫令親憂。（一時無力者無妨，不欲自立者為不孝）

者不孝）

第二、定時定期聯絡，了解父母之近況，待時而助。（突發意外者無怪，不聞不問者不孝）

第三、若遭父母虐待、棄養不顧，則應自力救濟，莫思報復。（公權力、法律介入者無過，採取報復者不孝）

由「天命」故，父母子女，各自無福，難享天倫，故不能近身奉養，隨侍在側。時處今日，歐美小家庭之風氣，勢無可擋，加上戰爭、動亂，使家族崩解，事業消亡，財富驟減，父母子女各自求生，尚且艱辛不易，遑論其他耶？偏遠鄉村，落後地區，求存覓生更是困難，屢見親手推子女入於火坑者，或以家族模式經營不法之交易者，都使人性尊嚴，蕩然無餘矣。俗諺有：「寧為太平犬，不作亂世人。」孔子也說：「危邦不入，亂邦不居。」莫謂言之不誠，勸喻不深矣。

子夏問孝。子曰：「色難。有事，弟子服其勞，有酒食，先生饌，曾是以為孝乎？」

●文意：子夏請問「孝」的道理。孔子告訴他：「最難是在表情和顏悅色，態度委婉順從。有累人的工作，由孩子晚輩來代勞；有美食的機會，讓父兄長輩們去享用，你以為就算盡孝了嗎？」

◆義解：雖知最難是在表情，但也不是要孩子巧言令色、裝模作樣地對待父母。因為只有「自知受恩」的人，才有「真正報恩」的心；而有報恩的思想，才有表裡如一、和顏悅色的表情態度。俗話說：「養兒方知父母恩。」孩子真正自知受恩時，就會有真心誠意的報恩行為。表現在行為就是隨侍在側、無微不至、噓寒問暖、不假他人；表現在容顏態度，就是輕柔和緩、和顏悅色了。所以美食先請，工作代勞是可以輕易做到，和顏悅色也許可以一時強行，但絕不可能持久的。譬如大樹無根，豈得長久呢？

「色恭」二字，在今天的時代，已經是難得一見了啊！反而在工作上、服務時，視客人為衣食父母，總是能保持笑臉迎人，未言先笑。雖然知道客人確實有恩於我，但豈能與「父母之恩」相提並論呢？所以人不學，不知義；因為不知義，所以不肯做、做不到、做不好；而究其根源，則是父母師長未曾教、不知教、不會教所致也。《詩經》云：「出乎爾者，反乎爾者。」為人父母者，能無懼乎？

子曰：「吾與回言終日，不違如愚。退而省其私，亦足以發，回也，不愚。」

●文意：孔子說：「我和顏回在一起，說了一整天的話，顏回像個木頭似的，完全沒有反應；當他離開以後，我私下觀察他平日的表現，卻發現他能把所學的知識、道理，發揮出來。顏回這個人啊！並不像是表面所看到的那樣愚笨啊！」

◆義解：子貢曾說：「我自己可以聞一知二，但顏回竟然可以聞一知十，我實在不如他啊！」孔子也附和著說：「是的，你是不如顏回，連我也不如他啊！」顏淵的學識是經過程度相當的同學所認可的，甚至連老師也同意。像這樣學習已近乎聖賢的青年才俊，何故不出仕（作官）？為民服務呢？是天下無道嗎？所以選擇「獨善其身」！還是因為老師周遊列國的樣板，近在眼前，何必重蹈呢？其實答案就在《顏淵章》中的「顏淵問仁，請事斯語」中。孔子曾讚嘆顏淵能「三月不違仁」，其餘的人，「日月至焉而已」。「仁」是愛人，也是「禮」的再昇華，如果不知或不再提昇的「禮」，則會因為理直氣壯而盛氣凌人、傷人、害人於無形，反而遭致敗亡的下場。譬如，二次世界大戰中的日本，先由歐洲引進工業文明，然後又進行了所謂的「明治維新」。「維新」之後的日本，國力強大，卻以強者自居，思欲統領亞洲，創造東亞的「共榮圈」。雖然日本的改革，得到自身的富有強大，但卻沒有追求「仁恕」的提昇，反而以蠻橫自大的姿態，發動戰爭侵略各國，在亞洲進行「皇民化」的殖民改造計畫，這真是大大違背施恩無求的光明行徑啊！

顏回在學習過程中，既不提問，也不質疑、反駁，真的是不多見。他沒有希求老師的勉勵、嘉許及肯定，卻能夠做到「一簞食，一瓢飲，人也不堪其憂，回也不改其樂」，真是稀有難得啊！反觀今日從事學習的人，都是基於求生、求財、求名，乃至求樂者。各行各業如教師、醫生、企業人士、政府公職、法官、警察，大部分都是「生意人」的身分；好似臥底的人員，外飾以高尚之角色，內行求財、求名之行徑，如此自甘墮落，不久之後必遭災禍。現在的人重視利害得失，幾如孟子說的「上下交征利」，令人心驚不已！樂道的人才可能安貧，好禮者方能守住富貴，好仁者是平安吉祥的，施恩者是眾人的依歸。人之不能成聖賢，大多是不知因果法則、天命定理的人，所以想要改造現世的一切，而把仁義道德拋諸於腦後了啊！

子曰：「視其所以，觀其所由，察其所安，人焉廋哉，人焉廋哉！」

定理 法則	
有學	不學
有成 未成	未學
見解 看法	
計畫	想法
說法	作法
開花 結果	
收成	受用
苦樂	好壞
得失	利害
平安	不安
無事	煩惱

●文意：孔子說：「推察他所作所為的動機、原因，然後觀察他所作所為的過程、方法，最後檢查他事後或收獲時的心情和態度；像這樣仔細而完整地去審查一個人，又有誰能遮掩、逃避的了呢？」

◆義解：孔子雖然是教如何觀察他人，但又何嘗不能用來「自我觀察」呢？普通的人都有好奇心，想要了解他人；但是如果沒有事先「學習」的基礎下，孔子教的方法雖然正確又簡單，也不是人人都會運用的。

子曰：「溫故而知新，可以為師矣。」

●文意：孔子說：「重覆不斷地複習，進而領悟出級級深、層層新的道理，這樣就有條件成為引領或指導他人的老師了。」

◆義解：初學之人，先是從一片虛無飄渺的荒蕪世界中，逐步建立「既有」的體系，這個「既有」是先賢、是先進、是先師……，歷代先哲所傳遞的文化精髓；但是在學的人只能照單全收，不但沒有過濾這些知識、文化的能力，更不知道為甚麼非要如此、這般。不得已只能先進入無邊無際的知識大海，展開摸索蒐尋的探險之旅，然後漸漸能夠把現有斷章殘簡般的資料融會貫通；如果又能靠自力接續和填補那些拼圖缺塊的人，便能「觀想」拼圖大海的全貌（所以然）。剎那間就完全明白先哲引領學習的苦心孤詣，並且同時具備了指導他人的能力。凡是了知「原來如此」的學者，就是學而有成的人，或者可以稱為「明理大人」。像這樣的人，當然是師字輩了，要作指導他人的老師，那是綽綽有餘的了。

子曰：「君子不器。」

●文意：孔子說：「君子立志弘大，不應該也不會畫地自限，得少為足的。」

◆義解：君子之所以異於他人，一開始的差別就在於「立志」。一般人的立志，大多只求自利，不為利他。即便利他，頂多是小利、或利於小眾、團體，而不能心懷天下、憂國憂民。顏淵曾說：「舜、何人也，禹、何人也，有為者亦若是。」可知聖賢也是從普通人學習而成的。所以只要是人，就有成聖成賢的無限可能。當然成為夏桀、商紂的機會也不是沒有啊！至於聖賢有何可貴？有何稀奇呢？他的外表和普通人差不多，但是心理的狀態是心安理得、心平氣和、無煩無憂、怡然和樂的。像大海平穩無波，像大山穩固不動；有誰能明白而且知道羨慕、尊重、敬佩呢？

子貢問君子。子曰：「先行其言，而後從之。」

●文意：子貢請問如何是君子？孔子說：「先做到、做好準備要說的事，然後再說出已經做到、做好的事。」

◆義解：想法在前，實踐在後，最後才有說明，是成功者必然之模式。如果想法在前，說明在後，最後才去實踐，那麼當成功時，無人批評，若是失敗，則變成失信。所以除非有人提問，否則只管做，不須多說。多說無益，多言必悔。

子曰：「君子周而不比，小人比而不周。」

●文意：孔子說：「君子靠學習來強化自己，平等待人。小人不肯學習，所以畏懼他人對自己不利或傷害，於是糾集群眾，以求自保。」

◆義解：君子是悠遊在精神層次的人，小人是依附物質世界的人。君子從學習中領悟事理的所以然，進而把握並且遵循種種法則、定理，避免犯錯，一旦有了過失，就立刻改正，並且心甘情願地付出代價，絕不逃避。這是為了不肯失去一向「心安理得」，如在天堂的平靜世界（可以吃的下、睡的著、笑的出來）。然而小人因為沒有聽聞過這種精神之樂，所以根本不知道要立志追求，所以只會想盡辦法追求身外之財富、地位、榮華、富貴，時時處在擔心受怕、恐懼不安的狀態中。

子曰：「學而不思則罔，思而不學則殆。」

●文意：孔子說：「學習知識或技藝，不應該只知其然，而不知道要努力探究，了解所以然的道理，否則必成空洞迷惘的模仿者。如果只是空想、亂想，所作所為完全沒有答案和根據，這種人是非常危險的問題製造者。模仿者雖然不夠好，還算是正向加分的學生；而空想，亂想又自以為是的人，他距離失敗或滅亡已經不遠了。」

◆義解：只知道跟著說，跟著做，而沒有好奇心去追求所以然，算是不夠好的學習者。而自以為是，胡思亂想、所作所為毫無根據，身處險境也不知不覺，這樣的人只是靠著幾分的運氣僥倖的活著，他距離失敗、危險已經不遠了。

子曰：「攻乎異端，斯害也已。」

●文意：孔子說：「打擊、批評與自己不同想法，不同立場的人或團體，根本是自找麻煩、自我傷害啊！」

◆義解：人心之不同，各如其面；一樣米，養百樣人。學習是自我提昇、自我管理，他人並未授權於我，我也無權、無責、無角色去教訓、勸導他人；所以既不受我管束，更不勞我教、我勸。況且別人之過失又不必我代受，何必「皇帝不急，急死太監」呢？俗話說：「各人自掃門前雪，莫管他人瓦上霜。」看似甚無人情味，卻是徹底的尊重他人。孔子曾對子貢說：「賜啊，你自我提昇、自我改造完成了嗎？怎麼會有多餘的時間去評論他人呢？」因此總結來說管教、評論、責備他人必須要具備三個條件：第一、完成自我提昇。第二、他人充分授權。第三、自身具備老師、父母、長輩之身分角色。除此以外不論何時、何地、何人、何事，都保持旁觀、尊重的觀點來對待一切人、一切事。

子曰：「由，誨女知之乎，知之為知之，不知為不知，是知也。」

●文意：孔子說：「由啊！讓我來教你甚麼叫做明白，什麼叫做不明白。當你學習之後，如果已經明白沒有疑惑，就說自己已經明白了；如果還不明白，就誠實的說自己不明白、不了解。這樣就能真正保持一直都是明白了（自知）。」

◆義解：保持明白的人才不會自欺，不肯自欺才不會欺人。好像都知道，又好像都不知道的叫做「愚」或「昧」。明知故作不知，叫做虛偽、欺詐。這些都是學習過程中，比較難以察覺的問題，其他像傲慢、輕他、無恆、自卑…等等都是。通常善良純樸的弟子、學生，不會有這類問題，但是總有一些「奇怪境遇」的子弟，在先受到環境的污染、扭曲之後才開始學習，於是就有這樣「不能自知」、「不敢面對」的情形發生。子路年紀與孔子差距不大，從學於孔子時，早已歷盡滄桑，甚至敢在拜師之前，當面挑釁孔子，可想而知子路在學習過程中，有多少次的「不以為然」，而用「知不敢說知」、「不知不敢說不知」的模糊態度，所以孔子不得不挑明的說「誨汝知之乎」。子路的問題是自己完全不知不覺的，若非孔子發現之後主動教導，否則子路學到老，也不會知道自己竟有這層障礙啊！

子張學干祿。子曰：「多聞闕疑，慎言其餘，則寡尤；多見闕殆，慎行其餘，則寡悔。言寡尤，行寡悔，祿在其中矣。」

●文意：子張向老師請教致仕（作官）之道。孔子說：「多聽聽民眾的反映及意見，把情況未明但不急切的先擺在一邊，再以謹小慎微的態度，為民眾說明政策內容，避免他們因誤會而抗爭。這樣處理政事，即使仍有不滿或怨恨，也不會太多了。多方打聽蒐集資料，用心發現問題，對沒有把握或尚未有對策的先放一邊，其餘的也要小心謹慎、按步就班的態度來完成。像這樣施政，即使還有不圓滿，或者造成遺憾的事，恐怕也不多了吧！說出去的話，不致引來怨恨，所做的事，自己不會後悔；言行沒有過失，就能保有作官的福祿了。」

◆義解：孔子所說從政的原則，竟沒有一句是「為己」，而是念念為民眾，用心避免傷害或妨礙民眾，真正是公僕式的服務態度。不但主動積極而不推諉，又能有序的處理輕重緩急，而非「急就章」的盲目行動。反觀今日，我輩汗顏以對！

哀公問曰：「何為則民服。」孔子對曰：「舉直錯諸枉，則民服；舉枉錯諸直，則民不服。」

●文意：魯哀公問孔子：「怎麼樣的施政，民眾才會心服口服呢？」孔子恭敬的回答：「選拔並任用才德兼備、正直無私的人，作為領導高層，那麼百姓自然就心服口服。如果是自私自利，公私不分的人被拔擢到領導（主官、管）階級，那麼不必太久，民怨很快就來了。」

◆義解：魯哀公的問話，是從古至今，國內至國外，個人到政府的共同問題。從事於領導工作的人，必須具備才華、能力與正直無私的品德。可是偏偏才能的培養比較容易有成就，而品德的提昇卻是困難不易的。因為才能的培養是基於生存的需要，但品德的學習則是不肯屈就於生存，突破受制於求生的自我超越之路，所以從學之人，難免「知難而退」或「門外徘徊」；甚至還會遭到小人譏諷（嘲笑）為迂腐、古板，不知變通。當然，小人的這種看法並非全無道理，因為「近而易得」的不要，「遠而難求」的偏要，好像是跟自己過不去似的。但是當領導人在「有才無德」的時候，他怎麼可能去關心自身利益以外的事；所以自私自利的小人居於下位，就不致於危害大眾，一旦躍居上位，則百姓豈能不受傷害。至於「有德無才」的人，也不可以位居領導階層，因為總不能拿百姓當白老鼠，作為他學習的犧牲品吧！所以孔子才會這樣回答魯哀公，強調有才能是不夠的，「有德無才」也不可以，一定要「有德又有才」，人民才會心服口服啊！

季康子問：「使民敬忠以勸，如之何？」子曰：「臨之以莊，則敬。孝慈，則忠。舉善而教不能，則勸。」

●文意：季康子問孔子說：「讓百姓尊敬上級，而且忠心不二，又能彼此勸勉配合。應該怎麼做呢？」孔子回答說：「民眾從心裡尊敬上級，是因為上級在面對民眾的時候，態度莊重不輕浮，規矩有禮而認真。百姓對上級忠心不二，是因為領導人自己先做到孝順父母、慈愛子女，由這樣的身教，來啟發百姓對自身角色本分的實踐。民眾彼此互相勸勉、提攜，是因為領導人全心為民、服務大眾，任用『才德兼具』的賢者。至於其他跟不上大家或程度較低的民眾，也要特別為他們安排課程加以補救，使他們能跟上大家，而不會棄之於不顧。」

【專用名詞】：

●本能反應：依據視覺、聽、嗅、味、觸、及知覺，未經謹慎的分析、思考，在一瞬間就作出言語行為之反應。

●喜愛：舉凡有利、歡樂的、便生喜愛、並不管後果是否有害。

●厭惡：凡是有害、苦惱的、便生厭惡，並不管是否自作自受。

●應該：依據角色（身分立場）、本分（權利責任）建立是非對錯的標準，所有思想言行都自我要求、自我約束在此範圍內，隨時自我檢查反省有無過與不及，「過」是指超出權責範圍，「不及」就是做的不夠多、不夠好（大多數是有做就好，有說就好，敷衍了事）。

●不應該：當自我反省或他人（指相對角色）的責備時，發現確實有疏失及過錯，即便自知不應該，而能生起羞愧（對不起）之心。由於已經承諾了角色的扮演，卻破壞權利責任的遊戲規則，那麼必然傷害、妨礙或影響了相對應的角色。若是力有不逮，則應即刻辭去角色；若是疏漏所致，則立即道歉改正並補償之。因為，仁人君子是不會失信於人的。

●慚愧：以同理心為基礎，先從角色本分的「禮」，學會君子「無愧」的心安理得，再提昇至仁者「不害」的心平氣和。由認同「彼此為人」、「心同此理」的道理是至當之論，所以我既不喜他加害於我，故我亦不肯，更不願加害於他，或影響他、妨礙他。有時具有公務、職務之角色，以至於直接或間接會傷害人時，仁者在深思熟慮之後，也只能辭去角色、職務，來貫徹「不害」的原則。因此，若以「不害」作為前提時，恐怕就只能隱居起來了，因為自己雖不想害人，有時他卻受我所害，該怎麼辦呢？所以不是有一句話說：「我不殺伯仁，伯仁因我而死」嗎？甚至於有人為了救助他人，而對方「未蒙其利、反受其害」的所在多有啊！

所以「不害」的內容，應當加以清楚說明。首先是分析動機，仁者應當自我反省，起心動念是否因故（自私、自利）而生起害他之言行；或明知有害於人，卻自欺說：「無妨」（還好）。像這類漠視、不在乎他人之痛苦，正是自我提昇的仁者所要完成的課題；否則憑甚麼說仁者能夠心安理得、心平氣和。其次，觀察追蹤最後的結果是否與當初研判「不害」的開始，是「完全相符」呢？還是「大出意料之外」的令人錯愕。「禮」的過與不及，有形而可見；「仁」的善惡好壞，無形而難論。所以「仁者」的修養境界，可不是容易達成的！孔子曾對子貢說：「賜也，非爾所及也。」說的就是這件事啊！

或謂孔子曰：「子奚不為政？」子曰：「書云：『孝乎，惟孝友于兄弟』，施於有政，是亦為政，奚其為為政？』

●文意：有人建議孔子說：「如果心懷國家，那何不出來服務民眾呢？」孔子回答說：「《尚書》裏不是有這樣的記載：『話說這孝順啊！知道孝順父母的人，必然了解父母心中所願，所以他友愛兄弟的表現，就是從順從父母心意這裡開始的！』父母兄弟也是萬民之一，雖然大小規模不一樣，但道理是相通的，又何必一定要出任公職，才算是服務民眾呢？」

◆義解：國以家為單位、社會以個人為基礎。孔子所回答的內容，雖然是在家庭的部份，但是學者要能舉一反三，明白一切是以修身為本。欲修其身，先學誠意正心，格物致知之道。也就是先搞清楚各種「遊戲規則」，學會掌握「運作法則」，然後就會像骨牌效應般的席捲而下，屆時還怕不能家齊、國治、天下平嗎？反觀今日，強調角色本分的單位，還勉強在少數的公司、企業、團體中見到吧？其他多數的家庭、廣大社會，都是無禮失序、衝突不安。但是原因何在呢？孔子是這樣說：「庶矣、富之、教之。」雖然答案清楚明白，但是誰會相信呢？

大家都知道，如果人不夠多，就不足以形成分工互助的社會基本型態。如果人口夠多，但生產力不夠，則必爭奪、劫掠。所以生產力夠，人民就會富足；富足之後，就要施以禮樂教化（角色本分的遊戲規則）；若不及時教育，人民在富有之後一定荒淫好色、飲宴遊樂、搞怪作亂、……過著物質氾濫，精神空洞、了無生趣的僵化人生，哪裡會知道還有「生命的意義」值得追求？個人起伏不定的心情，完全看身處的環境是順、是逆、是苦、是樂、是好、是壞，一如落葉漂浮於大海，身不由己！任誰都知道「人在江湖、身不由己」，但有誰知道，江湖之中，也有沙洲島嶼可得棲止，有大陸平原可供定居，有高山大岳可以登臨；有「天堂之好」可以追求，更有「煩惱漏盡」可以親證，何必一頭栽進「貧富」、「貴賤」的苦樂遊戲之中，流連忘返，遲遲不出呢？

子曰：「人而無信，不知其可也。大車無輗，小車無軏，其何以行之哉？」

● 文意：孔子說：「與人約定，當面承諾，事後卻反悔或做不到，這一類失信而不以為羞恥的人，其他方面也不必有所期待了啊！就像大車沒有扣在牛背上的輗，小車沒有可以鈎在馬背上的軏，那車子要怎麼樣來推動呢？」

◆ 義解：欺人之行，造成失信。欺人之先，必先自欺。孟子說：「君子有所不為，方能有所為。」人要先不肯自欺，才能不肯欺人；人若不學，則必陷於自欺之泥沼而不知不覺。凡是不會思考、不知從何思考的人，只能依據感官所知的信息，作出本能反應。如果不知道信息的內容、有真、有假、有局、有全、有一時、有長久、有變、有不變，種種不一，結果在「不疑有他」的情況下照單全收，又怎能不受信息所欺呢？此理深奧難窺，未學之人，難知其妙，所以衍生出各種自欺欺他、自誤誤他的言行。如果一而再，再而三的謊言欺人，終將受人唾棄，拒絕往來。除非移根換葉，改名換姓，或者另起爐灶，否則路是走不下去的！（如果造成傷害太大的話，所引來的報復，恐怕連小命都不保呢！）

子張問：「十世可知也？」子曰：「殷因於夏禮，所損益可知也。周因於殷禮，所損益可知也，其或繼周者，雖百世可知也。」

●文意：子張請教孔子說：「能不能知道十代以後（300年）的人事制度呢？孔子回答說：「商代繼承了夏朝的制度，改革有增有減，是大家都看到的。周代又延續了商朝的制度，改革也是有增有減，這是大家親眼所見的。即使未來延續周朝，甚或一百世（3000年）以後的國家制度，也是可以推求而知的啊！」

◆義解：通常所謂「舉一反三」是針對平面（二維）的推理能力，從桌腳之一，便能推知其他三隻腳的存在。若再加上空間、時間（四維）的推理，有過去（前）、現在（中）、未來（後），這樣的聯想及理解力，就叫做「聞一知十」。上一篇中的「人而無信，不知其可也」，也是在這樣的推理之下，所作出的結論。這種從現有的資料，來推求過去、未來，和前後、左右、上下四方的能力，世人稱為智慧（第三隻眼、慧眼）。貫通本末，通達「所以然」的推理能力，與一般猜測、亂想，完全不同。現代人把這種學問、知識稱為「因明學」、「論理學」、「邏輯學」，是一切高度智慧的基礎之學，也是進入「哲學領域」最基本的思維能力。

本來人人都有這種潛能，但只有經過開發、練習的人，才會運用。這種能力有助於學者得到事半功倍的加乘效果。至於本篇所論朝代制度之不同，或增、或減、或立或刪，各朝有異，乃至名稱之改換，而其本質並無不同。所以只要以人為單位而成立的組織或國家，就必須設立各種制度和規定來作為依循的標準，否則一團混亂的情況，將隨時隨處可見。

子曰：「非其鬼而祭之，諂也。見義不為，無勇也。」

●文意：孔子說：「既不是專司祭祀天地山川鬼神的官吏，也不是自己家族裏過世的先人，卻無緣無故的去祭拜，這是諂媚啊！如果該是自己的角色和本分，卻逃避卸責或敷衍了事，那是懦弱沒有勇氣的人啊！」

◆義解：有一種人並無角色、身分，卻主動積極地去追求表現、扛責任，逢迎巴結，別有居心，這叫做「諂媚」！更奇怪的是，往往具有角色、身分的人，卻逃避卸責、敷衍了事，一副路人甲、局外人的樣子，客氣的說是沒有勇氣，究竟來說就是膽怯的人！因為人不學禮（角色本分），就沒有是非對錯的標準，一切混亂失序，種種衝突、鬥爭由此而生。人心既亂，社會逐漸失序，文明秩序必然下墮而成野蠻、殘酷的世界。孔子為甚麼要風塵僕僕的周遊列國，尋求一方的政治舞台呢？不外乎就是為了傳承歷代先哲的「斯文道統」能普遍的施行於天下，造福廣大的後代子孫。另一方面，國家的戰亂及社會之動盪是人民痛苦的原因，確實迫切需要這種「文明特效藥」的治療；只是可惜因緣不足，孔子始終沒有機會得到「行醫」的「應許之地」！也許是百姓福薄，不得蒼天的福佑吧？

最後，孔子不得已回到魯國，晚年在故居設立私塾從事教學，同時著手刪《詩》、《書》，作《春秋》，行「無冕王」之誅伐，點名「亂臣賊子」之違禮過失，就連自己的學生也不放過！孔子以天命自居，心懷天下，終身致力恢復周公的禮樂制度，欲使人心安定，社會風氣祥和，人人彼此互助相愛，實現〈禮運〉大同篇的太平世界。世人都說孔子很偉大，但到底有多偉大，卻不是販夫走卒、君王大臣所能明白，唯有進入「禮」的世界，才能真真切切的認識他、佩服他，進而真心情願地向他學習。（智者讀〈論語如是知〉十遍，愚者讀至百遍、千遍，自然就能清楚明白的認識孔子，並且得到改變氣質、脫胎換骨的神奇效果）

三、八佾

孔子謂季氏：「八佾舞於庭。是可忍也，孰不可忍也？」

●文意：孔子這樣評論季孫大夫：「季氏僭越大夫的身分，背叛自己的角色，把天子才配有的〈八佾〉舞樂，在自家的廳堂上演奏舞蹈了起來，徹底破壞了角色本分的禮制規矩，如果這件事都可以容忍而不加以處罰的話，那還有甚麼不能容忍的呢？」

◆義解：「禮」是幫助人心安定、家庭和樂的；「法」是維持人群秩序，社會安定的；生產（經濟發展）是幫助國家富強、人民生存的。有禮制教育的民眾，才具有「該及不該」的思考模式，因而展演成家庭和諧、社會安定的狀態。反之，未受教化的人民，只能根據本能反應，面對利害得失作出「喜歡、不喜歡」的行為；因此家庭破碎，社會失序，動盪衝突，人心不安的狀態，就無法避免。這個問題無關貧富、大小、高下、貴賤，純粹是「角色本分」的根本問題。反觀今日民主時代，經由選舉產生的政府或民意代表，也是一樣的貪污腐敗，自私自利，與歷代王朝、貴族的「本能行為」大同小異，如出一轍啊！教育啊教育！哪裡是現代人所謂的「國民義務教育」呢！現代人所接受的才藝訓練，才能知識，並不是安定人心的教育，反而是在強化一群野性動物的謀生能力，如同給了獅、虎一雙翅膀及滿手的武器，從此更加容易藉著傷害他人、社會及國家，來尋求自己的活路。所以說未受教化的人就是「人形獸心」，原因正在此處啊！君不聞「率獸而食人」乎？

子曰：「人而不仁，如禮何？人而不仁，如樂何？」

●文意：孔子說：「不會將心比心（同理心）的人，就算他能做到角色本分的內容，難道就沒有問題了嗎？殘忍的人，即使用音樂來陶冶抒情，又能對他產生什麼幫助呢？」

◆義解：知己知彼，將心比心是大家共有的潛能，但若不經開發、引導、學習，則不可能自動顯現出來。當然心有餘裕（平靜）的人，才有條件進行開發。如果心緒狂暴、躁動，想要「自愛自護」都有困難，何況能夠「愛人護人」呢？人心可以柔軟而善良，也可以剛烈而凶惡；就像水的狀態，從堅硬如石的冰塊，或柔軟的液體，或熱情似火的水蒸氣，甚至似有若無的溼氣，無所不在。須知心靈的改變是有階段性的，而且可升可墮、可善可惡、可大可小……，但就是不能無條件的自然成就。以「馴獸」為例可知，最初的訓練是以「飢餓」令其就範，然後用「賞罰」來約束、引導，再用讚美、肯定及責備、否定的管理方式。所以生而為人，如果沒有歷經這些階段，那就是被放棄，未受教化的「化外之民」，他們永遠不懂生而為人的價值所在，庸庸碌碌，與草木動物無二。

林放問禮之本。子曰：「大哉問！禮，與其奢也，寧儉。喪，與其易也，寧戚。」

●文意：林放請問老師「禮」的根本（基本精神）是甚麼？孔子回答說：「問的太好了！祭禮嘛！與其鋪張華麗的形式，倒不如真心誠意，態度恭謹的簡約儀式。喪禮嘛！寧可真心哀傷，以致於典禮有所疏忽失節，卻能顯示孝子的哀思。」

◆義解：學習本來就是要從老師所提供的「資料」、「課程」中，慢慢的循本溯源，找到「所以然」、「原理」，否則就只是個模仿機器而已。孔子闡揚周禮，並非只是情有獨鍾於禮之形式，而是佩服周禮蘊寓人的真心情意，以及人類共有的美好品德、高尚情操——知恩念恩，報恩施恩。這是一切生靈最可貴之處，如果把這種美德湮滅，如棄破鞋，那麼人與畜生也就沒啥不同啦！哪怕一隻動物能知恩、報恩，也必受到人們的尊敬及佩服；反之，雖然生而為人，卻不覺受恩，忘記受恩，甚至恩將仇報，則一定被人唾棄瞧不起。因為吃人一碗麵，尚且要支付價金抵債，而身受栽培養育，如山之高、似海之深，卻如畜牲般不知報恩，無怪乎要背負罵名，為人所不恥了。

子曰：「夷狄之有君，不如諸夏之亡也。」

●文意：孔子說：「野蠻國家，雖然沒有文明可言，卻有君臣之禮的存在。不像中國雖自稱禮儀之邦，而君臣之禮早已名存實亡了。」

◆義解：由歷史的演進可知，君王的地位，不是單憑「以禮守之」，就可以穩固不變的。譬如：弒君篡位，取而代之，天災戰禍，民不聊生；又或繁榮富庶、沉浸淫樂，醉生夢死，亡國敗家；又或王儲年幼，受人挾持，垂簾聽政，所託非人。所以君王之位，不但要有仁慈愛民之心，還要有領導才能、識人之明、高瞻遠矚以及過人智慧。簡而言之就是「強人領導」。歷史上輝煌的年代，無不是心懷天下，又文武雙全的領導人；而亡國的也不外是年幼失怙，懦弱無能，或自以為是，偏聽好色，或……等等。周天子雖名存而實亡，卻還能撐住七百多年的國祚，不正是周公所制「禮」的效用嗎？否則恐怕連東周之名早就沒有了啊！哪兒還有「戰國七雄」呢？孔子所嘆息之「名分」問題，又怎麼不是真正的關鍵啊！人類的歷史是由血液中帶有野性動物的DNA所主導的，所以像天堂或理想國的夢幻世界，只能驚鴻一瞥地在歷史洪流中偶爾出現。想要全面又長久的太平世界，只有在人類不必受制於飲食求生、交配求存的前提下，人人自給自足，再也不必為了追求生存發展而引發鬥爭、戰爭後，才有永遠天下太平的理想實現。

季氏旅於泰山。子謂冉有曰：「女弗能救與？」對曰：「不能。」子曰：「嗚呼！曾謂泰山不如林放乎？」

●文意：魯國大夫季氏將要前去祭祀泰山嶽神。孔子對學生冉求說：「你就不能勸他打消主意嗎？」冉求回答說：「我沒有辦法啊！」孔子說：「莫非季氏以為泰山嶽神會接受他越級的獻祭嗎？換作是林放都不會接受，何況是掌管山嶽之神呢？」

◆義解：本篇承襲之前季氏種種違禮行徑中的一件而已。雖說季氏的「司馬昭之心」清楚可見，但魯君在做啥呢！這事怎麼會是孔子管得了的呢？魯君失職的嚴重性大過季氏太多了，但為甚麼孔子只在乎季氏的過失呢？魯君過失有三：第一、季氏所為是無知而作，但魯君未能「作之師」，這是一過。第二、季氏所為是明知故作，顯有叫陣的意味（能奈我何？），而魯君未能予以禁止（是無力制止呢？還是不敢制止呢？），這是二過。第三、季氏囂張，目中無魯君，而魯君任由季氏橫行國內，卻不上報周天子，請求天子降罪出兵以伐，綏靖魯君之側，續保周之天下，以免殷鑑不遠，周再蹈其轍耳。季氏之不忠，莫非與魯君自己的「不義」大有關係嗎？唉！以角色本分的是非標準來看，魯君與季氏也不過是五十步笑百步而已啊！

子曰：「君子無所爭，必也射乎！揖讓而升，下而飲，其爭也君子。」

●文意：孔子說：「志在聖賢的君子是無所求的。但是君子也是人，怎麼可能無所求呢？那麼要說君子還有求的，大概就只有在展現所學的時候吧！譬如，以射箭為例，從互相禮讓之後登上射台，射完三箭，轉身下台。如果技不如人，就喝『罰酒』，以表示認輸與敬佩之意。像這樣子遵守遊戲規則的比射，也算是不在乎勝負的『君子之求』吧！」

◆義解：君子明理知義，所以絕對不會亂來的。君子所參加的活動，一定是規則明確，而且合情合理合法。凡是私人的爭強、鬥狠或詐偽、害人的活動，君子是不會參加的。同時君子所參加的比賽活動，是不會抱著爭勝的心態來參加。君子的進步，不是以勝他為目的，而是與「自我」來相比，也就是湯之盤銘：「苟日新，日日新，又日新」。永遠保持不斷的進步，自我要求，不與人比，更不要求於他。至於他人的成績高低，君子是以祝福、尊重、佩服的態度看待。（成績不如我，則祝福他進步，與我相當則尊重，勝我者，佩服而心儀）

子夏問曰：「巧笑倩兮，美目盼兮，素以為絢兮。何謂也？」子曰：「繪事後素。」曰：「禮後乎？」子曰：「起予者商也，始可與言詩已矣。」

●文意：子夏請問說：「《詩經》裏說：『嫵媚的笑容，多迷人啊？水汪汪的眼睛，真美麗啊！抹粉塗胭脂後，美的就像仙女啊！』這是什麼意思呢？」孔子回答說：「說到臉部化妝的步驟，當然要先把臉部作好清潔和抹上粉底之後才開始。」子夏又問說：「那是說學『禮』也像上妝一樣，是在樸實的本質上，再加上『禮』的雕琢、裝飾嗎？」孔子讚美子夏說：「商說的話對我的啟發不小喔！從今以後可以和你討論討論《詩經》的內容了。」

◆義解：任何未受污染的人，大多保有樸實的本質。〈三字經〉：「人之初，性本善。性相近，習相遠。苟不教，性乃遷。」所以教育就是材料加工的過程，正確的加工，能得到優良的產品；錯誤的加工，就會出現失敗的作品（也有示範效果）。至於從未加工的材料，則是沒有價值可以貢獻給社會大眾。如果在長期的染污環境之下，再好的材料也終將腐朽毀壞而遭捨棄。如果出身好、家世好、條件好（上等高級的材料），卻沒有好好栽培（加工），那結果就會成為家人的負擔，他人眼中佔位置的垃圾，這不是太可惜了嗎？聰明的人把「栽培」當成恩賜的機會，努力爭取；愚笨的人把「加工」視為痛苦的煩惱，只想躲避。想一想，這差別還真大啊！

子曰：「射不主皮，為力不同科，古之道也。」

●文意：孔子說：「射藝不是只有強調射中靶心，因為各人的臂力、持久力以及爆發力都不同，所以才會把射箭區分為射程不同的比賽，這是自古就存在的模式啊！」

◆義解：在孔子所處的時代，君子並非手無縛雞之力的書生，孔子也是力能扛鼎的大力士，但卻沒有以此名聞天下，因為多數的士人君子，都是文武雙全，六藝盡通的。如果射箭純粹為了射中目標，而不管臂力的強弱，那麼只有強壯的勇士才能參加比賽了。所以自古以來，都是按照臂力的強弱，設計出不同級距的比賽規則，提供參賽者適合的比賽，這樣也能完成比射準確的目的！

祭如在，祭神如神在。子曰：「吾不與祭，如不祭。」

●文意：祭祀的精神，主要是在「相信神明就在眼前」。因為如在眼前，所以心情就自然莊重而嚴肅，虔誠而投入。孔子說：「身為主祭的我，如果沒有親自參加，就等於沒有舉行過祭祀。因為所祭的對象和主祭的角色，才是祭禮的關鍵；不在乎關鍵而只重形式，那是敷衍、應付了事，雖祭也等於沒祭！」

◆義解：祭神典禮要求「身到」和「心到」。有身無心就是行屍走肉，尚且不能正常與人交際往來，何況是主持祭祀典禮呢？「心到」是指「真心誠意」、「嚴肅恭敬」，不敢隨便嬉笑，聊天玩鬧，哈欠連連；所以，只要「心不到」，就一定會破壞典禮肅穆莊重的氣氛，甚至褻瀆神明而不自知。俗話說「心誠則靈」，就是「心到」的極致表現。「舉頭三尺有神明」，這是「心中有神」和心誠的體現，也一定是「知所戒懼」和「目中有人」的善人。現代人不一定有主持祭神典禮的機會，但是透過「祭神如神在」的智慧，也可以體會到一件事，那就是只要「真心誠意」，就算是人也會被感動的，何況是鬼神呢！

王孫賈問曰：「與其媚於奧，寧媚於竈。何謂也？」子曰：「不然，獲罪於天，無所禱也。」

●文意：衛國大夫王孫賈問孔子：「『與其討好地位高的人物，倒不如拉攏真正管事的那一位。』這句話應該怎麼解讀呢？」孔子回答說：「不對！把話說錯了，把事辦砸了，對不起自己擔任的職務（角色），也耽誤了領導人的計畫和期待；就算平日努力諂媚、逢迎、巴結，那又有甚麼用呢？」

◆義解：長袖善舞，八面玲瓏，投其所好，無所不可，這樣的人，普遍被視為商場高手，生意人才，卻不知這是本末倒置，顛倒錯亂了啊！雖然可以逞勢於一時，而難以持久有效的！因為這不是遊戲規則所必須，也不是成功的要件。況且由拉攏、賄賂、買通而求得晉身之路，還要提心吊膽，整日整夜提防東窗事發，一旦受審定罪，才知道當初的百般用心，卻是日後肇罪之因也。唉！此乃遙遙不歸路，迷途知返宜早。

子入大廟，每事問。或曰：「孰謂鄹人之子知禮乎？入大廟，每事問。」子聞之曰：「是禮也。」

●文意：孔子代表魯國前往周公廟殿去助理祭祀，在祭祀前的準備期間，這也問、那也問好像甚麼都不懂似的。有人就說：「誰說那鄹城來的年青人懂得禮制，有能力助祭啊？他在周公的廟堂中東問西問，一點兒也不像是來輔助執行祭禮的哩！」孔子聽了之後，這樣回答：「不明白的事就要問明白，這是『禮』的規定啊！」

◆義解：同樣的「每事問」，但從不同立場，不同角色，竟然有南轅北轍、迥異懸殊的看法。說起來也只是誤會一場罷了！批評孔子的人，是把孔子視為魯國派來「通禮」的助祭，否則怎麼敢派來呢？不怕貽笑各方嗎？由於各國輪流派任助祭的官職並不是編制內的職務，而是「兼職」的性質，所以不可能事先受訓來輔助祭典。所以當輪調某一諸侯派遣的大夫前去助祭的時候，是不免要花費精神、時間來了解一下歷年增減之後的狀況，以免沒幫上忙，反而成了扯後腿的「阻祭」了。孔子的回答有沒有讓批評的人明白而服氣，那是不得而知了，但是孔子的態度卻是不卑不亢，既不去否定質疑者的觀點，也沒有多做解釋或反擊，只是淡淡的回答說：「理該如此，禮本如是」，這不就是「人不知亦不慍」嗎？

子貢欲去告朔之餼羊。子曰：「賜也，爾愛其羊，我愛其禮。」

●文意：子貢想把天子用於昭告諸侯的牲禮——「羊」——去除不用。孔子說：「賜啊！我知道你是同情那隻羊的遭遇，可是我更愛惜那隻羊背後所代表『天子是天下各國的共主，只有天子的身分，才有頒布曆法的權力』的深層意義啊！」

◆義解：當見解層面不同時，就會出現「涇渭分明」的言語行為，有時自以為是的看法，竟是顛倒愚昧，導致害人害己。更有一種難防難避的迷惑，即便是第一等聰明人也沒有能力逃脫的，那就是時間之迷。本篇中由一隻羊的小事中，看到角色本分的廣泛深遠，如果不是有孔子這樣的中流砥柱維繫文明，這個世界早就由子貢這種精明的生意人來主導，一切都以利害、得失為前提，大搞符合經濟效益的改革方案，而不知是自斷根本，自毀基業啊！一個國家、王朝當然不至於因為減省一隻祭羊或一場典禮就亡國了，但是細微難見的裂紋，不正是崩潰毀滅的開始嗎？譬如，「鼎」是三足而立的大鍋，去掉其中一隻腳，就必然倒地不起，影響甚鉅啊！周公所制之禮，有形式、有精神，形式寓存於精神，精神展現在形式（包括禮節、衣飾、文物……）隨意改變而不知其影響，身受其利卻不知將自毀肇基，那也只能說「可惜啊！」、「可惜啊！」

子曰：「事君盡禮，人以為諂也。」

●文意：孔子說：「身為君王的臣子，演好自己的角色，不敢存有自我的立場和主張，言行舉止恭敬禮貌，處處周到，使旁觀的人會誤會『這個臣子為什麼看起來這樣的奉承諂媚』啊？」

◆義解：原來如此啊！臣子在表現效忠的行為時和小人諂媚的態度幾乎是一樣的！不過，在沒有得到「角色」之前的逢迎和巴結，才是所謂的「諂媚」。真正的忠臣，不管任用與否，態度始終不卑不亢，敬君有禮。只有忠臣是真心付出、不求回報；反觀無恥小人，一旦任用了，就會欺上凌下，傲慢無禮，只管私利，不問公義了。

以「交換法則」為前提來說，小人的巴結和諂媚，只有一個目的，就是換取「一官半職」或者「高昇要職」。而忠臣「事君盡禮」，卻是因為「承諾」和「忠於」他的角色所造成，這與小人的動機、出發點完全不同。因此說「小人」隨其所欲（求）而為，「忠臣」依其角色而行，都是因為對「禮」和「名分」的認知不同所造成。如果把「利害得失」的遊戲規則，用來持家、治國，則家國必亡、必敗；同理，用「禮」（名分）的遊戲規則，用於經營管理，則經濟方面，也難免造成「不可承受之重」的損失，因為「將本求利」的營運法則，畢竟不是「不計代價」的行為。所以，只要方法（遊戲規則）用的正確，而且知人善任、適才適所的話，那麼「利害得失」或「角色本分」的遊戲規則，當然都可以對國家民生產生極大的貢獻與意義。

定公問：「君使臣，臣事君，如之何？」孔子對曰：「君使臣以禮，臣事君以忠。」

●文意：魯定公問孔子說：「國君任用臣子，臣子奉事國君，應該怎麼做？」孔子恭敬的回答說：「國君對待臣下的態度是『真誠的信任以及言語上的慰勉，而且絕對尊重臣子的看法、見解』；臣子對待國君是『真心不二的效忠，呈報說明應委婉含蓄，進退行動符合禮節規定。』」

◆義解：所謂「君臣一心，其國必興」。「一心」就是互信的結果。君王欣賞、肯定臣子，臣子仰慕、尊敬國君；君王如首，臣子如四肢，君王發號施令，四肢達成使命，和諧無間，默契配合，如雙人舞，完美演出，是國家之福，更是人民之福！

子曰：「關雎，樂而不淫，哀而不傷。」

●文意：孔子說：「《詩經》裡的〈關雎〉篇，把人類的優雅和諧氣質，表現的多好啊！快樂的時候，並沒有忘記適可而止，所以不至於演變成放縱狂亂；悲傷難過的時候，也不會一發不可收拾，不吃不睡以致傷害自己的健康。」

◆義解：身體最大的福氣就是健康無病，活動自如；心靈最大的福氣是平安無事，無憂無慮。身心安然不是神賜的，也不是走好運，而是積極學習和不斷實踐所獲得的。不懂得自我約束、管理、提昇的人，根本沒有「知所節制」、「適可而止」的概念和自律能力，只會縱心所欲而且多所逾矩，又豈能不發生「樂極生悲」、「哀傷欲絕」的痛苦打擊呢？人心本來是自由的，也是不受約束的。如果說的難聽點，就是洪水猛獸、狂野蠻橫、罪惡淵藪；說的好聽點，是未經雕琢，樸質美玉，潛力無窮。多數人都是這樣，從自由自在、無拘無束開始，最後卻以人見人厭、過失無數、傷人害己、痛苦煩惱，作為收場，到死也不知道竟然是一場誤會啊！

舉例來說，就像好奇、好動的青少年，未經應有的學習或訓練，就偷偷的駕車上路了。一路上的景物、車輛、行人、行道樹、建築物，以及各種奇怪的號誌設施，畫在地上的標線有白線、黃線、紅線、直的、橫的、斜的；空中燈號有紅的、綠的、黃的，種種影像，目不暇給。不久就會看到青少年因交通意外事故，由交通警察處理之後，通知家長或監護人帶回。

交通規則是無數的規則之一，其他像法律、校規、公司章程、消防法規……等等，多到幾乎數不清。幸好並非通通要學，只需要學會自己用得上的就可以了。所有規則設計的原因，就是幫助大家能完成各自的目的；如果把規則廢棄不用，那麼早上出門直到晚上也到不了目的地，因為道路上成了大停車場，到處車禍連連，死傷不絕。所有的駕駛人都知道要考取駕照，才能上路；而人際關係的「禮照」卻沒有人在乎過，難道不覺得奇怪嗎？於是人際衝突，從家庭、親族、公司、朋友、同事等等，每天上演著逆向行駛，闖紅燈、超速、蛇形駕駛、追撞、爆胎，不打方向燈、不依指示行車，臨檢不停，酒後駕車……！把這些換成是人際關係的無形道路，又怎能不發生重大車禍事件、傷人害命呢？

要去那裡找一個願「禮讓」、肯「依規」、能「從容」的禮照君子呢？國家不能主動自覺，難道要等人民抗爭，才開始研議嗎？如果「禮照」不能執行於人際關係，那少數以禮「做人」的人，也不免要在混亂的車陣（人際關係）中，不斷的遭到他車（人）追撞（無禮對待）。雖然心安理得，不必負擔一切賠償之事，但也不願老是發生「非我之過」的影響、妨礙、甚至傷害，所以最後只得棄車步行（歸隱）。

哀公問社於宰我。宰我對曰：「夏后氏以松，殷人以柏，周人以栗。」曰：「使民戰栗。」子聞之，曰：「成事不說，遂事不諫，既往不咎。」

● 文意：哀公問宰我關於「土地公祠」的事情。宰我恭敬地回答說：「夏代是用松樹當材料來蓋『土地公』廟，殷人用柏樹，周朝則是用栗樹。」宰我說完頓了頓，又說：「周朝用栗樹是要讓百姓恐懼戰慄。」孔子聽到之後說：「宰我的回答已成事實，我不便再說甚麼了；況且哀公根據宰我所說的去作了，這時再勸諫也沒有用；現在事過境遷，追究宰我的過失，早已喪失了及時性，還是算了吧！」

◆義解：論語的記載中，宰我向來是「語不驚人死不休」。孔子曾說：「始吾於人也，聽其言而信其行……聽其言而觀其行……予改是。」可見宰我這個學生頗有「異類」、「反潮流」的味道。孔子說：「成事不說，遂事…。」語氣是很冷漠、無情的，這與好學不倦、有教無類的先師形象，差距不小。通常這種事孔子一定會發表評論，或指正、或責備、或……，可以想見孔子對宰我這個學生有多無奈啊！

子曰：「管仲之器小哉！」或曰：「管仲儉乎？」曰：「管氏有三歸，官事不攝，焉得儉？」「然則管仲知禮乎？」曰：「邦君樹塞門，管氏亦樹塞門。邦君為兩君之好，有反坫，管氏亦有反坫。管氏而知禮，孰不知禮？」

●文意：孔子說：「齊國大夫管仲志氣狹劣，得少便足啊！」有人就問說：「會不會是因為管仲很節儉造成的？」孔子回答說：「管仲有三處宅邸，而沒有兼作辦公的功能。這樣的安排規劃怎能說是節儉呢？」又有人接著問：「管仲在家不辦公事，這樣公私分明的行為，不正是忠於自己的角色職務的表現嗎？」孔子回答說：「國君的宅府，在大門入口處設有一道屏風牆（塞門），以避免外人可以一眼看穿國君及家人的一舉一動；而管仲的府邸也設了這樣的屏風牆（塞門），大大破壞了制度的規定。有時候國君會把來訪的客人邀請到自家府邸招待。當在室外中庭同樂時，主客共坐在東階主人的位置上，為了飲宴方便，設了放酒的檯子，稱為「反坫」（吧檯）。管仲家裡的中庭也設有「反坫」。如果管仲知禮（角色本分），那還有誰不知禮呢？」

◆義解：這段話是極有趣的機智問答，與現代的腦筋急轉彎類似！不但是「答非所問」，更有「問非所答」的無奈處。孔子針對管仲在當代的際遇（受桓公信任）及表現（九合諸侯稱霸天下），用了「高標」來檢驗管仲，認為以管仲的條件原本可以更上層樓，效法周公輔佐天子的大業。可惜啊！管仲的志氣和遠見不夠，只能關心和維護齊國而已。孔子周遊列國尋找政治舞台，冀望施展政治抱負，治國平天下，可惜始終不能得志；所以孔子是深知受君王信任及重用，那真是可遇不可求的（命也）。孔子心懷天下，並不介意是由誰來恢復周公的大同世界理想（成功不必在我），而當代唯一有可能達成的人，卻只顧「一國之私」的小成功就滿意了，可想而知孔子的遺憾及婉惜啊！

就是因為有這樣的想法，最終受不了，所以用言語，說出了心裡面的真心話，無奈聽者杳杳，程度不夠，竟然可以解讀成「節儉又小氣」的管仲。孔子的心裡一定是又好氣、又好笑，心理想著：「奇怪！我是話中有話，意有所指，而你們卻聽到哪兒去了啊！」不得已，只好隨著發問的人再次解釋說：「管仲有三處宅邸，夠大夠多了吧！國君也不過如此，而且絕不在家辦公喔！像這樣的人，怎麼能算是『節儉』呢？」孔子以上的回答，看來夠清楚了吧！本來多希望有人回歸正題來問孔子說：「您說『管仲之器小哉』，如果不是指『尺寸迷你』的用品，崇尚節儉，那是指甚麼呢？」結果，出乎孔子意料之外，眾人又想成了：「哦！在家也不辦公，那真是公私分明，剛正不阿，沒想到管仲真是知禮、守禮的大臣啊！」因為再次的誤會，所以就產生了「然則管仲知禮乎」的說法！妙啊！孔子所有用以否定管仲的說法，都可以被正面解讀成肯定管仲的意思，可見當代人士對管仲的「豐功偉業」，是何期仰慕與佩服！由此可知，孔子所站的層次和高度與一般人相較之下，是多麼懸殊啊！

另外在《管子》一書中，說明管仲是如何把衰弱不振的齊國，發展成春秋五伯（霸）中的老大，管仲的「英明」，絕非浪得虛名。尤其是對內的種種經濟發展措施，以及對外「匡天下，九合諸侯」，豈是容易啊！管仲的「三歸」、「樹塞門」、「設反坫」，看似違禮越位的種種行徑，卻是其來有自的！話說自從桓公聽從鮑叔牙的建議，拜管仲為「仲父」之後，托管國事，信任不疑，從此花天酒地，夜夜笙歌。齊國人只知有管仲，不知有國君；國際間，只知有管氏，不知有桓公了。執政的管仲為了善盡「代行」的角色，而把一切「王事」所需，作了必要的調整。因為是「大處著眼，小處著手」，所以齊國人接受「瑕不掩瑜」的事實。

在孔子批評管仲的事例中，都可以察覺到一絲的「必要之惡」，只是總有「見仁見智」的褒貶看法而顯得好壞不一了。所以聰明的人，一定要明白「論事當設前提」，沒有前提，就沒有標準可言；沒有標準，就一定各說各話；甚至必然爆發衝突和傷害。就像有學生請問孔子說：「管仲是仁人嗎？」孔子說：「如果不是管仲的功勞，天下早就被外族侵略亡國了，早就穿著外國人的服裝，披散著頭髮，被外國人統治著，哪還有空在這說三道四啊！（憲問）」可見前提不同的時候，就算是在同一個人身上，也可以有這麼懸殊、迥異的評論啊！

儀封人請見，曰：「君子之至於斯也，吾未嘗不得見也。」從者見之。出曰：「二三子，何患於喪乎？天下之無道也久矣！天將以夫子為木鐸。」

●文意：衛國戍守邊疆的官吏請人通知孔子要來拜訪，他說：「只要是君子經過我這裡，我都要親自拜會慰問，而且從來也沒有被拒絕過的。」於是學生安排他去會見孔子，雙方談完話後，他出來對著孔子的學生說：「何必擔心沒有舞台可以施展抱負呢？天下戰亂，紛紛擾擾已經很久了！老天就要委任你們老師，敲響文明教育的『課鐘』，整理、肅清這個失序的世界。」

◆義解：混亂失序的世界，不是一天造成的。底層的群眾，無力改變，只能苟且偷生，隨波逐流。中產階級，惟求自保，甘作鷹爪，只問利害，不問是非。知識貴族，不忠不義、爭權奪利、製造問題、亂中求利。仁人君子，心繫國家，社會人民。上者施政，救亡圖存，平亂治理，休養生息。中者輔君，獻策謀畫，經國濟世，利益民生。下者教學，傳世典型，標竿在野，監督當朝。無禮失序，當求諸野。

子曰：「居上不寬，為禮不敬，臨喪不哀，吾何以觀之哉！」

●文意：孔子說：「身為領導人，對待下屬臣民，不能寬懷大量，反而事事計較。言行荒謬，心情散漫，敷衍了事，不甘不願。參加祭典喪禮，表情態度，漠不關心；人在現場，心不在焉！像這樣的典禮，叫我怎麼看的下去呢？（還有甚麼值得觀摩的呢？）」

◆義解：孔子以期待之心，想要觀察或學習各國的施政、文化和禮制，豈知竟是一無可取！可見的周室衰微，是有原因的啊！所謂領導人，就是有身分、有舞台、穿著戲服、戴上戲帽、踏著戲履，屈伸迴步，往來迴旋於舞台上；發聲出語，抑揚頓挫，大演一場叫好又叫座的「教忠教孝」大戲。可是如果上場的人，不但未經教育訓練，又不知自己是甚麼「角色」？「角色」該怎麼演？於是在一陣「急急忙忙亂投醫」的情形下，簇擁著「庸醫」上台；上台之初，踞高臨下，稱心如意，好不風光；開演之後，但見他偏聽不明，胡搞瞎搞，國家人民，拋在腦後；一路胡演亂演，胡言亂語，台下觀眾不禁一陣錯愕，驚嚇連連！也幸有仁人志士，受民擁護，文武奇才，粉墨登場，除暴興利，大秀「安定民心」、「匡正天下」之好戲。所謂「精采好戲」，必然是與台下觀眾同樂、與民同利，如是深得民心，台上台下打成一片，是為最高水準之表演。反之，台上自演自唱，自樂自嗨，卻不知舞台下的觀眾早已是噓聲連連，水瓶、石塊……伺機攻擊台上瘋狂的演員，一心想把台上這群還在作

「春秋白日夢」的瘋子，全部趕進歷史的灰燼中。歷史上好演員總是難尋，都是因為領導人根本不知、不肯重視「教育」的原因，既然沒有「因」，又哪來的「果」呢？

台上叫好一分鐘，台下苦練十年功；如果台上人來瘋，保證台下眾人轟。好演員不必然有證照，有證照的不一定是好演員；有證照的必然受過訓練，但是受過訓練，不必然有證照。同理，人際往來的相處規則亦如是，從學所成（受訓），學而致用（演出）；角色本分則是教育的內容，也是日後上台演出的版本。觀眾的掌聲或噓聲，是肯定或否定，全看演出之成敗、好壞。有時碰到高水準之觀眾，基於同理心，還肯包容演員之醜態，但是也有其忍耐限度；但如果演員誤以為是受到觀眾歡迎、支持而不思改進，則必將累積眾人之怨，而遭唾棄或羞辱。唉！「人貴自知」是重要的，但「自知過失」更是關鍵中的關鍵啊！

四、里仁

子曰：「里仁為美。擇不處仁，焉得知？」

●文意：孔子說：「大家都知道選擇住所，要在『治安好、人善良』的地方。如果隨隨便便就找個地方住下來，連個基本調查、打聽都沒有，只怕一旦出事了，連後悔都來不及，這實在不算聰明啊！」

◆義解：孟子說：「近朱者赤，近墨者黑」。選擇住所與選擇朋友是一樣重要的。正確的選擇，即使未蒙其利，也不受其害。反之，雖受其利（工作、就學），也受其害，可能會得不償失的。有心自我提昇的人，怎麼能忽略這個容易又簡單的起步呢？

子曰：「不仁者不可以久處約，不可以長處樂。仁者安仁，知者利仁。」

●文意：孔子說：「不在乎『傷害人』的人，是沒有辦法忍受長久的貧困，因為逆境將逼使他採取影響、妨礙、傷害他人，以便換取脫離貧困、不如意的境遇；可是這種人也不可以長期生活在順心如意的富貴生活中，因為順境久了，也會厭倦、煩膩，慢慢會逼得他搞出傷人、害人的娛樂活動，來刺激他無聊、無目的的生活；因為他嚮往緊張刺激的『極端』生活。至於『誓不害人』的仁者，則是因為經歷了『親臨現場』的痛苦，因此不忍、不願、不肯加諸於他人『任何傷害』。智者因為洞悉利害，明白『本末因果』的道理，所以不敢加害於他；同時因為深信『有作必報』與『自作自受』的定律法則、運作原理，所以能堅定『絕不害人』的看法、想法、說法、做法。」

◆義解：仁者與智者之見解，雖然略有不同，但所表現出來的言行，卻殊途同歸，並無衝突。即使先天善良如同天使，若不加以「後天加工」的手續，也一定受環境污染的侵蝕，免疫能力日漸墮落，最後隨波逐流，邪惡如魔鬼，就連自己都完全不認識了。學習就是自我加工、自我提昇，這是一件「終身不斷」的改造工程，好像呼吸、飲食一樣，不可以停止。就像農夫年年耕耘、年年收成，是不能隨意停止的。除非積極努力自我改造，提前完工（完美無瑕）的人，才不在此限。不過，千萬別以為只要參加了改造，就等同畢業保証，那可不一定喔！人生就是一個大考場、大戰場，是被淘汰或晉級，完全看他上陣前是否完成了準備。有誰見過不經過學習的準備，就能直接上陣，而且達陣成功的人呢？那根本就是自找死路、自掘墳墓嘛！

子曰：「唯仁者，能好人，能惡人。」

●文意：孔子說：「只有『不傷害人』的仁者，才有條件和資格去讚美人、喜歡人或責備人、厭惡人。」

◆義解：沒有經過學習（加工）的人，大多僅憑著「生而能之」的感官知覺及利害得失，去判斷、好惡一切的人與事。可是，善良的仁者，不會以利害的「得」與「失」或角色的「過」與「不及」去批評他人。仁者是以不傷害、不妨礙、不影響的「善良標準」來自知、知人；又以傷害人、妨礙人、影響人的「惡行標準」來自量量他；而且仁者之「好」人，並不是為了自己的好處或求取認同，而是以同喜同賀之心，由衷的讚美。另外，仁者之「惡」人，也不是因為自己受害或反擊而「惡其人」，而是以哀憐悲憫之心，不得已的責備。猶如父母愛護子女的方式，不論施予任何的獎勵或處罰，一切都是為了子女長遠未來而打算。所以在「不傷害人」的前提下，怎麼說、做都對，因為路遙知馬力；反之，怎麼說、做都不對，一定惹得滿身腥。所以如果自己還不是仁者，最好是保持距離，尊重他人。切記！各人自掃門前雪，打理生活修門窗，獨善其身隱在巷，莫管他人瓦上霜。

子曰：「苟志於仁矣，無惡也。」

●文意：孔子說：「如果真心立志要做一位仁者，甚至以生死相許的決心不改變，這樣的人，我敢說一定是善人啊！」

◆義解：一針見血的定義，使得向來「模糊難辨」的是非善惡，就在這一句話中，清楚明白，顯現無遺了。仁者就是滿懷愛心、同情心的人，是永遠不可能有害人念頭或行為的，即使暫時好像在欺負人、傷害人，也仍是為了對方好。基於想要幫助對方而不得已採取的「非常手段」，就像勒戒所的矯正治療，都是基於患者的需要而設的，決不是在欺負、傷害患者。可是總有不明事理或心懷不軌的當事人或第三者，混淆視聽，圖謀不軌，硬是把助人善事，翻攪成衝突傷害的事件，簡直唯恐天下不亂。好啊！孔子說的這句話，真是太好啦！

子曰：「富與貴，是人之所欲也，不以其道得之，不處也。貧與賤，是人之所惡也，不以其道得之，不去也。君子去仁，惡乎成名？君子無終食之間違仁，造次必於是，顛沛必於是。」

●文意：孔子說：「榮華富貴是世人所愛的，但如果不是用合情、合理、合法的方式獲得，那君子是拒絕的。窮困貧賤是世人所厭惡的，但如果是以非理、非法的手段來改變這樣的情況，君子也是反對的。君子想要揚名聲、立典範，怎麼能離開『仁義』這條大道呢？君子即使在苦難違逆的環境中，也不會忘記仁義之道；甚至於在危急的生死關頭，一樣是以這個原則來面對，絕不妥協！」

◆義解：喜愛榮華富貴的人生，似乎人人有志一同。但若採取行動時不能遵守「遊戲規則」來公平競爭，那麼即使暫時得到，也不可能長久，甚至會像「過路財神」般，沒有幾年的好光景！君子面對自己承諾的「角色」，態度是誠懇而認真；只要徵得他的同意，就不必擔心他敷衍虛偽，應付了事。雖然看起來，君子是憨憨的，不知變通，不會靈活轉彎，好像死腦筋、老古板；可是他的內心世界卻是平穩安靜，不會上下起伏，是心安理得，不會恐懼慌張。反之，貪求富貴，厭惡窮困的小人，那怕是付出自己的生命，他也只問值得不值得？只要值得，就算違法犯眾怒，傷人害命，也不在乎！因此他的內心是緊張恐懼、憂愁煩惱，像波濤洶湧的大海，沒有一刻安詳寧靜。小人受名利的趨使，作牛作馬，甘為役使；在名利的面前，為奴為婢，不得自由；庸庸碌碌直到面對生命結束，還是一臉茫然，完全不知道該怎麼辦？辛辛苦苦一生，迷迷糊糊一世，實在是「足堪憐憫」的人啊！所以孟子說：「君子有終身之憂，而無一日之患」，正與孔子之「不處也」、「不去也」遙相呼應。因為謹慎配合「處之不義」、「去之非理」的原則，故能終身無憂。終身心安無患，這才是人的生活啊！

子曰：「我未見好仁者，惡不仁者。好仁者，無以尚之；惡不仁者，其為仁矣，不使不仁者加乎其身。有能一日用其力於仁矣乎？我未見力不足者。蓋有之矣，我未之見也。」

●文意：孔子說：「心甘情願『誓不害人』的人，我從沒見過。厭惡唾棄『傷害他人』的人，我也沒有見過。生而為人，立志『誓不害他』，還有甚麼能比這更高尚呢？痛恨『傷害人』的人，為什麼也算是『仁者』呢？這是因為他不會讓自己的言語或行為，沾染了不仁的嫌疑，何況是親身所為呢？把一天的專注力、精神都用在『小心翼翼，不傷害人』，真的沒有這種人嗎？是不願意吧？而不是無力啊！也許世界上真有這樣的人吧？只是我至今還沒有見過啊！」

◆義解：孔子讚美「仁者」的境界是無與倫比的！人的容貌，是分明顯現；人心善惡，卻非眼所見。自身的醜陋與美貌，當然與心無關；心靈的善良與邪惡，未來福禍便分。孔子對學生的引導式教學，於此可見。先從角色本分，提升了「心安理得」、「理直氣壯」的心靈價值。自覺的方式打底紮根，然後像「繪事後素」之「禮後乎」來切磋琢磨，追求「無以尚之」的完美境界。從本篇含意，便可推知，孔子教學生，先完成「禮」的學習，用「敬意」去扮演好已承諾的「角色」，用「熱誠」去實踐從角色所衍生的「本分」，用「謙虛」時時反省本分中的「權責平衡」，然後繼續再提昇至「仁」的層次，否則將如同「富不知禮，致亡之道」。總之，先用「富」來補「貧」的不足，然後再用「禮」來補「富」的不足，最後用「仁」來補「禮」的不足。（貧者常不足，富者多不義，禮者嫌過剛，仁者真無敵）。

仁的定義是不害（不傷害他人、不妨礙他人、不影響他人），是一種「消極式」、「不作為」的愛人，如同拔去插銷的手榴彈，或引爆過的地雷，不會再傷害人了。而「德」是積極的愛人、助人，也有三個階段：從量力而為的「分享」，到盡力而為的「奉獻」，再到無我而為的「犧牲」（生命）。中國文化中「仁德」之人，便是聖人。所以人生的學習，就是從貧到富，從富到禮，從禮到仁，從仁到德；努力學習的人，確實可以縮短時間，速學速成，但絕沒有捷徑、越級而成的可能。縱觀古今，販夫走卒，嫌貧愛富；族姓大戶，安居學禮。貴族仕子，守禮志仁；有家、國者，施恩助人而已。貧不能富，生活辛苦；富不學禮，三代而已；守禮無仁，強弩之末；有仁無德，薄雲籠月。仁者獨善其身，有德者兼善天下。不害是「仁者」，助人是「大德」；宜先學「仁」而後進「德」，因為無仁而有德，或有仁而無德，都是不完整、不完美的，如同美玉玷瑕，實為可惜！

子曰：「人之過也，各於其黨。觀過，斯知仁矣。」

●文意：孔子說：「一般人都會犯錯的，但是犯了錯，不但不肯道歉、認錯、補償（賠償損失），還想要掩飾、解釋，合理化其過失，像這樣的過失是真正的過失。想知道一個人有沒有仁（良）心，從這裡觀察就可以知道了！」

◆義解：孔子對於過失的定義下了一個清楚明白的範圍了！原來過失的定義也沒有那麼模糊嘛！「人非聖賢，孰能無過」、「過而不改（坦護、掩飾），是謂過矣！」所以千萬不要掩護自己的過失啊！有人幫我發現過失，謝他都來不及了，竟然還要否認到底，難道不知道過失像排泄物一樣，應該要趕快清洗乾淨，怎麼會留在身上呢？過失就是心靈的「染污」啊？染污並不可怕，但是汙染之後不處理，或者隨便處理，甚至再三辯解；暫不論他會不會害人，就說他連自害都無所謂，那麼他又怎麼會在乎害人呢？像這種既自害又害他的人，怎麼可能會是「仁人」呢？

子曰：「朝聞道，夕死可矣！」

●文意：孔子說：「早上才明白做人的是非、對錯的道理，哪怕生命只到晚上，死也心安理得，了無遺憾啊！」

◆義解：活了一百歲，還不如只活一天，為什麼呢？因為迷迷糊糊，是怎麼活著的？又是怎麼死去的？究竟是死的了無遺憾呢？還是不甘不願呢？因為只有清楚死因，才能令死者「安心入土」。同理，雖然只剩一天可活，卻能心安理得，心服口服，毫無遺憾，那當然是勝過「行屍走肉」的活一輩子！也有人說「重生」是喜悅的，那怕生命所剩無幾。「震撼心靈」、「大死大活」的「浴火重生」，就頗有悟道的意境，也是「如人飲水，冷暖自知」！本來心安理得，沒有遺憾的人生，才是人生的基本目標。不過，大多總是：「來時不清不楚，去時遺憾而卒，在生不知是客，至死猶要作主。終生捨命追富，忘卻家親眷屬；每說身不由己，仁義道德難顧。虧欠不安於人，偷斤減兩於物；心中唯有利害，佔他便宜無數。猛想改過向善，奈何三日工夫。任你自欺害他，因果報應無誤。」

子曰：「士志於道，而恥惡衣惡食者，未足與議也！」

●文意：孔子說：「立志要成為聖賢的學者，卻還有多餘時間和精神去計較食衣住行的優劣好壞，那麼他用在學習的時間及精神，恐怕也不多了！還能期待他有甚麼了不起的成就呢？」

◆義解：志求聖賢並非高調而不切實際，就像學校的「模範生」或考場的「狀元郎」，都是完成目標及理想的優秀表現。俗話說：『人往高處爬，水往低處流』、『魚躍龍門，身價百倍』；這些令人羨慕的成就，其中也包括了現實的利益，以及似有若無的名氣，否則誰願意追求「不對等的回報」而付出努力呢？譬如，追求奧運金牌的選手，都是事先早已知道金牌得主的名與利；為了名利，願意付出一切努力，再苦再難都肯忍耐，這就是篤信「交換法則」的聰明選手！

孔子所說的「恥惡衣惡食」的士人，若以運動選手作例子，就是指立志要摘金或奪金的選手，卻在集訓期間，嫌環境吵雜、教練太凶、硬體設備老舊、不足……。也許選手抱怨的內容，確有其事，但立志摘金的選手，會把這些困境看作是摘金考驗的一部分。如果要先解決以上困境，才開始安排訓練，那麼這位選手的目標搞錯了，他應該追求錢財，而不是金牌。況且即使解決困境之後，也不見得就能順利得到金牌。因為摘金的首要條件是「決心」，次要條件才是環境，教練……等等。決心是指沒有懷疑，不會三心二意，不會分心他顧，不會三分鐘熱度，不會自卑放棄，不會驕傲自滿，因為只關心那尚未到手的金牌，其他都不重要，也不放在心上。像這樣努力的選手，有時仍只是銀牌或銅牌而已，這種挫折和失落曾經擊敗多少選手啊！至於有決心的選手是不會受到影響而改變他的終極目標，所以成功的金牌選手一定是具備「決心」、「專心」、「恆心」這三心的人。因為欠缺三心，所以孔子才說「未足與議」也。

子曰：「君子之於天下也，無適也，無莫也，義之與比。」

●文意：孔子說：「君子對於這世界上一切人事物，不會因為出於喜愛，而堅持要這樣、要那樣；也不會因為厭惡，而決定不要這樣、不要那樣。君子只是依據『角色本分』，該這樣、就這樣，該那樣、就那樣。該與不該的想法、說法及作法，完全按照當初承諾的角色、本分，全力配合實踐就對了。」

◆義解：沒有經過學習的人，因為沒有「角色本分」（禮）的軟體預先輸入，所以處理不了人際關係的問題，如同功能不強的電腦，硬要處理超過「軟體」所能負荷的範圍，導致常常當機。可是在人而言，又豈只是「當機」而已，伴隨而來的包括失去自信、挫折、煩惱、憂鬱、躁鬱、不安、虧欠……等等的內在情緒，甚至會以「輕生」來總結這種「痛苦的人生」。人一出生在世界上，就像「全新電腦」的出廠配備基本的功能，而非是以「全功能」來上市；所以後天的加工、下載、改造、強化都是當然的，也是必要的。除非不必加入人生戰局、人生考場，否則任誰都無法避免。當然各人的命運、際遇都不同，有的人打從娘胎起，就已經被安排了加工與改造，隨著歲月增長，在不知不覺中漸漸完成了強化，這叫做「少成若天性，習慣成自然」（孔子家語）。

如果是中年以後，才展開改造的人，其苦難折磨可想而知（非筆墨所能形容，如挖骨敲髓，像抽筋換血）；因為自幼未學「禮」（名分），只能順著本能反應（感官知覺基本功能），在求生求存的奮鬥中，屢遭挫折、煩惱痛苦，於是逐漸產生「自我懷疑」、「自我否定」！凡是自覺知識不足，承認所知有限之後，才會作好心理準備，開始投入這一場精采的「發現之旅」。當然，除非夠堅持才有機會找到答案，如果不夠努力，則終身無解。就算找到了無數的「局部答案」，接下來，還要千辛萬苦把這些「局部答案」拼湊、還原，然後凝聚為堅定不移的見解。最後，還要浸漬融入在自己的生命中，作為自己想法、說法、作法的依據，以及日後回收、享用的來源。就像食材要經過淨化、料理、食用、消化之後才能得到能量、營養，最後發揮功能和作用。請務必相信，世上的一切都沒有問題（天下本無事），如果真有問題，那必然是自己的知識有限、智慧不足、不懂、不會造成的，怨天尤人那是搞錯方向了（庸人自擾之）！

子曰：「君子懷德，小人懷土。君子懷刑，小人懷惠。」

● 文意：孔子說：「有品德的人，心裡想的是如何幫助他人，做些甚麼可以對人有益，並不在乎、計較報答。小人念念想著如何增加自己利益，根本不管是否合情、合理、合法？是否合乎遊戲規則？讀書明理，言行合一的君子，心中掛念的是努力避免背禮、違法，以免遭受羞恥、刑罰，小人根本沒有慚愧羞恥，不怕判刑受罰，反而認為違背禮法是無可避免，但卻非常害怕，擔心犯罪（過失）之後，得不到寬恕、赦免的恩惠。」

◆義解：君子懷德，施恩不求；小人懷土，一心求富。君子懷刑，法令是依，小人懷惠，賄賂逢迎。君子有德，眾人所依，小人愛財，永嫌不足。君子遠刑，守法在心，小人求惠，日後必悔。

子曰：「放於利而行，多怨。」

●文意：孔子說：「只針對自己有利的，有好處的，才決定採取行動，這種人多是被人討厭的。」

◆義解：時代不同，人心不古，決非虛言也。現代人雖只顧自己的利益，但是卻沒有傷害他人，一樣可以受人歡迎和尊重，而在孔子的時代卻是令人厭惡的。這個時代，太在乎生存發展及感官享受，能引發自覺的心靈作用，早就拋到九霄雲外去了！只求生存和享受，當然就無法走向自我提昇的自主自覺境界，只能受環境人事物的牽制，過著受制、不自由的憂煩人生；反之，自主自覺的人生則是心安理得、了無遺憾的。

與小人相較之下，君子的人生就像擁有「母港」的船隻，可以得到不受風浪侵襲的平安內港（安心）。小人的人生則像隨著風浪，永遠漂流的船舶，隨時恐懼、不安的終其一生。就算滿載漁獲，富貴多財，也是憂慮恐懼，苦不堪言啊！胡適先生說：「要怎麼收穫，先怎麼栽！」換個新的說法是：「想要得到，就要先知道怎麼製造。」仁德君子並非天生如此，也是父母所生，學習所成的啊！君子考慮如何利他而行，小人只考慮如何利己。總之，利他而行，得人敬愛；利己而行，多顧人怨。

子曰：「能以禮讓為國乎，何有？不能以禮讓為國，如禮何？」

●文意：孔子說：「在位的領導人，依據角色本分來服務國家人民，推舉賢能，甚至讓賢（如鮑叔牙），那麼治國還有甚麼困難呢？反之，在位的領導人，自己不但不忠於角色職務來服務國家人民，遇到有才能的賢者還想辦法冷凍他、遠調他，讓他沒辦法發揮所長來為國服務；或者怕自己被取而代之，所以陷害他、污衊他、置他於死地。像這種以私心據位的領導人，就算有禮（角色本分）的遊戲規則，也拿他沒辦法啊？」

◆義解：所以小人據位，形同竊國，他只幹與自己有利的事情，其他的（公）事都不重要。真正為國，才能讓國（位）；自私的人，最怕賢人出頭了。明主在上，賢人當位，小人必逐於野；昏君在上，小人當朝，賢者皆自退隱。國家的興盛強大或衰弱內耗，就看是甚麼樣的「劇情演出」、「角色搭配」而定了。

子曰：「不患無位，患所以立；不患莫己知，求為可知也。」

●文意：孔子說：「何必擔心沒有職位可以就任，倒是應該擔心憑甚麼能佔有一方舞台。不必擔心沒有人了解我，該想想我有甚麼特色、專長，值得人家願意花費時間來打聽。」

◆義解：由孔子所說可以明白，在一般人的思想裡，根本沒有本末、因果、終始、先後的概念。「無位」的時候只擔心何時「有位」，不知道「有位」之後，如果表現不佳，或出狀況，惹事生非，那「失位」也就不遠了。另外更有「小位」不肯做，「大位」做不好，如果沒有先經過學習而「就位」的話，不知道將有多少的百姓要受到傷害，那倒不如「無位」來得好哩！

子曰：「君子喻於義，小人喻於利。」

●文意：孔子說：「君子對角色本分的想法、說法、作法多所研究，多有了解。而小人對利害得失的研究，多所顧慮，多有心得。」

◆義解：孔子用最簡單的說明，清楚的解釋君子和小人各自努力的方向及內容，是多麼的迥異不同。君子用心研究、學習雖不容易，而小人的鑽研、分析也不簡單啊！但因為方向不同，而最後的結果也大不相同。君子由自覺的方向出發，所以漸漸自主而達到自由（輕鬆平安）；小人由唯利的方向起步，所以慢慢自溺而進入迷失（憂煩不安）。君子也許粗茶淡飯，沒有榮華富貴可以享受，但是君子會得到「平安方是福，無事才是樂」的人生。

子曰：「參乎！吾道一以貫之。」曾子曰：「唯。」子出，門人問曰：「何謂也？」曾子曰：「夫子之道，忠恕而已矣！」

●文意：孔子說：「參啊！我所學習的道理，以及教給你們的知識，是有系統、有範圍、有階段，條理分明的學問。」曾子回答老師說：「是的。」孔子出去後。其他同學來問曾子說：「老師說的，是甚麼意思啊？」曾子回答說：「老師告訴我，忠於角色本分，寬恕不害他人是一切知識學問的中心思想，大約就是說這罷了！」

◆義解：「一以貫之」，就是今天科學界所謂「分門別類，系統整合」，從精細分工的研究觀察到歸納整理的結論，最終的應用普及影響一切人類、生物，乃至地球環境。中華文化也是如此，從販夫走卒，文林士子，貴族巨室，將相帝王都直接或間接受到儒家思想的影響。凡是文化普及盛行的地區或時代，便呈現繁榮富足，泱泱大國的崛起之姿。若是「馬上」（武力）得天下，又以「馬上」（武力）治天下的，則紛亂動盪，不得安治。今天早已沒有自家人（中國人）在努力恢復傳統文化，更沒有人以科學精神研究儒家思想了，倒是不乏人云亦云的批判及詆毀。最終有誰能嘗到這數千年悶製的精華妙藥呢？靈丹妙藥也得依循古法煉製，才能得到神奇特效啊！（專治良心不安、虧欠他人、憂鬱恐懼、煩惱痛苦……）

子曰：「見賢思齊焉，見不賢而內自省也。」

●文意：孔子說：「看見或聽說那學習成就比我優秀的人，就一心想要向他看齊，毫不猶豫。至於那些不知要學習，不肯學習和雖學習而無所成就的人出現時，如同本能反應般，馬上反問自己是否也是同一類的人呢？」

◆義解：在學而上進，日增且有成，是名「好學」。在學而怠惰，分心且旁騖，是名「不肖」。至於平民百姓，唯求生（存）而已。學與不學，非關貧富，貴賤，端在自知、自覺、羞恥及慚愧而已。「人貴自知，自知則明；道貴自覺，自覺必智」。成聖成賢，總要入學耕耘才行的。過失罪惡，多是棄學荒逸，無所約束所致。只有學習（非是識字，技藝也），才是唯一自救之道，甚至助他救人，也是易如反掌，毫無困難的。

子曰：「事父母幾諫，見志不從，又敬不違，勞而不怨。」

●文意：孔子說：「子女奉侍父母時，遇到父母有過失，要小心勸告，有時甚至為了說服父母改正，也不惜直言無隱，如忠臣之直諫。倘若父母堅持不聽，不肯改變，自己仍然要作好子女分內的事，態度依然恭敬；所吩咐交待的事，不會拖延敷衍。即使父母生氣了，故意要子女承擔更多的雜務工作，子女依然默默忍受，心裡不會有任何怨言的。」

◆義解：孔子所說的情形，正是孝子的真誠德行，至於孝子會這樣感人，令人佩服，則是教養所致。如果父不父、棄養、不教、虐待……，那麼如何期待子女「感恩圖報」呢？父母的身教是孝子的力量來源，沒有「慈愛施恩」、「身教言教」的父母，是蘊育不出「孝順子女」的；而且社會動亂失序，國家衰弱敗亡，也是根源於此啊！

所以沒有製造「孝子」的環境和條件，又怎能期待有孝子的問世呢？沒有人學習作父母，就不會有慈愛父母的出現，以及溫暖家庭和天倫之樂。試問啊！何處有教「學作父母」的課程呢？敢問誰是天生的父母呢？何不拜孔夫子作老師，直接向孔子學呢？

子曰：「父母在，不遠遊；遊必有方。」

●文意：孔子說：「只要父母還活著，子女為了不使父母掛念，就不應該離家去遠處遊歷，如果不得已，也一定要告知去處，或保持聯絡、隨時能找得到人。」

◆義解：孝子就是從一切細節之處，設身處地為父母著想，像這樣將心比心，感同身受的長期養成訓練下，孝子必然是忠臣，也是仁德君子，這是理所當然，毫不奇怪的事。

子曰：「父母之年，不可不知也，一則以喜，一則以懼。」

●文意：孔子說：「孝子深受父母之恩，所以常常念著父母的年紀，父母年紀愈大，得享高壽，孝子心存喜悅；但人生不免死亡，孝子想到這點，就時刻擔心害怕與父母相聚的日子愈來愈少了啊！」

◆義解：心存感恩的人，在子女是孝順；在臣子是忠臣，在朋友是知己，在一切處都是報恩者。反之，心存怨恨的人，在一切處都是報仇的人；受恩不知報恩，稱為「畜牲」，不配為人。孝子自知受恩，關心父母的健康、生活、睡眠……等等之一切，又豈止是年紀而已啊！

子曰：「古者言之不出，恥躬之不逮也。」

●文意：孔子說：「以前的人啊！都不肯隨便承諾或答應他人，因為萬一做不到，做不好的時候，辜負別人的信賴或依靠，那可真是丟臉的事喔！」

◆義解：把答應別人的事，準時完成，這是天經地義的道理；但有人卻偏不這麼想，因為他認為盡力就好，何必非要做到呢？所以才有了「試試看」、「做看看」的現象。更有為了求得某些利益，所以用「畫大餅」，明示暗示沒問題，先取得角色中的權利，至於責任的部分，再用推卸、找理由、等等的方式逃避，完全不會羞恥和慚愧，讓人誤以為犯錯是不必付代價的哩！其實過失必付代價，遲早而已，輕重而已；棄責瀆職，權責失衡，而不以為恥者，其實心裡是虧欠負累，惶恐不安，像走鋼索，如臥刀山，憂煩不樂，食不下嚥，睡不安眠……，這真是悲慘不已的人生；如果當事人又用適應、麻木的方式來逃避問題的話，那就會連最後挽救的機會都沒有了！

子曰：「以約失之者，鮮矣！」

●文意：孔子說：「處處都能以角色本分的觀點自我要求，自我約束的人，就算還有過失，也不會太多了。」

◆義解：「尊禮」的人，自守分際，總在事前就完成是非對錯的判定，然後決定該如何說、怎麼做，根本沒有事後悔恨的問題。萬一真有誤判之行為及後果出現，他也不會推諉卸責，能以正面的態度，勇於承擔一切損失。而一般人大多是否認到底，推托掩飾，或是反守為攻，反唇相譏，或找替死鬼。

子曰：「君子欲訥於言，而敏於行。」

●文意：孔子說：「君子只想把事做好，及時完成，不想多說、多作解釋。」

◆義解：君子是完成學習的人，並且將所學的定律、法則實踐於生活和工作中。因為只有透過實踐，才能把所學的內容，轉化成結果、目的。所以君子沒有太多時間去想「該怎麼說明」、「要怎麼解釋」自己的理想、目標。況且君子付諸實際的行動，根本用不著別人的配合。沒有舞台，就獨善其身，隱居在巷。有舞台，就兼善天下，完美演出。君子無所求，故訥於言，君子知仁義，故敏於行。

子曰：「德不孤，必有鄰。」

●文意：孔子說：「能分享、奉獻、犧牲的領導人是不會孤立無援的，因為他造福地方、民眾的事蹟必然感動人心，引起共鳴，所以當然會得到社會大眾及知識分子的認同與支持啊！」

◆義解：君子的「立人」與「達人」是先從「自立」和「自達」之後，自然而然，水到渠成的。至於感動人心，深獲他人支持，那不過是「副產品」而已。君子以無所求心，施恩助人，從雪中送炭到教人自立（給他魚吃，再教他釣魚）。君子有先見之明，所以無後顧之憂；君子的世界光明磊落，坦坦蕩蕩，像磁吸效應一樣，永遠輻湊著民眾的向心力和凝聚力啊！

子游曰：「事君數，斯辱矣。朋友數，斯疏矣。」

●文意：子游說：「與君王共事、相處，千萬不要囉哩囉嗦一大堆，要簡單明瞭，適可而止，否則將惹人厭惡，自取其辱啊！同理，和朋友相處如果犯了這樣的過失，朋友雖不至於羞辱你，可是朋友將漸漸疏遠而去了。」

◆義解：當長官厭煩的時候，自己卻還不知道，那麼羞辱很快就要降臨了。因為長篇大論、囉嗦不停，任誰都會厭煩不耐；況且長官有能力處罰或羞辱於我，所以說是自取其辱。肯自學、自覺、自律的人，小心不要有這種過失啊！

五、公冶長

子謂公冶長，「可妻也，雖在縲紲之中，非其罪也。」以其子妻之。

●文意：孔子評論學生公冶長：「可以把女兒嫁給他。雖然他曾受法律制裁，但卻不是他的過失啊！」於是就把自己的女兒嫁給了公冶長。

◆義解：傳說公冶長是個聽得懂鳥類語言的人，也因為這個能力，導致牽連一件命案。有人以為公冶長若不是當事人，怎麼會形容的就像親眼所見呢？經調查的結果是：鳥兒在高處所見，正與其它鳥兒訴說時，恰好被公冶長聽到，然後轉述出來。由於聽懂鳥類的語言，被認定是不可能的，所以公冶長遭人檢舉，於是被官府緝拿入獄。後來抓到兇手破案了，才釋放了公冶長。自古以來冤獄不少，那是因為判案的官員，忘了自己並非全知全能，即使有所謂的「證據齊全」，有時也難免以偏蓋全，先入為主而曲解誤判。更有甚者，是受賄賂或自身利害考量，作出天地不容的判決，其可惡行徑，更勝那嚴重的罪行呢？

孔子認為有罪無罪，有時不像表面所見那麼簡單，也不是經過多數人認可，就保證能「是非分明」的！可是偏偏多數人就是會如此地「人云亦云」，或以感官所知作為判斷的依據，然後在不知不覺中，加害他人。感官所知並非完全不可靠，但又不能完全依靠，否則孔子怎麼會說「多聞闕疑，多見闕殆」呢？許多答案和真象是藏在細節裡、時間裏的，時間未到，急也沒用！凡是急著破案，急著結案，反而會被誤導、遭人利用，以致冤獄層出不窮。所謂「冤獄」，可別以為都是他人的事，與我無關！凡是「以非為是」、「以局為全」、「偏見偏聽」，迷惑顛倒的人，都是活在冤獄之中而不自知啊！

子謂南容，「邦有道，不廢；邦無道，免於刑戮。」以其兄之子妻之。

●文意：孔子讚賞學生子容說：「國家強盛，社會安定的時候，他可以貢獻所學，服務大眾。當國家衰弱，社會紛亂失序的時候，他能明哲保身，不會違反法律而受制裁。」於是孔子作主把哥哥的女兒嫁給了子容。

◆義解：像子容的條件，是許多女子所願意出嫁、託付的男子。當環境好，他有辦法發揮所長，服務大眾，立足社會；環境差，他還可以自保，不致遭受劫難，作這樣人的親眷，就不必日夜擔心他的安危。孔子挑女婿的眼光和標準，真不是一般人能明白的啊！

子謂子賤，「君子哉若人！魯無君子者，斯焉取斯？」

●文意：孔子評論宓不齊這樣的話：「這個人是真君子啊！如果魯國沒有君子，那麼他從哪裡效法和學習的呢？」

◆義解：既沒有天生的君子，更沒有自然的聖賢。想成為聖賢、君子，那就要以君子、聖賢為標竿；努力的學習君子的看法、見解，修正並捨棄錯誤有害的部分，也包括根深蒂固，難以動搖的種種惡習；堅定不移的努力實踐，打造正確可靠、長遠不變的光明人生。

子曰：「吾未見剛者。」或對曰：「申棖。」子曰：「棖也慾，焉得剛。」

●文意：孔子說：「我還沒見過剛正無求的人啊！」有人回答孔子說：「申棖不就是！」孔子說：「申棖有慾望，怎能算是無求？」

◆義解：孔子所謂「剛正無求」，並不是離群索居，自給自足，寄身山林，不問世事的世外仙人。而是指「先難後獲」、「先事後得」的理智態度，也是「只問耕耘，不問收獲」的意思。更深一層來說，就是毫不懷疑收獲的必然性，所以不管是甚麼結果、回報，都完全接受不拒絕、不逃避，也用不著驚喜、感激、謝天謝地。只是在耕耘的過程，努力再努力，學習再學習，把分內該做的完美演出，了無遺憾，這也是古人所說的「盡人事，聽天命」的哲語妙義。形容樂天、知命的君子，即使命中注定要一輩子生活在「陋巷」，也能無憂、無慮。

子貢問曰：「賜也何如？」子曰：「女器也。」曰：「何器也？」曰：「瑚璉也。」

●文意：子貢問說：「老師，您看我怎麼樣呀？」孔子回答說：「你像個器物。」子貢說：「甚麼器物呢？」孔子說：「像祭祀中用來盛放祭祀穀物的玉盤子。」

◆義解：明明是個人，卻學成了器物。雖然是極尊貴的器皿，供奉在宗廟供桌上，可是終究只是「人之所用」而已。如果學習是為了成為有價值的器物，那就違背了「成人」的宗旨。人是主，物是奴；原本人是能用，物是所用，如果人是奴、是所用，這是迷路了。孔子說：「君子不器」。有人譯為：「君子不是只限於一種用途的器皿」。這樣翻譯，難不成君子是要成為多功能，全方位的器物嗎？子貢請教老師的內容，本是自信之餘，想找老師印證和肯定。孔子說他像個價值不菲的「瑚璉」，其實是「寓貶於褒」。可惜子貢不明白老師的用心，否則一定會羞恥、慚愧的。但子貢一向自信滿滿，所以把老師的話，解釋為肯定與讚美。如果子貢不要陷入這暈陶陶的迷霧中，他應該追問老師說：「君子乎？」想必老師孔子的回答，一定會讓子貢的下巴掉下來！君子是能自主，會用物的人；小人是受制於人，不能自主的人。子貢是個大生意人（企業家），負擔著孔子周遊列國的龐大費用、開支，所以子貢在君子與小人、主人與器物之間，混搭之後竟成了瑚璉，大約像是皇帝御用的「九龍盤紋青花瓷」般的尊貴吧！

或曰：「雍也，仁而不佞。」子曰：「焉用佞？禦人以口給，屢憎於人。不知其仁，焉用佞？」

●文意：有人這麼說：「這位冉雍，真是個仁慈的好人啊！可惜就是口才不夠好！」孔子說：「口才好要作甚麼呢？如果口才好，用來強詞奪理，對付別人，往往導致別人厭惡自己。我不知道冉雍是不是仁慈的人，可是我知道，口才好或不好那是無關緊要的！」

◆義解：口才好的人，代表反應快，組織能力強，甚至記憶力也不差。可是說話的「三要」，卻與口才好不好完全無關。三要是：

第一、要說真話，不可造假。

第二、要說清楚，不可含混。

第三、要說完整，不可缺漏。

寧可口才不好而所說的話，受人信賴，遠比天花亂墜而不被人相信的好啊！有些人確實能用語言、工具來包裝美化人事物，使原本平淡無奇，樸實無華的事物，變成精緻華麗，令人目眩神迷；但許多欺騙、不實的問題，也就隨之而生了。所以極佳的口才，究竟是加分或是減分呢？恐怕還很難說啊！

子使漆雕開仕。對曰：「吾斯之未能信。」子說。

●文意：孔子派任學生漆雕開出來服務民眾。漆雕開回答說：「我對於出仕服務民眾的角色，還沒有把握。」孔子聽完之後非常滿意。

◆義解：孔子的滿意和一般人真是不同。一般人都想著權利，所以喜形於色，急著要去上任；而君子深知角色中權利和責任是對等平衡的，當權利愈大的時候，責任和壓力當然是更大。所以君子不會主動求仕的，只是等待眾人有需要而前來禮請出仕；而且君子也不會拒人於千里之外，置眾人苦難於不顧。漆雕開不敢隨便答應老師的安排，可是孔子反而很高興。如果是一般人來看，一定認為漆雕開簡直是給臉不要臉！是難搞、不配合的學生；可是漆雕開卻得到老師的肯定，那是因為老師對學生的了解啊！

子曰：「道不行，乘桴浮於海，從我者，其由與？」子路聞之喜。子曰：「由也，好勇過我，無所取材。」

●文意：孔子說：「禮樂制度不流行了，天下已經亂了，我看這世界已經沒有我立足之地了；與其自我調整來適應這個亂世，我寧可搭船出海，遠走他方啊！到時候願意跟我一起走的，恐怕只有仲由了！」子路聽了，認為老師讚美自己不會為了舞台而改變志節，所以喜形於色。孔子接著說：「仲由呢？好勇鬥狠是勝我多多，可惜就是不會拿捏分寸，掌握輕重緩急！」

◆義解：仁者樂山，智者樂水。孔子選擇出海隱居，也不願同流合污於亂世！歷代身逢亂世，不遇明君，所學不能致用的仁德君子，也與孔子一樣慨然隱退啊！孔子的偉大就在不肯妥協、放棄理念來換取施政的舞台，因為「名不正則言不順，言不順則事不成」。另外，從現代經濟學原理中「市場機制」的現實下，「禮樂」早就不是主流趨勢，甚至被上層社會所摒棄不用，認為這是作繭自縛的麻煩事，必欲去之而後快。完全不了解這種「自縛」（自律）之身教，也替君王穩固、縛住了江山國土和民心士氣啊！如果君王不明白本末、先後之理，就不可能了解「自縛以禮」的莫大利益了！

孟武伯問：「子路仁乎？」子曰：「不知也。」又問。子曰：「由也，千乘之國，可使治其賦也，不知其仁也。」「求也何如？」子曰：「求也，千室之邑，百乘之家，可使為之宰也，不知其仁也。」「赤也何如？」子曰：「赤也，束帶立於朝，可使與賓客言也，不知其仁也。」

●文意：孟武伯問孔子說：「子路是恕他不害的仁者嗎？」孔子回答說：「我不清楚！」孟武伯又再問一次。於是孔子說：「仲由啊！他有能力率領統御一千輛兵車的部隊，至於他是不是仁者，我不清楚！」孟武伯又問：「那麼冉求呢？」孔子回答說：「冉求嘛！一千戶的縣城或是擁有百輛兵車的大夫、貴族之家，可以請他去主持管理，沒有問題！至於他是不是仁者呢？我就不太清楚了！」「那麼公西赤呢？」孟武伯又問。孔子回答說：「赤嘛！穿上禮服，結好衣帶，在朝堂上接待各國使節、賓客，典禮都能中規中矩，不失地主國之威儀，至於是不是仁者，我不清楚！」

◆義解：孟武伯認真而懇切地想找一位仁者來作家臣，根本是在「自找麻煩」！因為仁者只可敬慕，以之為上賓，以之為師，還沒聽過把仁者當作臣下部屬的。仁者是以平等心，泛愛眾人的。仁者在上，一定是最得民心的領導人，莫非孟武伯準備要「禪位」嗎？在孔子眼中，當代仁者只有管仲一人，至於君子就多了。而管仲掌齊國政權，號為「仲父」，齊君不敢視之為臣，諸侯君王不敢與之為敵，一聲令下，各國不敢不遵，這樣的仁德君子，百年不遇。若非真有管仲這種人，恐怕也難有「齊君將國政全權委託」的事情發生吧！至於孟武伯那麼急切地遍尋仁者，只是想為家業找一位不會「背叛」的 CEO 罷了，又何必非得「不害」的仁者呢？

另外，孔子的回答都是學生的「才能」，而孟武伯問的是「德行」的部分，毫無交集。孔子的教授是隨學生志趣或性向來傳授，共計四科：德行（品德）、言語（外交辭令）、政事（軍事政治）、文學（內政經濟）。除了品德外，其餘是才能。才能的「才」是指專業技藝，「能」是指績效、落實的能力。

子謂子貢曰：「女與回也孰愈？」對曰：「賜也何敢望回！回也聞一以知十，賜也聞一以知二。」子曰：「弗如也，吾與女弗如也。」

●文意：孔子問學生子貢說：「你和顏回比較起來，誰學得好呢？」子貢回答說：「我怎麼能跟他相比呢？顏回能『聞一知十』，而我只能『聞一知二』而已啊！」孔子說：「是不如他啊！我和你都不如他啊！」

◆義解：讀書學習為的是自我提昇，不必也不用與人較量高低。「聞一知十」代表學習者領悟力強，那是先天天賦加上後天好學的完美配合。孔子自謙而讚回，子貢自抑不敢望回，都是謙謙君子。顏回的學習成果確實無人可及，可惜去世的太早了。孔子曾惋惜地說顏淵是「苗而不秀，秀而不實」；又說：「顏回的境界，差不多是聖人了！」孔子這樣的讚美，從來都沒有對活著的人說過，除了已故的聖王先哲，如堯、舜、禹、湯、文、武、周公。至於顏回的心靈境界，簡單說就是「無欲無求，至仁無害」的層次。

宰予晝寢。子曰：「朽木不可雕也，糞土之牆，不可杇也。於予與何誅！」子曰：「始吾於人也，聽其言而信其行；今吾於人也，聽其言而觀其行。於予與改是！」

●文意：宰我竟然大白天的在睡覺。孔子說：「腐朽的木材，誰會拿來雕刻呢？用泥糞作底所砌的牆，是沒辦法再加以粉飾了；對於宰我，還需要責備嗎？」孔子又說：「以前我對人的態度，總是只要他說了，就相信他一定會做到。現在我對人的態度改變了，雖然『聽他說了，也還要看看他有沒有做到。』這都是從宰我的身上所作的改變啊！」

◆義解：如果想要了解一個人的知識和內涵，只要把握三個項目即可。第一、查其所學，及其所知，是否為有系統、有階段，是循序學成，而非胡思亂想，東拼西湊的內容。

第二、觀其所言，及其所行，即落實所學的程度，以及言行是否合一，還是誇大不實，言過其實。第三、驗其成果，驗其成效。倘成效久候不至，必可推知所學及所有言行都有問題。至於宰我白天睡覺是頗為怪哉？因為古人如非必要，晚上不會浪費油燈、燭光的。宰我是讀書人，家境如何不得而知，但只有晚睡、睡眠不足，才需要白天補眠。這也表示日落之後，宰我並未準時就寢。但入夜後的宰我做些甚麼呢？古代又沒有電視、遊樂……等等設施可以消磨時間，所以才更令人好奇啊！難道宰我的體質特異，又或者身染疾病，所以如此嗎？

子路有聞，未之能行，唯恐有聞。

●文意：子路從老師那聽到的知識，有時候還不能完全記住和做到，偏偏又聽到老師傳授新的知識。想到舊的道理才剛消化、發酵和練習中，新的又接踵而來，子路豈能沒有壓力呢？

◆義解：從子路的「唯恐又聞」的心情，便可推知子路的學習是認真的，不是敷衍了事的，更不是應付的，或被逼、不得已的。凡是學習的人，如果沒有子路的心情，那就是被動的、不得已而學的，而且是非自覺、非自願的。所以，結果往往也是七折八扣，不忍卒睹啊！

子貢曰：「我不欲人之加諸我也，吾亦欲無加諸人。」子曰：「賜也，非爾所及也！」

●文意：子貢說：「我不希望別人對待我的言行態度，我也不會用這樣的言行態度來對待他人。」孔子說：「賜啊！你說的這件事，恐怕不是你能作到的啊！」

◆義解：己所不欲，勿施於人，就是「恕」。「恕」是寬恕、諒解、包容，是屬於消極的「善」。只有仁者才做得到，而且以階段而言，是先作到「不害」，才有辦法挑戰「恕他」。說到「不害」，那只是平時既不生害他之想，也不做害人的言行。但在遇到「考驗」、「受挫」的種種打擊，甚至死亡威脅時，還能做到「不害」、「不思報復」，這才是真正的「恕」。只有「恕」的層次，才能做到赦免對方、原諒對方。仁者是因愛人而寬恕人，而「愛人」並不是喜愛，而是同情對方的所言所行，必將受苦果在後。

至於不生害想，也有深、淺二層。深者是「人所不欲、勿施於他」，而淺者是「己所不欲、不施於人」。因為自、他之所不欲，未必相同。再進一層，更有仁德聖人，以分享、奉獻、犧牲之心，以「己之所欲，願施於他」，以及「人之所欲，願施於他」。雖「博施濟眾」，但不求報答，這是孔子所謂的聖人，也就是幾近「無（小）我、無（欲）求」的境界了。

子貢曰：「夫子之文章，可得而聞也；夫子之言性與天道，不可得而聞也。」

●文意：子貢說：「老師的知識及學問，我們可以聽聞而了解；但老師所談的性命之學和天地間的法則、萬物運作的原理方面，我們幾乎不曾聽聞，更何況是了解呢？」

◆義解：孔子傳授學生的知識，主要是人與人相處的「安心」之道，至於人與天地、鬼神、萬物的對應之道，則因非必要性而甚少說及。本來性命之學是一門「安心自處」之道，應該多多談論才對；可是性命之學甚深難解，若程度或悟性不夠，反而會謬誤曲解、害他走火入魔，那麼選擇不說倒比較好些。譬如穴位針灸是治病？還是害命？毫釐之差，天地懸隔啊！如果「欲安其心」，卻變成「喪志死心」，或原本「少欲知足」卻轉為「縱欲妄求」，那可真是「未蒙其利，反受其害」了。所以，孔子雖然是有教無類，但也必須因材施教。

有一次，孔子的學生冉伯牛病危，孔子去探望他，在窗外握著伯牛的手說：「亡之，命矣夫！」這就是孔子談及性命、生死之道，可惜孔子起了頭，卻沒有人追問下去啊！還有一次，子路問：「敢問死？」孔子答說：「未知生，焉知死？」意思是指活著的事猶未能盡知，那有時間去研究死後的事呢？程度學識不足的人，對於怪力亂神的事，一定要敬而遠之，因為一般人沒有判斷的能力，所以一旦遇到了，難免畏懼恐慌，不知該如何是好啊！尤其在孔子的時代，並沒有專學、專研這種事的人，其理論、思想的系統，並不完備周詳，可供人參學，所以孔子反對一般人以此來安心。時至今日，東西方宗教及各種信仰，已能論及生死、鬼神之事，但是邪正、善惡也充斥內外，令人眼花撩亂。是故，應當要學「士人」、「君子」之道，開理智信仰之先，築仁善無害之基於後，接著才能順入此道，而不至於深迷不能出，或雖出而不能致其用也。

子貢問曰：「孔文子何以謂之文也？」子曰：「敏而好學，不恥下問，是以謂之文也。」

●文意：子貢請問老師說：「衛國大夫孔圉去世之後，衛君為他追諡為『文』，這是甚麼原因呢？」孔子說：「孔大夫雖然世襲為官，但仍然靈活的利用時間不斷學習、自我提昇，更難能可貴的是，他並不因為自己是貴族的身分，而驕傲自滿；他能禮敬他人，向身分地位不如他的人請教而不以為恥辱。這是他得到追諡為『文』的原因。」

◆義解：真心好學的人，因為從學習得到啟發，明白只有「終身學習」，才是自助、自救唯一的路，否則一定迷茫墮落，痛苦不安。因為啟發了自覺的緣故，所以心能專注在所學的事理、法則上；於是食衣住行……種種平常作息之事，就不太在乎了！這樣的人，隨時在蒐尋，思考現象背後的原因、答案；由於事出必有因，所以不會被一切眼前種種奇妙、紛亂的事相所迷惑。他能冷靜觀察、小心分析、掌握原則、要點；也不會先入為主，自以為是的妄下判斷、結論，造成傷害和悔恨。總而言之，人生也如「逆水行舟，不進則退」，絕無停滯不動的可能，所以不是提升，愈變愈好，就是墮落，痛苦煩惱。「進」就是自救、自助，「退」就是自墮、自害。自救是以「心安理得、心平氣和」為目的；自害則以「憂愁煩惱、痛苦折磨」為結局。

子謂子產，「有君子之道四焉：其行己也恭，其事上也敬，其養民也惠，其使民也義。」

●文意：孔子評論子產這樣說：「他有君子的四種特質。第一、他總是要求自己態度恭敬，不分日夜，隨時隨地如此（穩重）。第二、面對上級長官的時候，從內心生尊敬心、服從心（敬上）。第三、對待百姓的時候，施恩照顧，傾力相助（幫助）。第四、派任百姓勞動出差時，能考慮百姓的狀況，不會任意下令，不管百姓死活（不害）。」

◆義解：像子產這樣的人，歷代屈指可數，都是因為「養成教育」的不同啊！如同現代的商品，因為設計、製程、品管不同，所以產品就會顯得格外不同。大部分的人，總是相信自己已經擁有人的形體，當然就是人了，還要另外加工、改造甚麼呢？完全不了解「身體」只能算是「基本材料」、「硬體設備」而已，真正價值必待加工（輸入軟體）後，功能才能完全顯現。

有一次，子路曾以「南山之竹，本自天然，有何不好？」來質疑孔子，而孔子回答他說：「若將南山之竹，加以改造成箭、弓、種種器皿呢？」子路聽罷，便立刻拜孔子為師，願學「成器」，學做「有用之材」，遠勝「天然而無用」之竹，終其一生而無所作為。試問，誰肯終生只是個「天然之竹」，而放棄成為「有用之材」呢？

子曰：「晏平仲善與人交，久而敬之。」

●文意：孔子說：「齊國大夫晏平仲，與人交往能謹守分際，拿捏分寸；因此，彼此相處愈久，愈是尊敬他。」

◆義解：曾子說：「狎甚則相簡，莊甚則不親，是故君子之狎，足以交歡，其莊足以成禮」──〈孔子家語〉好生第十。曾子的意思是：「朋友相交，太隨便了，就會喪失尊重；太嚴肅了，就會陌生疏遠。君子交友要把握尊重、不侵犯、不否定他人，而又能無話不談，往來同歡。自己也要保持態度莊重，三句不離口的好習慣（請、謝謝、對不起）；朋友受到尊重，自然就會尊重我們，不失禮貌。」如果自己太隨便（自侮、不自愛），那就別怪他人不尊重我；因為自己對人無禮（目中無人），就別怪他人失禮於我。要牢記啊！物必自腐而後蟲生，人必自辱而後人辱之。

季文子三思而後行。子聞之，曰：「再，斯可矣！」

●文意：魯國大夫季文子總要考慮再三，才會下決心去實踐。孔子聽到以後，這樣說：「決定之前，只要再思考一次就可以了。」

◆義解：只要凡事再思考一次，就能完整多了。思考再三，顯得猶豫不決，不敢決定。真正影響後果的是「資訊的完整」和「解讀的能力」，賢愚之分在此。反覆再三的思考也許可以勤能補拙，但卻不能補「無知」的根本問題。「不懂、不會」要從就教、請問去解決；而「不知」、「不覺」則要從學習、反省來改變。

子曰：「甯武子，邦有道，則知；邦無道，則愚。其知可及也，其愚不可及也。」

●文意：孔子說：「衛國大夫甯武子在國家安定時，就會展露他的才能及智慧。當國家動亂時，就收起他的才智，表現出愚昧無知的樣子。他施展長才的時候其他人還可以追得上；但他隱忍才智、示現愚昧（糊塗）的部分，則沒有人可以媲美了。」

◆義解：文人鄭板橋曾書「難得糊塗」，而老子說：「知者不言，言者不知」，都在說明真知灼見的人，深知多言無益，惟有裝傻、配合度日而已。甚至裝傻才能逢凶化吉，裝糊塗常常轉禍為福。善於「裝糊塗」者才能存乎一心，收放自如，而誤用者往往東施效顰，畫虎成犬，自陷危境。譬如，子路如果能裝傻，那就能免去被剁成肉醬的下場！但子路急欲將所學用於舞台上，卻沒有慎選舞台，才擔綱首演就成了「告別之作」，真是「命已夫」啊！

子在陳曰：「歸與！歸與！吾黨之小子狂簡，斐然成章，不知所以裁之！」

●文意：孔子在陳國時，忽然有所感嘆說道：「回去吧！回去吧！我故鄉的孩子們，志向廣大，言必稱『先王說』、『聖人云』，表面上看起來蠻有樣子的，只是還不能去蕪存菁，進入精細微妙的程度罷了。」

◆義解：本篇說明孔子已生罷游之心，放棄了推動禮樂於天下之志。與其周旋往來於各國的時間、精神，不如回國教育人才，續文化於鄉里，何必非朝堂之上不可呢？這些志大行疏的後生晚輩，如長江之後浪，加上調教，必可在各領域發揮所長。孔子認為故鄉的學子，都是現成的好材料，只差好的裁逢師來加工（輸入軟體），所以準備回鄉扮演「老師傅」的角色，使「小子」們都能成器、成材。

子曰：「伯夷、叔齊，不念舊惡，怨是用希。」

●文意：孔子說：「伯夷和叔齊兩兄弟的為人，從不記掛過去的嫌隙、衝突，所以怨恨他們兄弟的人就不多了。」

◆義解：伯夷、叔齊是商朝人，周武王滅了商紂王之後，二人發誓不作周朝的百姓、子民，結果餓死在首陽山上。他二人對禮法是大義凜然，不容顛倒的。而私人的恩怨，則寬恕、包容、不計較。雖然，孔子還是肯定、讚美二人的，只是如果能把「不念舊惡」的涵蓋面再擴大些，不就能自處、處世了嗎？何況商紂王「獲罪於天（民心）」，何必二人代扛呢？看來寧武子的「有道則智，無道則愚」是略勝一籌了。

子曰：「孰謂微生高直？或乞醯焉，乞諸其鄰而與之。」

●文意：孔子說：「是誰說微生高的為人正直可信呢？有人去他家借醋，他沒有告訴借醋的人說家裏沒有，反而從後門去鄰家討醋，然後拿給借醋的人。」

◆義解：家中有醋說有，無醋說無，才是直言無隱。助人代勞是好事，但要受助人的同意或授權方可。助人尚且要受助人的同意，那麼加害人是否應該先得到受害人的同意呢？歷史上大概只有周瑜打黃蓋，一個願打，一個願挨，才是雙方合意的。像微生高的行為雖是好意，卻也是亂源所起之處啊！因為強要助人，等於欺人，強要施給，就是傷人。

子曰：「巧言、令色、足恭，左丘明恥之，丘亦恥之。匿怨而友其人，左丘明恥之，丘亦恥之。」

●文意：孔子說：「明明就沒有那個角色和本分，卻花言巧語，裝模作樣，卑顏屈膝，一付奉承諂媚的樣子，太史左丘明說是無恥，我也說是無恥。明明受人所害，卻隱藏怨恨心，忍辱偷生繼續交往下去。這是隱蔽直心，委屈而行，太史左丘明以為無恥之行，我也認為是無恥之行。」

◆義解：看來痛苦煩惱無非自找的，自作自受啊！心地光明磊落，自省無憂無懼，原來就是不可以屈辱自己，委屈自己啊！一般人都以為委曲自己就可以「求全」，換來「圓滿」，但孔子卻認為這樣叫做「無恥」，早已背離了心安理得，就算換得了所求，也不可能長保不失，而失去的「心安」，難再復原。心安是本有的，但容易破壞；

所得是靠交換才有，但不能恆久不失，時至必滅。所以君子寧可無所求，而長保心安。小人不知天命，故捨其心安，以求必失之所得，所以說「所行無恥，所懷不安」，君子是因為自知天命與自信福分，故不再屈志而外求。

顏淵、季路侍。子曰：「盍各言爾志？」子路曰：「願車馬、衣輕裘，與朋友共，敝之而無憾。」顏淵曰：「願無伐善，無施勞。」子路曰：「願聞子之志？」子曰：「老者安之，朋友信之，少者懷之。」

●文意：顏回、子路陪在老師旁，這時孔子說：「來，說說自己的志向（目標、理想）吧！」子路回答說：「如果有一天我發達了，擁有車輛、馬匹、衣服、皮大衣的時候，能和朋友分享所有的一切，就算都用壞了，也沒有關係。」顏淵接著說：「為人服務和有所貢獻的時候，希望自己不會高調誇耀，惟恐別人不知道。」子路說：「老師您的志向呢？可以說說給我們聽聽嗎？」孔子回答說：「希望老人們都得到妥善的照顧；朋友們彼此誠信對待、互助合作；孩子們在父母長輩的養育栽培下，順利成長茁壯。」

◆義解：了不起啊！孔氏門中，道德之序有三個層級，一是「分享」，二是「奉獻」，三是「犧牲」；老師、學生有志一同，品德馨香，如嗅芝蘭。分享只是小德，忌在自我設限；奉獻為中德，忌在恐人不知，高調而行。犧牲為大德，忌在計量所值也。又分享者，可以與人共享所有之部分；奉獻者，可以全獻自己所有（財物），但不包括自身生命；犧牲者，如烈士、豪傑全不計自身一切，乃至生命，稱之為「無私無我」。可惜啊！子路作衛國將軍，有誰敢分享他所擁有的呢？顏淵庶幾聖賢，而隱在陋巷，獨善其身，沒有國家或君王可以得到他的服務和貢獻；而孔子則空懷安天下之志，最後退而行教育英才之事。

子曰：「已矣乎！吾未見能見其過，而內自訟者也。」

●文意：孔子說：「唉！算了吧！我還沒見過能自我反省，承認過失，並且自我責備和批判的人啊！」

◆義解：輕易饒恕兇嫌，冤獄百年千年；自我控訴不赦，修德成聖成賢。世人愛耕他田，自田不耕拖延；時至秋風葉落，挨餓受凍不免。不啟不入學路，孰能改過自勉？說他是非對錯，引來報復逼迫。不願自陷冤獄，謹防他受委屈；君子明理自護，俯仰無愧天地。

不知學習的人，連是非對錯的標準都不明白，又哪兒來的「自見其過」呢？既然不見己過，就更沒有自責的問題了。如果自責不存在，那自訟（內心交戰、拔河）的人，又該去哪裏找呢？

子曰：「十室之邑，必有忠信如丘者焉，不如丘之好學也。」

●文意：孔子說：「在十戶左右的鄉閭小鎮，也不乏和我一樣忠於角色，承諾了就不會改變的人啊！但就是沒有像我一樣，立定終身學習，永不厭倦的人。」

◆義解：忠信的程度是在禮的範圍內，如果好學些，三年便可有成，十年便可收效。但不免畫地自限，而成井蛙自縛。孔子強調好學不倦，終身學習，便是想突破井蛙觀天，耽於自滿的過失。由於「終身學習」的決定，於是恕他不害，據德施恩的聖賢境界，一生可致也。願意「終身學習」的人，即使還有所不及，有所不知的地方，那也不會太多了！孔子曾說：「我不如老農、不如老圃、不如子貢的口才、不如子路的勇敢、不如顏回的聞一知十……，但是大家都不如孔子的就是「終身學習」，而且單憑這一點就足以讓大家心服口服，願意拜為老師，甚至是「萬世師表」的先師孔子。試想一個人學習廚藝五、六十年，會有何等成就？學習醫術五、六十年、學習經商五、六十年、工匠……種種才藝？現今的科學與科技，是人類文明數百年，甚至數千、萬年的累積，創造了無數便利人類生活的發明，這正是生活文化與知識文明在時間的淬煉融合下，不可思議的發展演變。所以莫輕視「終身學習、無間浸染」之效果，莫小覷釀製發酵的神奇作用，「聖賢」就是久經發酵的成熟佳釀。學者唯在有恒、毅力、堅持以誠願的「終身學習」，自可收得「妙不可言」的果實！古人說：「讀書千遍，其義自見」。讀誦百遍，悟入其間；才讀一遍，尋之不見；問讀書人，可曾夢見？商人求財，永不嫌多，士人讀書，當不厭倦！

六、雍也

子曰：「雍也，可使南面。」仲弓問子桑伯子，子曰：「可也，簡。」仲弓曰：「居敬而行簡，以臨其民，不亦可乎？居簡而行簡，無乃大簡乎？」子曰：「雍之言然。」

●文意：孔子說：「仲弓的能力，是可以勝任一方諸侯，治理一個國家的。」仲弓聽人說子桑伯子是個大賢，能力也足以治國，於是來請問老師的看法。孔子說：「是啊！沒錯，因為他對人的要求簡單而且不困難。」仲弓再請問老師說：「如果心存恭敬而簡化施政來領導人民，那當然是很好！但是如果存心為簡化而簡化一切，那會不會簡化過了頭呢？難道不會變成無政府狀態嗎？」孔子回答說：「嗯！冉雍說的很對。」

◆義解：孔子的時代，各國為了生存發展，上自君王，下至臣子，橫徵暴斂，加稅重賦，置百姓於水深火熱之中。國君只擔心財富和兵力不如各國，恐懼被他國併吞，完全不從百姓立場思考，只會要求百姓為國奉獻、犧牲，灌輸百姓先有國、才有家、才有個人的「國家至上」思想。就因為領導人接受了這種「君為貴，民為輕」的「本位主義」思想，所以造成了人民生活的痛苦，無不來自領導人的壓迫與傷害，如果百姓忍無可忍時，就只好遷居移民、另覓他處。要是聽說有哪個國家，君王施行仁政，善待百姓，就會掀起一波「移民潮」，即使離開好幾代的家園也願意，因為「苛政猛於虎」啊！子桑伯子是一位極力提倡去除虛偽裝飾，大約類似老子思想的隱士，追求「無為而治」的政治主張，向他學習的學生也不少。由於市場供給需求之理論，所以他的思想也頗受當代之推崇，但是他也不免犯了「矯枉過正」的問題。

眾所周知，繁雜的政務會破壞行政效率，傷害民眾；但是太過於簡化的政府機構，將使民眾找不到政府，得不到政府的服務，如同無政府狀態。仲弓認為領導人心存恭敬，簡化行政，這是為了不妨礙、不傷害百姓，一切都是為了方便民眾；現在竟為了滌除國家對人民的傷害，竟然主張一路的簡化到底，那非變成無政府狀態不可了！這不正是所謂的「因噎廢食」嗎？本來分工、互助、合作的人類文明就會慢慢消滅不見，退回到原始部族、聚落的世界，只求生存，不談發展了。要不是仲弓確實有智慧，能切中子桑伯子理論中「見樹不見林」的瑕疵，據理分析，一針見血，否則連孔子在時勢所趨之下，也不得不支持這似是而非的偏差思想、誘人理論啊！孔子在仲弓的分析後，立刻知道錯了，隨即立刻表態贊成和支持，正是「知過能改」、「從善入流」的正確示範啊！

哀公問：「弟子孰為好學？」孔子對曰：「有顏回者好學，不遷怒，不貳過，不幸短命死矣！今也則亡，未聞好學者也。」

● 文意：魯哀公問孔子說：「學生當中誰是好學的呢？」孔子恭敬地回答說：「有一位學生顏

回，可以算是好學。有時候碰到阻礙或挫折的時候，不會怪東怪西、牽扯別人；已經犯的過失，能作到不發生第二次。現在未蒙天佑，已經死了！其他學生則沒有像他這樣好學了！」

◆義解：從哀公和孔子的對話，為顏回證明了他不是天才型的學生，而是苦學，自勉力學的人。顏回的聞一知十，絕非生就如此，而是努力所致。是人一能知，己十之，人十能之，己百之的人。孔子甚至曾經誤判他是個「愚人」，因為顏回在課堂中從不發問，也不質疑、好奇，好像能力不足似的，但私下觀察他，卻又找不出他違背所學，言行不一的地方。妙啊！樸質如愚似拙，所學卻出神入化，出類拔萃。可惜的是他「秀而不實」，不能進一步為國家、社會有所貢獻啊！

須知「好學者」當有三要，首要「終身學習」而非一時之熱情；次要「博覽古今」而非只顧現代之狀況；三要「兼通身心內外」，自處與待人皆合宜。總之，好學是從有所自覺、有所自知開始，不管是心甘情願也好，不得不爾也好，不足故學也好，困而學之也好，只要終身學習不放棄就是「好學者」。孔子說：「溫故而知新，可以為師矣！」只有「好學者」是日日溫習，月月知新的人，所以「好學者」可以為「師」是理所當然的事。「好學者」也必然是「善教者」，想找一位好老師，就要找不斷學習、不曾停止進步的人。我們的心靈如礦藏寶庫，是一輩子也開採不完的，豈有「得少為足」的道理呢？記住吧！停止學習就是停止耕耘、停止進步，也代表是不再有收成的期待，是死寂、枯萎的生命！

有人問「好學者」還有畢業、完成的時候嗎？非要到死嗎？答案是好學是以「體悟大道，心靈重生」為止；「堅持實踐，擇善固執」至死。格物致知，誠意正心是體悟大道，了無遺憾；修身、齊家是堅持實踐，落實所知；治國、平天下是擇善固執，兼善天下。應該先格「物有本末，終始先後」，然後「明明德、愛人親民」，逐步走上完美至善的光明大道，快樂無憂。

子華使於齊，冉子為其母請粟。子曰：「與之釜。」請益。曰：「與之庾。」冉子與之粟五秉。子曰：「赤之適齊也，乘肥馬，衣輕裘。吾聞之也：『君子周急不繼富。』」原思為之宰，與之粟九百。辭。子曰：「毋！以與爾鄰里鄉黨乎！」

●文意：學生公西赤出訪齊國（代表魯君）。冉求替公西赤的母親申請粟米的補助。孔子說：「好吧！發給他六斗四升。」冉求請求再多給一些！孔子說：「那再加二斗四升吧！」結果冉求擅自決定發了八百斗的粟米給公西赤的母親。後來孔子對冉求說：「公西赤這次代表魯君出訪齊國，坐得是高大肥馬，穿的是價值百金的皮大衣，吃的、住的、用的更不用說。而且我聽說，君子只有『雪中送炭』，那裡會做『錦上添花』的事呢？」又有一次，學生原憲受邀作孔子的家臣，孔子給他年俸九百斗粟米，原憲推辭，認為拿太多了！孔子對他說：「不要拒絕，多出來的可以去分給你的親戚和鄰居啊！」

◆義解：冉求的行為真是奇怪！未經老師授權同意，卻私加粟米到八百斗，令人懷疑莫非冉求可以分一杯羹嗎？至於孔子卻好像默許似的，只輕輕的點到說：「周急不繼富」，來表明立場而已，既沒有責備冉求，也沒有追索加發的部分。孔子認為公西赤是富有的，因為肥馬與輕裘，都是魯君所賜（不必歸還），而且到了齊國之後，齊國君臣上上下下的餽贈禮物也應該不少吧！根據國內的前例，出使者或多或少有可能發生意外或遭受生命危險，所以特許請領「安家費」或「補助款」，當然冉求也是有些權力的，否則豈敢在孔子眼皮下動手腳呢？反觀弟子原憲對於老師多給的俸祿想要拒收，而孔子回答的話，卻像自己的父母一樣，惟恐照顧不周，還寧可多給一些。看看吧！歷史上在位而肯行俠義的人，實在是鳳毛麟角，反而是佞臣自私自利，謀權亂政者多如牛毛。在中國歷史上，孔子像曇花一現，難能再見。太史公司馬遷說：「想見其為人，而心嚮往之。」讀書學道的人，對於孔子沒有景慕崇仰之心的話，表示所學必然有誤，方向可能偏差，定義有所曲解了吧？

子謂仲弓曰：「犁牛之子，騂且角，雖欲勿用，山川其舍諸？」

●文意：孔子這樣評論學生仲弓：「雖是雜色毛牛所生的小牛，卻是純紅色的毛皮。牛角端正不偏邪，像這麼漂亮的小牛，就算有人捨不得用牠來祭祀，可是山川天地之神祇又怎麼會放棄呢？」

◆義解：俗云：「歹竹出好筍。」又云：「英雄不怕出身低。」還有：「將相本無種，男兒當自強。」仲弓雖有君王之格局、氣度，但是生於周朝強調禮教的時代，也只能安份的屈身在野，循禮以終。可見禮制的教化，世界雖亂，仍然是亂中有序；若是禮教崩毀，世界就會戰亂失序。生在亂世，人不如犬，長在盛世，民貴如賓；所以才有「寧為太平犬，不做亂世人」的感歎！仲弓因為沒有舞台施展，所以品德修養只能獨享（獨善其身），無法兼善天下。本篇中孔子說「雖欲勿用」是指各國君王或周天子不願禪位給仁德君子，如堯、舜、禹、湯之聖王，但天下百姓（山川大神）那裡肯放棄呢？但是不放棄又何奈啊！再漂亮的小牛，也只是「被決定」的命運；漂亮是他的才華品德，牛身是他的命運。

君權時代不是民主選舉，治權都在君王身上。君王的身份並不是從努力提昇，勤勉好學而得到的。用今天的說法是「福份、福報」，是過去所修福業，所以今世能「含著金湯匙」生在帝王貴族之家，享有一生榮華富貴。時至今日民主時代，一生致力參與政治，最終如願成為總統，但也只有數年任期而已。所以仲弓雖有君王之德，但是身為「犁牛之子」，又不遇聖君在位，故而閒置無所用（或是不敢任用），同時因為所學禮法，約束身心言行，豈有犯上作亂（革命）之理呢？宏觀來說，時代需求的不是仲弓、孔子、顏淵品德為主的人，而是子路、冉求、公西赤等才藝掛帥的人。雖然造化作弄人，君子不得其位，但就是這樣的發展，才真正滌蕩出亂世中的真君子、真仁者。

子曰：「回也，其心三月不違仁，其餘，則日月至焉而已矣。」

●文意：孔子說：「顏回啊！能三個月都不中斷，專注緊守在『心無害念』的狀態中，至於其他的人，則只能保持一天到一個月左右而已啊！」

◆義解：身無害行比較容易做到，心無害念（不生害他之想），就不容易了。一般人為滿足所求，難免衍生怨怒及貪愛之心，繼而起心害人。有時候忽起的害人之心，可以因為理智及三思後果而忍住不做、不說；但要不想、不欲、不念，那只有「將心比心」與「因果法則」的見解，才能形成「寬恕不報」、「持戒不害」的思想及言行，這是高度理智、理性的純化狀態；從實踐的過程來說，就是無休止的自我克制、自我省察、自我監督、自我拔河……，最後完成自我提昇的目的－恕他不害，也就是仁者的境界。

季康子問：「仲由可使從政也與？」子曰：「由也果，於從政乎何有？」曰：「賜也可使從政也與？」曰：「賜也達，於從政乎何有？」曰：「求也可使從政也與？」曰：「求也藝，於從政乎何有？」

●文意：季康子這樣問：「子路有能力服事君上，領導臣民嗎？」孔子回答說：「仲由臨事果斷、不拖拉，讓他參政服務有何困難呢？」又問：「那子貢呢？」孔子說：「子貢處事待人通情達理，讓他參政服務有何困難？」又問：「冉求怎麼樣呢？」孔子回答說：「冉求多才多藝，他來參政服務又有何難呢？」

◆義解：孔子的時代並無「教育部」的政府單位，也沒有各級學校的設置。所以孔子的教學稱為「私塾」，意即私人辦學。孔子提供教室，把詩（經）、書（指尚書，是夏、商上古之公文記錄）、禮（周禮）、樂（詞曲）等為授課教材，是必修而非選修之基本課程，而射（箭）、御（駕馬車、戰馬）、書（經）、術（技能），再加上禮和樂，成為六藝（科）；其次再分德行、言語、政事、文學四科。所以學生中先把必修課程學完之後，再依四科之不同領域，層層轉高，級級轉深，進入「志於道、據於德、依於仁、游於藝」的上流境界。所以，完成學習的學生，就有自我管理的能力；凡是能自我管理的人，就知道如何管理眾人、領導他人（領導統御）。

季氏使閔子騫為費宰。閔子騫曰：「善為我辭焉，如有復我者，則吾必在汶上矣。」

●文意：魯國大夫季氏要派任孔子學生閔子騫去管理「費」這個封邑。閔子騫對來人說：「替我婉拒了吧！也不要再三請四請啦！這不是客氣話！如果還要來試試看，我只好躲到汶川去了。」

◆義解：孔子說：「三年學，不至於穀，不易得也」（泰伯）。學以致其用，任何人都想一展所長，一方面驗收所學、交換所得，一方面服務大眾，貢獻國家社會。像閔子騫擇君而事，深受孔子的肯定，而冉求事季氏，為之聚斂而附益之。孔子對此則說：「非吾徒也！小子鳴鼓而攻之！」（先進）季氏徵用二人作為家臣，何故一辭而一任？孔子這褒那貶呢？其實冉求是很務實的，因為在老闆季氏的要求下，只好委屈自己、放棄理想了；閔子騫又何嘗不知道呢？就是不願助紂為虐罷了！古今做官一樣都是不容易，辛苦學得了才能，竟淪為木偶、魁儡，任他主人抽換擺弄。或許吧！冉求有他不得已的苦衷，所以不得不爾！否則，以冉求的才智，豈會不知季氏打的是什麼算盤嗎？只是這樣一來，更加凸顯閔子騫的高明遠見，拒絕在先了！

季氏是貴族，有財有勢，可以論為「有福」。孔子弟子學禮樂、諸藝才能，可以論為「有智」；有福有智，是上等人；福多智少，堪稱中人；福少智多，斯為下等，福少智少，乃為百姓。冉求學智求福，套句孔子說的「何如其智也？」（公冶長）

伯牛有疾，子問之。自牖執其手曰：「亡之，命矣夫！斯人也，而有斯疾也！斯人也，而有斯疾也！」

●文意：學生冉伯牛患了重病，命在旦夕，孔子專程去探病。孔子站在窗外握著伯牛的手說道：「病的這麼重，可能活不下去了啊！真是命運的安排啊！這樣好的人，怎麼會得這樣的病啊！這樣好的人，竟然會得這樣的病啊！」

◆義解：生命簡稱「命」，如天之運行，可知一、二，難窺全貌；「運」如四季更迭，有其定軌，故又稱「命運」。「生」是生死之簡稱，由生到死也。其中歲月的過程如同旅途，就稱為「運」或「運途」。「運」是動而不止，行而不息。動而不止者，身也；行而不息者，心也（或云念念）；身心俱存，故名為「人」。俗云：「生有時，死有地。」是指人的生死皆有定時、定處；而學與不學，成與不成，在我不在天，故非「定數」。定數不可逃，逃亦無用；未定則可轉（學），轉（學）之則變。因為定數者不可拒，不可逃，故云：「亡之，命矣夫！」數已定者，不可改換，故云：「斯人也而有斯疾也。」君子自知已定之天命，故不拒亦不逃，安心配合，輕鬆度日。但是君子亦知「未定之數」，故好學以琢磨、昇華此心也！

此身如旅程，旅程有起始，亦復有終點，故身有生死。身似座駕，有形可見，心似駕者，御身而行。心無像貌，但有作用，不生不死，生滅變化。生有定時，死有定處；愚迷不學，受制法則，苦樂吉凶，不能自主；苦有苦因，樂有樂緣，智者好學，隨順法則。配合法則，安心承受，既不怨天，也不尤人。運用原理，轉命改運，年年提升，世世有福。

子曰：「賢哉回也！一簞食，一瓢飲，在陋巷，人不堪其憂，回也不改其樂。賢哉回也！」

●文意：孔子說：「學得好啊！顏回！粗茶淡飯，家徒四壁，不求名利，好學不倦，幾個人能於此而無憂呢？就算有人可以無憂，但也不如顏回能樂在其中啊！學得真是好啊，顏回！」

◆義解：孔子自稱：「其為人也，發憤忘食，樂以忘憂，不知老之將至云爾。」發憤是投入而專注，所以能忘食、忘憂、忘老。「忘」是暫時性的，稍後便回到現實了。顏回粗茶淡飯，家徒四壁，簞瓢屢空，肯心在學。君子知命故無所求，接受命運，無不納受。顏回知命，甘受命運，終其一生，清楚明白，而非暫忘。賢哉顏回，貧居陋巷，不以為憂，好學不倦，庶幾聖賢。貧則命所定，樂乃學所致。富貴貧賤，命中天定，譬如金銀木瓦之材質，貴賤不等。而後天加工，成材成器，賢愚不肖，智巧各異。金玉之貴，破損凋敝，瑕疵染漬，為人所棄。瓦木素材，精雕細琢，巧奪天工，受人所重。

所以，人雖有金玉之貴，而無後天雕琢，又愚蔽之以利害，困乏之以得失，故鮮能忘憂而樂也。美醜胖瘦，富貴貧賤，莫非命也，而人皆欲求改換，永不知足；君子心安理得，心平氣和，非學無以致之，而小人以之為無益，不切實際。正名守分故心安理得，心定無求故心平氣和。子曰：「富貴如可求，雖執鞭之士，吾亦為之，如不可求，從吾所好。」富貴既從命定，何必強求；智慧乃從學而有，猶未晚也。人若不學，遲早必同於禽獸（野性動物），無所約束（失控）。人本來就是動物，而能勝過動物的原因，就在於自省自覺，自我管理；而自覺不離學習（角色本分），如果不肯學習，則必隨性（好惡）墮落，回復以感官所知的本能來生活，那就只會不斷犯錯，恐懼不安的過日子了！

冉求曰：「非不說子之道，力不足也。」子曰：「力不足者，中道而廢，今女畫。」

●文意：冉求說：「老師所說的道理太好、太妙了！但是我能力不夠，實在是做不到啊！」孔子說：「力量不夠的人，才起步走到一半就停了，而你現在是自認已經足夠，不求再進步了。」

◆義解：如果冉求把自己的困境揭開來說，還比較恰當。冉求屈身到季氏作家臣，可知終究是為五斗米折腰。但人各有志，狀況各異，也不能勉強！孔子的學生中，格外優秀的，反而不出仕（作官），因為明主難遇，若順從昏君則自心矛盾掙扎。冉求心求富貴但不敢明說，倘若繼續努力提昇上進，勢必就會放棄從政之路。冉求了解時代的悲哀，以及市場需求的趨勢，所以不想再提昇了，深怕到時候萬一「曲高和寡」，豈不是也要步上老師的後塵。總之，可惜了冉求，雖多才多藝，但也只是達到「理直氣壯」的程度，至於「心安理得、心平氣和」的仁德君子，還有一段不小的距離咧！

子謂子夏曰：「女為君子儒，無為小人儒。」

●文意：孔子告訴子夏說：「你應該要立志作個寬宏大氣的君子，別成了拘泥小節、固執不通的學者啊！」

◆義解：「儒」是人之所必需，也就是「成人之道」，又稱為「士」。所以凡是未經教化（開化），只能稱為「民」、「百姓」而已。今天所謂的「士」，是指讀書識字，學有專長的「專業人士」，與古代「讀書士人」之定義天差地別。古代教化非但是學習識字而已，所學內容是聖賢所傳之言行標準、理論及實務；而今卻把技能、才藝、認字、語言當作知識分子，雖說不算是文盲，但所學卻不是禮義廉恥的成人之道。子夏年輕時傾向在小細節上吹毛求疵，形成小家子氣的迷途現象，孔子旁觀清楚明白，所以直接挑明告訴子夏，別在枝末細節上緊抓不放，反而誤了成為君子的目標。如果子夏不能突破或超越那些困擾，恐怕也只能成為普通的小吏或桀傲拘執的怪人了。子夏後來在西河講學，甚至成為魏文侯的老師，可見子夏能從小人儒，躍升而為君子儒，真的是沒有辜負老師的教誨。

子游為武城宰。子曰：「女得人焉爾乎？」曰：「有澹臺滅明者，行不由徑，非公事，未嘗至於偃之室也。」

●文意：子游出任武城這個地方的主官。孔子問說：「你在出任期間，可曾得到賢人相助嗎？」子游回答說：「有一位名叫澹臺滅明的人，在武城協助我治理，他的為人，不走偏門捷徑（光明磊落），除非是處理公事，否則從未進入我的辦公室。」

◆義解：「行不由徑」是原則至上的表現，由此可知澹臺滅明（子羽）自我約束是嚴格無比的。現代民主國家之法律專有名詞叫作「程序正義」，就是指「行不由徑」，意思是「雖然目的明確，但是過程也不可以苟且隨便，方便行事。」孔子說：「君子不黨，小人營私結黨，壯大聲勢，以謀私利。」子羽不去結交子游，只報告公事，似乎不近人情，但卻能避免多少無謂的「瓜田李下」、「讒嫌風波」呢？澹臺滅明能夠「行不由徑」，防護嫌疑，光明正大，真是稀有難得，所以就連子游都不得不佩服啊！

子曰：「孟之反不伐，奔而殿，將入門，策其馬，曰：『非敢後也，馬不進也！』」

●文意：孔子說：「魯國大夫孟之反是謙虛自抑的人。他在和齊魯二國的戰爭中，被齊國打敗了；在撤退時，由他斷後，保護部隊。準備進入城內時，他鞭打自己坐的馬匹這樣說：『並不是我自告奮勇殿後，實在是這匹馬忽然不聽使喚，不肯往前移動啊！大家趕快進城，不必等我了！』」

◆義解：以孟大夫的地位，豈有殿後之理，他說自己的座騎不聽使喚，無法移動，雖說是推卻他人催促他進城的方式，但深一層的用心是避免「軍心潰散」、「蜂擁逃竄」，導致踩踏擠壓，造成更嚴重的死傷。可見孟大夫的殿後並非不得已，而是心甘情願的特意安排。魯國戰敗了，論功行賞，誅罰在即，孟之反擔心在國家戰敗，軍隊兵將後撤之際，自己沒能多盡一分心力，以致造成更多的意外死傷，所以一邊揮打著馬鞭，一邊喊著：「我可不是因為勇敢，所以『殿後』啊！」有了這個「鎮定軍心」之舉，部隊就能井然有序地入城，減少因緊張、恐懼所造成的大量死傷，孟之反確實是愛國愛民、用心良苦！

子曰：「不有祝鮀之佞，而有宋朝之美，難乎免於今之世矣！」

●文意：孔子說：「處在這個時代如果沒有像衛國大夫子魚的能言善道，而空有宋朝公子英俊挺拔的外貌，只怕會受到不見容於世的下場啊！」

◆義解：本篇主旨在描述自身所處之困境。孔子把所學「聖賢之道」，比喻為「宋朝之美」，而不肯屈志以事君，比喻為「不有祝鮀之佞」，由所述之譬喻，代表孔子已知周遊列國，也只是徒勞而已。因為道德日衰，上位者充斥好佞（愛聽諂媚逢迎之語）的趨勢，所以孔子慨嘆所處時代的悲哀啊！自今觀之，孔子周遊列國，明知不可為而為之，是盡人事也；徒有「宋朝之美，不有祝鮀之佞」，是聽天命也。顏回讚美老師說：「不容何病，不容然後見君子！」倘若君子不能自處與處世，又怎麼能俯仰無愧，心安理得呢？

歷代「昏君」皆有通則，便是生於內苑深宮，長於婦人之手，既不見鄉里之窮僻，哪知黔首之疾苦？遂有「何不食肉糜」之笑話。至於「明君」亦有通例，那就是起於草莽之間，常在顛沛流離，多受苦難折磨，多聞殺伐悖逆，故生「救民於水火」

之志也。「昏君」常思的是安樂，「明君」常念的是民瘼。昏君好佞臣，縱欲於安樂；明君禮賢臣，救民於水火。是故天下之治亂、分合無非在於一人也。大學：「其本亂而末治者否矣！」就「治理」而言，君王領袖是天下之本，百姓人民是天下之末。俗話也說：「有其父必有其子，有其君必有其民也。」上有昏君，下有亂民，又何怪哉？物以類聚，人以群分，豈非暗合於「磁吸效應」之說？

子曰：「誰能出不由戶，何莫由斯道也！」

●文意：孔子說：「誰可以進出房屋而不走大門呢？既然沒有例外，那為什麼不乾脆就從大門進出呢？」

◆義解：戶是門，牖是窗，戶是單扇門，牖是外推窗。「進出由戶」如人知禮守法，平安無事，但卻顯得無趣、單調。譬如，隨同父母去送貨的子女，父母自知駕車是手段、過程，目的是平安送達；但子女在車上，既不知目的，也不必送貨到達，於是只顧嬉戲，排遣無聊、寂寞，甚至嚴重危害父母行車的安全。因為子女所知（智）不足，便不會乖乖配合父母的工作，甚至搗蛋、惹禍。小人如車中子女，君子如車上父母。君子在位時，則天下平安無事；小人當位時，則天下災禍連連。君子是學習仁義大道，故出入平安。小人是得失斤斤計較，故恐懼不安。歌曰：「道義放兩旁，利字擺中間。」形容小人貪求的行徑，真是貼切又傳神啊！

子曰：「質勝文則野，文勝質則史。文質彬彬，然後君子。」

●文意：孔子說：「依靠感官本能多於原理法則的人，所表現出來的樣子，給人粗野率直的感受。文化薰陶培養多過率直本性的人，所表現出來的樣子，給人不知變通，渾身匠氣的感受。文化的雕飾和率直的個性相融相和，這才是氣質出眾的君子啊！」

◆義解：文謅謅、冷冰冰、硬梆梆，這都是學習僵化的結果，也叫做「食古不化」、「死在句下」。這個自古皆然的現象，無處不在。譬如，很會讀書、考試的官員，參加各類活動時，顯得難以融入，不易交流，與民眾的距離遙不可及。

現代的教育雖然號稱「德智體群美」五育均衡發展，可是眼下的教育發展實況，「失衡」都不足以形容於萬一。在現有教育體制下的孩子，成了玩樂的高手卻是讀書的白癡；或者讀書的天才卻是才藝的智障，究其原因就是教育內容錯誤失序，最後造成畸形的發展，說來也是理所當然啊！由於錯誤的教學內容正是製造國民的「加工廠」，也就難怪產品瑕疵，無法避免了。想要在這個製造廠裡找到優秀的完美產品，簡直是「奇蹟任務」啊！

在古代「君子」一詞，就是符合標準的優秀產品，也是「會做人」、「做人成功」的代名詞。現在的學校，眾所周知，皆是以「智育」學科為主軸，旁以德、體、群、美育為點綴，應付了事。因此國民之水準、品質，日趨下修，真是有「一代不如一代」之震撼、令人唏噓啊！至於根本原因，都是因為教育之定義與宗旨，長久的曲解和誤會所致啊！

教育的內容，應該要先學「禮」，學會做人（角色本分）為基本目標，配合「終身學習」的提升，完成「仁德」的終極目的。「仁德」是仁義道德的簡稱，其基本定義就是「愛人不害人」、「幫助人不求報答」，是在學會做人以後，又繼續自我提升的品德與偉大價值。其內容是由不傷害、不妨礙、不影響以及分享、奉獻、犧牲，共六項為標準所建立的人生觀、價值觀，用以凝聚彼此共識，形成人人為我，我為人人，共享、共榮的國家和社會。

「角色本分」就是「倫理規則」，是學習與家人、親友、長官、同事、部屬的相處原則（遊戲規則），以達成分工互助、人際和諧的目的。在古代稱為「禮」或「名分」，現代則是稱為「權利與義務」。如果學校的教育培養，都無法製造出理直氣壯的「士人」，與心安理得的「君子」，那就不必奢談「仁恕」、「道德」的極至人文了！

健康養生最重視飲食、運動和正常作息，變化氣質最重視教育訓練與修身涵養。養身尚且沒有止盡、期限；教育怎麼可以設定期間（期限）呢？養身最終以老死善逝回報，教育可以完成心安理得、了無遺憾；養生不當則疾病痛苦，教育棄置則墮為小人。求生可以不顧一切、死都不怕！何以學習如見鬼魅、頭皮發麻？強國大計，惟在教育出：慚愧羞恥的爾雅君子。

子曰：「人之生也直，罔之生也幸而免。」

●文意：孔子說：「平安無事的人生，靠的是正直無惡；至於虛偽不實，欺瞞求生的人，就必須多多依靠運氣，因為運氣用完了，不幸的結局，如整點報時，馬上就到！」

◆義解：生在世上，福分早定，如同旅展，選定商品；買單在前，出發在後。嫌棄旅程，勉強走完；有所不滿，欲改升級；願意加價，可以增減，也能升等，卻不能退。愚人不明，規則如此；一路抱怨，全程搗蛋。一錯再錯，自找麻煩；害人害己，全程遺憾。旅程來去，無異人生，福分級數，宿世買定。智者先覺，能屈能忍，旅程必終，後程將到，設定來程，用心打造。自造自受，無怨無悔，好學自覺，知足感恩。中外古今，生者必死，樂活三十，勝苦一生。死乃定數，誰見逃者？貪生怕死，妄求長生，愚人之行，盡是多餘。有生皆死，如所造物，新者必舊，好者必壞，勢不可擋，死不能免。身體無知，一如木石，視為居所，何必憂畏？基督教喻，歸塵歸土，物質所造，終歸塵土。身雖如此，心靈不然，身以死終，心覺自由。

死則物之理，覺乃心之極。死若水就下，順流不可擋。覺如躍湍魚，逆勢脫如飛。此身必死，畏有何益？自覺者樂，奮學者得。愚者患死，杞人憂天，以患死故，造諸惡行，迷不知理，雪上加霜。智人窺奧，隨遇而安，不求不避，居易俟命，安穩無憂，一切無礙。

子曰：「知之者不如好之者，好之者不如樂之者。」

●文意：孔子說：「在接觸之後感嘆著『原來如此』，能有這樣程度的感嘆，卻還不如用『真心喜愛』來投入；能『真心喜愛』的投入，又還不如那『樂在其中、陶然忘我』的程度啊！」

◆義解：肯定「法則」（遊戲規則），不如贊成；贊成不如支持，支持不如配合，配合不如喜愛。肯定只是看法，支持還在想法（計畫）階段，贊成也是表達而已，唯有高高興興地配合實踐，才是真正的行動。所以瞭解不如計畫，計畫不如說明，說明不如行動，行動的不如完成的。一步一腳印，按步就班來，根本關鍵在瞭解、在學習啊！

子曰：「中人以上，可以語上也。中人以下，不可以語上也。」

●文意：孔子說：「中等資質以上的人，可以跟他談談高深的道理（法則原理）。反之，中等資質以下的人，不要和他說那高深難解的事理。」

◆義解：所謂「陽春白雪，曲高和寡」，這是理所當然的。「語上」是肯定他，「語下」是配合他。肯定他是不敢輕視他；配合他是避免恥笑他。與小人相聚，所說皆是利害得失，苦樂好壞，義氣相投，狀似知己。與君子士人相處，所談盡是「角色本分、是非對錯」，千里同風，盡是知音。說淺論利害，不背於人情；語深談至德，有志

過，自取其辱。於聖賢。君子上足以談大道，下能與小人論利害。處世待人，決不可違，違則有

樊遲問知。子曰：「務民之義，敬鬼神而遠之，可謂知也。」問仁。曰：「仁者先難而後獲，可謂仁矣。」

●文意：學生樊遲請問「智」的定義。孔子說：「努力把角色和本分全心全力扮演好，對於那些看不見、摸不著的天地鬼神，心存恭敬但保持距離，以免迷失而遭禍，這樣就是智者所為了。」樊遲接著又問：「那麼『仁』呢？」孔子說：「先願意付出，努力耕耘，而且不計代價；把收獲和成功放在次要的位置上，這就是仁者所行了。」

◆義解：樊遲之魯鈍，由此可以略知一二。學習是為了「解決問題」、「避免犯錯」。「務民之義」是就實際的現實需要尋求解決之道，凡是不在「解決之道」上的，就必然在「犯錯一途」上。本篇中樊遲「問仁」和「問崇德」篇的先事後得，是句異而義同。孔子回答的「先難後獲、先事後得」的「弦外之音」，似乎是暗指樊遲有「不勞而獲」的傾向，或是有「不知先後」、「先後顛倒」的嚴重問題嗎？沒有耕耘，怎麼會有收獲，沒有解決問題的能力，怎麼會有平安無事的人生？實踐所學是耕耘，問題一一解決是收獲，二者本來就是「是一非二」啊！

子曰：「知者樂水，仁者樂山。知者動，仁者靜。知者樂，仁者壽。」

●文意：孔子說：「能知事之所以然的叫智者，智者欣賞『水』的靈活通達、不死板。能忍他人之所害而不起害人之心，稱為仁者，仁者欣賞『山』的穩固不移、不躁動。智者好研事理，故常身心皆動。仁者避免有妨礙他人的作為，故常處靜默，不會輕舉妄動。智者勝他故而『樂』，仁者自勝故能『壽』。」

◆義解：孔子此語，令人因此愛好水上活動，誤以為是智者之所行；而登山健行，竟然成了仁者之所好。「不求甚解」實在是學習的大忌，尤其是不能徹底瞭解基本定義，就會失之毫釐，差以千里啊！智者勝他易，仁者自勝難。勝負有時，故樂不足恃。守志不害，故壽終正寢。君子學習「智」與「仁」，能靜亦能動，靈活似水，穩重如山；若不得其全，但得其一，亦尚可耳！

子曰：「齊一變，至於魯；魯一變，至於道。」

●文意：孔子說：「用先王之道來治理齊國，就可以像魯國的政情文化。魯國用先王之道來治理，就可以回到禮樂興盛的太平盛世。」

◆義解：根據歷史，統一天下的秦國用得是法家的思想、政令，但並非法家思想優於儒家思想，只是適時切中當代亂局之所需。民國初建，國共戰爭，民主思想敗給馬克斯共產思想，共產黨主張全民共產，打破階級、貧富，得到億萬人民的擁護，進而統一中國，所以說共產黨也是切合時代之所需，正如孔子所說的：「不患寡，而患不均，不患貧，而患不安。」

二次大戰結束，民生凋敝，人民流離失所，貧富日趨擴大，民怨四起，當時的政府未能弭平四眾之怨怒，故而民眾支持「全民皆貧，苦也甘願」，於是共產思想切合民心所需。如病之求藥，藥無好壞，能治為妙。

秦得天下，非義軍領導之革命，皆因天下無禮失序、久病需藥，使得秦以嚴刑峻法之政，賞功罰罪之兵，竟能一統「文不興，武不盛」之戰國天下。齊國是儒、法兼融並施的霸道文化。管仲死後，齊國成了儒不儒，法不法，不倫不類的政情。所以孔子所說的「齊一變」，是指用「齊之以禮」來治理齊國，百姓就會「有恥且格」，一變而為魯國的政治風氣了。而魯國能用「道之以德」來領導，那麼「平天下」就像「反掌折枝」一樣的容易了！其實，「平天下」需要的就是仁恕知禮的「明君」、「大德」；「治國」需要的是「賢才」、「能臣」；「齊家」需要的是「大人」、「君子」。如果沒有大量製造「知書達理、理直氣壯」的「士人」作為基礎，又怎麼能期待有其他層層上進的「優秀人才」呢？

子曰：「觚不觚，觚哉！觚哉！」

●文意：孔子說：「明明是個酒杯，卻不拿它來當作酒杯使用，那又何必叫它作酒杯呢？又何必叫作酒杯呢！」（還算是酒杯嗎？）

◆義解：酒杯啊！酒杯啊！身世悲慘啊！人不能受到尊重，活的有尊嚴，那還不如死了算了！明明是這個角色，卻不能忠於這個角色，那還能叫他角色的名稱嗎？識相的話，就趕快辭一辭（名分、職務）吧！何必勉強留著，給人謾罵羞辱呢？「不知角色」或「角色錯亂」是天下大亂的「根本原因」啊！同理，老師不作老師份內的事，醫生不作醫生本分的事，學生不作學生本分的事，官員不作官員本分的事……。有其「名」而不行其「實」，名不符實或名實相違，必然會引發「相對角色」長久蓄積的不滿與衝突，小至家庭、公司，大至社會、國家；倘若做的不好、不夠，也還算情有可原；如果有其名，卻不行本分之事，甚至還行其他「無名無分」、「非名非分」之事，這是虛矯欺詐、瞞他之行，遲早必將自食苦果。

例如，在警紀敗壞的國家，明明是警察人員，食國家俸祿，享福利設施，用公家資源，配警務設備，可是卻搞私人求財、圖利之事。還知否？背叛角色（警察）是「不忠」，不盡本分是「不義」，假借身分是「不實」（詐欺），違背承諾是「不信」，愧對（傷害）父母（師長）是「不孝」……；明知具有警察身分，卻行非法，必受罪罰。（如果處罰不足以改善，則是教育出了問題，所以處罰無效）。當全民都有求利之行而無羞恥之心，則社會必亂，國家必日漸衰亡，倘有敵國外患時，更是快速亡國啊！

孟子曾對梁惠王說：「何必曰利？」自古上至帝王，下至庶民，但凡利害得失太過重視了，就會輕視是非對錯。身分論貴賤，財物論貧富，而貴賤、貧富都是命中既定，即使努力有所增減，亦不能完全改換！小人既不知天命法則，又不知角色本分，就算刻意聚焦在是非對錯，最終還是計較利害，在乎得失。君子明瞭角色本分，即使計算所得，分配利益，也不敢違背共識，玩弄規則。

切莫以為利害得失和是非對錯是矛盾而衝突的，不但彼此不衝突，更是互為表裡，缺一不可，只是先後次序有必要釐清而已。君子從大方向觀察，所以明白只顧及少數人的利益，反而造成不平及怨怒，既不長久，又危害全體。因此必須制定一套對等公平，而且符合正義的「遊戲規則」，然後依照規則，各自努力耕耘和辛苦付出，保障公平的交換（交易）所得。只有如此，才能避免造成不擇手段，混水摸魚的失序世界。

只有保障多數人的利益才是維持社會安定的可靠力量，至於其他少數弱勢團體或個人，則可以循特殊救濟管道或專責單位來救助，這樣就可以避免動盪、失序、混亂的「星星之火」，而能攜手共同邁向「均富有禮」、「富而好禮」的未來。小人無力了解這個宏觀的遠見，只是自顧利害，根本不管別人的權益，其表現一如大草原中的野蠻動物。如果人類都像野性動物一樣自私自利，那又怎麼能有今日文明昌盛的世界呢？所以只要為大眾求利、得利，則全體得存。若只有少數得利，則全體受害，因此「正義」就是利益大眾，反之，利益少數就是「不義」，何況是只有「利益個人」的事呢？

宰我問曰：「仁者，雖告之曰：『井有仁焉。』其從之也？」子曰：「何為其然也？君子可逝也，不可陷也。可欺也，不可罔也。」

●文意：學生宰我問說：「如果現在有一位將心比心的仁者，告訴他說：『有人掉下井裡了，趕快救他吧！』仁者是否會跟著就下井去救人呢？」孔子回答說：「仁者怎麼可能這樣不清楚狀況就跳下去呢？就連君子都不會未經了解而跳下去，何況是仁者呢？君子聽說有人掉下井裏，君子必然前往探查，然後再決定如何救人；因為探查情況和入井救人，行動內容是完全不同的。君子不慌不忙，冷靜而理智，會先去井邊了解狀況，但立刻往下跳，自陷井中是不可能的啊！你可以用局部資訊（陷阱）去欺騙君子，君子也可能一時相信你，但君子按步就班，循序處理之後，就會發現內情虛假不實而拒絕配合。設局引誘、欺騙貪名好利的無知小人也許可能，想要陷害仁人君子是不可能成功的。」

◆義解：宰我所問雖是假設性問題，而時至今日「金光黨」、「詐騙集團」，處處藏跡。古代要騙仁人君子難可實現，今日詐騙集團要騙村夫愚婦、知識份子是易如反掌。現代的科技知識，號稱「奈米文明」、「太空科技」，但究竟是「教愚」呢？還是「教智」呢？「教迷」呢？還是「教明」呢？也許不教倒還好些吧？

子曰：「君子博學於文，約之以禮，亦可以弗畔矣夫！」

●文意：孔子說：「立志成為君子的人，如果能廣泛的學習法則智慧的典籍，再努力實踐自己的角色和本分，像這樣的人就可以作到不違事理，不背正道了。」

◆義解：君子的程度是遠遠超過士人的。士人雖然讀書明理，也能自我要求忠於角色，而不願愧對於人。但是面對其他對應角色無理或不公平的對待或回報時，士人會生怨恨心、不服心、憤怒心乃至產生報復的行為，而且理直氣壯。而君子明白命運定理，平心靜氣配合命運，不抗拒、不逃避、不喜愛、不厭惡、不怨怒、不牽拖。對於未定的將來，全力耕耘，不敢放棄。從生至死的一生，視如一筆前帳，內含資產（福氣、福分、福運、福報）和負債（損害、災禍）；而且這筆福禍舊帳，並不是一次付清，而是逐次逐年慢慢支付；猶如拍戲一般，從開拍到殺青，隨著時間演進，一幕一幕地把故事說完。故事中永遠的主角就是自己，也是身不由己、迷入角色的自己。唯獨用怎樣的心情去面對、用什麼樣的見解、看法去配合演出，則是自由的、可掌控的。夠聰明的人會利用演出戲分以外的時間，全力學習，努力提昇，創造無限可能的未來。

子見南子，子路不說。夫子矢之曰：「予所否者，天厭之！天厭之！」

●文意：孔子周遊列國期間，到了衛國。衛靈公的夫人南子派人召見孔子。子路對老師去見南子，極度不悅。孔子不得已只好對天立誓說：「我若有違禮背義的言行，就讓我被天打雷劈，五雷轟頂吧！」

◆義解：衛靈公的夫人派彌子瑕召見孔子，這是依主客、君臣之禮而請，因為南子是君王之后，算得上是半個主人。孔子作客在衛國，主人有請，客隨主便，若無故拒絕，便是違禮。但南子有淫亂之名，所以子路想不通為什麼老師要接受邀請，這樣將被眾人質疑孔子是否想走後門，或者已經被南子收買，達成協議。這樣的情境，孔子真是百口莫辯啊！只好指著老天，發下毒誓。這件事說明了「瓜田李下」、「不惹嫌疑」、「避免譏讒」，是多麼的重要，就連孔子也不免陷入困局啊！如果當初得到邀請時，就先與弟子們討論、商量，不要倉促同意，在謀得應對進退之後，也就不會有後來的發毒誓了。孔子周遊列國非一人一車之行，所以孔子的言行，絕不是個人的小事；其他同行的人，也都是榮辱一體、安危與共的。大家相信孔子的學問、品德、節操，但其他各國的人並不了解孔子。所以孔子單獨出門在外，若不能避免「瓜田李下」的嫌疑，就有可能遭受有心人的打擊和屈辱，屆時只怕隨行眾人就要跟著一起「蒙羞」，這是子路死也不能接受的，因為士可殺，不可辱。最後，孔子逼不得已，只好用立誓來回應子路，這樣總算讓子路不再抗議。佩服啊！孔子坦然面對事實，哪怕是自己的學生；自我提昇的人，也要有在真理面前低頭的勇氣，才是和真理同行共伍的人啊！

子曰：「中庸之為德也，其至矣乎！民鮮久矣！」

●文意：孔子說：「人心處在安定不動的時候，真是至善而完美啊！可惜很少人能做得到了！」

◆義解：人皆有心，觸處畢顯，率爾在前，忽焉在後，夫婦之愚也能略知一、二，若要說到究竟處，雖聖人亦有所不知。中庸之德似「欲界定」，心不在焉似「色界定」。眼前之境界，感官觸物所知，心必同在。所知是境，能知是心。中庸之心是「少欲知足」，正心（心不在焉）是心定於一境而不亂也。人心奇妙，不可思議，說心道性，玄妙至要，君子學之以上達。所謂的「心」，共有如網路世界，獨有如夢境全體，稱為「無中生有」。詳細的說，就是心體之大，無邊無際，無窮無盡，一如夢境，或稱為空間、法界。心體如樹身，本來不動，卻能遍知無礙；但是因為忽然升起一念「欲知」（就是想知道），稱為「心動」，心動如樹影，於是接著念念不止，分別不停（不會收回、不知息意），這念念不停地「假心」、「幻心」，又稱為「意」（注意力）；意有「能知」的作用，心（法界）反倒成了「所知對象」。「意」（意念）是生滅起伏、快速移動的，剎那變化遠勝電流，明滅閃爍非肉眼可見，儀器方可證知。因為速度太快了，所以會誤以為「不變不動」。「意念」非常奧妙，作用易知而原理難了。從此，便由心（所知）、意（能知）交融迴互，而成所認知的一切萬象（世界）。

如果，有人想要瞭解運行原理或親見（證）作用事相，就必須先從身體（感官知覺）退出離開，也就是「出入息止息」的第四禪定（類似瀕死經驗）。想要從身而退，先要能心不在境（焉）；想要心不在境（焉），先要心在境而不動，也就是「中庸之道」。心在境而不動的課題，有二個「關卡」要突破。首先要破「苦」關，就是遇苦、受苦之時，能忍住、能納受而不會產生怨怒或種種情緒起伏。其次，還要突破「樂」關。當滿足得樂、感官享樂之際，能忍，能拒而不生歡喜、驕傲自大。想要突破苦樂二關，應當先學「士人」的理直氣壯以及君子的「心安理得」、「知命無爭」，否則就連仁者「心平氣和」、「了無遺憾」的程度，都難以達到，何況是「離欲無求」的四種禪定程度呢？

子貢曰：「如有博施於民，而能濟眾，何如？可謂仁乎？」子曰：「何事於仁，必也聖乎！堯舜其猶病諸！夫仁者，己欲立而立人，己欲達而達人。能近取譬，可謂仁之方也已。」

● 文意：子貢問說：「如果領導人能普遍地施恩造福於百姓，又能適時的救濟苦難的民眾，像這樣的領導人怎麼樣呢？能不能稱得上是仁者呢？」孔子說：「豈止是仁者啊！這是聖人啊！就是堯王、舜王也不能完全作到呢？所謂仁者，是自己想要立身平安，進而使別人也立身平安，自己通達無事，進而也使別人通達無事。從小而微的事情開始，設身處地、將心比心來待人做事，這是達到仁者境界的方式。」

◆ 義解：君子明白「自作自受、有作必受」、「出乎爾者，反乎爾者」的法則原理，所以對於「必受」的苦樂人生，不怨不怒；對於未作的善惡言行，小心謹慎。「必受」是因為「已作」，「不受」是由於「未作」；「已作」故追悔無用，「未作」故改正有效。必受之苦不可逃，因為「回報」（報應）法則如此，若再抗拒逃避「回報」（報應）之苦，則會有不斷「加重加大」的循環之苦。施報之苦為身苦，身雖苦仍可承擔；憂煩之苦，即是「心苦」，其苦難以承擔。君子只受「過失」之「身苦」，但因為配合不抗拒，所以無循環不止的「心苦」。

樂天知命就是君子，循序提昇則為仁者。仁者由「不施」、「不做」開始。凡是「己所不欲」的，絕對不施加在他人身上。既然不施、不作惡行，又何來受他人報復，何況憂煩心苦呢？君子學「將心比心」，便能作到「己所不欲，勿施於人」，稱為「恕道」；接著「人所不欲，勿施於他」，稱為「仁者」；再進一步「己之所欲，量力施之」，稱為「有德」；若能作到「人之所欲，全力施之」，稱為「大德」。更有「人之所欲，身命施之」，稱為「聖人」；無我、無私方能身命皆施，又名「犧牲」。

不管是「仁」或「恕」，都是由揣摩自、他心意開始。以「不求回報」為前提，「分享」稱為德，「奉獻」稱為大德，「犧牲」稱為聖德，都是在道德範圍也。「恕」是仁的開始，而「仁」則是德的基礎。先仁後德，次序不亂；有仁無德，獨善其身；有仁有德，兼善天下；無仁無德，門外徘徊；無仁有德，空中樓閣。「仁德」並稱，是君子所當學。（施：想法、說法、作法）

七、述而

子曰：「述而不作，信而好古，竊比於我老彭。」

●文意：孔子說：「只是努力蒐集資料，整理有序而已，談不上是甚麼創作；非常喜愛以前流傳下來的文化和知識，而且信仰不疑，我個人以為還算可以媲美我的老鄉彭大夫吧！」

◆義解：萬丈高樓依於地，學問深時意氣閒。孔子但知「祖述堯舜，憲章文武」而已啊！歷代聖賢尚且不敢以為知識文化，都是自己的創作發明，只不過是稍加整理，為後代子孫鋪個路而已。唯恐對不起先人前輩，因此盡心盡力，既不為名，更不為利。孔子反省所學，自知非創作，也不是無中生有，僅只傳述，認真「代言」罷了。因為所有一切都是承自古人，不論文字、語言、圖畫……，一切的一切，都不是自己憑空創作，只不過藉著已有之物，作一些整理和引申或修改罷了！

雖然現在已有「著作權」之觀點，但卻是與事實相違之「惡法」，只有等到更為進步的年代，才會有所改善。凡是天地間共有的資產，人人可用。無奈的是分配與佔有，已經從生活方式發展成立法形式，因此大眾視「自私自利」為理所當然。人類的自私如果用正確的方式引導，排除小我，回復大我（地球人）的利益，就像從愛自己、顧自己，擴大到一家，從一家到一里，從一里到一鄉一鎮……，乃至全球全宇宙；從對立到競爭，從競爭到互助，從互助到一體共享，大家都是一家人，則天下太平，世界大同。

另外，用直接說明，來打破「自私」的理論及思想根源，也可以有異曲同功的效果。譬如，自問「甚麼是我的？」我的當然就不是你的、他的！像房子、車子、銀子、妻子、孩子……，這些都是我的！這毫無疑問，但再追問一句：「那麼我是誰的？」如果能證明我是誰的，誰擁有我，則會發現結論竟然是「我也不是我的」！至於我是完全屬於一人的，或是分屬幾人的，則是更細微的部分了。再以時間而論，小時候、中年、老年更有不同階段的分屬；像年幼時是父母、祖父母的心肝寶貝，在學校裡是老師的學生，成年上班時是公司的員工、社會中的一份子，老年是孩子的、孫子的，可知大家都或多或少擁有我的一部分，最後火燒、土葬……，全是地球的，究竟甚麼是我的呢？為什麼會以為「一定」有個甚麼是「我的」呢？這實在是誤會一場啊！這麼努力的一生，卻從沒有發現，這一切竟然都不是「我的」；同理可證，「我的」既不成立，「你的」、「他的」也是說不通。廣義而徹底地說，一切都是「地球的」（塵歸塵、土歸土），人類的「爭執」，顯得毫無意義啊！

子曰：「默而識之，學而不厭，誨人不倦，何有於我哉？」

●文意：孔子說：「靜靜的觀察種種人事物，認識其中蘊含的法則和原理；終身學習的喜悅，令我永遠不會厭膩；奉獻教學的反饋，使我保持不會疲倦，這些都是平日在作的事，怎麼會讓我畏縮退卻呢？」

◆義解：粗心大意，躁動不安的人，即使努力學習，他的成績也會大打折扣。像孟子所說「一心以為有鴻鵠將至」，因為「分心」、「亂想」是學習最大的阻礙。只有專注不移的心，才能達成舉一反三的效果，以及青出於藍、更勝於藍的可能。在學期間遇到困境，生活不濟，病痛纏身，環境變化，所有破壞學者的外在原因，加上自身的學習效力不彰，課題難解，諸如此類的情況，輕而易舉地就讓學者生起厭膩，懷疑是「自找苦吃」，於是中止學習，退出學習之路。學習是自我耕耘，期待回收而用；如果放棄耕耘，則收成亦無。學者耕耘有成，聞名於外，自有其他學者願意求學，所以「誨人事業」於焉展開，一如水到渠成。

「誨人不倦」是從事教育的責任和態度，不以功利計，不為名譽想，只有不辜負學者的向學之心而已。就算學者生厭，但施教者不可生倦。求學者生厭，是自毀、自棄；而教授者生倦，是毀他、棄他。自毀則無可怨人，毀他則終身有愧。教誨他人而遭求學者所怨，是最大恥辱（誤人子弟）！所以孔子的「有教無類」、「因材施教」，以及「致禮敬上，吾未嘗無誨焉」的訓誨之道，成為千古不易的教育法則。致禮者，示之誠、敬之上；訓誨者，因其材，施其教。授來學，無分類；成不成，在彼等；來不迎，去不留；教不誠，誨者過。

子曰：「德之不修，學之不講，聞義不能徙，不善不能改，是吾憂也。」

●文意：孔子說：「品德不能提升；講課因故中斷；已知的道理遲遲不能實踐；發現的過失，始終不能改正，這些才是我憂心的事啊！」

◆義解：君子憂之者如是！小人所憂者，利害得失；士人所憂，是非對錯；牲畜所憂，飲食生存耳！有德有位者，亦憂飲食與生存，但不是為自己，而是憂黎民、百姓也。無位仁者，獨善其身，誓不害他，生死以許，受苦折磨，不改其志。

子之燕居，申申如也，夭夭如也。

●文意：孔子平日在家的時候，從容不迫，輕鬆娛快。

◆義解：孔子出門的時候，先根據扮演的角色，然後決定衣服、帽子、鞋子……，甚至於神態、動作、說話都因為角色不同而因應調整。回到家後就脫去角色衣服，輕輕鬆鬆就像演員下了戲，卸完妝的樣子。

時至今日，人不學禮了（也無處可以學禮），所以根本沒有「角色」的概念。對於自身已經承諾對方的「角色」，模模糊糊，不知不覺。對於在角色裡應有的台詞、行步、穿著、神態，一概不知，任性而作、隨興而演，自己卻完全沒感覺，甚至自以為是，樂在「無角色」的自由發揮中。這種人大約只有七歲左右的孩童程度。

尤其是「角色」愈來愈多時，就像玩毛線球的孩子，漸漸被毛線捆縛動不了，同時角色的樂趣逐漸麻痺、適應或消失，受縛不自由的煩惱痛苦就會慢慢顯現出來；他本能地開始想要掙脫束縛，但卻發現無能為力，於是會出現耍賴、毀約、背信種種的言行，層出不窮，連他自己也不明白竟然是因為違背「角色扮演」的遊戲規則所造成。他根本就不懂自己的「角色」，不是能任由他「愛怎樣演、就怎樣演」，除非他能得到「對應角色」的同意，雙方同時脫去「角色本分」，才能免去束縛、責任，而得到自由。

孔子的「申申如」就是「暫時下戲的自由狀態」，當角色上身時，本來的自由就同步失去，只剩配合一切環境的「角色」和「本分」。孔子終身推動周公制定的「禮」，就是深知「角色」的遊戲規則，真的是人所必需，所必學，如同道路絕對不能缺少交通規則。演員（做人）必須了解自己所接演的角色、內容（本分），否則不但不可能演好承諾的角色，而且必然在舞台上搗蛋，成為影響、妨礙、傷害他人的罪魁禍首；最後人生大戲在落幕時，論功行賞沒門，論罪誅罰有分，後悔何及啊！

戲演的好，總是得到大眾的掌聲及鼓勵。但甚麼是演的好呢？第一要知道「角色定位」，第二是不忘「角色本分」，第三是「投入忘我」，第四是「收放自如」，明白只是一場戲罷了！第一稱為「知位者」，第二稱為為「在位者」，第三叫「入戲者」，第四叫「出戲者」。由學習角色，故「知位」；由不忘角色，故「在位」；由忘記自我，故「入戲」；由知道假戲，故能「出戲」（復我）。

不學則不知角色，忘戲則心不在焉，有我則不能入戲，不知假戲則不能出戲（復我）。也就是說大多數人是不知自身所演角色和本分；或雖知角色本分，但常忘記，不能一氣呵成；或雖已在戲中，但不入戲，不能演得入木三分；或者入戲甚深，迷執角色就是自己，所以無力出戲，不肯下台。看到孔子的「夭夭如也」，可以想見其在角色扮演當中，「知位、在位、入戲、出戲」以及先後穿梭在各種角色之間，不疾不徐、收放拿捏，是個甚麼樣的境界了！

子曰：「甚矣吾衰也。久矣！吾不復夢見周公！」

●文意：孔子說：「沒有辦法了！我太衰弱啦！已經有一段時間我沒有再夢見周公了。」

◆義解：孔子感嘆衰老的身軀，無力再「夢周公」了！夢見周公是「日有所思，夜有所夢」？還是「精思入微」呢？向來不語「怪力亂神」的孔子，卻會夢言囈語，似乎有些不合情理吧？其實呢！「夢周公」只是把「完美理想」換個說法罷了。簡單來說，孔子已然覺悟，自知不可能實現周公制定的禮樂規則，創造「均富而好禮」的任務了，因為「時不我予」啊！或者說是「生不逢時」吧！

子曰：「志於道，據於德，依於仁，游於藝。」

●文意：孔子說：「立志要放在最高的聖賢之道；把握住『施恩無求』的偉大胸懷；依循著『不影響、不妨礙、不傷害』他人的基本原則；然後悠遊在出神入化的藝術層次裡。」

◆義解：藝是指六藝。藝就是「技能」，形容才藝出神入化。仁義道德也是由初淺階段，慢慢地循序達到「百步穿楊」般的神乎其技。只要有信心、耐心、恆心三心俱備，則萬里雖遙，亦能指日到達！玩之無倦，終必臻至化境。子曰：「回也，其庶矣乎！」這正是「游於藝」的事實證明。

子曰：「自行束脩以上，吾未嘗無誨焉！」

●文意：孔子說：「只要能規規矩矩的束好衣帶，整脩服飾（學生裝扮），面對老師能謹守學生的禮貌，那麼我一定會對他有所教授和啟發，絕不讓他空手而歸！」

◆義解：孔子的學生中有富貴，有貧賤，南宮敬叔、子貢皆富有，而顏回、閔子騫皆貧窮。倘若孔子發出聲明：「無肉干則不教」，那麼顏回、閔子騫大概只能去偷、去搶了！況且孔子「私塾教學」之前，曾在季氏家中任職，並不缺日用之資，何須由學生供給家用。倘若學生是從自己家中取得之物，本就是堪荷之費，勉強算個「見面之禮」，不應認作「學費」。況且指定要肉干，則農戶之家，以米糧換肉干，必損無疑，孔子豈有不知之理。古人生存不易，卻指定肉干當學費，想來這絕不是夫子之作風。

《禮記》云：「禮聞來學，不聞往教。」來學以示誠求，不往特顯尊禮；誠求以顯其心，尊禮故重其行。孔子開私塾之風，有心分享知識，作育英才，並非營利買賣、辦學店啊！況且禮義廉恥的人文知識，哪裏是幾塊肉干就可以輕易換取的呢？

子曰：「不憤不啟。不悱不發。舉一隅不以三隅反，則不復也。」

●文意：孔子說：「如果學生自己都沒有想瞭解答案或真相時，我就不會主動去指點他、引導他尋找答案的方向。如果不是他追尋已久而困在其中，我不會旁敲側擊的幫助他。有時候，用某一種角度來提醒他，而他不能積極主動深入而廣泛地思考、推理，始終一副『告一知一、告二知二』的話，我就不會進一步為他說明『所以然』與『法則原理』了。」

◆義解：真心好學的人，必有誠，必有願。誠是「質直不虛」，願是「心甘情願」。不誠不願而學，如同漏器盛水，永無滿（成功）時。雖然學生不可以像破洞的水瓶，但又不能驕傲自大、自以為是，好像淺碟式的易足、易滿；反而要像大海般深不見底，像天地般高廣無極。漏器之中，一滴（智慧）也無；心如大海，能集無量智慧。「有憤有啟」，是表示學習的推動者是由好奇、好問的學生，而非老師；老師是被動配合，非主動的推動者，因為追求者是學生而非老師，追求的是答案而非老師，但答案卻是在老師心裡。老師像鼓、像鑼不敲則不應，小敲則小應，大敲則大應，完全是看學生怎麼問，老師就怎麼答（應）。「不悱不發」是說學生用心認真學習，則難免受困於疑惑，纏縛於死結，而且會慢慢喪失「脫困而出」的力量，甚至於「無力呼救」，這時候老師就要主動出面，開出一條活路救他出來。

「不以三隅反」是聯想力不足，死板板，硬梆梆的學生。就算把課程學完，也只成個書呆子，連小人都可以輕易戲弄他、欺負他。如果勉強要幫助他，跟他長篇大論，天南地北，最後像對牛談琴一般，完全不知所云！所以想像力、聯想力、推理能力，人人不同，也只能隨其資質天賦，適度誘導，不能勉強的啊！這類學生也可能是因為長期的學習挫折，跟不上進度，如果勉強硬教，難道不會「畫虎不成反類犬」，加重傷害嗎？所以「不復也」是不得已的選擇，寧可幫不上忙，也不要幫倒忙吧！加分的功德沒有，扣分卻不少咧！

凡是新任老師的人，都有滿腔的教學熱誠，總想把自己最好的知識和學問，一點不少的傳授給學生。這樣無私奉獻的精神，絕對令人感佩；但如果違反孔子所說的「不啟、不發、不復」教學三原則，只怕師生的衝突，就會隱然成患。學生因為壓力而害怕老師，老師因教學效率差而寒心。學生以敷衍之心來回應老師，哪裡談得上「學習之樂」呢？老師以勉強之心來課堂教學，更不會有「得天下英才而教之」的喜悅了。

子食於有喪者之側，未嘗飽也。子於是日哭，則不歌。

●文意：孔子在喪家旁用餐，在感同身受的氛圍下，從來都沒有心情吃飯，何況是吃到飽？如果受請弔祭，在現場哀哭過，當天就沒心情唱歌了。

◆義解：真心的投入，感受其氛圍，同憐其所哀，如自身之苦，故而食欲全無，雖吞而食之，亦不知其味。俗云：「兔死狐悲，物傷其類。」雖見他死，何嘗不是警惕自己來日無多？思及平日受助之恩，相處之義，不覺悲從中來，至此食欲全無，無心飲食矣！所以悼祭時要真心入戲，非應付而已；卸心出戲，就回復本來。真心入戲，就是完美演出。出戲下台，就是知所進退，順應天理（法則）。虛情假意，應付敷衍，只會受人厭惡、唾棄；入戲太深，不肯下台，自困自縛，自取其辱（煩惱）。

子謂顏淵曰：「用之則行，舍之則藏，唯我與爾有是夫！」子路曰：「子行三軍，則誰與？」子曰：「暴虎馮河，死而無悔者，吾不與也。必也臨事而懼，好謀而成者也。」

●文意：孔子對顏回說：「受人委託重用，就全力以赴，若不受人任用，就內藏所學，自得其樂，只有我倆可以這樣啊！」子路聽了頗不是味道，於是立刻問說：「老師率軍打仗時，會和誰在一起呢？」孔子回答：「見了老虎，赤手雙拳就過去打老虎，被老虎咬死、咬傷了也不在乎；河流擋在前面，毫無準備，涉水就過，溺斃、淹死了也無所謂；像這樣的人，我可不敢跟他在一起啊！除非他不但有勇氣，同時又能懂慎小心地面對，評估既有的資訊，估算著成敗風險，甚至作好備份計劃，然後實踐到底，直到完成，我寧可和這樣的人在一起。」

◆義解：勇敢是好的，但是要以「明智」作基礎，如果不明理，那還不如「懦弱畏縮」來的好，起碼也不至於常常處於意外、危險的狀態呢！其實，勇敢並非都不好，客觀的說，應該算是不夠好，或是好的還不夠！既然知道「求好心切」，那千萬不要只有一半好、部份好，因為一半好、部分好，就是不夠好！不過，雖然有人就是這樣「不夠好」，但也應該適度地勉勵和安慰，因為「比上不足、比下有餘」啊！不管怎麼說，最起碼也還勝過表現差勁的！不夠好代表六十分，大約只在及格的邊緣；至於低於「不夠好」的、很差勁的，恐怕都是在六十分以下囉！

子曰：「富而可求也，雖執鞭之士，吾亦為之，如不可求，從吾所好！」

●文意：孔子說：「這輩子生來是沒錢的命，但努力追求就可以發財，如果真是這樣的話，就算要我去做個『馬伕』，從事『駕馬車』的低賤工作，我也願意！可是這樣不計代價，卻依舊發不了財、改不了貧的話，那還是隨我的喜好去做吧！（未定的）」

◆義解：君子的「樂天知命」，並不是平白無故、無條件地就接受「命運天定」的道理，而是藉由學習「角色本分」的實踐過程中，完全徹底地明白命運的原理，所以死心踏地的支持「自作自受」、「有作必得」的法則定律（遊戲規則），從此接受、不逃避所有迎面而來的後果，心態逐步轉變成「敢作敢當」、「心安無愧」。

做的正確，當然心安，自然毋需多言；做的不對，意外傷害人時，依然可以「心安」，那正是因為勇敢面對，承擔損失，補償代價，甚至是欠命償命也沒問題，故能理直氣壯、無愧於人。從了解「自作必受，逃亦無用」（只是一錯再錯、製造問題，如同圓謊），進而體會到凡有所受，雖不知、不見，於何時、何日，由我所說、所作，但能由「我受」的事實，推求而得知，必是我之前所說或所作，故有所受。因為理（本末因果）不亂故，所以事有所定。智者毫不懷疑，所有好壞都應當勇敢承受，不逃也不避。面對眼前所處，未說未作之一切，戒慎恐懼，如臨深淵一般，絕不敢忘「一步棋差，滿盤皆輸」的後悔之日！

君子已知本末、因果、先後之理，所以能於「已定」的後果，理所當然的接受！而對「未定」的結果，則不斷準備、勤奮追求，好像只差一步就要到手那樣的投入，過著「一切都操之在我」，未來希望無窮的人生。

君子明白抵抗既定的生死、貧富、貴賤是徒勞無功，而且是自尋煩惱，自找麻煩而已。同時，君子也深信不疑「耕耘必以收割為結果」，所以不敢懈怠、疏忽以致悔恨。一般人不容易明白這「既定結果」和「未定待作」，是「同步存在」與「異熟而現」的道理。以下略加說明：

「既定結果」是指「先作後得」的「後得」（必得），所以才說是既定、已定；其實並沒有離開「自作」的影響範圍。而「未定」是指「現作後得」的「現作」（將作）的階段，所以說是「未定」；同樣的這也是在「後得」的範圍，除非「不作」、「沒作」，那就不在這個「自作自受」的影響範圍內。另外，「作」（想、說、作）還分為作善、作惡、種福、造罪，以及受善果、善報和受惡果、惡報的不同。

由上可知，人們生活在持續不斷的「同步收受」以及「邊作邊得」的運作軌道中。好像農夫的生活，今年的生活所需，都來自去年的耕作，今年的耕作，則是明年的生活依靠；「既定」是指已收成之農獲，「未定」是未耕、未完成或將完成的農務。即使是教育程度不高的農夫，也能輕易地明白「既定不可改」、「未定可再計」的道理。反之，如果受了教育，卻一輩子都看不懂、聽不懂，那怎麼能算受過教育呢？

君子能心定無所求，又能發憤忘食，人也不堪其憂，君子能不改其樂的沉浸於「耕耘」之中。古人說：「盡人事，聽天命」，正是通達此理後才有的達觀態度。否則怨天尤人，自怨自艾的人生就不可避免啦！所謂先知先覺也就是明白能在成事之先，所作無悔在後，因為預知（結果）而作，稱為「先知」；能無悔而受，稱為「先覺」。先知者所作無怨，先覺者所受無悔。倘若不識、不明「事之先」，不畏、不懼「悔在後」，就稱為「不知不覺」。智者不是天生的，不是本來如此的，而是努力學習才完成的。有的人非常努力的「終身學習」，卻無法成為「先知先覺」，始終維持在「後知後覺」或是「不知不覺」，那麼要注意了！所學的內容一定「大有問題」！這時如果無力自覺，又無旁人的提醒，那可真是人生最大的冤獄、遺憾啊！

子之所慎，齋、戰、疾。

● 文意：孔子對於齋戒、戰爭、疾病三件事以誠敬的心，謹慎面對和處理！

◆ 義解：「身齋」（戒）者，所有行為動作都要依禮（規矩），非禮不言、不動。「心齋」（戒）者，心定於一，不散不亂，凝志不動，以祀其神（感通神明）。「身心齋戒」是古代上流人士，藉著重要的祭祀典禮，體會心靈的奧妙神奇與不可思議，然後形成對天地鬼神的敬慎肅穆的態度。當然「身齋」已是不易，更何況能通於神明的「心齋」呢？戰爭之事，孔子雖反對，但也無可避免，所以凡有文會（會盟），必有武備（布署）。當衛靈公問陣於孔子，孔子答說：「未學。」即可知孔子的立場。所謂君子動口（溝通意見），不動手（武力相犯）。如果到了動手的階段，那就是強者勝，弱者敗的野蠻世界了。以君子自許的孔子怎能棄文於地，而武力相向呢？文明人以文會友，野蠻人才會恃力欺人。最後關於疾病之事，孔子慎重以對，藥不明，不敢服；病不明，必求醫，既不勉強而安養，也不疏忽以藥治。因為疾病不可免，因病而死非必然，所以慎重以對，不敢粗心疏忽。

子在齊聞韶，三月不知肉味。曰：「不圖為樂之至於斯也。」

●文意：孔子在齊國期間有機會聽到舜王時代的樂曲〈韶樂〉，聽完之後，長達三個月飲食都忘了飲食的滋味（心不在焉），於是極力讚嘆〈韶樂〉說：「實在無法想像樂曲的力量，竟可以達到這樣的境界。」

◆義解：身體的存活要依靠飲水和食物。心靈的活動不離五感（視覺、聽覺、嗅覺、味覺、觸覺）以及知覺。當注意力（心思）集中、聚焦在某一點時，便可能忽略其他的作用；但不足以吸引時，注意力是習慣於散亂四射的（蒐尋成性），除非五感中有一特別強烈的現象作用，完全吸引注意力的聚焦，才能暫忘其他感官的作用。如果五感都能撇離而不去注意，那就是所謂的「心齋」了。「不知肉味」的心境，現在人更容易懂，但時間不一定可以長達三個月。舉例來說，就像陷入熱戀的男女，朝思慕想，難忘伊人，兩地相思，托語白雲，遙寄情懷。短可數天，長可數月。男女雙方，心繫彼此，不思飲食，不計險阻，唯念所愛，不分日夜，這就是進入「冥想」的狀態。美國經典電影「似曾相識」裡男主角（克里斯多夫•李維）與時空不同的女子相愛，為了追求愛情，茶飯不思，數日之後，氣盡身亡。心靈專注入神時，可以超越時空，轉變物質，跳離凡塵俗世，解脫自由。但是拋捨繫縛，遠離欲樂，斷絕所愛，也是非常不容易的啊！

冉有曰：「夫子為衛君乎？」子貢曰：「諾，吾將問之。」入曰：「伯夷叔齊，何人也？」曰：「古之賢人也。」曰：「怨乎？」曰：「求仁而得仁，又何怨？」出，曰：「夫子不為也。」

●文意：冉有問子貢說：「老師會幫助衛靈公的孫子出公輒對抗他的父親蒯聵（出奔在晉國）爭奪衛靈公死後遺下的王位嗎？」子貢說：「嗯！讓我向老師請教一下吧！」於是子貢進入室內請問老師：「伯夷、叔齊是怎樣的人呢？」孔子回答：「古代的賢者啊！」子貢又問：「他們會怨天尤人嗎？」孔子回答說：「誓願作個仁者，而且也作到了，怎麼會有怨尤呢？」子貢聽完後出來對冉有說：「老師不會介入的。」

◆義解：伯夷、叔齊是古代孤竹國國君之子，他們兩人不願意介入王位之爭，退隱到首陽山上，最後還餓死在山上。孔子讚美他們是仁者，說他們恥於爭奪王位，退而不爭。世界上爭奪殺害的事，履見不鮮，為了獲取政權、利益，不惜發動戰爭，死傷無數，甚至付出自己的生命，也在所不惜。像這樣的一段生命，意義何在呢？為什麼人們遇到利益就本能的去爭，追求的像瘋子一樣，甚至於六親不認呢？簡單分析原因有：

第一、蠢蠢欲動的求生本能，永不滿足。因為吃、喝永遠不夠，引發所求永遠不足，只好被迫向前衝、向外求，而形成擋我者死、順我者生的世界。

第二、不了解天命之理，命中所無（福分），可以因為努力而有增減，卻不能根本改變；命中所有（福分），會因為犯錯而順延，但不會完全消失改變，如同到期的「定期存款」。定存是過去一分一毫的累積，定存單到期一定兌現，絲毫不少。開戶人（權利義務人）領取既定的「應收」、「應付」的帳款，然後出發踏上（命運）旅途。

途中一切令人眼花撩亂，而規則就是「不可任意改換路線」。永不知足的人，即使旅途平安，快樂幸福也以為是理所當然的；略有不順，則怨天尤人，強欲改換，傷人害命，不擇手段，自尋煩惱，自取滅亡。

第三、錯把人生當作是「永不殞落」的閃耀青春，而不明白生命如同漂往赤道的冰山，遲早會完全融化，無有例外。一切都是處於消融狀態，而且是現在進行式。榮華富貴或幸福快樂，在時間的洪流下，倒數計時消滅，絲毫不留，何苦顛倒自縛？死亡是所有生命的結果，生時雙手空空，死時空空雙手。從出生到死亡，好像擁有不少；靜心回首過往，都像大夢一場。人生一世，應求心安，應對往來，了無遺憾。

子曰：「飯疏食，飲水，曲肱而枕之，樂亦在其中矣。不義而富且貴，於我如浮雲。」

●文意：孔子說：「吃的是野菜和粗糧，喝的是井泉或清水，彎著手臂當枕頭睡，但是內心平靜祥和，這種平安無事的樂趣，有誰知道呢？處心積慮、挖空心思去追求那不合義理的榮華富貴，對我來說，就像是天上變幻莫測的浮雲一般，了不可得！」

◆義解：孔子曾說：「富貴如可求，雖執鞭之士，吾亦為之」，這種合義的富貴，孔子認為其實也是「亦不可求」，現在又說「不義而富且貴」，依然是不可得的。所以只要不是「命中既有」的富貴，就算努力追求，用盡手段，也是得不到的啊！看來孔子對於世人辛苦追求榮華富貴是完全不認同的，而且立場鮮明，完全沒有模糊地帶。只有明白自作自受，已作當受的人，才會「死心蹋地」的認命、認分，最後由「死心」而「心定無憂」，「認分」而「心安無求」。這樣的人稱為「知命」，表現在態度上則是「樂天」與「達觀」。「樂天知命」、「無憂無求」，這是君子夢想學成的精神境界啊！

子曰：「加我數年，五十以學易，可以無大過矣。」

●文意：孔子說：「如果可以提早在五十歲左右，能有機會讓我學習『易』的知識學問，我就可以避免許多重大的過失啊！」

◆義解：如果孔子終身學習自我提昇，不想出仕，也就不會有周遊列國的情形出現。孔明隱居臥龍山，劉備三顧茅廬，孔明雖欲隱居而不可得也。把孔明喻為平天下的神醫，劉備喻為病人，病人為治病而求醫，不遠千里，赤誠而來。反觀孔子如醫生，四處奔波欲治病人，過失大矣！孔子在回國教學後，終於明白「易」的神奇妙用，感嘆沒能早些學「易」，要是能「先知先覺」人事的吉凶悔吝，也許早就致力於教學，根本不會去試圖改變天下大亂的趨勢，而把所有的力量用來教育、培植人才。因為教學的成就，更勝從政，其效果可以在未來的歲月逐步顯現，雖然不是立竿見影，但影響之大，難可計量啊！

子所雅言：詩、書、執禮，皆雅言也。

●文意：孔子使用官方語言表達的是：《詩經》、《尚書》。參加典禮時所有發言，一定不會使用地方語言（方言），而一定用正式官方的語言來說話。

◆義解：孔子為了怕失真，所以在日常的生活中，使用鄉里的方言，方便於溝通；至於正式的學習和典禮場合用官方語言，避免產生「不倫不類」的狀況。就像不拿碗盛飯，而拿鍋盛飯，雖然不是不可以，但是有碗不用卻用鍋，給人「怪怪的」感覺。所以為了排除這種不登大雅的狀況，於是採用不同的發音方式。這雖小而微的細節，也可以力求完美的。

葉公問孔子於子路，子路不對。子曰：「女奚不曰：『其為人也，發憤忘食，樂以忘憂，不知老之將至云爾！』」

●文意：楚國大夫沈諸梁，封邑在葉，違禮越級，居然敢自稱葉公，向子路打聽孔子，子路沒有回答他。孔子說：「你怎麼不跟他說：『他這個人啊！不管是甚麼事，只要專注投入時，連吃飯都可以忘記。如果碰到志同道合，相談甚歡，快樂的把憂愁都拋到九霄雲外去了。興奮雀躍，還以為自己有多年輕，一副可以大幹一場的樣子，根本就忘了自己是個老頭子了！』」

◆義解：葉公是個越級僭位的人，孔子作春秋，口誅筆伐，罵的就是葉公這類人。子路不答葉公所問，是不願「答非所問」；但認真答其所問，只怕也會得罪葉公於無形，所以決定不回答。古代問「為人」時，就是評鑑一個人的品德、善惡、愚智、忠信……等，而孔子用忘食、忘憂和忘老來自述，簡直是牛頭不對馬嘴啊！葉公之不智，而有此問；子路是知機，故而不答；孔子是說書人，精彩絕倫，拍案叫絕！

子曰：「我非生而知之者，好古，敏以求之者也。」

●文意：孔子說：「我不是天生就能懂事、明理的人。我是因為嚮往古時候美好的社會，安詳的生活，以及佩服那些偉大領導人的智慧，和他們所創造完美的制度，於是勤勉的努力學習，希望能追求由衷嚮往的理想境界。」

◆義解：有生而知之，有學而知之，有困而學之，有困而不學。孔子強調自己是「終身學習」的人，既不是「生而知之」，也不是「困而不學」，大約是介於「學而知之」

和「困而學之」之間的普通人。生而知之者，是天生奇才；少見如麟鳳，不能當依靠。困而不學者，民斯為下也，是苦不堪言，故不足與議。學而知之者，無人相逼誘，覺悟自願學，材質為中等。困而學之者，受困於窮苦，故不得不學，其性中下等。先學故先知，先知故先覺，先覺故先安。受困而後學，後學故後知，後知故後覺，後覺故後安。學雖有先後，平安無差異，人生若不學，受苦無窮盡。

子不語：怪、力、亂、神。

●文意：孔子不談的四類話題：第一是稀少古怪的事。第二是關於武力相攻，暴力相向的事。第三是以下犯上，共謀背叛作亂的事。第四是不容易解釋的鬼神事蹟。

◆義解：少見為怪，不足為奇，無益百姓，徒擾人心。武力相向，至死方休，以文相會，賓主同歡。聚謀作亂，自取滅亡，以暴制暴，作孽難逃。鬼神之道，非人所解，務民之義，敬而遠之。非常見為怪，棄文則從武，不忠必思叛，茫然者好神。見怪不怪，其怪自敗。武力相攻，兩敗俱傷。興兵造反，斷頭囚犯。祀鬼祭神，疑神疑鬼。神怪之說，有害無益，六和之外，存而不論。臆測瞎想，杯弓蛇影。庸人自擾，杞人憂天。

子曰：「三人行，必有我師焉。擇其善者而從之，其不善者而改之。」

●文意：孔子說：「一行三人中，其中必有值得觀摩學習的。選取其中正確的，善良的來學習和仿傚；其他不好的，可以用來警惕自己有沒有類似的過失，萬一發現自己果然有這些缺點或錯誤，就應該趕快修正，調整回來。」

◆義解：有心要學的人，那三人行中，必有可學者。若無心於學，那置身學堂必然叫苦連天了！「擇善」一定要固執堅持，不可似有若無，可有可無！「不善」一定要認錯改過，不可逃避、敷衍、說理由，如此才是真心學習。真學者，不怕起步緩慢，必將一飛沖天，一鳴驚人，屆時收獲滿滿，足堪告慰！

子曰：「天生德於予，桓魋其如予何？」

●文意：孔子說：「如果命中注定的我，兼負推動仁義道德的時代使命，宋國司馬向魋又能對我怎麼樣呢？」

◆義解：宋國司馬要不要傷害孔子，在於向魋的決定；孔子受害、不受害是命中注定，那可不是宋國司馬說了算。如果向魋決定陷害孔子，而孔子就一定受害，那向魋就是無所不能的神。因為只有無所不能的神，自由自在，說一不二，不准你討價還價的！種種因素條件，定數、變數，空間（環境）、時間，主觀、客觀，多不可數，非單一條件，便可主宰和決定結果。人生所求，有時能遂心如意，因為那是命中既有，非關有求無求；但也時有所謀不遂之奈何，那是命中之既無，而非求之不力啊！本篇中孔子充滿自信的語氣，言下之意是「他能奈我何？」若不是樂天達觀、知命不爭的君子，早就快快前去請罪了，豈敢自找麻煩，自尋煩惱嗎？

子曰：「二三子以我為隱乎？吾無隱乎爾！吾無行而不與二三子者，是丘也。」

●文意：孔子說：「學生們！莫非以為我還藏著幾手，不肯教給大家嗎？告訴你們吧！我一手也沒藏啊！我所知道和明白的道理，沒有不和大家共享的，坦蕩光明就是孔丘我呀！」

◆義解：老師隱瞞自己的學問和知識而沒有和盤托出是可能的，原因有三：

第一、學有階段故，從淺至深，從狹至廣，滯於學中，有所不知，頗似受瞞。

第二、因材施教故，不能遍學，遍知，遍通，所以有受瞞之想。

第三、互相比較故。顏淵、子貢，利根知多，樊遲御者，鈍根知少。彼此所知、不盡相同，各人所悟，深淺有異，所以疑師傳授必有隱藏，這是不可避免的情況！

不過敢質疑的學生，必須是肯學、願學才有這種發現，像「不憤」、「不悱」，「聞一不能反三」的學生，就連質疑的能力都沒有啊！

子以四教：文、行、忠、信。

●文意：孔子列出四種必修的項目教人：第一是禮儀文化，典章制度。第二是迴旋行止，威儀有序。第三、盡心無違，思不出其位（角色）。第四、實踐諾言，受人信任。

◆義解：把這四項課程完全學會並且做到的人就是最低標準的「君子」了。君子是由文化養成的明理人，而不是追求文憑一疊，背誦一堆。君子是自我雕塑的人，好像女孩子去參加美姿美儀班，學習優雅的言談舉止，風度體態，由粗鄙任性，塑成翩然淑女、美儀嬋娟。

現代的知識分子只是空記一大堆語言、字句的記憶體，想用這經年累月蒐集纍積的資訊，材料，換取一官半職、謀生或尋出路。可惜啊！這是誤會教育的目的啦！人從父母所生，雖身形似人，但心卻是「未形」（甚麼都不是），如果不學禮（學習做人）而任其發展，那就會像野生植物般雜枝亂發，最後變成一文不值。而且現代的教育，根本是把識字謀生的技職教育，誤以為等於做人處世、待人接物的「人文」教育，結果是經濟順利發展，而人人相互攻訐，不知禮讓、尊重為何物；社會動盪失序，人心憂鬱，浮躁不安。深究其根本原因，竟然是以為「自已當然是人」！而其行為舉止不會控制、不能掌握，與動物（禽獸）本能反應幾乎一樣；所有的人情義理，茫然不識，非「人形獸心」而何哉？

子曰：「聖人，吾不得而見之矣，得見君子者，斯可矣。」

●文意：孔子說：「完美無過失的聖人，我是沒有機會拜見了；有機會能見到立志向學，知命守分的君子，就很滿意了！」

◆義解：人不能成聖成賢，在於事事為己，極少為人。聖人有智慧，在於事前，先知後果；凡是結果有利於人，無不為之！凡是結果有害於人，決不肯為！是以為與不為，皆無過失。君子還會犯錯，因為只是在「角色本分」的範圍內，努力減少過失，乃至於無犯。但這是不可能成聖（無過失）、成賢（不二過）的，因為愈是「為我」、「有我」，愈不可能避免過失。當有我有他的時候，衝突必然發生；即使小心謹慎，也只是大事化小事而已。聖人的看法是「唯他無我」、「他即是我」，與他同利、同向、同行，所以衝突不現，所以有事都是好事。所謂「賢者」是從君子進步到聖人，在此期間調整見解、看法，改換立場（有我有他修正改成唯他無我）之過渡時期。賢者已知理應為他（人），但仍以私意揣模，所以還會有「不合他意」之情形，但這種過失不會重覆，所以稱賢者為「不二過」。至於為甚麼君子敢挑戰「唯他無我」呢？難道不怕「自危（害）其身」嗎？不怕餓死，活不下去嗎？那是因為「樂天知命，自信福份；讓他不爭，是為君子」；而且，「不知命，無以為君子」！不是這樣嗎？

子曰：「善人，吾不得而見之矣。得見有恆者，斯可矣。亡而為有，虛而為盈，約而為泰，難乎有恆矣。」

●文意：孔子說：「仁慈又善良，寧死也不害人的人，我是無緣見到了！如果可以見到有恒心的努力保持在仁道上面，追求不懈的人，那也令我滿意了！但如果是裝模作樣，明明沒有學問卻裝得很高明的樣子，就像窮得快沒飯吃，還要往嘴上抹些油，掩飾一下；或是家裡日常所需已經不夠用了，卻要故意往外丟棄一些尚可使用的物品，顯示他奢侈到不在乎的樣子。如果他這麼在乎面子，那還有甚麼餘力和恆心面對和解決真正的問題呢？」

◆義解：善人是學成畢業的人，知行合一的人。有恒者是持續不中斷，立志行善的人。受人欺辱則必反擊、報復，這是一般人。平日所念利害得失，故而生心害他，這是普通小人。善人了解自作自受的必然律，所以寧受他害，誓不害他。「有恒者」也明白這層道理，但平日不生害他之想，不行害人之事容易；但是在遭受他人欺害時，一瞬間怒心填膺，自知尚不能止，因此願以無比恒心，斷此「不善」。能稱為「有恒者」，絕不簡單的！

子釣而不綱，弋不射宿。

●文意：孔子也釣魚，但不網魚。用弓箭射鳥，但不射回巢和休息的鳥。

◆義解：上古時代生活不易，農業生產不足以養人，僅圖裹腹而已。後來知識進步，技術更新之後，為了滿足口腹之慾，所以飲食朝多樣化，精緻化發展，天上飛的，水裡游的，陸上走（跑、跳）的，除非有毒致命、疾病傷身的不吃之外，其他是來者不拒。如果孔子自己不釣魚，又反對釣魚的話，以當時的背景，只怕是「曲高和寡」，而且會被認為不近情理。因此選擇「釣而不綱」的獵食方式，起碼不至於大規模的殺害生命，甚至演變成「殺雞取卵」、「竭澤而漁」，破壞生態的大浩劫。至於「弋不射宿」則是「將心比心」、「拒絕濫殺」的自我要求。孔子不射準備歸巢的鳥，以及睡眠中的鳥，可知孔子不肯「攻其不備、恃強欺弱」的用意啊！

子曰：「蓋有不知而作之者，我無是也。多聞，擇其善者而從之，多見而識之，知之次也。」

●文意：孔子說：「或許真有那種不學就可以憑空創作的人，我不是這一類的人。我總是抱著多聽、多看一些資料，把其中正確的、好的挑選出來，作為我學習的內容。也常常觀察種種的人事物，謹慎地默記在心；學到一定程度並發酵消化之後，才有辦法運用出來。這樣來看，我應該算在『生而知之』和『不知而作』二者之下的人吧！」

◆義解：有「不學而知」的人，當然就會有「不知而作」的人。孔子相信有這四等人：「生而知之」就是「不學而知」，俗話說是「天才兒童」。這樣的人，透過自己的眼睛、耳朵對外的所知所見，就能舉一反三、反十、反百，所以一般學習的模式，階段性的順序反而困住、延緩了他的發展和速度，所以天才不適合進入傳統方式來學習的。由於孔子終身不曾親見和認識這類型的人，所以用「蓋」這個字作為發語詞，如同「可能…吧？」。孔子是博學而又多聞的人，當然明白「天才」是少見卻非沒有！不過以對人類、社會、國家而言，天才並不可靠，反而只要肯「學而知之」加上「終身不斷」，則效果並不亞於天才的表現（貢獻）。

互鄉難與言。童子見，門人惑。子曰：「與其進也，不與其退也。唯何甚？人潔己以進，與其潔也，不保其往也！」

●文意：互鄉這個地方的人難以溝通。有一天從互鄉來了一位青少年，求見孔子，而孔子也答應見面。學生都很疑惑，不懂為甚麼老師這麼作！孔子說：「寧可見他，鼓勵他上進，也不願因為成見，拒絕見他，致使他沒有進步的機會，你們有必要這麼驚訝嗎？一個人能潔身自愛，提昇上進，我就願意幫助他，至於他以前有甚麼不堪或過失的事，我是既往不咎的態度。」

◆義解：一般人不脫先入為主，總以成見來辦事。大家都知道成見害事，卻難跳脫成見的框架。從這件事可以証明「有教無類」的事實了。孔子平等對待一切願意學習的人，所以才會「自行束脩以上，未嘗無誨焉」的表達啊！另外，不保其往是有前提的，如果自己還是學生程度的話，那可要遵守「毋友不如己者」的保護規範，否則採用「不保其往」的態度交友，不必太久自己就會隨之而去了（墮落如射箭）！

子曰：「仁遠乎哉？我欲仁，斯仁至矣！」

●文意：孔子說：「仁恕之道難道很遙遠嗎？我才轉念『寬恕他』、『包容他』，當下立刻就是仁者了！」

◆義解：孔子的說明可以排除許多人高推仁義層次，以為不切實際，難以達成的心理障礙。孔子三言兩語就把遠如天邊的仁義，拉到了近在眼前的一景一物，可觸也可及。其實仁義的層次還是有一定的次第和步驟，只要循序而進則雖遠亦近，越級而上則雖近亦遠。孔子說：「仁者愛人。」又說「泛愛眾」。愛人一語，不是口頭說說而已必須有實際行動，否則鸚鵡學語，莫非也可以算是仁者？常說做人要有愛心，同情心，其心同源於不忍；不忍心就是仁心，不忍加害於他，就是善人。由不忍傷害他人，再提昇至寧受他人所害，也決不報復，這就是仁者了（法律處罰另當別論）。如果有地位，有舞台的領導人除了仁心之外，又能以此為基礎，又能實質幫助苦難大眾，解決生活、工作、就學……等等現實問題，那就是廣施恩澤了。

施恩稱為「德」；無心、無求稱為「道」。「道德」二字合稱就是「施恩不求回報」的意思。孔子說：「道之以德」，就是領導人施恩於民，而不求取民眾的回報，這樣的領導人不管古今，通名為「聖君」、「明君」。至於沒有地位，亦非領導人，也可以量力而為「分享」和「奉獻」之事。分享是施恩的一種，佛教稱為布施。子路曾說：「願車、馬、衣、輕裘與朋友共，蔽之而無憾」，說的就是分享，同樂共享。孟子也說：「獨樂樂，不若與眾樂樂。」如果能做到「蔽之而無憾」，差不多也算是無悔了。心無求回報才能無悔，所以也可以列入道德範圍內。

須知，道德若沒有仁義作為基礎，那麼所作所為極可能在幫助的同時也傷害了他人，甚至傷害遠大於自己的貢獻。所以為甚麼一定要按步就班，先完成「仁恕之道」，先在有把握不傷害、不妨礙，不影響他人的前提下來助人、救人。（「仁恕之道」在佛教稱為「無畏布施」或「奉持戒律」。）

「道」一字，境界甚深玄妙，儒家所談甚少，道家於此較有論述，然亦無系統可言，唯有佛教詳細明載於典籍。茲略述之，以饗有緣。佛教於布施（財施、法施）、持戒（無畏施）之後又設四科，曰忍辱、曰精進、曰禪定、曰智慧。財施、法施合為一度，與其餘五度，合稱六度；六度遍於萬行，無所不包，是大士、高人之所行，非無學凡夫所知也。

其「忍辱」者顧名思義即是「忍苦」；士可殺，不可辱，若侮辱尚可忍，則無苦而不能忍。精進者，謂更進而忍之。忍辱之後挑戰忍樂、忍欲。欲（需求）、樂（享受）乃諸苦之因，當拒而忍之。欲樂似毒癮，如陷阱，入之愈深，愈不可拔。依賴愈多，痛苦愈多，自由愈少，智者視欲樂如魚吞餌，情願避之而去。

若能忍苦、忍樂，則心定入禪也。禪定有四，統名為色界天，與道家所謂「清淨無為」、「絕私去欲」之域同也。初禪有三天：梵眾天（民）、梵輔天（臣）、大梵天（君）。二禪有三層天：少光天、無量光天、光音天。三禪有三層天：少淨天，無量淨天，遍淨天。四禪則有九層天：福生天、福愛天、廣果天、無想天、無煩天、無熱天、善見天、善現天、色究竟天。最後「智慧」一度為聖人獨解，不與他共。就狹而論，須能悟「無常皆苦」、「無我我所」之教義；若能斷除三結（身見、戒取、疑），入聖道門，成聖弟子，遲至七生，必得解脫生死，不受後有輪迴之苦。就廣而論，深解空幻、無所有、無我、無知、無念、性本湛然，自由自在，直達寂靜涅槃。修道強調要「福德因緣」，若因緣不足，條件不合，則只能量力而學，隨分而修。最甚深智慧，非一世、二世，數世之可成，須歷劫粹煉，終而成就，學者宜常覺悟自心、勤學自勉！

陳司敗問：「昭公知禮乎？」孔子曰：「知禮。」孔子退。揖巫馬期而進之曰：「吾聞君子不黨，君子亦黨乎？君取於吳為同姓，謂之吳孟子。君而知禮，孰不知禮？」巫馬期以告。子曰：「丘也幸，苟有過，人必知之。」

●文意：陳國司寇問：「魯君知道角色本分的道理嗎？」孔子對答：「知道。」稍後孔子行禮告退。陳司寇走向巫馬期行禮作揖之後，對他說：「我聽說君子是不會袒護自己的過失，更不會袒護自己人的過失。莫非我聽錯了，君子當然也會袒護過失的！魯君姓姬，他娶了也姓姬的吳國女子，為了怕別人知道，還另取『吳孟子』的名字，簡直就是『此地無銀三百兩』，自欺欺人嘛！如果魯君貪戀美色而違背『同姓不婚』的禮制，卻說是知禮、明理，那天底下就沒有不知禮的人了。」巫馬期把陳國司寇所說的話轉告孔子。孔子說：「丘很幸運，如果犯了錯，一定會被人提醒和告知的。」

◆義解：子不議父，臣不議君，正是禮也。而陳司敗議論他國之君，也是既無禮又不敬。孔子身處陳國境內，遇陳國司寇之提問，若不答是不敬；答之則為議君，也是不敬，不得已而答曰「知禮」。孔子此舉但止一過失，即是黨也（坦護之嫌）！但如果不答或嗆聲說道：「臣不議君」。恐怕立刻要得罪陳司敗（無禮），也許立刻身陷危境，或遭驅逐出境。孔子的智慧高人一等，他採取行禮告退，主動就把話題打住了。但是陳司敗還不肯死心，竟把隨從孔子出訪的學生巫馬期當作傳話人，好像非讓孔子出糗不可！當然巫馬期無力了解這麼複雜的「文事之爭」，於是陳司敗如願地把內容轉達給孔子。孔子知道陳司敗在等回音、候答覆，非要一較高下不可！結果孔子用了一句似答非答的「苟有過，人必知之」，來給有心人聽（司寇還知過耶？），並沒有為失言行禮致歉，也沒派巫馬期傳話、遞信，甚麼都沒作，就淡淡的一句話，簡直就是應付了事嘛！一國的司寇竟被如此敷衍，豈不是有受辱之嫌？但這樣的交手之後，高下立判。孔子雖有坦護之實，但因「臣不議君」的禮制而不敢逾越，於是以似道歉非道歉的語氣，說給了陳司敗以外的天下人聽，那麼到底是誰知禮，又是誰不知禮呢？孟子曾說：「如果自己的身分立場不對，又怎麼能去糾正別人呢？」（滕文公章句下）

子與人歌而善，必使反之，而後和之。

●文意：孔子和他人對唱或同唱，如果雙方配合的好，效果不錯，一定會請求再「安可」一次。

◆義解：就像美妙的雙人舞、華爾滋、國標舞，如果配合的好，令人歎為觀止。歌曲是由樂器，樂譜，歌詞，旋律共同組合，而由吟唱者表現出來。尤其是有和音的唱法更是吸引人，因為和聲要彼此很有默契，收放自如；所以技巧難度高，表現出色的，必定廣受歡迎。孔子也如一般人，對於彼此有默契、配合完美的，就一定會邀請再唱一次，以示由衷讚美之意。

子曰：「文莫，吾猶人也。躬行君子，則吾未之有得。」

●文意：孔子說：「關於知識嘛！我所知道的和別人沒有甚麼不同啊！至於日常落實到行為的話，那我還沒能（完全）做得到。」

◆義解：君子如果是指「樂天知命」，那孔子說這話時應未滿五十歲，因為孔子自稱五十而知天命。如果是仁恕君子，甚至仁德君子的話，那麼孔子說「未之有得」就是實語而非謙詞。因為己所不欲，勿施於人的「仁」與受人所害，不思報復的「恕」，對孔子而言應該不難。至於財物的分享，從公西赤出使齊國，其母請粟；以及原憲作孔子家臣，孔子給他奉祿九百斗，可知孔子大方、不小氣（雍也）。

這樣的分享，就是施恩，就是有德。開私塾之先，教英才以六藝，這是奉獻，這也是「德」，而且施恩而無求報之心，這是「道」。有德又有道，所以稱為「仁德」君子。但究竟孔子是甚麼時候說的，又君子是高標呢？還是低標呢？若是高標，則屬實語，若是低標，多是謙詞。

子曰：「若聖與仁，則吾豈敢？抑為之不厭，誨人不倦，則可謂云爾已矣！」公西華曰：「正唯弟子不能學也！」

●文意：孔子說：「要說我是聖人或是仁者，這我那裡敢當啊！只能說在這方面努力追求不曾有疲厭的時候，教誨來學的人不會感到倦怠，還算是說的上啊！」公西華說：「我們最學不來的就是這些啊！」

◆義解：孔子說「博施於民，而能濟眾」是「何事於仁，必也聖乎」，可見濟人廣施是大德聖人，是有地位、有舞台的領導人，才有造福萬民的可能。另外，孔子也讚美一貧如洗的顏回，達到「庶矣」的境界了。所以孟子說：「達則兼善天下，不達則獨善其身」。達是有地位，不達是庶民；達與不達，乃是天命前定；而聖與仁，則在學與不學。成聖和成仁是智者堅定的抉擇，因為智者才知道聖與仁的極妙「好處」，而一般人卻難以明白和想像的！

子疾病，子路請禱。子曰：「有諸？」子路對曰：「有之。誄曰：『禱爾于上下神祇。』」子曰：「丘之禱久矣。」

●文意：孔子的病情加重了，子路準備祭典要禱告天地鬼神，為老師祈福！孔子說：「有這種（為疾病而禱告祈福的）事嗎？」子路回答說：「有啊！祭典中的〈祈禱文〉有這樣的記載：『向天地神祇誠心禱告、祈求降福賜吉。』」孔子說：「如果是這種禱告的話，那我長久以來就沒有中斷過啊！」（孔子言下之意是：「那就免了吧！」）

◆義解：如果疾病可以透過祈禱而改善或痊癒，那麼死亡，老化，憂愁，煩惱，貧賤，窮困……等等，是不是也可以呢？如果「自作自受」、「他作他受」的必然律，可以借方法（祈禱、改運、換名……）改變成「自作他受」或「他作自受」的話，要不要擔心自己吃飯而別人飽；別人犯法自己被逮；自己努力工作而別人領走薪水和獎金；推動一切的運作法則都錯亂、失序，「因果必然律」變成或然律、偶然率。像這樣的人生，該如何過得下去呢？甚至於在早上起床時，要先計算一下晚上上床機率有多少，如果機率不高，那麼是不是乾脆就不要下床活動了呢？

看來孔子的疾病，真的讓子路急了，就像一般人一樣「病急亂投醫」，最後連祈禱也用上了！事實上疾病的發生，可以分為內外、遠近二種因素，「近因」不外是長期以來的飲食、作息、工作等造成的，在身心內外造成的失衡、失調；由於原因無可避免，當然生病的結果就只能接受。接受的態度稱為明智，避免加重病情的處置包括：醫療、休息、飲食調整、運動等等。如果像子路採取祈禱的方式，不但於事無補，還會讓人懷疑孔子難不成也在疾病折磨的痛苦之下，迷信天地鬼神的加持來改善病情嗎？而所謂的「樂天知命」，原來是找到鬼神這個新靠山嗎？如果孔子真的相信有效，那麼當初學生冉伯牛病危時（孔子感歎命運竟是這般安排），當時何不為冉伯牛來祈福呢？

另外，疾病的「遠因」則是先天免疫的遺傳問題，這種遺傳更是不可選擇，如同不能選擇父母一樣。所以在先天就已經確定而產生的疾病叫作「命已夫！」，或者稱為「註定之疾」、「先天之疾」。身體是由父母結合而來，身體的決定權不在我，那麼身體的胖、瘦、美、醜、健康、殘疾又怎麼可能由我決定呢？不但不能由我決定，也不是其他某人、鬼神所決定。如同工廠製造的陶瓶，如果陶瓶有瑕疵，總不能說是陶瓶「自己」決定的吧？

先天之疾就像這瑕疵陶瓶一樣，是「被製造」、「被決定」的結果。有智慧的人，不必等到陶瓶出廠就能知道陶瓶「有問題」或「無瑕疵」了。因為關鍵在過程，在設計之初。由於設計（想法）與製程（說法，作法）不能注意控制，或無力控制（失控），那麼又怎能避免瑕疵陶瓶（結果）的出現呢？「後天之疾」尚且不能完美控制，卻企圖控制既（已）定的「先天之疾」呢？話雖如此，不必灰心，以為甚麼都是被決定，無力改變了。只要明白「未定」和「既定」的法則原理，並且全力實踐不中斷，慢慢地就可以達到自主控制、自由自在的人生。以下略作說明：

「既定」有二個，一是指原因（見解）和過程（想、說、作法），二是指結果（收獲）和享用（受報）。結果既定而拒絕接受是自找麻煩，自尋煩惱，於事無補的。就像子路的行為，絕非智者所為。「既定」之前稱為「未定」，在「未定」的階段就知道要謹慎小心，一旦沒有把握住、控制好，讓它往下（後）發展，那就只能等著收爛攤子了，後悔也沒用的，這種情形就叫做「自作自受」。如果「自作」的階段還未作，稱為未定。未定當然就未受、免受、不受啦！如果已定（作），當然就要受、當受、定受囉！有的人以為可以逃避不受，卻不知道他所逃避、抵抗的行為，都只是另一次的「自作」而已，所以根本就逃不了在未來繼續「自受」啊！聰明的人，把時間拉長來看，就可以發現愚昧不明的人，都在「過去自作、現在自受」、「現在自受同時現在自作」，「現在自作，未來自受」的循環狀態中，迷茫無解；如同河中泛舟，奔向斷崖，過著哀歎受制、毫無希望的人生！

反之，明白這個運作法則，然後配合實踐這個法則，把「自作」視為能自主、可控制，努力把握。把「自受」視為被控制，放棄抵抗，這樣的人生必是幸福而平安。不過一定要謹記，這種「雙軌式」的人生觀，如果妄想混為「一軌」，那就立刻出車禍了。所謂「一軌」就是把「自作」的這一軌，重疊到「自受」的另一軌上。舉個例子來說，如果生產製造的老闆站在機器的輸出口，仔細端詳著一些「瑕疵品」，並且思量要怎麼補救這一些「瑕疵品」，渾然忘記其他正在準備或已在製造過程中的其他產品，這樣一來只怕老闆有補救不完的「瑕疵品」了；若以人生來說，就會有受不完的苦了！

子曰：「奢則不孫，儉則固；與其不孫也，寧固。」

●文意：孔子說：「排場搞得太多、太大了，主人就很難保持謙遜的態度了。儉樸過了頭，就顯得『小家子氣』了。不過二者相較，那還是『小家子氣』的好。」

◆義解：排場大的時候，為了保持一定的秩序和規矩，主人拉高嗓門，斥令應答，遠呼近喝，哪講得了從容和謙遜，當然典禮的根本精神全失，因為一切都失焦了。至於凡事從簡的典禮，現場會給人荒涼落漠，悵然若失的感覺；有時候不明就理的人，還誤以為典禮尚未開始，或者即將結束了呢！像這樣未免也簡單過了頭吧？雖然這二者都有問題，但孔子卻認為儀式典禮「從簡」，還比較能顧及根本精神的傳達，不至於「失真」、「失焦」，而成了徒有表象的一場典禮而已！

子曰：「君子坦蕩蕩，小人長戚戚。」

●文意：孔子說：「樂天知命、無所求的君子，依照角色本分而為，所以正大光明、心安無憂；唯利是圖、永不知足的小人，順著利害得失而行，所以心裡陰霾籠罩，患得患失。」

◆義解：「小人」的定義是指地位低下，同時又未受「禮」的教化。《禮記》曰：「刑不上大夫，禮不下庶民」。由於百姓從未學禮，所以不可以用「禮」的標準去要求百姓。但是人民富有之後，政府就應該教「禮」於民，否則人民「富不過三代」，國家「亡不出十世」。貧困的生活是人民所厭，所以施政第一步，先讓百姓富裕。富裕能使民心感恩國家、支持政府，但如果不接著教禮，認識角色本分的規則，那麼上下交征利，國家就危險了。

現代社會只要是大富大貴的人，家中一旦有遺產交接的事，就會勾心鬥角，出入法院，一切都以利害得失為根據，所以「富不過三代」的道理，千古不變。由於唯利是圖的觀點，使人民成為「小人」而非君子。從日夜謀利，鬥爭競比的生活，使人民患得患失，這怎麼不是小人長戚戚呢？既然政府不知富民之後要教民以禮，那麼民眾也該自覺，自力救濟，自學以禮，自我提昇，進入富而好禮的精神生活，否則富貴還不如貧困的好！因為貧困的生活反而使人容易得到滿足、明白知足的可貴，同時又沒有富貴所帶來的緊張壓力、種種問題。當然，已經了解這些真相而願意「守貧」的人是不多的；一般人厭惡貧困就像見了「衰鬼」，沒有不想避之而去的。

君子不是天生的，君子就像優良產品，完全是後天加工而成的。為了心安無憂，坦蕩光明，所以心安理得的「君子之道」，就會成為智者唯一選擇啊！要知道富貴原是一把雙面刃，有一面是「利刃」，另一面卻是「害刃」。利刃可以解決物質貧乏不足的辛苦；而害刃卻是製造憂煩的原因。歷史證明，人往往為了保有富貴，即使變得卑鄙無恥、良心全失、六親不認、出賣人格也在所不惜！而且事實卻是「任君千算萬算，只有得不償失的下場」而已！聰明人不必很久，就能悟透對錯好壞，然後便知所趨利避害。趨利要符合自作（利），自受（利）的原則，那麼趨利當然就會得利。而避害亦如是，若自作害人，當然就必受人害，無可懷疑！利害同源，所以利之所趨，害必相隨，如影隨形，所以聰明總被聰明所誤。

聰明本來是好的，並沒有甚麼錯誤，但是不夠好，因為人生的複雜，造成聰明還不夠用，處理不了這麼多的問題。所以聰明人應該要再進修，學習法則原理的大智慧，那就是「角色本分」的學問，把「害刃」徹底解決消滅。只有利而無害的富貴稱為「義」。義是該、當、應的意思。活在義的思想、義的世界是沒有憂愁煩惱，不會患得患失的，因為在「應該不應該」的光明思想下，憂患烏雲是毫無立足之地的。求財利的人，先利他再交換回報以自利，就稱為「義」，也是雙贏的局面。如果利他而不求報（慈善事業、義工），則根據「捨一得萬」（植一種子，收得萬斛）的理論，所以生生世世為大富長者、榮華富貴、為人所護、眾人所尊。要知道「利害的富貴」與「禮義的富貴」截然不同，是三代和千秋的對比啊！況且利害的富貴，著眼在利，畏懼在害，故心隨得利而樂、受害而苦，上下起伏，身不由己，旁觀其生活，根本是在受苦折磨。

無智的小人，活在「財是主人，人是奴才」，奴才不能離開主人，主人可以換掉奴才。像這種的富貴之奴，何苦自作賤呢？不要也罷呀！禮義的富貴是根基於角色本分，所以不合於名分的財，叫做「不義之財」，君子是不肯要的（不義而富且貴，於我如浮雲），君子愛財，取之有道（利他在先，自利在後）。《禮記》曰：「臨財毋苟得，臨難毋苟免。」皆以禮義為原則、為標準。以上所述都是以「命中已有的富貴」為前提，配合努力工作，所以發財。若是命中沒有富貴，則努力也只能「小康」而已！因為富貴是「用錢賺錢」，既快又多。而小康是勞心、勞力所得，所以難以富貴。用錢賺錢，類似理財，但理財猶有風險，只有布施錢財，寄福於人，完全無風險。但如果要求現世（今生）回收，則因為投資期太短，所以回報有限。若能不急於回收，任其發展，如滾雪球，愈滾愈大；定期寄存，積少成多，複利倍增，時至提領。自作施恩，自得富貴，先作後得，理所當然耳！

子溫而厲，威而不猛，恭而安。

●文意：孔子的表情是溫和從容不過激，舉止威儀不猛暴，態度恭敬而安詳。

◆義解：簡而言之，心有所定，行有所止，出入往來，唯禮是依。孔子的氣質只不過是「副產品」，主要產品是「樂天知命」、「心安無憂」的智慧啊！

八、泰伯

子曰：「泰伯其可謂至德也已矣。三以天下讓，民無得而稱焉。」

●文意：孔子說：「周太王的王子泰伯，可以算是道德最完美的人了。他不但三次讓出國家領導人的位子給父親屬意的三弟季歷，而且作到不落痕跡，讓人找不到理由來讚美他，甚至不知道要讚美他。」

◆義解：有歷史記載，真正禪讓王位的有堯、舜二位君王，禹雖欲禪讓，無奈民心向夏，所以沒有讓成。這位泰伯在還沒有繼位之前就讓位，是「德之至（完美表現）」也。泰伯是大王子，理當繼承王位無疑，但他知道父王心意是希望三子季歷繼承王位，泰伯知父王心意，於是用父王疾病為理由，出城入山採藥，直到父王病死，他都沒有回去，後來三王子季歷親自入山找大哥泰伯回去主持喪祭之事，泰伯也拒絕回去主持祭典。三弟不得已先代為主持。喪禮完成後，又再度找大哥回來繼位，泰伯不得已只好斷髮、紋身，如受刑的犯人，明白表示絕不回去繼承王位，他的用心真是良苦啊！於是三王子季歷才不得已登基為王。泰伯完全知道父王的心意，順而不違是「孝」，知道季歷之賢，讓而不就（王位）是「德」，知季歷之子周文王將興盛周朝，為了天下計，為了盡「忠」而自刑（紋身）。有忠、有孝、有德，又三讓以天下（國家），這樣的人，這樣的史實，怎能不令人肅然起敬（佩服）呢？

子曰：「恭而無禮則勞，愼而無禮則葸，勇而無禮則亂，直而無禮則絞。君子篤於親，則民興於仁。故舊不遺，則民不偷。」

●文意：孔子說：「每一件事都表現的很恭敬謹慎，卻不在角色本分的規定內，那範圍太大了，一定會累死的。雖然事事小心謹慎卻不配合名分，那就變成事事害怕了。即使勇敢無所畏懼，如果不配合名分的規則，那率直就會變成了挑釁。身為上位領導的君子能善待、照顧自己的親人，那麼百姓就會崇尚愛人，不忍傷害他人。對於曾經共事的部屬、同事不會無緣無故遺棄不顧，那麼人民就會彼此相互提攜，不會計較現實（利害）而不往來（人情味）。」

曾子有疾，召門弟子曰：「啟予足！啟予手！詩云：『戰戰兢兢，如臨深淵，如履薄冰。』而今而後，吾知免夫！小子！」

●文意：曾子染了重病，自知不久於人世，想要把握最後教導的機會，於是把弟子們都集合到病床邊，然後說道：「動動我的腳，再動動我的手！怎麼樣？都還正常吧！《詩經》裏說：『振作精神吧！好像走在萬丈深淵的邊緣上，也像是踏在布滿裂紋的薄冰上行走。』從此以後，我可以好好的休息了！孩子們！」

◆義解：孔子學生中，曾子以孝行著稱，也是《孝經》的作者。「三省吾身」、「慎終追遠」、「任重而道遠」、「以文會友」……名句甚多。曾子以孝心來行事、生活，像他所形容的「如臨深淵，如履薄冰」，這種精神狀態是非常集中的。

許多人都不知道，如果注意力隨便散亂四射（搜尋），茫然無主，習慣以後就會因為恍神而出事，遲早會發生危險，難以避免！佛教僧人的修行中，有所謂「托滿油缽於頭頂或捧在胸前行走」的方式，訓練自己集中精神，不敢他顧（亂看），也是頗有異曲同功的效果。一個人可以把自己巡遊感官塵境的注意力抓回來，然後鎖在特定的目標上面，心無旁騖，如大學所云的「正心」：視而不見，聽而不聞，食而不知其味的精神狀態，這是很高的修養工夫，也是心中有定力的人。我們從曾子臨終「易簀」的表現，更可以證明這份定力、工夫。

定力就是心平氣和（仁者），而心平氣和是心安理得（君子）的再提昇；至於心安理得則是理直氣壯（士人）的再提昇。仁者的定力也有再提昇的目標，就是斷欲無求（禪定），完全脫離動物本能生存發展的原始需求。總之，想要進入聖賢大道的人，必須按步就班從學習做人處事開始，依序學習和開發（人人）本有的智慧礦藏，自救、自助，完成毫無遺憾的人生旅程。

曾子有疾，孟敬子問之。曾子言曰：「鳥之將死，其鳴也哀，人之將死，其言也善。君子所貴乎道者三：動容貌，斯遠暴慢矣。正顏色，斯近信矣。出辭氣，斯遠鄙倍矣。籩豆之事，則有司存。」

●文意：曾子病重的消息傳到魯大夫孟敬子耳裡，於是孟敬子專程前來探視。曾子對他說：「鳥類將死的時候，聲音明顯哀戚沒有活力；人將死的時候，說的內容多是端正而善良。身為好的領導人一定要重視的三件事：
第一、容貌態度避免驕傲怠慢，舉止行為不可以蠻橫粗暴。
第二、收起漫不經心的樣子，用端正的表情來接見他人和處理事務。
第三、措辭說話要像個文明人，別用那鄉下人的語句和口氣，難登大雅之堂啊！
至於典禮的籌備和規劃，那都有專門的單位和人員，主人不要親自去做、去管那些瑣事。」

◆義解：孟敬子是孟武伯的孩子。孟武伯曾問孝於孔子，孔子回答他說：「孝子會珍惜照顧自身健康，因為父母最擔心的莫過於此。」孔子是因材施教的老師，回答的內容，就是孟武伯最需要改進的地方。由孟武伯就足以推知孟敬子的家教如何了！也難為了曾子，利用自身染病期間，還苦口婆心用「人之將死，其言也善」作開場白，表明了平日勸你不聽就罷了，現在我就要死了，你總該認真聽聽，以後恐怕也沒有機會再說了。再加上曾子所說的三件事，誰能不感嘆啊！

曾子曰：「以能問於不能，以多問於寡，有若無，實若虛，犯而不校。昔者吾友，嘗從事於斯矣。」

●文意：曾子說：「面對問題的時候，自己本來就有能力解決或處理，但為了配合沒有能力的人，只好隱藏自己的能力，採用發問的步驟，慢慢引導對方，然後深入其中、反覆討論，營造出好像是對方自己找到、發現解決的答案和處理的方式。另外，自己所知甚廣甚多，但對方所知不足，不得已只能先放慢、減緩自己的速度，完全配合對方的程度，先用反問的方式，引導他進入狀況、了解狀況，然後配合他已知、能知、所知的程度，討論出解決的辦法，就像是對方自己努力地找到了答案那樣。雖然有著真才實學，但並不以為有甚麼值得傲人的地方；已經能掌握大道，運用法則，但卻表現得好像沒有甚麼主見，平平凡凡，毫無奇特之處。如果有人用輕蔑的語氣說：「嗄！這就是孔門第一高足嗎？我看也不過如此啊！」諸如此類貶抑的詞句，但也看不出他有任何不悅和氣憤，更沒有反駁的語辭。我曾有一位同學，名叫顏回，在上述的內容裡，完全達到了，令我深深的佩服與讚嘆！」

曾子曰：「可以託六尺之孤，可以寄百里之命，臨大節而不可奪也。君子人與？君子人也！」

●文意：曾子說：「現在有一個人，願意接受瀕死之人，把未成年的孩子託付給他，並且照顧養育成人；或是把國家人民的政事，委由他處理而且能不辱使命；用威逼和利誘逼他變節，考驗他的決心和責任感；用盡恐嚇手段強迫他背叛（違背）自己的承諾，但是他自始自終都不會改變，死也不怕。這個人算不算是君子呢？是的，這是百分之百的君子啊！」

◆義解：曾子的老師孔子曾說君子必須「知天命」，心安理得、讓而不爭。現在曾子把君子的內涵再用事情具體的說明，因為盡忠職守、理直氣壯的士人，也難以做到託孤寄命、不改其志的。

士人雖勝於小人唯利是圖的無恥，特重名節，遇事總能堅定立場，理直氣壯。但是說託孤寄命、不屈志節的品德，士人未必可以做到的。所以曾子具體所說的內容，表示「士人之行」還在君子之下，尚未達到君子般的高尚！孔子說：「不知命無以為君子。」君子自知天命，故而認命，認命故能「讓而不爭」，不爭、無求故能無憂無畏。「知命君子」能「受臨死託孤」，此是「仁」也。「知命君子」能「寄百里之命」，此是「智」也。「知命君子」能「奪節而不改」，此是「勇」也。智仁勇三德兼備，君子人也。由此可以略知，君子之高尚，非士人可比！

曾子曰：「士不可以不弘毅，任重而道遠。仁以為己任，不亦重乎！死而後已，不亦遠乎！」

●文意：曾子說：「讀書明理的人，立志要遠大而堅定；從他擔任的角色（公職）愈高層，權（力）利（益）掌握愈大，相對的責任也非常吃重。他隨時擔心影響了百姓，甚至傷害了百姓而不知，用這樣的心情來管理人民，照顧百姓，能不覺得壓力沈重嗎？如果成功治理，廣受人民愛戴，深得君王（領導人）的信任，那可不能輕易卸任或辭職，甚至可能會死於任上（鞠躬盡瘁做到死），能不覺得路途遙遠嗎？」

◆義解：這樣的士人如同受歡迎的演藝人員，因為安可聲不斷，所以不能隨便下台，在支持者力挺、歡呼聲中，只好舞盡全力，直到累癱在台上為止。可是如果後繼無人，成為絕響，那又如何撐起永不落幕的舞台呢？所以士人（人才）的培養、訓練，要力求完備，不可以中斷啊！品德的起步就是從「羞恥心」和「榮譽心」的啟發，而角色本分是其內容標準。若完全不知自身的角色本分，而以利害得失來就職、任事，那麼就是小人在朝。小人任事唯利害是依，所以民怨、抗爭、暴動……，只是遲早而已。所以說：「無恥小人是禍國殃民的罪魁禍首！」

子曰：「興於詩，立於禮，成於樂。」

●文意：孔子說：「端正無邪的詩歌，寓意委婉且能振奮人心；角色本分的禮法，使人心安理得而能了無遺憾。翕如，純如，皦如，繹如的樂，扣人心弦，並能抒發情緒，撫慰人心。」

◆義解：孔子把詩歌、禮法、音樂的變化效應，簡單明瞭的點出來。詩是歌曲的骨幹，現代人稱為「歌詞」。歌詞有描繪先民生活故事，啟發想像，抒情傳意的重大作用。

甚至於用以教化人民，也可以反映地方風俗及傳承生活的智慧。社會是一種團體組織，是由無數家族、部落組合而成，由分工合作的概念，進而演化出人與人相處的遊戲規則，也就是「角色」（名），權利及義務（本分），簡稱為「禮」。從「禮」慢慢又發展出所有之典禮、儀式、器物、規矩……。林林總總，一切皆有所規定，以期能安民心。人心安定，社會就會和諧有秩序。個人的自立（身）與安定（心）是家庭、社會、國家的基礎，所以不怕民不能立，只怕人不學禮，民不知禮。如果人不知禮，就會逐漸退回（墮落）野蠻原始，暴力相向，戰亂鬥爭，生不如死的世界。

在悠揚的樂器聲中，加以高低五音，配合旋律的變化，往往引人入勝，乃至可以「不知肉味」（心不在焉）。古代音樂的作用，目的大多藉著音樂抒發情感和調劑生活。想像一下，如果沒有音樂的話，簡直就像生活在默劇、默片的世界裡。現代人把歌曲配合填詞，成了社會大眾重要的消遣和娛樂，同時又可以提供龐大的就業市場和獲利商機。

雖然音樂已經普及化了，但音樂的性質也跟著通俗化，遠離了安撫人心、抒發寄情的原創意旨。尤其處在現代多元文化的熔爐中，流行音樂成為世界主流，在次文化的影響之下，多數音樂傾向狂暴、迷亂、饒舌……，無所不用其極的以創作為名，行挑動人心之實，惟恐人心不亂，死命追求新奇、有趣的流行趨勢，直到精疲力盡，身心交瘁……，這情形早已違背音樂原創的宗旨。音樂是反映時代、地方與人心，所以有甚麼樣的人心就有甚麼樣的音樂，這也是理所當然啊！

子曰：「民可使由之，不可使知之。」

●文意：孔子說：「百姓未受禮樂的教化，所以只能下令要求他們照著做，而無法用三言兩語的說明，讓他們了解是甚麼原因，或者甚麼道理要他們這樣做。」

◆義解：古代的教育並不普及，人民大多是為生存而忙碌，君王施政也是以能確保民眾的生存為主。因此清朝以前的社會底層，就是由求生求存的文盲大眾所形成；只有士大夫階級以上，才有忠信、禮樂、仁義、道德的知識觀念。時代雖然更迭至今，號為「科學昌明」，但多在促進生活便利的物質方面，如技術知識、工業製造、視聽娛樂……等等，的確有一日千里、難以想像的快速進步；而精神文明的「禮」，則完全停滯，非但不能普及，甚至幾乎有斷滅之虞。

孔子曾到衛國的城市參觀說了：「庶矣（人口多），富之（人有錢），教之（人規矩）」這些話，足以證明富有不是罪惡，就連孔子也是贊成和支持的。但是停滯在富貴的層次，而不知道進行下一個階段的學習和提昇，那麼富貴將會無以為繼。簡言之，富貴將會成為墮落和敗亡的原因！一旦人人都是愛利、重利、爭利的思想，必將形成「上下交征利」，父子之親可以為了利益而互相傷害，朋友同事之間，為了利益彼此鬥爭出賣，甚至殘忍殺害……。人類因為勤奮和努力發展而暫時得到的利益，卻又因為利益腐蝕人心，必將再墮落退回原始野蠻的形態，現有的文明如「曇花一現」，也要繼其他「偉大文明」之後，成為「失落文明」的現代版。

這是因為沒有宏觀遠見所造成無力挽回的趨勢和不可避免的下場。這種現象也可以用「富不過三代」的例子來說明。話說原本貧困無財的第一代，滿心以為只要努力打拼，累積財富，從此就可以無憂無慮，過著如在天堂的日子。接著一步一步的把基業交給孩子，讓他繼續發揚光大。像這樣的如意算盤，卻多是天不從人願，而且比例高達九成九。自從稍有積蓄之後，就煩惱著錢不夠多，穿的不夠好，吃的比不上更有錢的人，住的不夠豪華，孩子成績比不上人家……，所有煩惱像排山倒海一波又一波，壓的快喘不過氣來，以前沒聽過的文明病，現在都碰上了（比如高血壓、心血管疾病、心、肝、肺、腎、腸胃、癌症、中風、代謝症候群……）。沒錢的時候，倒也沒甚麼病，可是有錢了以後，病也跟著多了。

另外，花重金栽培孩子出國念書，畢業之後回國繼承家業，努力為家族、家庭、公司賺更多錢，發展事業愈做愈大；如果產業轉型成功了，就邁向下一波高峰。反之則是失敗或破產，好景不常。更有不景氣和通貨膨脹交相打擊，也會讓生意一落千丈，甚至倒閉。而有的人大運（好光景）走完十年，又回到一無所有。還有那家大、業大的公司或企業，如果主人（老闆）即將過世或才去世，家人子孫便開始佈局鬥法，爭產分家，唯恐少分少得。原本是一家親，瞬間反目，視若路人、仇家，眼看就是一場生吞活剝的獵殺大戲。就算一切都順順利利的傳到第三代手上，也將因為「唯利是圖」的汰弱存強法則而自取敗亡的下場。

現代人深度沉迷在物質的快速發展中，完全不知不覺自心的物化及墮落，最後一定毀滅於長久以來所深信的科技發展中。只有物質文明與精神文明並重的發展，才能讓人類的未來，突破「富不過三代」的歷史法則。須知，禮樂規矩、法則原理的智慧才是精神文明的象徵；生活便利、經濟發展的富足是物質文明的顯現，二者缺一不可的。所以孔子贊成人人「富之」的生活無虞（先）；人人「學之」的心安理得（後），這樣的「美好人生」就是「富而好禮」的文明社會，也才是人類文明應該要發展的方向，否則還不如貧而樂的人生好啊！

子曰：「好勇疾貧，亂也。人而不仁，疾之已甚，亂也。」

●文意：孔子說：「好勇鬥狠的人，如果他不喜歡貧窮、沒錢的日子，那一定就會行險僥倖；不用多久就會作惡犯法，甚至傷人害命，危害社會。如果一個人喪失了同情心、不忍心的話，千萬別逼得他無路可走，如果逼急了，他會無所顧忌的發洩和報復，製造嚴重的社會問題。」

◆義解：「好勇疾貧」，說的不就是現今的黑道人士嗎？自認勇敢，甚麼都不怕，就怕沒錢用！哪怕痛快享受的活個一、二十年，也不願貧困痛苦的長命百歲。其實，貧窮的痛苦只是人生的一環而已，富貴的煩惱是窮人無法想像也不會相信的，因為貧窮的煩惱就已經處理不了，根本沒有能力去了解富貴人家的痛苦啊！在《三字經》裏有「人之初，性本善」的句子，或許多數人是性本善的，但如果不施以教化，任其隨性發展，則像天使般的善良，也會轉變成惡魔式的邪惡；因為逆流而上是艱辛而困難，順流而下卻是快速而容易的。一旦到了麻木不仁的地步，任何小小刺激或突發逼迫，都可以引發他積蓄以久的憤怒情緒，從而做出令人不敢置信的「大禍」，可是社會大眾不但不明白是甚麼原因形成，也沒有人可以改變這種不定時炸彈的製造和引爆原因。

子曰：「如有周公之才之美，使驕且吝，其餘不足觀也已！」

●文意：孔子說：「一個人雖然擁有像周公那樣的才華，但是一旦犯了『驕傲瞧不起人』和『小氣不肯分享』的缺點，那其他的就不必再說了。」

◆義解：「才華」是多少人夢寐以求的理想，更是人生成就和掌聲的重要原因。許多父母花費鉅資，常年栽培，專人伺候，就為了孩子擁有出人頭地的才華，如果能享譽世界，擠身名人堂之列，那麼身為父母大有雖死無憾的安慰，足證才華的重要。西方國家甚至把才華昇格為「天賦」，是上天賜給的禮物，是受到賜福的生命，是無可比擬的幸運和恩遇。現在孔子卻說一旦染上「驕傲」和「小氣」二種致命的缺點，簡直沒有一點剩餘價值似的，難道有這麼嚴重嗎？

基本上，大家都知道驕傲自滿，自大自負都是人際關係的致命傷。驕傲自大的明顯之處，就在於他的雙眼常常不自覺地射出「瞧不起你」的死光；被射中的人，心裡面有極不舒服、甚至討厭的感受。雖然一點外傷也沒有，卻會氣的七孔冒煙，如果更不幸的是在他的目光掃描之後，再聽他說話的內容和語氣，根本就是一場極端折磨的煎熬酷刑。另外，驕下者也必媚上，孔子說像這樣的人，免談了吧！至於小氣的人很難與人分享，如果分享都不肯，那又怎能期待他的貢獻和犧牲呢？所以不肯分享，回饋的人，不管有多少才華、能力、財物等等，都是他自家的事；如同守財奴一樣，寄生在社會而無益於社會，無益於人類。在這個世界上，有他和沒有他的存在幾乎是差不多的！

驕傲的成因有二，一是自信，二是自卑。才華洋溢的人若無自信，未免不近情理；可是如果沒有「人外有人，天外有天」的觀點時，就成了「井底蛙」，得了致命的「大頭症」。由於對於事實真相（強中自有強中手、一山還有一山高）的了解程度不夠，同時多數不如他的人，終日環繞在周圍，這樣持續不斷的刺激下，就會引發深潛的攻擊機制（軟土深掘），想要不自負、不自大、不自傲，還真是不容易啊！自大、自傲的修正，其實是很容易的，只要把失衡的觀點調整一下就可以了。譬如，今人找不到對手，那就找古人吧！因為自古的神童天才、聖賢、偉人多到數不完啊！

關於「自卑」所造成的驕傲，也有方法解決，就是好好的學習一技、一能，建立自信及自我肯定，那麼由「自卑」所啟動的防衛本能──「驕傲」，自自然然就消失無蹤了。至於吝嗇小氣也並非人之天性，只是出自不了解，不明白自己是如何受恩於人？於家庭？於社會？於國家？以致自私自利，不肯分享、奉獻和犧牲。只要略加說明或參考一些經典戲劇、歷史記載，就能了解自己得到多少成長的資源與養分，就不會捨不得回饋了。

驕傲的對照是謙虛，吝嗇的反面是大方。謙虛則是學無止盡，乃至出神入化；大方則是大度能容，甚至施恩無求。有些父母為了鼓勵孩子學習，常常用肯定的言語、獎品來引導孩子；但每逢孩子表現差錯時，完全漠視，甚至不以為意。於是孩子受到父母的影響之下，從小就觀念偏差錯誤，以為只要能練就某些才華，就有權力犯錯，或者可以不必在乎其他方面的過失，結果造就了驕傲自大的孩子，扭曲了孩子們的正常心靈。說起來，父母的過失，有時候甚至超過對孩子的付出啊！

俗話說：「寒門出孝子。」孝子出生於貧窮家庭，古今皆然，何以故？貧戶之子，自小就面對生存的壓力，也親眼見到父母賺錢養家的辛苦，有些孩子甚至必須參與工作、分擔養家的責任。只要體會了父母的辛勞，就會明白父母是如何將有限的資源分享給自己，照顧自己，愛護自己，這種恩情似海，而且不求回報，一心只希望孩子能健健康康的長大。孝子的成長就是這種既殘酷又現實的環境，所以一心報答親恩，孝順父母，奉獻所有給父母；只要父母健在，從來不敢多想自己的事，一切都以父母為優先。

至於現代的寒門除了孝子之外也出逆子，原因是缺乏父母之愛所造成。孩子缺乏父母的愛，會寒了孩子的心，孩子就會不知不覺的扭曲人格，個性異常；而祖父母的溺愛寵孫，也會讓孩子像沒有天敵的生物，任性而為，無所畏懼，在不久的將來一定四處惹禍。父母和長輩的慈愛，過多與不足都是傷害孩子的重要原因。最後還要說明，孝順的孩子不一定是懂事的孩子！反之，懂事的孩子，必然是孝順的子女。為甚麼呢？因為慈愛的付出是換來聽話乖巧的孩子，卻不包括懂事；為了生存而奮鬥的殘酷現實，努力工作交換回收報酬的道理，才是促成孩子早熟懂事的主因啊！所以懂事的孩子一定早熟而聽話，雖然年紀輕輕沒有幾歲，卻給人歷盡滄桑的感覺！原該有的稚嫩的赤子之心，早已消失不見。因此有許許多多的父母長輩出於不忍心，堅決不肯讓孩子面對這現實又殘酷的一面，卻不知道這麼難得的生活教育，人生歷練，就在無形中被剝奪淨盡！人生是一場苦難的奮鬥史，就像一場馬拉松，完成考驗的就是成功的人生。既然成長是必然的、不可逃的，那早早成熟懂事，總比那溫室裡的花朵好多了！父母長輩的保護不可能長達一生，那又何必用這種「為德不卒」，好事做一半的方式來傷害孩子呢？失去父母照顧的孩子，如同棄嬰一樣，際遇悲慘啊！而不當的、錯誤的培育又何嘗不是呢？

子曰：「三年學，不至於穀，不易得也。」

●文意：孔子說：「入學三年不中輟，也完全不想謀仕途、求俸祿（發大財），這樣的人不多見了啊！」

◆義解：學習的終極目標有二個，第一是自我雕塑，自我提昇。第二是交換生存，謀求發展。孔子說學習三年，志在俸祿的比比皆是，而志在提昇自我的就不多了。為甚麼會這樣呢？舉個例來說吧！某位求診的病人，在因緣際會之下得到一份珍貴藥材，神奇的不可思議，幾乎可以無病不治。試問一下，他是先自醫呢？還是先治人？先賣出呢？還是藏起來？再舉一例，某位武林人士，偶然獲武術祕笈一部，他是自己先練成呢？還是獻出去換個堂主、幫主的位子來坐坐呢？除非不得已吧？否則誰不願先自醫、自練呢？當然，這個稀有的「祕笈、藥材」，可不是一般的知識或技術，而是指詩書禮樂的文化薰陶，品德、操守的養成教育；淺近的可以明理成人，遠大的可以成仁取義。明理成人的受人尊重肯定，成仁取義的受人立碑敬拜，都算是完成做人的價值了！

子曰：「篤信好學，守死善道。危邦不入，亂邦不居。天下有道則見，無道則隱。邦有道，貧且賤焉，恥也。邦無道，富且貴焉，恥也。」

●文意：孔子說：「自我提昇的人，深信不疑唯有好學一途能出人頭地；心安無悔的人，是堅守仁恕之道生死相許而來的。如果一個國家有君臣上下相賊害，父子相殺，無禮失紀，心如禽獸，長邪趨利，不知禮義，這樣的國家、區域稱為『危邦』，仁德君子是不會進入的。如果已經發生動亂、戰爭，人民互相殺害，叛亂奪權層出不窮，那就是君子該離開的時候了。國家安定，社會有序，君子就出來參與建設，貢獻所能；反之，隱居不出，獨善其身，方為上策。如果國家安定，自己從國家分配了土地、房舍和工作，卻還是貧困的難以生活，那是恥辱啊！假如國家動盪不安，社會失序，自己卻能富貴多財，地位權勢蒸蒸日上，內情恐不足為外人道，只怕是恥辱不小啊！」

◆義解：自我提昇、端正自我的人，必然是透過學習，進而了解「自作自受」的法則，從此為了提昇而孳孳不倦，力求端正而奮勉砥礪。即使環境艱困，也不能阻止向學之心，放棄學習之路。就算面對死亡威脅，也不改變仁恕的立場，這才是學習的成就與理想啊！這必須有「終身學習」的態度才能完成，絕非三、五年就能達到的！至於該隱或該現，君子只是配合時勢而為，並無一定。「邦有道」，而自己「貧且賤」，那是對不起國家，所以說是「羞恥」的！應該要把土地、房舍退回，不配繼續擁有。至於「邦無道」，而自己「富且貴」，那麼發國難財，混水摸魚的嫌疑，君子怎麼承擔的起呢？所以說也是羞恥的（財產來源不明）。

子曰：「不在其位，不謀其政。」

●文意：孔子說：「如果沒有得到那個角色（名），就不應該去思考或擔心那個角色所該思考的範圍（分），即使是動機善良也不允許，否則就是越位或侵權，因為這就是破壞

「『角色本分』、『遊戲規則』的開始！」

◆義解：天下之亂，社會失序，就這一句話已完全說盡了原因。孟子說：「人病捨其田而芸人之田」，多數人管不好自己，卻老想管別人；討厭別人干涉自己，自己卻挺愛干涉別人，而且還自詡是路見不平、拔刀相助，卻不知根本是目中無人，無法無紀。等到違法受罰，卻還怨天尤人，抗告不服。這種人完全沒有角色本分的概念，當然也沒有自作自受、敢作敢當的氣魄。說他是勇敢，卻沒有智慧；說他是愚昧，還不服喊冤；說他是社會亂源，他卻自命為替天行道。尤其當他見到大欺小、強欺弱、詐騙、欺凌……時，這些令人髮指的事件，就會觸發他俠義的衝動本能！但是以「輕如鴻毛」的一己之力，根本不足以解決和消弭這些不公平的現象，而且自己違法亂紀，想要自救、自保都會有問題，如何能有效的助人和救人呢？最後的結果，就是用小小的貢獻，卻大大的傷害社會、國家，這是最壞的示範啊！須知，凡是以武力解決爭端的，就像石頭壓草，只是把問題往後延宕而已，根本就沒有徹底解決！另外，眼前造成的傷害，屬於「新仇再造」，等於火上加油。這種人總是用製造問題的方式來解決問題，等到事情越搞越大，他則雙手一攤說：「我已經盡力了！不要怪我！我沒有辦法了！」所以喜歡管事的人，基本上都是在製造問題，或延後問題罷了。因為知道如何根本而徹底解決問題的智者，是不會採取這種（來亂的）方式幫忙的！

子曰：「狂而不直，侗而不愿，悾悾而不信，吾不知之矣。」

●文意：孔子說：「年輕人態度狂妄卻不率直，沒有學問又不老實，缺乏才能，還不肯遵守承諾的角色和本分，像這樣的年輕人該怎麼辦呢？我也不知道啊！」

◆義解：自大狂妄，目中無人，遇事逃避的人，下場可想而知。不肯學習或不願意學習的人，就像未經加工製造的原料，還把材料當成產品去騙人，很快就要自嚐苦果的。甚麼都不會，也沒有專業的才能，其實為數不少，但如果沒有才能倒也罷了，現在連自身扮演的角色本分也不能信守的話，像這樣的年輕人以後該怎麼辦呢？（實在不忍心去想像他日後的下場啊！）

子曰：「學如不及，猶恐失之。」

●文意：孔子說：「真心好學的人總是怕來不及學好、學完；等到終於學完了，還怕複習的不夠，或擔心沒有時間練習以致於忘掉了。」

◆義解：俗話說：「遠水救不了近火。」只有預先準備的人，才能解決突發或必然發生的困難狀況。學習的目的，就是為了解決不在眼前，卻一定會發生的問題，譬如「臨渴掘井」，那怎麼來得及呢？當然要在平日不缺水的時候就要開始準備。有人會問，眼前不缺水，為什麼以後會缺水呢？也好像在問：「現在還有錢用，為什麼以後會沒有錢用呢？」答案是：「現在有錢是過去累積的，雖然還沒用完，但總是會用完、花完，遲早會沒錢的。」所以現在有錢用，不代表以後也有錢用。有遠見的人會早早準備以後要用的錢、要喝的水，以及要解決問題的能力、知識、智慧。初學的人因為所學的內容還很陌生，所以必須加強熟悉度，直到不會忘記才算成功，否則學了也等於沒學、沒準備。就像水庫積滿了，就一定會洩洪而出；所以練習的次數夠多了，還怕不能傾洩而下，出神入化嗎？

子曰：「巍巍乎，舜、禹之有天下也，而不與焉！」

●文意：孔子說：「偉大不凡啊！舜王、禹王統領天下，卻把這事看的與自己無關似的！」

◆義解：「有而不與」的意思，就像演員接通告演戲一樣，把戲演好，卻不會因入戲太深而忘了自己是誰。所謂出（戲）入（戲）自在，出神入化。不但自己完美演出，還要為台下觀眾物色下一位主角，擔綱接演下去，實在堪稱偉大、了不起啊！

子曰：「大哉，堯之為君也！巍巍乎，唯天為大，唯堯則之！蕩蕩乎，民無能名焉！巍巍乎，其有成功也！煥乎，其有文章！」

●文意：孔子說：「真是偉大呀！堯帝這樣的領導人！宏偉廣大，像天一樣無邊無際，只有堯帝能媲美天那樣偉大啊！像天地間的廣大無邊，不知道要從何處說起，從那裡開始形容他！太偉大了啊！他是這麼的成功！他所建立的文化制度，像太陽一樣的光明遍照啊！」

◆義解：孔子學習過三代的典章制度，認為三代的文化傳統，人民才是活在美好的大同世界裡。而夏商周都是傳自堯帝的時代，許多重要禮樂制度，都在堯帝奠基的，而且堯帝也是第一位行「禪讓天下」的君王，他放棄家天下的傳統模式，心量廣大，如日月所照，不分良劣，一體視之。為國舉才，選賢任能，一心為民，制定人事，在在處處，沁潤無邊，奧妙神化，無以形容，民眾受恩，竟無所知覺！

在孔子的聲明中，堯帝幾乎是聖人，聖人是無過失的。因為聖人必需是無私（無我）的，聖人只有為他、利他，完全沒有犯錯的問題，只有夠不夠完美，夠不夠好而已！就像考試的成績六十分及格的人，只有往一百分滿分的方向前進，沒有不及格的處罰問題。一般人終身學習可以做得到「少欲」、「無求」，也可以說是君子了！但是不見得能分享，奉獻自身所有，更何況是犧牲自己呢？所謂的無私、無我，就是身、心內外一切都可以為人犧牲而不求回報，這就是聖人。如果有身分、有地位，又能施恩大眾，普濟群生，那就是大德、聖君。如果除生命以外，都可以全部捐出（裸捐），這叫「奉獻」（貢獻）。若不能全捐，只能量力而為，就叫「分享」。如果分享之後心求回報，那不是分享，而是交換、生意往來，絕對不是分享無求的「恩德」。君子是以聖賢為目標的，分享是入德之門，如同士人是知識文明的起點，角色本分是君子的必修課程。顏回說：「舜何人也，禹何人也，有為者亦若是！」聖賢不是天生的，是後天學習的！有天生的天才，也有天生的智障，但就是沒有天生的聖賢啊！

舜有臣五人，而天下治。武王曰：「予有亂臣十人。」孔子曰：「『才難』，不其然乎？唐虞之際，於斯為盛，有婦人焉，九人而已。三分天下有其二，以服事殷，周之德，其可謂至德也已矣！」

●文意：舜王擁有五位賢臣，天下因此太平。武王說：「我有治天下的賢才十人。」孔子說：「人才難得啊！難道不是嗎？從堯帝成為天下共主，到舜帝為止，這中間人才輩出，太平盛世綿延不斷呀！如果女性不算在內，也有九個人呢！文王的時候，天下共有九州，其中有六州都背叛了殷紂王，反而向西伯（文王）朝奉。文王安撫他們，並且依舊服事殷紂王而沒有反叛。但紂王心懷疑慮，用計把文王誘至京城，縛至羑里，加以軟禁。當時天下九州中三分之二已歸順周朝，以文王的實力隨時都可以取代殷紂王，領導天下。但文王沒有這樣做，就連武王也是被逼著起義（革命），所以說周代的興起，完全是順天應人、大勢所趨。文王的嚴守分際，武王的拯民水火，都是道德的極至啊！」

◆義解：人才雖然難得，具福分又有智慧的領導人更是難見啊！《中庸》有言：「知人者智，自知者明。」既要能自知又能知人，這就是衡量領導人賢能與否的標準。那怕全世界只有一位領導人才，只要用他治理天下，就綽綽有餘了。舉例來說，一位大廚(總舖師)對於所有食材、廚藝、技巧、經驗、管理、器材……,一切有關的廚房料理事項,如魚得水,悠遊自在。治國的人才也像這樣,指揮部屬,安排事宜;內政外交,軍事經濟,財政司法,中央地方;授權任事,賞罰公平,愛民如子,先公後私;廉潔知恥,身先士卒,盡忠職守。如果部屬怠忽職守,必自請處分,毫不戀棧權位。來則兩袖清風,去時雲淡風散而已!所以領導人的重要,絕非一般,豈可等閒視之!

子曰:「禹,吾無閒然矣。菲飲食,而致孝乎鬼神,惡衣服,而致美乎黻冕,卑宮室,而盡力乎溝洫,禹,吾無閒然矣。」

●文意:孔子說:「禹王治天下,我是無話可說了!他自己吃的、喝的簡單而隨便;用來祭祀祖先、親人的祭品是豐盛而精美。自己穿戴的衣服帽子粗劣破損;但在祭典中穿戴的服飾,莊嚴華貴。他居住的地方,不講究豪華氣派,全部心力用在疏導積水入河海,讓平地可以裸露出來,百姓們從此可以有安全又廣闊的土地,進行開墾耕作和居住,不必再忍受山窟、巖洞式的原始生活。像禹王這樣治理天下,我是無話可說了。」

◆義解:大家都聽過「三過家門而不入」、「因公忘私」,說的正是禹王啊!大禹治水不用圍堵,而用引導。因為「圍堵易,難長久;疏導難,可持久」。後人所謂的「中原大地」,在遠古時期是沼澤、蠻荒、洪水、猛獸的代名詞,大禹奉舜王之命,用盡終身的時間，把沼澤變為良田，大地的面貌為之一變，人民從此可以遷居平地。人口開始穩定增加，部落之間可以結盟，人類力量無限擴大。這才是人類進化史上真正「大躍進」的一頁，大禹能成為舜王的接班人，可謂實至名歸啊！若以道德之「三階」而言，禹王分享、奉獻、犧牲三者皆備，所以被孔子稱為「聖君」。

禹王是一位有身分、有地位的古代義工（志工），他把助人、救人視為理所當然，也應該如此。禹王施恩不求是「德」，理所當然是「義」；禹王有其位，又行道義，當然就是義工的實踐者。話說有些自以為是的「俠義之士」，多以武力犯禁，破壞社會秩序在先，介入他人恩怨在後，問題愈搞愈複雜，還自以為救人一命勝造七級浮圖。豈知佛家所謂的「救人一命」，並不是解救人們的身體不死，而是救度人的法身慧命，得度生死大海，永遠解脫輪迴，不受後有（再生）的意思啊！否則天下的父母都能生育子女之身命，不就一胎一浮圖（佛陀）嗎？這種「不求甚解」的誤會可不小啊！還有一種義工更妙，他把自己現有的角色本分不演不做，卻專愛做自己喜歡的、立即有掌聲的義工工作，迷糊錯亂顛倒，簡直不可救藥！唉，說之難盡啊！

九、子罕

子罕言利，與命與仁。

●文意：孔子很少主動提到利害得失，天命已定和仁恕不害的話題。

◆義解：孟子說：「中道而立，能者從之。」學生的才質，高下好壞，千奇百怪，為了使教學順利，必須設立一個中等程度來施教。如果太難，學生聽不懂，學不會，就會喪失學習的熱誠，而放棄學習。反之，如果太簡單了，學生心不在焉，沒興趣學習。所以用不難不易（中等程度）來施教是必要的。一般人在社會大學裡，經過三、五、十年的歷練，十之八九都可以明白的，就是「利害得失」。所以有必要設教而學的是不難不易的「禮」。「禮」的基本內容就是角色本分，把角色本分學成、學好，往上可以提昇到「知命君子」、「仁恕之道」、「施恩無求」，往下不至於墮落到「唯利是圖」的小人或「吃喝玩樂」的小孩。所以孔子把「角色本分」立為中等程度，作為學習的基礎。如果學者力求上進，則孔子會再引導他向上提昇；否則寧可把「禮」徹底學好，落實無誤，也勝過誇大不實的學習結果。

社會上有太多人都強調做人道理的重要，但是卻把這個道理當作照妖鏡，專照別人，不知自照，專責他人，不知自責。於是衝突、報復、紛爭不日無之。如果角色本分是這樣的用法，那還不如不懂比較好呢！自己的錯失都不肯改，誰願意接受他人指責來進行改正。自己的髒污在身，尚且不肯清潔，誰願意讓別人來刷洗自身的污穢呢？所以學「禮」的人，必須明確遵守「各人自掃門前雪，莫管他人瓦上霜」的古訓，各自約束，莫察他過。因為「各人吃飯各人飽」、「各人造業各人了」的因果鐵律，是永恆不變的運作真理、事實答案。依之、順之則心安理得、平安無事；棄之、逆之則憂愁不斷、痛苦煩惱。這就是因為自作自受，所以無處可逃！

達巷黨人曰：「大哉孔子，博學而無所成名。」子聞之，謂門弟子曰：「吾何執？執御乎？執射乎？吾執御矣！」

●文意：達巷黨這個地方的人這樣評論孔子：「真是偉大啊，那麼的有學問，只可惜他沒有挑一項技能來以此成名，讓人容易記住他啊！」孔子聽到這些話之後，對學生說：「我應該挑那一項呢？挑駕車嗎？還是挑射箭嗎？好吧！好吧！那就挑駕車吧！」

◆義解：孔子博學多聞是眾所周知，無所成名，大哉孔子。如果以一技一能而成名，則孔子不免落為「器也」，一如子貢為「瑚璉」之例！當然「君子不器」，說起來也只有總體印象而已！達巷黨是個鄉下地方，也跟著人云亦云，想要讚美一下孔子的了不起。孔子的偉大可以從達巷黨人的說法中，清楚明顯的看出來；不過在旁聽之下，卻顯得令人有啼笑皆非的強烈感覺。達巷黨的人好像在說：「孔先生！您也別偉大得快要看不見、聽不到的地步吧！稍為降低點兒如何啊？好歹讓大家也能探聽一下吧！不然別人問起來，真不知道該如何回答呀！」各科滿分的學生，確實很讓人傷腦筋，不知道該如何讚美他，反正就是都很好，也找不到甚麼是特別好。孔子的了不起已經超越了對比式的高低好壞，所以很難評論。如同子貢所說：「老師的成就像日月一樣，那是沒有辦法超越的啊！」

子曰：「麻冕，禮也，今也純，儉，吾從眾。拜下，禮也，今拜乎上，泰也。雖違眾，吾從下。」

●文意：孔子說：「祭典中所戴的帽子，規定是要用細麻編織而成，如今大家都改用絲線來作帽子，雖然不合規定，但比較節省，我也贊成這樣的改變。臣子朝見君王，按規定要先在堂下行禮，然後登階梯再行一次禮。現在的臣子見君王，都把堂下行禮那部分省略掉了，顯得匆促而驕慢。恭敬從容的態度都不見了，雖然大家都是這樣作，可是我反對這樣的行禮方式，我贊成在堂下先行一次禮，登完階梯後，再一次行拜見之禮的規定。」

◆義解：中國人重視「禮」，甚至於傳統文化全是以「禮」為根基的發展。到底為甚麼這麼強調「禮」、講究「禮」？又甚麼叫做「禮」呢？《禮記》這樣記載：「鸚鵡能言，不離飛鳥，猩猩能言，不離禽獸。今人而無禮，雖能言，不異禽獸之心乎？」以上的說明，就知道人類是靠「禮」而不同於動物禽獸；如果沒有「禮」，人類和動物、禽獸百分之九十九以上是相同的。人類若沒有「禮」，那麼死一個人和死一隻動物根本沒有甚麼不同；因為人的價值幾乎等於一隻動物，甚至遠遠不如大型牛馬的價值（譬如西藏獒犬價值可達數百萬元）。若以求生方面，那更不如動物了；動物求生的配備，遠勝過人類。動物有毛、有鱗、有甲、有殼、有羽……，演化勝過人類。動物不畏寒熱，而人類如果不穿衣服禦寒，幾小時就會失溫而死。動物抗寒熱的演化，可以保留住汗水的快速蒸發，避免脫水而死；人類若不能即時補充水分，數日內就會脫水而死。動物可以空中飛翔，水中巡游，地上快跑，人類難望其項背。

然而動物也有不如人類的地方，那就是人類有「智能」的發展，懂得思考和運用工具；在群體方面，能分工合作，團結互助，所以逐漸強大，甚至成為一支突起的演化奇蹟，邁向文明，脫離野蠻的物種（純粹動物本能）。接著又從家庭社會的成熟發展後，銜接以「禮」的言行規矩、生活法則。這一切都是為了有別於動物的野蠻、暴力、衝動、恐懼。所以聖人制禮，提昇了人類心靈自覺的精神文明，由此可知老祖宗這麼講究禮，就是不願意人與畜牲無二，羞恥全無，因而全力發展禮的文化。這樣的自我提昇，自我管理，絕對是成功的、可靠的。至於這個文明也有一些發展中不可避免的流弊，像封建思想、文勝質則史、繁文縟節……等，但如果利弊衡量之下，「利益」還是遠遠大於「弊端」的！

歐美國家與中國的文化，完全不同。西方國家在二十世紀以前是沒有「禮」的文明，如同基因的殘缺，所以他們在歷史發展中充滿了武力及暴亂。外國人承認自己的祖先是強大的蠻族（甚至以此為榮），從他們對於女人的貞節、至親的亂倫，不以為意，便可略知他們是不重「禮」，也不懂「禮」的民族。因為無「禮」的教化，當然只剩下墮落一途，長驅直往「利害」、「勝負」的囚牢。君不見美國大言不慚的說：「誓死悍衛國家利益！」（這種似是而非的觀點，正是世界動亂不平的重要原因之一）不過，如果以動物性的大欺小、強欺弱，不顧後果的盲目蠢動為前提，美國人能提昇到先思考「利害得失」，也算「其慮患也深」，可說是「不容易」了。可是若不以此為基礎，繼續提昇到「禮義廉恥」、「角色本分」，那麼還是會因為「唯利是圖」而導致國家的敗亡。地球上永遠不可能成為天堂的，因為人類仍有引發戰爭的原罪（飲食、交配、情緒、需求與追求發展等等），就像監獄裡是不可能成為正常的社會，這是囚犯的罪習與無知所造成；一旦把管理人員及監獄規則撤掉，立刻就會天翻地覆、弱肉強食，因此失去「規則」的監獄，偶爾最好狀態，就是暫時的恐怖平衡。

人類世界雖不可能成為天堂，但老祖宗說，以禮制教化的國家可以達到世界大同，天下太平（平安有秩序）。譬如，囚犯能在獄中平安服刑，而且同時還要耕耘（學習一技之長），迎接出獄後的「嶄新人生」。現在的人生，終究是會結束的，如同刑期一定會服滿完畢，不必也不應該有長住獄中的打算，反而應該要為出獄後那「未定而長遠」的將來規劃準備才對。

一定要明白啊！我們雖然有著人的外表，而內心卻是流淌著野性本能如動物，如果不知道努力學習「自我約束」，那將逐漸墮落為禽獸，如水之順流而下，而且無人可以例外啊！如果外在的言語行為，能自我約束像天使一樣，絕不傷害一切生命，內心仁慈，善良柔軟，愛護他人；若能如此的逆流昇華，那麼死後依照「善惡法則」的運作，上界天堂就會有你的「一席之位」！

所以要小心啊！一切都是「自作自受」、「有作必得」的！成語有一句「沐猴而冠」，意思是把一隻猴子梳洗打扮後，再給牠穿衣戴帽，但也不會改變牠還是隻「猴子」的事實！所以，外在雖然有著人的樣子，但是內在心靈的層次，可不見得是個人哦！外在的人型只是「已然」，內在之心靈還是「未然」；「已然」不可改換，「未然」可改可造；「已然」不能突變，「未然」可以隨著自己的所學、所知而改變。聰明的人應該要努力把握「未定」與「可變」，順應配合那「已定」和「不可變」！

子絕四：毋意，毋必，毋固，毋我。

●文意：孔子努力戒絕四種看似微不足道卻危險的過失。第一是猜測、猜想。第二是非要不可、非如此不可。第三是頑固死板、不知變通（調整）。第四是主觀自我、自以為是。

◆義解：佛教的解脫思想中，預備解脫的「準聖人」，是必須俱備斷除「三結」的。其中的

「第二結」就是「戒取結」。「戒取」的內容就是隨意猜測、亂想一通；再加上「以不知為知」的「自欺」、「不誠實」行為。「以知為不知」也叫做「妄語」，就是謊言。看來東西方的智者所見略同嘛！遇事猜測是人之常情，還以為沒啥關係，無傷大雅；就像考試隨意作答，反正頂多得不到分數，卻不知道有「倒扣分」的後果等著呢！

其次，「非要不可」就是已經「習慣了」或「上癮了」的程度！甚至「顛倒迷惑」之後，還覺得「挺好的」呢！但是，殊不知「非要不可」的嚴重性是致命的，自害害人的！「頑固」的人不是指「擇善固執」的人，而是專指常常與人對立、衝突，而且溝通無效，甚至不願溝通，拒絕傾聽。最後，一個「自以為是」的人，總認為他人都錯，自己才是對的；但這種人並非完全錯誤（只見自己所知，不知他人所見），只要相信彼此各有所見，本來就不盡相同，有何奇怪？然後重新調整對他人的態度為「尊重」即可！

子畏於匡。曰：「文王既沒，文不在茲乎？天之將喪斯文也，後死者，不得與於斯文也。天之未喪斯文也，匡人其如予何？」

●文意：孔子被匡人（宋國人）圍困在匡地，過程驚恐又危險。學生們義憤填膺，對於老師被匡人誤認為陽虎，雖然說明解釋過了，他們還是不相信。於是孔子安慰學生們說：

「自從文王過世到今天，傳統文化不是在我們這裡嗎？如果老天決定消滅這個代代相傳的文化傳統，我們這些晚輩（後人），根本就連接觸或學習的機會都不會有了。現在我們有幸可以接觸和學習自文王傳承至今的知識，我知道老天還沒有準備要棄絕這個文明，所以啊！匡人是不能對我們怎麼樣的，大家用不著擔心啦！」

◆義解：孔子的「捨我其誰」的氣概和「樂天知命」的表現，是多麼的淋漓盡致啊！孔子被迫離開魯國是出於無奈的、事出有因的；而周遊列國是心繫天下（推行文武之道），也是不得已而為的，困於陳國、蔡國，又「畏於匡」，這些都有脈絡可循。依而推知，能夠參與文化的傳遞，又豈是偶然呢？孔子心中雖然篤定踏實，但學生們可沒有這個程度來化解，所以孔子好言安慰他們，不會有事的。說來孔子也算是得力於周遊列國的啟發，才會一頭鑽進「易」的世界，在看似雜亂無章的萬象世界裡，找到了可以心安理得、安身立命的君子之道，感嘆不能早早學習明白，枉受多年顛沛之苦，同時也犯了不少的過失！

易是從「卦」發展出來的一種專業知識學問，文王把伏羲氏的八卦，重新整理並發展成為「六十四」卦，其理論及效應，是用來「斷定」和「預知」種種人事發展的「吉凶悔吝」。但為甚麼「卜卦」可以預知事情的發展結果呢？那是因為「既作、已作」，所以能「預知、先知」。倘若「未作、不作」，則無從「預知、先知」。譬如，押寶遊戲，籌碼押定離手，稱為「既押、已押」，則雖尚未開出答案，但是「輸贏勝負」早已確定（故稱「命定」、「宿定」）。所謂的「預知」，那是在

「押定」之後，「未開」之前。倘使「未押」或「不押」，那何來輸贏勝負呢？既沒有輸贏勝負，那還要「預知」個甚麼呢！

人生也是如此啊！有「既定」的部分，稱為「命運」；還有「未定」的部分，稱為「未定」、「無限可能」。這兩部分被大多數人合併為一，或只知其一，而不知其二。「只知其一」就是只知道有「未（押）定」的部分，卻不知有「既（押）定」的部分；或者誤把「既定」當作「未定」來努力改變，其實「抗命改運」那是增加痛苦而已！「抗命改運」就是一錯再錯，不可救藥。譬如有人犯了罪，稱為「已作」，入監服刑叫做「定受」（自受）；如果想逃避處罰，於是採取逃亡的方式，拒絕入監服刑，叫做「抗命改運」，所以才說是「一錯再錯」！犯錯是服刑的原因（條件），而服刑就是預知的結果（因果法則）。大多數的人不知道、不了解法則運作的原理，所以不服氣、不滿意，卻也毫無對抗的能力！

凡是鼓吹抗命，改運的理論或法事（民間祭改），雖有些許「安心」的效果，但終究都是屬於迷信的行徑！反之，順著天命，隨運起伏，輕鬆度日，才是智者的人生。一個人面對自己的人生，應該要有「自作自受」的勇氣，以「被安排」、「受安排」的智慧，輕鬆地過完一生。同時，又以「積極的」、「熱誠的」態度，努力耕耘，終身學習，藉以開創未定的「來生」。以參加比賽及各類遊戲為例，老是懊惱這一場失敗的、痛苦的（人生）結果，那是無益生命意義的；而且死心眼的專注在這一場失敗的結果上，怎知下一場又已經開始了，如果無心準備，那麼場場失敗，惡性循環的痛苦，將會沒完沒了啊！

再以果農為例，由於錯誤疏忽的原因，以致大量落果、植株死亡；假使果農死也不肯接受，想盡方法要改變這批失敗的水果，完全不管或忘記了下一季、下一次的耕作和回收，這樣的果農一定會進入永無止盡的痛苦循環。如果是聰明的果農，面對失敗的水果，心裡當然也很捨不得，但是他會快速收拾心情，反省檢討問題的原因；他根本沒空去怨天尤人，更不會去費心耗力地加工處理已經失敗的水果。他雖然也不服這個結果，但是心裏清楚的知道，要有效解決這個問題的順序是：第一、接受事實，承受犯錯的一切損失。第二、自己的專業知識不足，必須請教專家找出答案，明白過失所在。第三、改正過失，落實豐收的基本動作、流程（SOP）。像這樣的果農，頂多就只會損失一次（如同補習費），不會永無止盡的惡性循環下去。所以莫管現在「已成定局」的一切，應該全力衝刺下一次要回收的耕耘準備，才是頭腦清楚，敢作敢當的聰明人！

大宰問於子貢曰：「夫子聖者與？何其多能也？」子貢曰：「固天縱之將聖，又多能也。」子聞之曰：「大宰知我乎！吾少也賤，故多能鄙事。君子多乎哉？不多也！」牢曰：「子云：『吾不試，故藝』。」

●文意：吳國太宰詬請問子貢說：「你的老師是聖人嗎？為甚麼他這麼多才多藝啊！」子貢回答說：「應該是命中註定來學習成為聖人吧！所以多才又多藝！」孔子聽說了這段對答之後說：「吳太宰應該是了解我的啦！我在幼年時，因為家境貧寒，不得已必須從事各種謀生的技術工作，所以有機會參加和學習一些低層次的才能（如會計、管理、放牧……）。君子需要配上多才多藝嗎？不需要啊！」孔子的學生子開接著說：「對啊！我聽老師這樣說過：『我沒有機會為國家服務，所以才有時間學習各項技能的！』」

◆義解：吳國太宰不了解聖人的定義，以為多才多藝、博學多能是聖人理所當然必備的。子貢是孔子的學生，他竟也隨著太宰恭維的語氣，一搭一唱，不但肯定老師確實是「多才多藝」，而且還強調是「聖人」才有的「基本配備」。這件事被孔子知道了以後，只好自己出面解釋一下「多才多藝」的原因，而且還把君子也都列入其中，以便說明有沒有才藝和成為君子或聖賢是毫無關聯的，也免得後人以為孔子眼中的「聖人」，是如此定義的。

整件事說起來，子貢的過失恐怕是很大的呀！雖然人人都希望父母或師長是聖賢，自己也「與有榮焉」！但是弄巧成拙，出了自己老師洋相，反而自貶自損。萬一某些人從子貢的謬誤，順勢反推其老師之程度也不過爾爾，那子貢的私心就會貶抑了老師。所幸孔子「自幼家貧」的真誠告白，輕鬆的拂去「聖不聖」，更進一步否定

「才藝兼備」的必要性。這就像兩個默契十足、談話投機的人，卻被不知好歹的第三者（當事人）潑了盆冷水。這位第三者，簡直就是不知好歹哩！唉！聽他們說的話，根本是想盡辦法高推孔子的偉大啊！他們難道非把曾經「鄙賤」的孔子抹滅不見，好讓孔子順利的神格化、聖人化，然後自己也能藉此沾個光嗎？他們哪裏知道這是在傷害孔子，使得後人誤以為孔子是天縱英明，其成就絕非人力所能為的！似乎明示暗示我輩凡夫不管多麼的努力學習，也不可能成聖成賢、成君子的！幸好，孔子隨時都保持在清醒狀態，並沒有被迷湯灌的糊塗顛倒，他明確而清楚昭告世人，只要努力好學、終身好學不倦，不只可以超越自己，日新又新，更可以成聖、成賢，成為仁德君子的！

子曰：「吾有知乎哉？無知也。有鄙夫問於我，空空如也，我叩其兩端而竭焉。」

●文意：孔子說：「我甚麼都知道嗎？我並不是甚麼都知道的！有位鄉下人來問我『該怎麼辦？』他以為我一定知道答案，可是我根本就不知道啊！但是我可以幫他分析利害得失，或者是非對錯、善惡好壞，然後由他自己決定採取那一種作法。」

◆義解：這樣看來，大家都以為孔子博學，無所不知，連鄉下來的人都可以得到滿意的回答，結果孔子說：「並非如此！」孔子不是一台「販賣機」，只要投幣，就出答案，銀貨兩訖。其實，孔子比較像現代開業的心理醫師、心靈導師。病人來到診間，先聽病人敘述自己的困擾或問題，然後醫師發問相關的「兩端」（不同角度、不同立場、不同身分……），讓病人自己也參與「暫時抽離，然後旁觀、俯視自己的問題」、「如何自覺、發現問題的成因」；最後共同討論出醫生和病人都同意的辦法，病人因為經過充分的了解而產生信心，所以回去一定落實，努力解決。所以，透過這樣的討論來理解問題、尋求答案，確實用不著博學多聞、無所不知的能力。其實孔子的意思是告訴學生，君子是不需要博學多聞的，包括前一篇的「多才多藝」也是非必要的。當然囉！心理醫師也不是人人都可以做的，那是透過一定的學習課程，再加上數年的實習經驗以後，然後才能開業助人，君子又何嘗不是呢？

子曰：「鳳鳥不至，河不出圖，吾已矣夫！」

●文意：孔子說：「象徵聖人出世治天下，有兩個明顯的瑞應：第一、鳥中之王鳳凰出，人皆可見。第二、屢屢在河中發現出土的資料，上古文明。這些瑞兆至今都不曾聽說和看見，我看是沒有辦法了啊！」

◆義解：鳥類中大型鳥多以肉食為主，鳳（雄）凰（雌）相傳為「至仁」、「慈愛」的禽鳥。鳳凰的出現，預告將有「聖人」出現世間，或者現身證明此時就是太平治世。古人認為鳳鳥出現，代表了聖君在位，人民和樂，萬物相親，大不欺小，強不凌弱的美好世界。至於「河圖」的出現與否，則是象徵古代高度發展的文明紀錄再現人間，可以引領太平治世的人類向更高、更好的方向再提昇、再進步。就像今人所謂高度進化的「地外文明」，以有意或無意、直接或間接的方式，啟發和引導人類好奇與發展的方向。

也許吧！「外星文明」長久以來，一直都伴隨人類，觀察人類至今，惟恐人類文明的發展偏差而自毀，但又不能介入干涉，以免破壞了人類演化發展的終極結果；就像早期生物科學家介入動植物生態系之後，生態便遭受嚴重破壞，導致毀滅性的災難。因此他們只能旁觀、提醒、暗示而不能代替人類的發展。所以，凡是人類不可解，奧妙未可知的資訊，中國人總稱為「河圖」。像《易經》的原始來源也是如此，它啟發了歷代的研究和發展方向，影響既深且遠，至今不滅，諸如卜卦、八字、紫微斗數、星相、風水勘輿等等無所不包，影響無所不在！

本篇內容是孔子遍尋不著舞台，心生「倦遊」之後的無奈告白。說是氣餒也好，說是灰心也對，總之孔子已經決定放棄以政治手段，推動周公的理想，退而從教學來建立深植人心的禮樂文明。所以才有「歸與！歸與！吾黨小子狂簡，進取不忘其初」的說法。從此，孔子的政治抱負與理想，從原本的「政治興革」、「席捲天下」的積極推動，改採「逐年跨代」、「菁英傳承」的教學模式。因此，雖無曇花一現之驚豔，卻有滿園飄香的芬芳。只是時至今日，花亦不見，香亦不聞矣！

子見齊衰者，冕衣裳者，與瞽者，見之，雖少必作，過之必趨。

●文意：孔子在外面看到穿戴孝服、官服，以及瞎子三種人，即使對方年紀很輕，也一定從座而起。如果只是經過，也一定加快腳步，快速通過。

◆義解：「從座而起」是為了行禮，面對身著孝服的人，君子是出自「同哀」的心情。出仕為官，服務人民，功在國家，君子見之必「禮敬」也。瞎子是人中不幸者，曉行夜起，有所不便，仁德君子離座而起，欲有所助也。另外，為避免妨礙或影響前述三者，是故「快速」通過。

一般而言，民眾遇到人群聚集，便生好奇之心而向前聚集，往往造成更大的意外事件。例如，高速公路車禍，途經之車輛，十之八九都會降低車速，好奇觀望，於是形成南北雙向大塞車；有時候肇事的車道尚可單線通行，未肇事的車道卻塞車回堵。又或火災現場，民眾好奇圍觀，駐足不去，以致妨礙救火，加重傷亡及損失程度。民眾無知而盲目的行動，如同火上加油、雪上加霜，擴大災損範圍，令人氣憤又無奈。當然，這是民眾沒有正確觀念和教育宣導，而政府也不以為意之所致！

本篇的君子「敬德」，是尊敬「有德之士」，因為官員為民服務、為國奉獻，即是「有德之士」。「同哀致意」是將心比心的真誠表現，見到殘障人士起座時，欲有所助，屬於道德之第一階段「分享」，非「財貨」（外財布施）之分享，而是「勞力」（內財布施）之分享；憐其不便，出手相助，牽扶伴隨引導至平安處。這些都是知命君子進修的課業，而非「禮」猶且不識，鑽營唯利的小人所能明白。

顏淵喟然嘆曰：「仰之彌高，鑽之彌堅，瞻之在前，忽焉在後！夫子循循然善誘人。博我以文，約我以禮。欲罷不能，既竭吾才，如有所立卓爾，雖欲從之，末由也已！」

●文意：顏淵深深地感嘆說：「剛開始學習的時候，還知道要自我提昇到甚麼高度，但是到達預定的程度時，才發現不對。因為原先以為的高度，竟然只是真實高度的百分之一、千分之一而已；當學習愈進步就愈發現自己的渺小，天地的法則多偉大。原先看起來就像在前方不遠處，不久之後才明白這不是前面，這還是後面而已；真是奇妙極了！老師用一定的次第（序）來啟發我、引導我循序進入這博大精深的知識領域，擴大我狹隘有限的視野，逐漸通曉學習的方向和應該追求的極至是甚麼。另外還用實際有效的『禮』（角色本分），拔除我生而俱有的『動物本能、習慣野性』，進入馴服（循規蹈矩）平順（心安理得）、寧靜安詳（心平氣和）的文明境域，約束了急躁忙亂、唯利求樂的本能反應，明白了作為『人』的尊貴價值。現在就算想要放棄、休息，但似乎有一種說不出來的力量，一直推動著我繼續向前邁進。我自認已盡全力，不敢懈怠疏忽，可是老師始終像個領隊、導遊一樣拿著隊旗在前面，從不停止的保持前進。我是多麼地想要趕快跟上老師的腳步，可是好像永遠也跟不上啊！」

◆義解：俗云：「望山跑死馬」。看似近在眼前，其實遠在天邊，視覺容易受欺，錯覺於是形成。學問的深，深如大海底；學問的高，高廣過天際。何以故？心量無窮盡故。壽命有期，時空無盡，想要用有限的生命週期，搞通無窮無盡的「心靈所以然」是有困難的！即使把所有的知識放在跟前努力吸收消化，壽命一萬年也不夠用，何況知識（智慧）像礦藏一樣，需要探勘、開採、加工、製造，直到成為商品為止，而非無條件的伸個手拿到就可以了！所以，總要歷經生生世世的學習，進進退退的升墮，才能完成這一場偉大、浩瀚的旅程。如果有幸參與到此者，恭喜你了！此生必屬昇華再造的無憾人生，來世吉祥福德有靠！

子疾病，子路使門人為臣。病間，曰：「久矣哉，由之行詐也！無臣而為有臣，吾誰欺？欺天乎？且予與其死於臣之手也，無寧死於二三子之手乎！且予縱不得大葬，予死於道路乎？」

●文意：孔子的病情加重了，子路安排其他同學扮演家臣，在孔子昏睡期間，奉孔子如大夫（司寇）的身份地位，接受各方前來探病。孔子病情稍為好轉之後，發現了子路荒唐的行徑而說道：「由的這種自欺欺人的詐偽行為已經很久了吧！我記得生病之前並未受召為大夫，怎麼醒來之後，居然連家臣都有了！難道我有準備欺騙的對象嗎？該不會是老天吧？像這樣違禮竊名的死法，倒不如死在學生們安排的葬禮呢！魯國的司寇過世，不是應有規定的公祭儀式嗎？如果不包括退休官員的話，難道我會死在路邊，而國家會置若罔聞、不聞不問嗎？」

◆義解：以子路對老師的「敬」、「愛」，可謂「用心良苦」、「令人感佩」啊！可惜！只是用錯地方罷了。話說子路趁老師病重、無力管事的期間，用了最快的效率，完成老師最後的人生大事。只不過人算不如天算，原來生也照序，死也照輪；子路先死，孔子後亡。子路果然夠急的！

子貢曰：「有美玉於斯，韞匵而藏諸？求善賈而沽諸？」子曰：「沽之哉！沽之哉！我待賈者也。」

●文意：子貢對老師說：「這裡有一隻精雕的佩玉，是把它收藏在盒子內呢？還是找到識貨的人，用好價錢把它賣了呢？」孔子說：「賣了吧！賣了吧！我等著要買的人啊！」

◆義解：子貢的問法叫做「旁敲側擊」。子貢已經看出來老師周遊列國之後，已經漸漸放棄了以天下為己任的理想抱負。所以藉著自己從事貿易的角度請問老師，以了解老師的想法。「美玉」當然是指孔子的滿腹所學。做生意不可一廂情願，需要買賣雙方的配合。賣方銷貨有權定價，有責出貨；買方有權收貨，有責付費。一筆成功的交易，前提是有人願買，也有人願賣。有人願買是基於需要，有人願賣是基於利潤（好處）。如果賣方不能提供滿足買方需要的商品和服務，那交易便不能成立。反之，買方不能顧及賣方的成本和利潤，那麼接近成交的買賣也會破局的！

其實孔子要賣的「美玉」，並非現成的商品，而是類似罕見稀有的「礦脈」，絕不是一手交錢一手交貨這麼簡單的買賣。買方要俱備三個要件，才能買得下手。

第一、當然是識貨的買主，因為買方識貨，才能倒追好貨，而且不計一切代價。可是「世界大同，禮樂興盛」的上等貨，別說買的起，連識得的都沒有啊！

第二、要有雄厚財力，足以負擔價金的買主。所謂財力包括擁有國家、土地、人民、誠意、信任，最好就是像齊桓公這樣的買主。

第三、中途不可解（毀）約。

魯定公任用孔子為司寇，魯國大治，此事聞於齊國，齊王恐懼魯國強大了，必將吞併齊國，於是用計色誘魯君；魯君果然中計，開始荒淫、怠忽朝政。擔任司寇的孔子不得已，只好依禮的規定而「出走」，希望魯君能出面挽留；結果魯君卻是不聞不問，孔子騎虎難下，只好真的出遊列國了。不可思議啊！孔子出走竟是太能幹了，嚇壞了齊國而逐步演出「君臣離間崩解」、「宰官受挫而退」的劇情。所以「中途不可毀約」是不得不的條件之一啊！

其次「待價而沽」就是遵循「條件交換」的遊戲規則。《禮記》曰：「太上貴德，其次務施報。」「德」是施恩不求報答，專指有地位、有財富、有能力或年長者所當為。有施恩者當然就有受恩者，受恩者專指無地位，無財富，無能力或年幼者所當受。若是中、壯年者則是「務施報」，應該自己靠自己，自立自強，以自己的貢獻交換生存，以貢獻的價值換取生活所需。年幼者能受恩、得照顧，那是因為過去

（世）曾經施恩，而今（世）承受恩惠；所以年老者，一定要繼續親施恩惠，未來（世）才能受恩無窮無盡。至於中、壯年，則是自作換自受（得），稱為「務施報」。

今天的現況，三代同堂，已屬稀有，四代、五代大家族更不可能。於是小家庭成了社會主幹。如同微型企業的商家（攤商），老板兼工友，拼死拼活，求一口飯吃，哪敢想長遠發展呢？但是當第二代成長起來，如果依舊是循這模式，另起爐灶，重新開始，那永遠也不可能發展為中小企業，而有更好的發展。在小家庭裡父母是賺錢的主力，終日辛苦工作的所得，本可應付有餘，但要養兒育女時，則嫌不足。為了補足所需只好加班、兼職、理財……等方式來生財，這樣的小家庭只求糊口，哪敢奢望生活的品質？何況生涯計劃、理想、抱負……。

倡導小家庭制度是國家的悲哀啊！如果1+1>2，是人類團結合作，生存發展的最大利器，那為什麼不好好的倡導凝聚共識，團結親族的力量，共享合作的利益呢？只有大家庭的規模和能量，才有資格和條件追求更遠大的抱負、目標，否則始終只能受限、受制於「求生」的問題，無力奢談「發展」的理想。現代人都知道要把餅作大，讓大家都有餅吃的簡單道理。同理，家大業大，誰會擔心得不到生存和發展呢？只會煩惱人手不足吧？

總之，個人不如家庭，家庭不如家族，家族不如親族，親族不如部族，部族不如國族，國族不如皇族。皇族以天下為家，國族以國為家，部族以同姓為家，親族以內親外戚為家，家族以同姓共住為家，一般家庭三代共住，小家庭二代共住。所以愈分愈貧，愈裂愈弱，勢所必至，理所當然也。個人與動物一對一搏鬥，只有逃命一途；五人、十人獵捕動物，就是獅子、象群也要逃跑，人類團結的力量遠遠超過人類自己所能了解的偉大。

但是，群體相處與共住的困難在於沒有「禮法」的規範，沒有角色本分的各自約束；因此弱者往往受到不義剝削、殘酷對待；而強者又常常胡作非為，自私自利。在這樣毫無遊戲規則的相處之下，別說家庭、家族必然分家，即使大如國家或王朝，也會分崩離析、國破家亡啊！君不君、臣不臣、父不父、子不子，這是誰的過失呢？

大者欺小，強者凌弱，自埋毀滅種子。大的會老，強者會凋，惡果速來。小的漸大，弱者變強，冤冤相報，各各受苦。施恩報恩，天地法則；順之生養，逆之滅亡。強者應施恩弱者，莫計回報；弱者當自知受恩，效法強者。大者等視扶助弱小，莫以好惡；小者量力助人利他，效法大者。不宜計較自身得失，但當量力依序而為。若不如此，雖然代代演化，開枝散葉，似是繁茂，卻永居小家庭型態，豈能得享「大戶、望族」、「家大、業大」之富貴人生？

子欲居九夷。或曰：「陋，如之何？」子曰：「君子居之，何陋之有？」

●文意：孔子想要隱居到落後的邊陲部落（九夷）去。有人說：「九夷既荒涼又落後，不是文明的地方，不大好吧？」孔子說：「君子所在的地方，就是文明和進步的象徵，又怎麼會落後呢？」

◆義解：孔子說：「禮失求諸野。」何以故？流風之末也，也就是遺風在野的意思。前人的施政不管多好，都會因為後繼無人，隨著時間灰飛煙滅，後人欲求其事蹟者，惟有往建設落後之處，未受污染破壞的地方尋覓求之！當然，郊外偏遠處談不上知識文明，但是人心樸實無華，豈不是播撒文化傳承種子，耕耘發展最好的土壤嗎？君子就像一顆文化種子，如果土壤貧脊，雨水，陽光不足，文化意義和價值將不能展現，國家社會也不能受益。現在，京畿重鎮如同焦土，中原諸國幾如夷狄，也就難怪孔子死心醒悟，接受這樣的「時勢所趨」啊！雖然孔子終其一生都未曾移居九夷，但在人心最肥沃的土壤中，種下了二千五百多年的「至聖先師」儒家史。自古讀書啟蒙，唯儒是正；無奈時至於今，我輩不肖，未能傳承也罷，敢爾曲解，詆毀古聖先賢；無怪乎不安不樂，屢受苦難啊！

子曰：「吾自衛反魯，然後樂正，雅頌各得其所。」

●文意：孔子說：「（哀公十一年）我從衛國蒐集了《詩》與樂譜的資料，回到魯國之後重新整理，把散落失序的樂譜訂正回復，然後歌詞也回到原本該有的旋律上了！」

◆義解：樂譜散落滿地，樂器銹蝕變色，樂譜塵封泛黃，久無樂聲飄聞。非市場之所需，非聽眾之所樂，於是自然如此。孔子說：「文武之道，布在方策，其人存，則其政舉；其人亡，則其政息。」孔子在衛國還有散失的資料可尋，尚可安慰呢！因為「屍骨無存」的情形比比皆是！所謂「學習有成」必須依照由下而上、由易而難的逆流過程，才能完成；而「太平盛世」卻是由上而下，上行下效逐步開創而有！團結合作絕不是由基層自發的，而是由高明的睿智者，在位領導，凝聚共識，舉才任賢，謀眾之福，利眾之事，於是得民之心，用眾之力，共創祥和與幸福。所以賢明睿智的領導勝過制度，制度是人造的，人心刁鑽，豈是制度所能束縛，何必自欺欺人呢？孔子說：「才難，不其然乎？（泰伯）」欲求安定的國家和祥和的社會，必須先要有人才，而人才不是天生的，要有製造人才的環境（養成班）；有了眾多的人才出現之後，其中稀有的佼佼者（聖賢），就是天下太平的根本源頭啊！

子曰：「出則事公卿，入則事父兄，喪事不敢不勉，不為酒困，何有於我哉？」

●文意：孔子說：「出任公職，盡忠職守，服從領導；入門在家，孝順父母，敬奉兄長；參加喪事祭典盡心盡力，全力以赴；遇到喝酒的慶典絕不會喝醉或不省人事！以上這四件事，對我來說，還不算困難的！」

◆義解：忠信足以服事公卿、大夫，孝悌足以承事父母兄弟，仁愛足以感動喪家親友，循禮足以節制飲酒、清醒不醉。服事公卿就是配合主管，執行命令；承事父兄有如家庭生活，和諧共處；喪事盡心就是培養悲憫，哀思悼念；不為酒困有如馴化寵物，不起野（獸）性。同仁共事，敬慎守分。家人共處，關懷分享。哀思敬悼，心地昇華。不起獸性，人性尊嚴。敬慎守分，受人信任。關懷分享，相親互愛。自抑尊人，心地昇華。人性可尊，平安正直。

近代人飲酒，常犯過失有：第一、無禮可循，暢飲過量。第二、為求忘憂，志在必醉。第三、洽談生意，不醉不成。第四、慶生同歡，不醉不歸。第五、酒醉駕車，自害傷人。第六、酒醉亂性，獸性大發。第七、借酒壯膽，殺人搶劫。第八、酒後發狂，逞兇鬥狠。第九、以酒抒壓，裝瘋賣傻。

君不見：酒過三巡，你兄我弟；酒酣耳熱，胡言亂語；不勝酒力，爛醉如泥；六親不認，醉倒路邊。色字頭上一把「刀」，醉字酒邊唯一「卒（死）」；英雄難過美人關，羅漢醉酒壓死嬰。帝王諸侯，迷花戀酒，亡國敗家；凡夫俗子，流連酒色，傷身敗德。佛制五戒，酒是其一；周公制（酒）誥，教訓正俗；飲樂一時，所害難計！

子在川上曰：「逝者如斯夫！不舍晝夜。」

●文意：孔子站在河邊上，看著河水有感而說：「快速不停的往下游流去，就像這世界上的一切人事物，日日夜夜、時時刻刻都沒有停止過啊！」

◆義解：甚深義，難知遇：環四顧，無知己；逝者去，晝夜繼。道無心，法自然，人無欲，速得定。人事物，皆歸滅；無常理，屬定律；憂惱苦，從貪起；老病死，隨業去；迷昧者，受苦聚；智者過，愚不及。生與死，如夢義；來與去，罪由己。修福力，待因緣；竭誠意，求指引。疑心棲，住不去；拜求法，可斷疑。至心懺，汗如雨；爆冷豆，重生義！

子曰：「吾未見好德如好色者也。」

●文意：孔子說：「我沒有見過有人喜歡施恩分享他人，如同喜愛美色那樣的程度。」

◆義解：好色有二種原因，其一是感官享受，樂在其中。其二是掙脫束縛（禮教），縱放野性（感官）。茲舉一例如下：張三吸毒染癮（如潛藏野性），從此身不由己，痛苦難耐；為求脫苦緩解，不得不繼續吸食。同理，由飲食故，而有淫欲；動物行淫、交配以延續後代，而不取其樂。反觀人類身陷淫慾之樂，難以自拔，幾乎無人不受「美色誘惑」（美女帥哥）。地位、福報尊上者，更是常以傳宗接代為由，廣行淫欲之事。

人類野性平日不現，當感官的刺激與飽滿的飲食蓄積了足夠的能量之後，就會衝動難耐，必欲反應或洩出，故轉為本能（野性）不能自制，譬如毒癮之驟發，全力追求即時的滿足；於是雖是人身而逞獸行，似猛獸之出柙。當然猛獸定遭擊斃，無處可逃。只是出柙的猛獸也常有一段所向無敵、自由自在、威風凜凜、人見人怕的時期，但最終……，唉！也是可憐哀哉！

通常「好色者」都無先後、本末、因果之法則概念，我行我素，拒受管束。因此事前只得任由「好色者」為非作歹，欺壓良善，直到多行不義，觸法自斃的下場。「好色」與「好德」幾乎是零分和一百分，天與地的不同。「好色」就是動物不學而能的感官功能、本能反應；而「好德者」則是仰賴後天的加工，完美約束控制之極品。如果有人可以學成「好德如好色」、「仁慈如本能」，只怕就要把大家嚇壞了，因為那情形就好像在地獄裡遇見天使，又像在監獄中教化出「聖人」之不可思議，或者帝王無私禪位天下之難得一見。再從「好德」退一步來說，「好仁如好色」就已經是天方夜譚的神話一般了。再退一步，「好禮如好色」也算是非常稀有難得。至於「好名利、榮華、富貴如好色」，則多如過江之鯽，不值一論！

生而為人，如果不能「好禮如好色」，此生算是虛度，只能稱為「半人」，不能稱為「成人」、「全人」。這是因為人身的感官硬體，從未搭配、下載「禮法」之心智軟體；也由於沒有心智軟體來控制（約束），以致感官硬體長期處於「碰鏘」的失控狀態。甚至嚴重時，完全不覺得自己竟然是這種「待修」、「送修」的狀態！

不用多久就會進入「處處碰壁」、「人際扞格」、「人人敬而遠之」的報廢階段，只剩下等著「回收」一途了！

子曰：「譬如為山，未成一簣，止，吾止也！譬如平地，雖覆一簣，進，吾往也！」

●文意：孔子說：「如同造一座山的大工程，就在最後的一筐泥土之前停止了，這是我自己決定的，與別人無關！或者，在一塊平地上，開始堆上第一筐泥土，這也是我決定的，何必牽扯別人呢？」

◆義解：人皆有意志力，意志力要透過訓練才會強大，就像居家環境的整潔，要靠定時的清潔打掃，而不是心裏想一想，家裏的內外就乾淨了。逆流不划槳，就會順流往下游（墮落不停）；意志力不訓練（讀書不倦），就一定逐漸耗弱，就像居家不整理，一定逐漸髒亂。意志力的強化，可以逐步引發種種潛在的心理作用，譬如恆心、耐心、專心，乃至於昇華至慈悲心、同理心、關懷心、憐憫心……等等善良柔軟的愛心。我們的心在未迷惑以前，本來是清爽、潔淨，平靜、柔和的。但是自從接觸外在環境之後，日漸沉迷，遺失心靈本來的樣貌。最後麻痺不仁，更別談甚麼昇華或提昇了，只剩下「沉迷墮落」一途而已！順流而下，易而不難；逆流而上，難且不易。倘若順流容易而且快樂，誰要辛苦的逆流而上呢？如果不是「逆流雖難，卻能脫離苦難」，誰還肯勉強自我投入「終身學習」呢？如果沒有這麼清楚明白，深信不疑的看法、見解，作為源源不絕的動力來源，恐怕想挺進也不可能長久不懈啊！

所以，學者時進時止、或進或止，皆不可靠；想要長久不斷，不成功絕不終止，那就勢必要先從「學得高明的見解、看法」下手！因為沒有堅定不移的見解作為基礎，那麼學了也等於白學啊！沒有學到「高明見解」來作為基礎，那就像無根的「漂萍」，只會疑東疑西、人云亦云！深究的來看，有時「半桶水」還不如那「沒裝水」的，「沒裝水」的還會自知不足、害怕、恐懼！而「半桶水」的，幾乎都是「金玉其外」、「裝腔作勢」、「色厲內荏」的三流之士。所以，要裝水就要裝滿，要學習就要學會，要做事就要做出效果；三心二意，半途而廢，又怎能讓人期待，令人信賴呢？

子曰：「語之而不惰者，其回也與！」

●文意：孔子說：「不斷地告訴他、提醒他，永遠也不會嫌煩、嫌囉嗦的，就只有顏回而已啊！」

◆義解：「惰」是由學習所產生的疲厭、倦怠的正常現象，但這種負面的情緒，是自我提昇的最大阻力，總是在不知不覺的時候出現，干擾學者。明知終身學習必然有得，有始有終必然成功，卻總是受此干擾和影響，以致半途而廢。倦怠的原因有三，應該有所自覺，才能事先警覺，小心克服。

第一、自我設定，不敢多求。

第二、挫折打擊，自卑自棄。

第三、驕傲自大，志得意滿。

學者只要出現三者之一，必然終止學習。

農地休耕，何來農作收成？學習停止，何有智慧提昇？學習是自助、自救之道，不知學習、放棄學習，誰能助我、救我？施恩是助人、救人之道。不願分享施恩助人，如何獲福、收福？世間艱辛多難，無福者多苦，無智者多憂，說之難盡啊！

子謂顏淵，曰：「惜乎！吾見其進也，未見其止也！」

●文意：孔子說到學生顏回：「唉！真是可惜了！我只看到他不斷自我提昇，從沒有見過他放鬆、休息的時候啊！」

◆義解：如果自我提昇是出於自願的，就會精神抖擻，興趣高昂；反之，受迫無奈，不是志願的人，只想趕快結束，脫離痛苦。因為他只看到眼前耕耘的辛苦，完全不知道或忘記收成、收穫的快樂，甚至不相信有收成這回事！顏回與他人最大的不同，就在於不在乎或忘記了耕耘的「辛苦」，好像只活在「享用回收」的世界裡，這種頗似「不切實際」、「出神忘我」的精神狀態，竟是學習成功的保證呢！只是國家社會及人類並沒有得到顏回的反饋、貢獻，說起來真的是太可惜了啊！

子曰：「苗而不秀者，有矣夫！秀而不實者，有矣夫！」

●文意：孔子說：「稻禾雖然成長，卻不見它開花的，雖然很奇怪，但確有其事啊！稻禾成長了，也開花了，卻沒有結實（穀粒）的，雖不常見，也確有其事啊！」

◆義解：孔子藉老農耕田之事來自我慰喻，接受顏回的早夭，未能承擔「祖述堯舜，憲章文武」的光榮使命。孔子的傷心、失望是可想而知的。孟子所謂「天將降大任於斯人也……」，分明就是描述孔子的人生。從顛沛流離、困頓、窮乏、逼迫、屈辱……種種身心折磨中，昇華出正直不變、心安理得的君子之道，突顯小人「窮斯濫」的隨波逐流。斯文傳統的血脈暗流，使我後進學者得依循古人步跡，拾級漸上，也能登堂明照，入室窺奧，躋步斯文道統，擺脫小人（利害得失）之心與小孩（吃喝玩樂）之行，至感荷恩啊！

子曰：「後生可畏，焉知來者之不如今也？四十五十而無聞焉，斯亦不足畏也已！」

●文意：孔子說：「年輕的後輩是值得尊重的，除非到了四、五十歲的年紀，還是學無所成，沒沒無聞，實在是沒有值得佩服的地方，否則怎麼知道他會不如我們這一輩（代）呢？」

◆義解：子夏說：「雖小道必有可觀焉，致遠恐泥，故君子弗為也。」可見得即使是「一技一能」，當你學到「出神入化」的時候，也會令人讚嘆佩服，豎起大拇指，更何況是學習「聖賢之道」呢？當然非志願性的學習，只是混著日子，交差敷衍了事，終究所學無成，如何能期待「聲名遠颺」呢？就算命中註定沒有舞台如孔子，但總也要有像孟子說的「不達，則獨善其身」的堅持吧！另外，真正的君子絕對不會傲視他人，而小人則常犯不敬他人、目中無人的過失。《禮記》中有：「雖負販者亦有可敬之處，況富貴乎？」所以，「尊重他人」，這只是做人的基本道理而已啊！

子曰：「法語之言，能無從乎？改之為貴。巽與之言，能無說乎？繹之為貴。說而不繹，從而不改，吾末如之何也已矣！」

●文意：孔子說：「聽到了師長嚴肅而正確的訓誨，只是不敢反駁、默不作聲就夠了嗎？應該要徹底的改正過失，否則怎麼會有效果呢？人家用含蓄而委婉的勸導，保留了我的面子，難道我就只是滿意被他尊重而心裡高興嗎？是不是應該要好好的研究一下人家話中的意思，並從中得到啟發，才不辜負人家的用心良苦啊！如果只是喜歡人家給面子、尊重我，而自己卻不想進一步了解他的用意和目的；或者他人嚴詞相諫的情況下，自己只是隱忍不辯，卻不願意配合改正；以我教學的立場和累積的經驗來說，如果碰到這種人，那也拿他沒有辦法了啊！」

◆義解：自作者必自受，無人可以替代。凡是無知而作者是「可悲」，有苦而受者是「可憐」；勸之而不肯改是「可惡」，受苦而不能逃是「可嘆」！

子曰：「主忠信，毋友不如己者，過則勿憚改。」

●文意：孔子說：「一定要忠於自己的角色，信守自己角色的本分，演甚麼就要像甚麼，不能演的叫好叫座，也別落得被人討厭趕下台。既然決定自我提昇，力爭上游，那就不要隨便結交朋友，因為近朱者赤，近墨者黑，哪有人會願意用污染、骯髒的水源，來清洗衣物和身體呢？那不是白洗了嗎？所以交友要慎選啊！如果犯錯了，也千萬別因為怕付出代價而選擇逃避，這樣會造成過失持續不停，以致於墜入了永遠都付不完代價的惡性循環中。」

◆義解：除非學習有成，擁有了「定見」及「定力」，絕對的可靠不改變，能夠影響別人，而不受人影響，這樣的人才有資格廣交各路英雄好漢；否則，自己一天不如一天，一年不如一年，墮落好比射箭，自救不了，後悔無及啊！有過失的時候，要當作是「繳學費」，小小的代價不算甚麼，恐怖的是「學不會」，那學費就「繳不完」，代價會「壓死人」啊！人非聖賢，誰能無過呢？既然大家都會犯錯，又何必否認或掩飾逃避呢？如同癌症，要早期發現，早些承認，才有治癒的可能。孔子說的「主忠信」是教學的內容，「交友不如己者」是學習中不知不覺往下墮落的原因，「有過憚改」是學習中不能天天進步的原因。一個往下拉，一個擋著上不去，光是其中之一就夠瞧的，何況是有二個同時出現呢？

子曰：「三軍可奪帥也，匹夫不可奪志也。」

●文意：孔子說：「三軍統帥還有可能被敵方綁架，而一位鄉間普通百姓的想法，是不可能硬生生地扭轉過來。」

◆義解：三軍統帥有形而可見，不管保護多嚴密，總有疏漏、保護不周的時候，所以暗殺或綁架敵方首領的行動，不難成功。而平民百姓的想法或意志，無形不可見，一旦熏陶或染污之後，竟無力可以扭轉和改變。例如治水的教訓，一時的圍堵也許有短暫的功效，但後患更大。心志如水，只能引導疏濬，順勢而為。人心奧妙，豈可力改？十年樹木，百年樹人。心如種子，栽之培之，養之育之，不得疏忽，不得貪快，日積月累，漸見成長。若是愚者，唯求速成，揠苗助長，枉費其功！

子曰：「衣敝縕袍，與衣狐貉者立，而不恥者，其由也與！」「不忮不求，何用不臧？」子路終身誦之。子曰：「是道也，何足以臧？」

●文意：孔子說：「穿著粗麻製作的舊衣服，站在穿著狐皮大衣的人旁邊，完全不覺得會丟臉和慚愧的，大概只有子路吧！」《詩經》裡說：「不害他人，少欲知足，還有甚麼能比心安無求更好呢？」子路把這句詩當作念茲在茲的座右銘，決定終身朗誦不斷。孔子說：「這只不過是自我提昇必經的過程而已，可別以為這就是最完美，最理想的目標啊！」

◆義解：「何用不臧」是讚嘆的語氣，要使學者以此為目標，全力追求。若是已經達到這個目標的人，就再告訴他別以為這是最完美的終點，因為「不忮不求」不過是「博施濟眾」的起點罷了。就算是眾所熟知的「己欲立而立人，己欲達而達人」，也還只是「成聖成賢」的階段過程而已。至於甚麼是學者終極境界、登峰造極的目標呢？簡單說有三個階段，最低階是「心自由」或「自由心」；中階是「心自在」或「自在心」；最高階是「自由自在」，「收放自如」。

《論語》所談大多是在「心安理得」、「心平氣和」的範圍，屬於「終身學習」、「登峰造極」的最低階段。須知，人性的昇華（進化）是從「人形獸心」開始，由「動物性」的本能求生、只管吃喝；滿足之後，接著就是「小孩」的「人形童心」，只顧玩樂；長大之後，接著就是「小人」的人形貪心，處處算計利害、得失，即使求得卻永嫌不足；再往上是士人的人形人心；再來是君子的人形安心；更往上去是仁者的人形善心；最後，還要完成象徵「有德者」的「人形愛心」，內容次序是「分享」的小德、「奉獻」的中德、「犧牲」的大德，都是依據「施恩無求」的根本原則。

學者當知，學習至少要成為「仁者」，才有資格和能力挑戰滅除「貪欲」（感官享受），獲得「心自由」（自由心）的入場門票。獸心蠢動，恐懼害怕，慌亂不安；貪心憂愁，煩惱不安；士人之心，盡忠職守，敢做敢當；君子之心，知命不求，心安理得；仁心不害，恕他不報，心平氣和；慈心大德，施恩無求，澤施如天。

子路能「不以為恥」，純以「知命不求」所致，正是君子人也。至於「不忮」的部分，由於身負重任，角色不可遂辭，因為「奉命行事」，所以不可避免傷人害命之事發生，除非辭職退休，自耕而食，徹底拒絕傷害之事，才有可能做到「不忮」，而入於「仁者」之域。學習到了這個階段才算俱備追求「自由心」的基礎。

孔子說飲食（生命延續）、男女（傳宗接代），人之大欲，死亡、貧苦，人之大惡（孔子家語）。大欲是根本所愛、所需；大惡是根本所恨、所厭。而此二者使人心產生七情，七情是不正之心。愛是風、恨是浪，必須克服七情，無風無浪；風平浪靜，先得到「正心」，然後還要慢慢出離水中，離水登岸就是平安自由。往後即使再入水中，亦可自由而入，自由而出，名為「自由心」，何以故？就是知路、識路罷了！倘若在七情的波濤洶湧，愛恨的狂風巨浪之中，則「身」尚不得平安，何況「心」能平安自由呢？

另外，再以分數級距來比喻如下：獸心（本能）是10分，童心（嬰童）是20分，貪（欲）心（小人）是30分；人（恥）心（士、君子）是40分，仁（善）心（天使）是50分，離欲心（斷貪）是60分，自由心（四禪仙人）是70分，解脫心（真人）是80分，如意自在心（菩薩）是90分，無拘無束，一切無礙，自由自在心（如來）是100分，隨心所欲，收放自如。

所學成否，貴在「自知」與「覺悟」而已。學者但憂基礎不固或跨層越級，否則根本不必懷疑所學不成啊！長久學習都無進步，但問「知過」否？自讚毀他否？聞過則喜否？縱心任性否？貪財好色否？唯利是圖否？唯有自察、自責之人，好學好問，不餒不倦，最終必然證入「自由心」俱樂部！

子曰：「歲寒，然後知松柏之後彫也。」

●文意：孔子說：「總是要到天氣寒冷極了，才會發現松樹、柏樹是所有植物中最後凋謝的。」

◆義解：後凋不是不凋、不謝。但葉雖凋，樹身猶在。其它的植物若耐寒度不夠，花葉均凋謝，枝幹皆枯萎，樹根亦死亡，即使來年春雨暖陽來臨，也難復生了！古人說「松柏長青」，比喻君子堅貞不變其志；遭逢橫逆，殘酷考驗，君子也不肯隨波逐流。認命不任性，好學不棄學；愚者反其道，小人窮斯濫。君子非天生，小人豈本然；君子逆流上，小人順流下。逆流得自由，順流墮憂愁。

君子悠然，自得其樂；小人蹙容，煩惱牽掛。君子雖貧，心安理得，知足常樂，適可而止；小人雖富，永嫌不足，受制為奴，豈得作主？貧能知足，何罪之有？貪求無饜，如淵罪藪！有罪無罪，非關貧富！心染五欲，行有善惡！貪求名利，不免害人，乃至奪命，及至將敗，不擇手段，一錯再錯，如滾雪球，甚可憐也！

子曰：「知者不惑，仁者不憂，勇者不懼。」

●文意：孔子說：「貫通事理的人，不會猶豫疑惑；恕他不害的人，不會擔心報復；認錯承擔的人，不會恐懼不安。」

◆義解：智者明白利害得失，是非對錯，善惡好壞……的運作原理（法則）；對於所見人事物，如觀手中掌紋，理路清晰分明，所以毫無疑惑。仁者受到屈辱時，尚且可以不計較、不報復、原諒他，寬恕他，何況平日無事之時，怎麼可能會生起傷害人之念呢？所以仁者從不憂心受人所害。知過是「智」（覺悟過失），認錯是「勇」（敢做敢當），改過不中斷是「仁」（恕他不害）。君子是從學習中了解是非與對錯的標準（遊戲規則），產生覺悟的智慧，然後自我審察，知過認錯，承擔代價，勇敢改正。持續改過，自護護人，而成為仁者，故能無憂也。

子曰：「可與共學，未可與適道。可與適道，未可與立。可與立，未可與權。」

●文意：孔子說：「可以在一起學習，卻不見得可以在一起追求大道；可以在一起追求大道，但還不見得可以長久不改變。就算是可以長久不改變，卻不見得能與他一起活用所學，臨機應變，權衡輕重緩急。」

◆義解：所學之不同，所長各相異。終身學習之路，雖有同學之樂，亦有分道揚鑣之苦。就像搭乘火車，雖然一起上車，卻非人人都能在終點下車；途中各站，各依自身條件，目的地之不同而屢見提前下車之乘客。學者應自我勉勵，莫棄大道，當忍而學之，人生必不悔也！

「康棣之華，偏其反而，豈不爾思？室是遠而。」子曰：「未之思也，夫何遠之有？」

●文意：有人做了一首「懷念家鄉」的詩，詩是這樣的：「康棣樹上已經開滿了花朵，花瓣迎風晃動不停，就像在家鄉一樣，怎能不引起我的思念啊？都怪我離開家鄉太遙遠了！」孔子說：「看來是沒有真心思念啊！否則魂牽夢縈，如在眼前，又怎麼會遠呢？」

◆義解：距離不是問題，憶念端看真假。睹物不免思人，法界何曾隔物。忘則遠如天邊，念時如在目前。祈願功成名就，衣錦榮歸故鄉。奈何事不遂願，對花強說離愁。拋家棄子出門，打拼奮鬥在外。莫是樂不思蜀，早忘故鄉桑槐。孔子見詩興嘆，彼漢未必真思念也，否則天涯比鄰，勤憶何遠之有？

十、鄉黨

孔子於鄉黨，恂恂如也，似不能言者。其在宗廟朝廷，便便言，唯謹爾。

●文意：孔子在家鄉的村子裡，態度溫和從容，話少如同啞巴似的。當他處身在祭祀祖先的祠堂裡和在朝廷論議的時後，言詞流暢語意明白，隨時保持小心謹慎。

◆義解：君子自處，沈默寡言，不說八卦，不聊是非。自審過失，若有所思。溫良恭儉，讓而不爭。知命無求，樂以忘憂。溫故知新，眾人所師。述而不作，千古獅吼。信而好古，傳宗作祖。欲訥於言，勤敏於行。用之則行，捨之則藏。疏食飲水，樂在其中。不義富貴，視若浮雲。擇善從之，不善改之。發憤忘食，敏以求之。老者安之，朋友信之，少者懷之，來者教之。仁義道德，斯文傳統，學而知之，一以貫之。角色本分，禮制之本；是非分明，對錯不亂；士人受用，理直氣壯。君子上達，樂天知命；小人下達，憂愁恐懼。邪行聚財，鑽營行賄，卑鄙無恥，唯利是圖。生死有命，富貴在天，莫學小人，抗天拒命。

朝與下大夫言，侃侃如也。與上大夫言，誾誾如也。君在，踧踖如也，與與如也。

●文意：在朝廷上和下級官員談話，態度和氣自在。與上級長官說話時，中規中矩的樣子。國君在朝的時候，孔子肅然而敬，小心翼翼的樣子，穩重大方，威儀合節。

◆義解：看到孔子任職時的言行舉止，態度樣貌，都按時間、地點，和對象而有不同，這是出於絕對尊重自身的角色和配合相對應的角色所造成的。如同跳雙人舞，完美的配合要先俱備「帶舞」和「被帶」的觀點，靈活又熟練的轉換角色，移形換位，配合無間，默契十足，君臣共演一場好戲（舞）。反之，如果目中無人，自顧自舞，鄙夷嫌薄，自傲輕他；勢成水火，與仇共舞，針鋒相對，自取其辱也。

君召使擯，色勃如也，足躩如也。揖所以立，左右手，衣前後，襜如也。趨進，翼如也。賓退，必復命，曰：「賓不顧矣。」

●文意：國君指派孔子擔任接待官，招待各國來訪的賓客，孔子的精神奕奕，如辦喜事一樣，行走來去，快速穩健。邀請賓客時，先行禮作揖，然後引導賓客來到事先準備好的位子上。如果是左邊位子的賓客，就伸出左手來領路，右邊位子的賓客就伸右手來引導。在行走時，禮服（袍）的下擺，隨著身體的移動而前後搖晃，很有韻律和節奏。行經中庭時，一定略張兩臂，讓臂下的衣袖飄動像鳥的伸展雙翼，輕快流暢。宴會完畢，所有賓客依序而退。送客出門之後，一定面告國君說：「賓客都送走了，確定沒有任何一位再回來了！」

◆義解：藉著文字記載，旁觀孔子的演出，如臨現場。雖然儀式多端，講究不少，但顯見人文精神的昇華正在此中。依靠「禮法」的約束和規定，證明了眾人可以群聚而無礙，相處而盡歡；反觀動物世界，不但難以共聚，更不能同歡。譬如，大草原的獅子家族，擁有一定生存勢力範圍，常由公獅巡視周界，並以尿液噴灑邊界，宣示領土範圍，不許進入，也不准拜訪。稍有越界，必追殺或驅逐出境。所以動物相見尚不可能，何況以禮拜訪呢？人世間有相害、相殺之「動物」層次，亦有友善互訪的「人文」層次，更有相愛互助的「天使」層次。說到底，此事之不易，其實就是「自我約束」之有無，與「自律程度」的高低而已啊！

入公門，鞠躬如也，如不容。立不中門，行不履閾。過位，色勃如也，足躩如也，其言似不足者。攝齊升堂，鞠躬如也，屏氣似不息者。出降一等，逞顏色，怡怡如也。沒階趨，翼如也。復其位，踧踖如也。

●文意：進入朝廷大門的時候，目光下視，屈身而進，好像空間不夠似的。凡是站立不動時，避免站在門或過道的中間，以致阻擋或妨礙其他人的行動。通過門道的時候，絕不可以踩在門檻上，破壞磨損門檻。當離開自己的位置而上前報告時，精神抖擻，行動快速，步伐穩健，簡報說明的時候，好像有所保留不敢說完似的(不敢多說廢話)。如果國君召喚上殿，孔子的目光會保持朝下，用手拂著衣裙的下擺走上臺，站定之後，略為彎身前傾，控制自己的喘息速度，屏氣凝神就像停止呼吸一樣。走下階梯，回到臺下，表情才放鬆下來，然後轉身像鳥兒展翅一樣，走向自己的位子。回到自己的位子以後，仍舊小心翼翼，雙手交疊在前，肅容而立。

執圭，鞠躬如也，如不勝。上如揖，下如授，勃如戰色，足蹜蹜如有循。享禮，有容色。私覿，愉愉如也。

●文意：孔子帶著國君的信物「玉圭」，銜命進行邦交訪問。雙手捧著「玉圭」，代表國君親自面見，因此保持自己的目光朝下，上半身略為前傾，好像快要捧不住「玉圭」似的。正式面見的時候，當胸高捧「玉圭」開始行禮；行完見面禮後，放低「玉圭」到胸前位置，好像收到物品一般。儀式戒慎恐懼就好像在戰場上似的，移動的步伐都用「小碎步」，快速地走在規定的路綫上，直到完成獻禮，表情才稍見緩和。典禮完成以後，在話家常時，才完全恢復輕鬆自然的態度。

◆義解：孔子堪稱大師級演員，依據角色，完美演出。忠於角色，全心入戲。下戲殺青，遽回本來，拿捏收放，傳神自在。戲中忘我，唯有角色，出戲便捨，無心繼棧。人生在世，何嘗不是！接演角色，戲服罩身，穿梭舞台，迴旋往來。戲份本定，配合演出，喜怒哀樂，不可深陷。小人無知，不肯如此，妄自增減，自以為是。不知角色，不樂本分，上台迷惘，耍賴搗蛋，不肯下台，流連忘返。迷心入戲，上癮成痴，曲終人散，抵死不從。嗚呼哀哉，小人有災。善哉善哉，君子仁愛。

君子不以紺緅飾，紅紫不以為褻服。當暑，袗絺綌，必表而出之。緇衣羔裘，素衣麑裘，黃衣狐裘。褻裘長，短右袂。必有寢衣，長一身有半。狐貉之厚以居。去喪，無所不佩。非帷裳，必殺之。羔裘玄冠，不以弔。吉月，必朝服而朝。

●文意：君子穿的便服領口和袖口的摺邊不會用「青黑色」和「大紅色」這種（禮服）專用色，內衣褲也不會染成紅色或紫色。夏天酷熱的時候，不會不穿內衣而直接穿上葛（麻）製的外衣（便服）。寒冬的時候，外穿黑大衣，裡面就配黑（羊）皮衣。外穿白大衣，裡面就配白（鹿）皮衣。如果外穿黃大衣，裡面就配黃狐皮衣。在家穿的皮衣稍長，右手的袖子稍短，以方便作事。睡眠時一定會穿睡衣，而且長度要過膝。坐臥時要用加厚的狐貉毛皮當作坐墊和睡墊。如果喪事結束之後，佩戴的裝飾物就沒有限制了。除了祭典中或上朝時所穿整片（幅）的下襬之外，其他的下襬一定要用事先剪裁開來的布料，然後再縫製成裙子。黑色的皮大衣、皮帽不可以穿去弔喪。每月初一那一天，一定要穿上朝服參加上朝。

◆義解：夏天再熱，也要穿上內衣和便服，這是為了區別與動物不同的地方，否則袒胸露背，與動物有何不同。雖然酷暑難耐，但君子少欲知足，心靜不躁，悠然無事，所以能清涼無汗。如果有所忙碌，消耗體力時，內衣足以吸汗，衛生與禮貌也同時兼顧了。另外，關於皮衣的部分，古代科技不發達，所以為禦寒故，宰殺動物，取其皮毛，製衣作帽。現在的科技，已經可以經由農場畜養的羊隻，一貫作業製成保暖性極佳的毛料衣服，而且不會傷害羊隻的性命，事屬兩全其美。假若仍有為美觀、為時尚、為虛榮，乃至為了獨尊稀有而殺害動物，必然直接或間接破壞大自然生態的微妙平衡，而人類一定自食惡果，因為因果定律，自作自受！

齊，必有明衣，布。齊必變食，居必遷坐。

●文意：參加祭典時，必定沐浴，然後更換潔淨內衣褲，材質是葛布。參與祭祀期間必定改變飲食，從三餐減為一餐或兩餐，份量及內容也以清淡少量為宜，以免腹脹沖腦而昏沉欲眠。為了凝聚心志，端坐幽思，最好改換平日所睡與所坐之處，或另設「起居室」來作為「齋戒」之用。

◆義解：「齋」是祭祀的精神所在，儀式或典禮只是可見的外在形式。「齋」是玄思的意思；玄思的人可以見幽微之色（非肉眼可見相），甚至於恍忽中可以親見所祭之鬼神（禮記祭禮章）。「鬼」是死去的人，「神」是聰明正直，善良有德的人，在去世之後升格為「神」。所以，祭祀之目的是透過祭祀的儀式，從淨身與淨心（齋）的實踐中，而能與已故之親屬或主管山川天地之鬼神交流，得到指示或暗喻，以有效幫助活人在生活和工作上知所遵循或依靠。鬼神也相當於「祖靈」之地位。

食不厭精，膾不厭細，食饐而餲，魚餒而肉敗，不食。色惡不食，臭惡不食。失飪不食，

不時不食。割不正不食，不得其醬不食。

●文意：食物不要求精緻、美味；肉類不要求細工慢火，太過講究。食物過了保存期限而腐壞，魚類不鮮，肉類腐敗，就不再拿來食用。尤其食物該有的顏色改變了，那就不可以食用！食物烹調之後，如果該生不生、該熟不熟，也就不吃了。除了正餐以外，不吃其他零食。肉品若不順其紋理切割，則入口嚼不爛、難消化、傷腸胃的，也不吃（不會因為怕浪費而勉強吃掉）。應搭配適當佐料的食物，若欠缺時也不吃。

◆義解：生活飲食的智慧，自古皆然。時至今日，大同小異。無「過」與「不及」的思想《中庸》，充分顯現在飲食的各方面。既不為享受，也不至於隨便敷衍了事。以養身延命為基礎，以上求大道為目標，不必奢華，不必固陋，唯以健康無病、有力有能為足矣！

肉雖多，不使勝食氣。唯酒無量，不及亂。沽酒市脯不食。不撤薑食，不多食。祭於公，不宿肉。祭肉不出三日，出三日，不食之矣。食不語，寢不言。雖疏食菜羹瓜祭，必齊如也。

●文意：餐桌上的肉類再多，也不可以多吃，甚至吃的比米飯還多。喝酒不會先限制數量多少，但不可以喝醉，因為喝醉就會亂性、失控，酒醒後沒有不後悔的。為了牟利而釀的酒，以及燻製的肉干是不吃的，怕製程有問題，胡亂添加，或不衛生、不新鮮。桌上永遠擺著醃好的薑片，以免臨時準備不及，或忘了準備。薑片多食容易上火，不可以過量（「薑」有殺菌、退斑、去溼、發汗、解熱、祛寒之療效，除非體質不適合，否則是每日必食的一級保養品；「薑」同時又是食用級的藥材，便宜又有效。食用方式有：切片泡溫水喝、酸醋醃製、佐料沾醬、入菜……）。

公祭時所分配的肉品，當天立刻就分送出去，並且要仔細告知立刻處理食用，否則對方會以為是新鮮的肉品而多放幾天，以致於浪費、糟蹋了食物，枉費了「分送不留」的目的！祭祀的肉品，因為鬼神「攝食化氣」的享用，所以規定三日之內食用完畢，超過三日則應捨棄。用餐時不交談，以防止岔氣，或者食物碎屑迸散四射；咀嚼食物，緊閉雙唇，細嚼慢吞，有助健康。關燈就寢之後就不再說話，以免妨礙睡眠情緒之穩定。如果是家貧或臨時籌備不及，就算只有準備普通的食物、菜湯和水果來祭祀，也要齋戒沐浴，行禮如儀，慎重其事。

◆義解：以上的內容，都是為了有別於唯求生存的動物世界，進入有規有矩，有綱有紀，人格尊嚴的人道世界。當然不知昇華，不求昇華的人，則另當別論了。學習了規矩的飲食和生活，就能平安健康，無病無痛，得享天年，遠離夭折短壽的不幸，壽終正寢了。動物在野外求生，很少能活到天年的，絕大原因就是沒有代代相傳的智慧可以遵循，純由本能反應、求生求存而已。因此想要完成終身學習的有志君子，一定要先學會基本的健康知識，遵循規律的生活作息以及定時定量的飲食，否則疾病的發生將可能破壞了偉大的成就，那就太可惜了！

席不正不坐。鄉人飲酒，杖者出，斯出矣。鄉人儺，朝服而立於阼階。

●文意：跪坐用的席墊擺的不正就不坐。參加鄉里敬老活動時，一定要等到持杖的老人都離開了之後，自己才敢離席回家，以表達敬老之意。鄉里舉行年度的神明繞境，巫師或法師施行法術、驅鬼、逐疫，祈求神明保佑的典禮時，孔子就會穿上正式的服裝出席在觀禮的東面臺階上。

◆義解：歷代皆有奇人異士，如祭師、道士、法師、仙人……等等，亦頗不乏靈異體質、特異功能者或得道證果之高人隱士，可以見人所不見，知人所不知。所以政府、地方人士，亦知借其「異能」為大眾解決「非人（鬼神）領域」的問題。時至今日，神奇怪異之事，科學亦不能了解，稱為「未知範疇」。而其存在之價值，肇因於能「有效解決某事」，但其流弊也有「假借鬼神而行騙」；正是因為民眾難於辨明，疑惑難解，卻又好奇欲知。所以孔子說：「務民之義，敬鬼神而遠之」，又說：「子不語怪、力、亂、神。」為的就是要得其利（真實效益）而避其害（詐騙損失）。若有志於此道者，應當選擇正確入門，然後依序而學，最終必能明白此玄奇奧妙之所以然！

另外，參加活動時，宜事先了解活動內容和時間。自己若不是活動的主要人物或賓客，就要以「尊重」的態度和「配合」的立場，不可干擾或妨礙活動的進行，以免觸犯眾怒，後果難以承擔。至於不明性質的活動和團體要拒絕參與，否則提昇無門，墮落有份，危險痛苦，煩惱憂愁將如影隨形而來，揮之不去！

問人於他邦，再拜而送之。

●文意：請人或派人專程到外國訪問自己的朋友時，自己一定親自到現場送行，並且拱手行禮拜別，以表達由衷的情意，真摯而誠懇。

◆義解：只有情真意切者，才有親送拜別的行為表現，顯現出唯恐不能親自拜訪的遺憾。感動他人在心意，並不在於行為，但是不透過行為，又不能了解自己的情意。所以聖人用「禮」的規定，防止放縱、任性的過度行為，而把好事擰成了壞事。須知，「禮」是幫助交際往來、表達情意時的輔助，就像車軌一樣，能使列車平安穩定到達目的，可以避免失控意外、擦槍走火，化解許多不必要的誤會、後悔和遺憾。

康子饋藥，拜而受之，曰：「丘未達，不敢嘗。」

●文意：魯國大夫季康子派人送藥品來，孔子出迎行禮拜謝，然後收下。接著請來人轉告說：「藥性未明之前，還請諒解我不敢隨便嘗試。」

◆義解：君子不拒人之美意，故發言謝之，拜而受之。君子不猜測，不以身試藥，故告知贈藥者自己的想法、作法。必嘗藥者，則不必以告；未必服用時，則必告之，不告則違人之美意矣。君子不拒他之善意，不違人之美意（自己受恩，亦可以成全他人施恩之美德）。

廄焚，子退朝，曰：「傷人乎？」不問馬。

●文意：馬房燒毀了！孔子下班之後，下屬報告此事，孔子問說：「有人受傷嗎？」完全不問馬匹的情況或馬房的毀損狀況。

◆義解：馬房燒毀，重建即可。馬匹受傷，治療即可。人死或傷，死則治喪。傷者送醫，加以慰喻，依禮贈金，安家資費。身之所傷，治之以方；心之所駭，官長撫懷。職有所司，各司其職，故不問馬，只問人傷？

君賜食，必正席先嘗之。君賜腥，必熟而薦之。君賜生，必畜之。侍食於君，君祭，先飯。疾，君視之，東首，加朝服拖紳。君命召，不俟駕行矣。

●文意：國君賞賜的食物，一定立刻端坐來享用。如果是已經宰殺的生肉、鮮魚，一定加熱煮熟，然後舉行祭祖的典禮；假如是賞賜活的生物，就會先養著一段時間，待時而用。奉命或輪值陪著國君吃飯時，當國君開始舉行祭祀，自己就先在別處用餐，而不敢與國君同桌共食，以致違反了君臣之禮。國君祭禮完成之後，自己就回到國君身邊陪食。如果生病了，就告假在家休養。國君親自探病時，自己要頭朝東面躺臥，把上朝用的禮服示意性的蓋在身上，再把腰帶橫放在禮服上。國君親自派人召喚，必是急事和大事，於是不等馬夫準備，自己就立刻動手駕著馬車，出發前往奉召。

◆義解：孔子敬君如尊天，卑己如無我，心中有角色，行事不違禮。這是斯文道統的極至表現。外表看似文縐禮繁，其實心安無躁，節制無亂；這豈是未學禮者所能想像、茫然無知者所能明白？循循有序的安詳境界，唯有君子得入其間，得受其用。

朋友死，無所歸。曰：「於我殯。」朋友之饋，雖車馬；非祭肉，不拜。

●文意：如果有相識往來或志同道合的朋友去世了，一時或沒有家族、親人可以出面料理喪葬事宜。孔子說：「基於朋友之情義，由我來辦理所有的事宜吧！」朋友致贈的物品，那怕貴重如車輛和馬匹之類，也不必行禮拜謝；如果是祭禮中的食物，則不論為何，一律都要行禮拜謝。

◆義解：仁德君子，施恩無求報，於此最真摯。「朋友死」，願無條件、不求報的付出，幫忙料理後事，這是孔子俠義精神的一面啊！若有人以為路見不平，拔刀相助就是俠義精神的話，那誤會可大了。凡是搞不清楚衝突雙方的內情，貿然出手救助一方的人，叫做「糊塗蛋」，因為他的所作所為都是火上加油而已。沒有聽過這樣的話嗎？「不可以相信眼睛看見的表象」、「真相往往比外表更複雜難解！」俠義精神的實踐，務必不可傷及無辜；調解協商，切莫令人口服心不服。欲作公親，卻不知不覺加入戰局成了事主。須知，眼前欺人的不見得是強者，而受欺負、凌辱的，剛才也許正是惹事生非、無理挑釁的一方呢？

寢不尸，居不容。見齊衰者，雖狎必變。見冕者與瞽者，雖褻必以貌。凶服者式之。式負版者。有盛饌，必變色而作。迅雷，風烈必變。

●文意：睡眠時，不會像具「死屍」似的，硬挺挺的不會彎曲。平日居家生活輕鬆自在，不會緊繃嚴肅或緊張兮兮的。看到穿著喪服的人，一定改變表情面容，不敢擾亂了喪禮的氣氛；即使是往來親密的朋友，同事或鄰居也是如此，絕對不敢亂了規矩。只要見到穿著正式官服和頭戴官帽，或者路逢盲人，即使他是熟識的人，也一定會肅容以對。坐在車上時，遇見了喪家隊伍，就把手搭在前方橫木扶手上，表示同哀之意。若是遇見手持代表國家的公文圖籍，雖然他是走在路上，自己也要把手搭在橫木上，表示敬禮這些手持圖冊辦理公事的人。參加盛大的宴會，一定要找時間起身，用莊重的表情態度，向主人表達受邀的感謝之意。有時候天色遽變，雷聲大作，閃電乍現，狂風驟雨時，君子出自擔心有人受傷或作物受損，所以面目表情有所改變。

◆義解：一般人表情容貌的變化，多是由於自己順逆苦樂的遭遇而有所改變。孔子像極了舞台上正在演出的演員，完全配合劇情的安排，不加入絲毫個人情緒於其中，所謂「該怎樣演就怎樣演」而已。若不是角色本分的研習已達出神入化的境界，怎麼能夠無時、無處表現得穩當而適中，完美而無瑕。雖然學者初學未必能如此圓滿，但只要持續不中斷地學習，終將完成這理想的境界。

升車，必正立，執綏。車中不內顧，不疾言，不親指。

●文意：上了沒有座位的馬車，一定端正站好，並拉住車上的固定繩環。在車上時不會東張西望，像觀光旅遊似的。說話交談時，放慢速度，清楚分明；更不會在車上比手畫腳的指來指去。

◆義解：孔子的一切行為和表情就像那已完全馴服的寵物，安靜平和。「禮」可以安心，「樂」可以抒情，完整的養成訓練，造就了孔子這樣的「偉大不凡」、「不可思議」。如果把孔子後天所學的一切，完全去除，只怕與一般人也沒有兩樣啊！可見人就像材料，雖有先天性質上的不同，可是有了後天的學習和雕塑，也可以讓平凡無奇的材料，一躍而成艷光四射，技驚四座的完美作品。想清楚吧！何必浪費了自己無限可能的人生旅程呢？何不奮起呢？何不超越呢？

十一、先進

子曰：「先進於禮樂，野人也。後進於禮樂，君子也。如用之，則吾從先進。」

●文意：孔子說：「早期教學的方式，是用禮樂來雕琢自身，但不是取代或消滅原有的本質，所以還保有本來的樸實。現在的教育方式，卻是用後天的禮樂來消滅或取代了原有樸實的本質，把人教的像機器一樣，冷冰冰、死板板，毫無活潑熱情的人味了！如果可以讓我選擇，那我情願用早期的教學方式。」

◆義解：「野人」在這裡不是指野蠻人，是指「原始且未受污染的本質，清純而無邪」的人。而「君子」也不是說那「樂天知命、心安理得」的人，而是指渾身匠氣、官僚死板的公職人員或主管官員。古代學習禮樂的目的，當然是為了作官，服務國君，管理人民。所以難免犯了顛倒的根本問題，就是到底是學作官（從政）？還是學做人？如果純粹是學做官（從政），那麼一切所學就成了工具，目的是用來追隨國君，追求富貴。即使表面的言行看似符合標準，那也都是為了掩飾貪欲的詭計，終將露出狐狸尾巴的！因為他的努力只是為了個人的利益，不是為了人民；是為了自己的富貴，不是為了國家。當然他更不在乎成為昏君的工具，配合領導人來壓迫人民，欺凌百姓。孔子雖然不滿意後生、晚輩的官僚式君子，但更不願教出「一心追求功名富貴」的那種學生。

當今的教育，目的只是讓學生強化物質文明的吸收和消化，快速融入唯物的「利害得失」、「精算損益」中，人人都嚮往「榮華富貴」的境界。而精神文明的價值和作用，如同礦藏一樣，從未開發致用。人們在吃飽喝足之後、只能四處玩樂（浪費生命、光陰），還把榮華富貴奉為成就的高低標準，完全不知道、沒聽過還有心安理得、心平氣和的精神價值。人心充斥著憂鬱不安，社會暴力衝突不斷，人倫悲劇上演不完。人口不多的小家庭，竟然還會四分五裂（各懷鬼胎）；個人盲目崇拜「自由主義」，而以感官本能的角度去曲解「本性愛好自由」的定義，任性而為。像這樣持續下去不改變，最後一定由大眾共同付出「難以想像」的代價。

子曰：「從我於陳蔡者，皆不及門也。」德行：顏淵、閔子騫、冉伯牛、仲弓。言語：宰我、子貢。政事：冉有、季路。文學：子游、子夏。

● 文意：孔子說：「當年隨我周遊列國時，受困在陳、蔡二國的學生們，都各自有所發展，不在這裡了。像德行有成就的有顏淵、閔子騫、冉伯牛、仲弓。口才表達能力的有宰我、子貢。行政管理方面的有冉有、季路。鑽研詩書禮樂、典章制度的有子游、子夏。」

◆ 義解：恭喜孔子、賀喜孔子，及門學生，學而有成，出仕在外，不在身邊。有志出仕，為國服務，長才大展，萬民之福。亂世不出，隱居獨善，修仁守禮，幾聖其宜。唯師唯德，啟我迷蒙，揚我師教，各往四方。興此斯文，源遠流長。

子曰：「回也，非助我者也！於吾言，無所不說。」

●文意：孔子說：「一般而言，教學相長，互有增益，教人的和被教的彼此都在學習和進步，可是顏回啊！對我的教學經驗並無幫助，因為我上課中所說的內容，他從來都不質疑和反駁，而且歡喜樂意的接受。」

◆義解：要有學生提問、質疑、反駁的狀況，才會刺激老師繼續提升，學習用「不同角度」去解答不同程度、不同資質的提問。這是透過「逆向問學」所成就的全面理解力。也就是達到「這樣說可以，那樣說也通」，甚至於「這樣作可以，那樣作也行」，既能觸類旁通、左右逢源，又是一以貫之，前後吻合。這種能力必定來自多層次（不受限）教學經驗所成就，通達了解知識與學問的全面性、廣博性，而非一家之言或狹隘之見。因此，融通廣達的君子，不會只有死板、無趣的「一解之道」，而是多向多解、活活潑潑、靈活敏捷的學習方式，所以最終才能「無入而不自得」啊！

子曰：「孝哉閔子騫，人不閒於其父母昆弟之言。」

●文意：孔子說：「閔子騫真是一位孝順的好孩子啊！他的父母、兄弟讚美他孝順，竟然所有的國人都沒有異議或懷疑的！」

◆義解：孔子為曾子說了為人子的「孝道」，於是就有了《孝經》一書。後來曾子為「孝」的定義也作出個人體會的解釋，那就是：「亨熟羶薌，嘗而薦之，非孝也，養也。君子之所謂孝也者，國人稱願然曰：『幸哉！有子如此』。」——《禮記祭義》。看來曾子所說的「孝」是更上一層樓，也是極其困難的。單單能做到孔子所說的「孝」，就已經不錯了。時到如今，還能奉養父母，親侍湯藥，幾乎很少聽說了；大多是申請外勞照護父母，或是送去老人院了！還有誰肯親力親為，回報親恩呢？或許吧！對於從未學過「禮」的人，卻用「禮」的文化標準來要求父母行「慈愛」，子女行「孝順」，根本就是不切實際、荒唐又滑稽的事啊！

南容三復白圭，孔子以其兄之子妻之。

●文意：學生南容适反復不斷的念誦《詩經》大雅篇中的「白圭」詩句。於是孔子把自己的姪女嫁給他。

◆義解：古訓有曰：「病從口入，禍從口出」；又曰：「言多必失，多言必敗」。南宮三復白圭，深解妙義，為免忘失，口誦心念，至於不忘。天地法則，有作必報；自作自受，絕無可逃。或近或遠，或見不見，或願不願，如栽果樹，依序而熟，依作而收。有智慧者，深信不疑，作者必收，自作必受。勇斷惡念，拔惡言行；誓截源流，免受諸苦。寧肯自責，不說他惡；寧誦白圭，自醒自覺。忘而不憶，必悔在後。【〈白圭〉：白圭之玷，尚可磨也。斯言之玷，不可為也。】

季康子問：「弟子孰為好學？」孔子對曰：「有顏回者好學。不幸短命死矣！今也則亡。」

●文意：魯國大夫季康子問孔子說：「學生當中，誰最好學呢？」孔子回答說：「學生當中顏回是最好學的。不過很不幸，很早就過世了。眼前來說並沒有好學的！」

◆義解：自知不足，當知應學；知學必成，不敢倦學。終身學者，其學必成。循序而進，深入堂奧，獲窺全貌，是為學成。其好學者，不論他事，只管自理，念念在學。雖有雜事，但如酬工，平日作務，不敢忘學，願解道理，不戀其他。世人所求，觀之皆苦，雖有暫樂，時至則壞。唯有學習，所知不壞，如影隨形，妙智隨身；應用無窮，捲收無方。好學者智、知恥者勇、力行者仁，備此三者，心安理得，平安無事，心平氣和。福唯平安，樂唯無事，愚者反此，惹事生非。學則必智，不學必愚，學如軟體，搭配硬體，軟硬相搭，完美協調。出廠硬體，一如人身，日後長養，硬體方成。人心軟體，空庫迴音，荒煙蔓草，幾曾耕耘。遇事不知，見事不明，處事顛倒，人云亦云。將心不願，無可奈何！敬告四方，有身無心，如礦植物，任性不學，名為愚者。在身殘障，在心智障，身殘心障，其苦悠長。胡思亂想，胡言亂語，胡作非為，苦痛難當！

顏淵死，顏路請子之車以為之椁。子曰：「才不才，亦各言其子也。鯉也死，有棺而無椁，吾不徒行以為之椁，以吾從大夫之後，不可徒行也。」

●文意：顏淵死了，顏淵的父親請求孔子賣掉馬車，替顏淵做一個外槨。孔子說：「不管有才能或沒有才能，說起來都看成是自己的孩子啊！當年鯉兒死的時候，也只有準備木棺而沒有外槨。由於我曾任司寇，依禮是不可以徒步行走的，所以沒有賣掉馬車為鯉兒作個外槨。將來國君召喚或是隨其他大夫出入，沒有馬車是不行的。」

◆義解：顏路愛子之心，冒昧地請孔子賣車助喪。顏路的愛子，也是孔子之愛徒，孔子不敢以私害公，故不同意賣車馬為顏淵助喪，此公私分明之行也。唯有「角色本分」的思想，完全融入自己的想法、說法、作法的人，才能隨時隨地不違背公私分明的原則。顏路痛失愛子，身心俱苦，公私不分，所請無禮，而孔子未以嚴詞責備，僅婉轉告之以「吾為司寇，不可徒行也」，非惜馬車而拒絕「為之椁」也。由此可知孔子當時也不甚富裕啊！否則「朋友死，於我殯」，又有何難呢？

顏淵死，子曰：「噫！天喪予！天喪予！」

●文意：顏淵死了。孔子說：「唉！老天斷了我（傳承）的路啊！老天斷了我的路啊！」

◆義解：孔子生於亂世之初，成長於亂世之際，學習於亂世之中，治理於亂世之民……，可惜獨木難撐，獨力難挽。俗云：「時勢造英雄。」英雄豪傑概以武力降敵，畢盡其功，故名「武功」。聖賢君子則以禮樂化其俗，故稱「文治」。平亂以武力，不得已也；化民以禮樂，順其勢耳。孔子是文化人，顏淵是繼承人。孔子終身尋求政治舞台而不遂，是逆勢所為，也是明知不可為而為之。當代隱士、作者多有諷喻孔子之言，孔子又何嘗不知呢？歷代之聖王，猶以武力驅之、平之，然後富之、教之，而使天下大治。先師孔子豈能提兵興師，塗毒百姓，殃民於水火呢？既然「武功之事」未成，焉有「文化之治」相續？嗚呼！亂世百姓，一命所值，不及禽獸也。

秦以「法」治，賞功罰罪，嚴刑峻法，國力大振，平亂一統，武功蓋世。惜哉！及其治國，迷於法治也。以法治國，法能弭亂之「末」，不能治亂之「本」。亂世之本在於「人心」，治理「人心」必以角色本分、禮義廉恥，使其自覺、自律、自尊。若以法治人，則是他律、他管、他治。教民以禮，則民成為士人、君子；視民如賊，則民不得不為禽獸、小人。故以禮化民，社會和諧，世界大同；以法治民，鬥法弄權，不顧羞恥，率獸食人。以禮治國，弊在煩瑣；以法治國，弊在無恥。與其無恥，寧可煩瑣。

所以顏淵之早逝與否，其於亂世亦無可奈何也！儒學之價值要當天下底定之後，文治必在武力平亂之後，如同舞台劇般，君王不在先期出場之列，而是第二波上場的角色。秦國統一天下之後，不知改變治理天下的方式，因此迅速瓦解消亡。漢帝劉邦代之而起，武力平天下，本欲效秦之治理方式治天下，幸有儒者諫之，而不致於重蹈「武力平天下，法律治天下」之覆轍！於是大漢王朝，文景之治，民富國強，相續又有唐宋盛世之治，甚至「以漢治漢」最成功的清朝。

只要君王肯以禮治天下，無不煌煌耀於史冊。俗話說：「人在人情在，人死兩拋開。」天下國家何嘗不是呢？昏君在位，國破家亡。明君在位，國富民強。亡國昏君，倒行逆施；建國明君，教民以禮。倒行逆施，陷民於水火。教民禮義，民知禮守義。文治與武力，治國二味藥；亂世如重症，平亂如開刀；治世貴調養，禮樂服人心。亂世以文治，像狗吠火車；治軍當以法，治國應以禮。治軍以禮，則抗命卸責；治國以法，則民免無恥。藥不貴多，對治即善；事莫嫌煩，成辦可也。

顏淵死，子哭之慟。從者曰：「子慟矣！」曰：「有慟乎？非夫人之為慟而誰為？」

●文意：顏淵死了，孔子哭的很悲痛。隨從弔喪的學生說：「請老師保重啊！小心太過悲慟了。」孔子說：「我哭的太悲慟嗎？我不為他悲慟，我還要為誰悲慟呢？」

◆義解：孔子的心情像俗話所說：「寡婦死了兒子一樣，全無指望了！」不過，幸好其他學生不辱使命，傳承道統，暗流續注，時至發揚，道披天下，民眾受惠。文化浸潤，無聲無息，名相作用，無所不在。世界文明中，強調角色本分和做人處世的，唯有中華文化。歐美世界則強調他力的基督精神，嚮往死後，升天享福，漠視人世。倘能結合儒家「角色本分」、「務民之義」的文化，那麼死後審判，升天者眾，下獄者少，不是更好嗎？

顏淵死，門人欲厚葬之。子曰：「不可！」門人厚葬之。子曰：「回也，視予猶父也，予不得視猶子也。非我也，夫二三子也。」

●文意：顏淵死後，同學們準備要花大錢風光辦理後事。孔子聽說了之後，阻止他們說：「不可以，這是違背名分的！」結果同學們還是風光的葬了顏淵。孔子說：「顏回這個孩子，把我當成父親一樣來對待，而我卻不可以看待他像自己的孩子！我不能贊成這樣做法，只是我也沒有能力阻止同學們所作的一切啊！」

◆義解：於禮所不可，於情所不忍，兩難之際，孔子不能不表達立場。所謂「大德不踰閑，小節出入可也。」因為彼此仍是凡夫俗子，難逆人情之所習，略順眾人心之所願，君子不違人情善意也。另外，孔子不可以把顏回看成兒子，那是因為顏路還在，怎能違禮越權，看待顏淵如子呢？否則角色本分不就整個都亂了套嗎？其次，死者已死，而活人為喪事所累，可能要借貸營葬辦喪，致使家計負擔更重。所以〈祭禮〉中規定，不重形式排場而重情意，只要子孫盡誠於喪祭，就可以稱為「孝」了。這也是顧慮現實生存問題之後，形成「在生」不可忘「送死」，「送死者」不可傷害「在生者」的禮制。現在，顏淵的同學眾多，又是孔子高徒，乃自古未曾有的情況；而由同學和朋友出錢出力共同營辦後事，更是禮制所未及訂定。此事在兩可之間，所以暫由孔子出面交待其事不可——「家貧而厚葬」；另一方面則為後世之典範——「門人厚葬之」，自此亦可也。

季路問事鬼神？子曰：「未能事人，焉能事鬼？」「敢問死？」曰：「未知生，焉知死？」

●文意：子路請問老師要如何事奉鬼神，與鬼神往來？孔子回答說：「對於還活著的人都不能好好安頓、照顧，那有餘力管到天地鬼神呢？」子路又問說：「那我可以大膽地請問關於『死』的問題嗎？」孔子說：「如果有關活著的事情都還學不會、不明白，哪裏會有餘力去了解『死』的問題呢？」

◆義解：次第顛倒是智慧的大障礙；先事人、後事鬼，先知生、後知死，這是本末的、先後的次第法則。所知有序不顛倒、不迷惑，就是「智慧」；反之，則稱為「愚痴」。鬼神和死亡，雖然是人生的重要大事，但也要依次依序而學。所以「務民之義，敬鬼神而遠之」，先把人的各種角色演好，本分做好，這樣的人，才有餘力再學「生前」、「死後」、「鬼道」、「天（堂）道」……種種的知識，而不致於迷失在無形不可見的世界中，最後成了別人眼中的「神經病、瘋子」。想想看！本來是因為好奇而產生追求答案的一樁好事，最後卻迷的更深，人不像人、鬼不像鬼，痛苦與煩惱將會難以承擔啊！

閔子侍側，誾誾如也。子路，行行如也。冉有、子貢，侃侃如也。子樂。「若由也，不得其死然。」

●文意：閔子騫陪在孔子身邊，看起來從容而舒暢，氣質端正。子路看起來一付勇猛剛強，旁若無人的樣子。冉有和子貢則是從容舒暢的樣子。孔子為他們感到快樂滿意。「像仲由這樣，勇猛剛強，不知退讓，恐怕將不得善終（好死）啊！」

◆義解：孔子觀察學生的樣子，簡直就像石匠、技工在欣賞、評論自己完成的作品那般，精彩萬分！依材質之不同，雕琢方式各異，時間過程各有長短，最後完成時，各顯光芒，難分軒輊。可惜子路始終未能掌握禮之極至——「讓而不爭」，所以不得善終啊！降格來看，也算死得其所！君子明理知義，對於既有、已有之名分，勇於承擔，當仁不讓。對於未有、將有之名分，可以禮讓不爭。「爭」是禽獸、動物之本能，「讓」是人文禮法之提升。人形獸心只能算「半人」而已！古代行「冠禮」，是代表孩子受學禮法完成而舉行的成人典禮，承認孩子身心俱已長大成人，否則就是「民」，未至「成人」，「成人」再提昇則是「天人」、「道人」與「真人」了。真人無欲，道人無心，成人禮讓，半人必爭。循自然界「弱肉強食」之生態演化，名為「半人世界」；循禮讓角色本分之自律規則，名為「人文世界」。斷我所見，無欲無求，名為「自由境界」。離分別能所妄想之不動本心，名為「自在法界」。道人自在，真人自由，成人心安，半人憂煩。

爭非不讓，讓非不爭。云何為「爭」？非分內所有，自他而奪之，是名為「爭」（奪）。云何為「讓」（給）？分內所有物，捨而施於人，是名為「讓」。何謂「不爭」？無主之物，共議不爭，未定之事，共論不辯。何謂「不讓」？分內所有，據而不捨，不許他有，不肯共享。子路不得善終，皆緣於未能擇君而仕也。衛君父子爭位，奪權相殺，形如動物生態，子路捲入政治風暴戰爭，未能全身而退，遂應孔子之讖（預言）也。【名分是從主客觀條件而形成；爭名奪利，違禮背德，亂之源也。】

魯人為長府。閔子騫曰：「仍舊貫，如之何？何必改作？」子曰：「夫人不言，言必有中。」

●文意：魯國的人準備修建一棟新的廠房來儲存放置公家的物品、米糧。閔子騫說：「就用舊的倉庫整修整修來用不好嗎？何必動用民力來建築一棟全新的呢？」孔子說：「這人平日沉默寡言，可是一旦有所表達，總能一針見血。」

◆義解：新建庫房是民脂民膏，勞師動眾是人民血汗。閔子騫為孝子，知民劬勞，為民請命。仍舊貫，莫新造，省民力，如之何？長府堪用，何必改作。好大喜功，勞師動眾，不知民瘼，民怨所在。上位高層，不恤民情，黎民百姓，逆來順受。仁者子騫，視民如親，出言勸阻，延用舊府，既省民力，兼習慣用，公私同顧，豈不兩便。夫子聞言，美而讚之。蚊子新館，古來不少，舞弊貪瀆，歷代沿流。不施教化，愈除愈多。雖有子騫，其奈之何？

子曰：「由之瑟，奚為於丘之門？」門人不敬子路。子曰：「由也升堂矣，未入於室也。」

●文意：孔子說：「仲由彈瑟的音調，怎麼聽起來不像是我孔丘教授的呢？」於是同學們開始瞧不起子路了。孔子又說：「其實仲由的程度算是及格了，只是距離我要求他的標準還有一段差距啊！」

◆義解：孔子一句話，弟子便知義，子路已升堂，門人敢不敬？君親師長老，言語及身教，擴散如漣漪，浸潤無形跡。智者知效應，福禍皆歸己。言者無心，聽者有意，立場不同，曲解即傷。孔子訓意，引之入室。入門升堂，勝諸未學；門人不會，敢爾不敬。孔子妙喻，子路解圍。入室之說，餘響千年。後代學者，始知學路，應從門入，然後升堂，升堂而立，入室分座。奉師傳燈，教化一方，啟諸迷蒙，如雨春筍。升堂之人，堪能自化；入室弟子，兼能化他。

知禮方升堂，知命即入室。知禮者得立身於世；不知禮無以立足社會。知命者是和樂君子；不知命無以為君子。欲為人師，更要知言，不知言者，無以知人，不能知人，何以教人？知禮不知命，理直氣太壯；不會天命理，怨天且尤人。知禮又知命，理直而氣和；心安不怨天，得理能饒人。立志作君子，不肯做小人；升堂與入室，揀別正邪門。入門學做人，遠離禽獸心；自顯人尊嚴，莫順流墮落。耕耘必豐收，荒怠則怨悔。相勸不計用語，有效不怕暫苦。

子貢問：「師與商也孰賢？」子曰：「師也過，商也不及。」曰：「然則師愈與？」子曰：「過猶不及。」

●文意：子貢請問老師說：「我的同學子張和子夏，他們那一位比較賢能（優秀）呢？」孔子回答說：「子張有高調浮誇的毛病，子夏則是保守不前的問題。」子貢又問：「您是說子張略勝一籌囉？」孔子說：「就缺點來說，那是一樣的！」

◆義解：兩兩相較，高低必分，雖分高下，未達稱賢。百尺竿頭，尚待進步。師商二人，雖已升堂；師也過之，商也不及。子張之過，在於自卑，高調鋪陳，恐人不知，自信不足，好揚己能。反躬自省，當思不足，學雖小成，途中旅舍，應思續進，歸家穩坐。子夏不及，在於自滿；入門升堂，自謂已得；如鑽燧火，出火便足；逆水行舟，不進則退。升堂不易，豈可中廢；毋滯於路，入室可期。自卑自滿，遠離心安，明暗起伏，暗藏洶湧。表面平靜，內實翻覆；外似平靜，內惶不安。子張與商，應學天命，知命認份，人道之極。和樂君子，雙雙入室，悠哉游哉，樂哉善哉！知禮之士，升堂而立；心務施報，志求勝負；理直氣壯，怨天尤人；恃寵媚上，輕他凌下；雖預儒林，是小人儒。讓而不爭，樂天知命，心安理得，為君子儒。

何謂天命？「天」是指自然法則、運作原理，默而無聲；現象作用，無處不顯，簡稱「天理」、「大道」。「命」是指壽命與身軀。以車為例，車體是「身」，年限是「命」；人壽有期，從生至死，故稱「壽命」。車行路，程程異，故稱「運程」。若人了知生死，有生必死，則毋意毋必；若人自知運途，程程迥異，則毋固毋我。毋意則定，毋必則和，毋固則泰，毋我則空。無求則無憂，無憂則心定。仁恕則不害，不害則心和。寬暇則無事，無事則心泰。無（執）著則心空，心空則自在。知命君子，樂天無憂；福分運途，顯在名分。一生由命，不敢妄求；知命認份，不肯妄為；妄求自困，妄為自害。

士人學禮，依名守分，敢做敢當，理直氣壯！較之君子，譬如，蛙守津塘，趾高氣昂；螳臂擋車，力不自量！

季氏富於周公，而求也為之聚斂而附益之。子曰：「非吾徒也，小子鳴鼓而攻之可也！」

●文意：魯國大夫季康子比他的祖先周公有錢多了，而冉求竟然還幫他加徵稅賦於百姓，讓季氏更加有錢。孔子針對這件事說：「冉求不是我的學生，大家可以敲鑼鳴鼓，公開聲討他的罪狀。」

◆義解：孔子表態，切割立場，畫清界限，鳴鼓攻之。話說冉求之才，孔子曾讚許「求也藝，於從政乎何有？」而今竟以才藝而受責，甚至逐出師門，不認為徒。看來無德而有才，不如無德亦無才啊！有德有才如周公，有德無才如劉備，無德有「才」求之罪，無德無才無所謂。

為虎作倀，自古不少，暴斂橫徵，苛政猛虎。季氏主嫌，冉求幫凶，一世因果，觀之如是。季氏討債，人民還債，觀以三世，一討一還。既非吾徒，何苦攻之？自作自受，何須責之？仁慈之師，曉喻弟子，世無明君，不必強仕。子路受召，身遭醢之。求輔季氏，孔子罪之。亂世出仕，苦哉哀哉！

季氏曾召閔子騫出仕，把閔子騫嚇得逃往汶川之北；顏淵隱居陋巷，閉門讀書，大忘人世，樂在其中。由此可知，何苦妄求命中之所無，徒增困擾！

柴也愚，參也魯，師也辟，由也喭。

●文意：子羔是愚笨憨直，曾參的反應遲鈍，子張會高調偏激，子路是莽撞粗魯。

◆義解：人心不同，各如其面；習性相異，顯於所行。子羔之天性愚笨憨直，跟隨孔子學習之後，明禮知義；子路以身殉難時，子羔在城外等待子路，並告之大勢去矣，勸告子路不要入城犧牲，由此可知子羔的見識。曾子病重將死，聞臥蓆「華而皖」，知其非禮，驚懼而起，蓆子還沒換好就過世了，曾子的反應是積極而快速，早已不復當年的「參也魯」了。子張後來做了老師，子夏的學生有一次去請教子張關於交友之道，子張回答說：「假如自己的所學有成，賢明有智慧，那又何必拒人千里而不敢往來呢？假如所學不成，不賢不善，恐怕被拒絕往來的是自己啊！」從子張的說法中，明顯知道子張已經明白「前提」（因明、邏輯）的重要，以前強調表象的、外在想法，已經修正為內涵的、內化的質量並重，當然這是得力於「終身學習」才有的成就。

俗話說：「江山易改，習性難移」，那是因為改造氣質是從思想、見解下手，外加時間養成習慣，而非模倣或包裝的方式，強加在舊習之上。子張立志成為大賢，因為得力於「終身學習」，其辟性自然就會漸漸消失。子路的粗魯率直非常有名，在死前帽子掉落在地，他把帽子撿起來重新戴好，從容不迫的慷慨就義（視死如歸），這可不是粗魯莽撞的人所能做得到的！

子曰：「回也其庶乎！屢空。賜不受命而貨殖焉，億則屢中。」

●文意：孔子說：「顏回的境界，以完美來說也差不多了！而日常生活所需卻常常匱乏不足。

子貢拒絕國家的徵召，出任公職，反而學做貿易買賣，預測各地貨產的豐收或歉收，準確率很高。」

◆義解：顏回心向大道，無暇他顧，所以屢空。子貢做買賣，低買高賣，到處走透透，各地風土民情、天象氣候、地理水文……，見多識廣，而且往來多是權貴王侯，資訊即時而廣泛，說他「億則屢中」，不如說是「探囊取物」罷了。顏淵的道德學問，實為孔子所稱許，卻不能改變生活貧困，日用不足，所需屢空的事實，這就是「命定之理」。子貢買賣營生，低買高賣，預測期貨如有神助，更是不離「天命已定」（生死有命、富貴在天）的法則。

如果了解命運前（夙）定，自作自受，就像來此討債或收債，欠債或還債。收債的人來享福，還債的人來受苦。無債可收、無債可還的自由自在，來去無礙。所以，想要收債享福，一定要施恩助人；如果事前不耕耘（分享施恩），日後何處可以收福（收債享用）？想要不必還債受苦，那就千萬不要虧負他人，傷害他人；一旦欠下了債務，遲早都是要還的！即使改了臉面，換了時空，也沒有辦法逃得掉！「屢空」與「屢中」是命中所定不可改換，而「回也庶矣」，「賜也瑚璉」，則非命定之必然，而是今生現世的耕耘所得，新造所成，無關天命。

智者不怨「屢空」，達者不羨「屢中」，夭壽貧富貴賤，時至何物不空！今生受身為人，來世焉知何生？富貴不免哀痛、貧賤亦有薄歡。任性抗天拒命，何苦自我為難？君子樂天知命，小人行險僥倖。命運如同庫存，福禍多寡夙定；少則省吃儉用，多則施恩助窮。門外荒田不耕，未來回收無份；自心迷惘不覺，終日隨境來去。覺悟消遙自在，不枉多生苦害。

子張問善人之道。子曰：「不踐迹，亦不入於室。」

●文意：學生子張提問甚麼叫做善人，善人應該怎麼做？孔子回答說：「一般的好人，並不循前人的足跡而學，僅憑主觀意識去說、去做，所以也不可能有入室窺奧的機會。」

◆義解：既「不踐跡」，則亦不能「入於室」。學習一定有順序和範圍，就像修建高樓，無法跳級，一定要逐層而建，才能竣工完成。如果自以為是，盲修瞎練，那是絕不可能達成目標的！能不能入門修學，那是福分的問題。入門以後，升堂而立，入室升座，收徒授課，那是自主，自決的部分，與人無關。

一般所謂的善人，遇生死患難考驗，必難堅持，只能將就，隨波逐流。就像不知天命的人，施恩往往局限在分享的階段，做不到犧牲和奉獻。這是因為答案、拼圖的真象有缺塊，不能深信自作、自得、自受的法則所致。既定的天命，人皆有之，如魚在水，渾然不覺。「天命法則」非感官所能見聞，非想像測度便可知曉；唯有已知已覺者，先知先覺者，才能啟發不知不覺者，後知後覺者。傳統文化的教育在安定民心，安定民心有效的方法就是教民知禮守分，樂天知命，學作君子而已。成則夜不閉戶，世界大同；不成則法如牛毛，盜患不止。「知命」就是明白「自作、自得、自受」的因果律，敢作敢當罷了！所以肯受既定命運，然後專注積極於未定的「想法、說法、作法」，以期收於定時、定處、定受的未來。

知命君子能心安理得，不怨天不尤人，也算是完成進修仁德的基礎：知命而受命，心平而和緩，柔軟不剛強，從容不緊迫。仁恕不害人，施恩不求報，持戒兼修福，來世升天堂。入室知命者，死心無煩惱，言行皆典範，堪為弘道人。有智自知過，有過敢認錯，改過不輕放，認真不中斷；雖有挫折感，勝他墮落慘，代價一次付，勝過付不完，智者常說道，都是我的錯。君子昇進路，改過不後悔。日積而月累，滴水盈巨海。工夫成熟時，獨不許他知。名利不在乎，無過便自在。此事貴立志，欲速者不達。聰明反應快，專志三五載。愚昧魯鈍者，十年亦可成。

子曰：「論篤是與，君子者乎？色莊者乎？」

●文意：孔子說：「只因為聽到他所說的話誠懇又實在，就予以肯定他的一切而不懷疑嗎？他真的是位君子嗎？還是表情裝作誠懇的樣子呢？」

◆義解：孔子說：「以言取人，失之宰予；以貌取人，失之子羽。」不見其所學，豈知其所解？不觀其所作，焉知其所念？不聽其所說，難審其所欲？所以判斷他人言說的真假虛實，還要觀察接下來他的所作所為。真小人尚且坦蕩不欺於人，假君子最怕被人拆穿謊言。加害人固然可惡，不該輕縱；受害人配合就範，豈無過失。追究責任，當從「角色本分」下手；賞功罰過，必由確立「遊戲規則」開始。規則確定無誤，才能貫徹執行。舉例來說，加害人有「不當得利之罪」，所以應該罰他「利差比」之罰金。譬如，偷盜財物價值五千元，除還回五千元外，另罰以五千元之百分之五十以上為罰金，則雖獎勵偷盜也不肯了，因為「殺頭生意有人做，賠錢生意沒人做」。另外，善良大眾從此心安無憂，因為遭竊反而獲利受益，只是將會苦了「鐵門、鐵窗」、「保全」……等相關業者，從此生意慘淡，必須改行經營！

劉邦入咸陽，與民約法三章：殺人者死、傷人及（偷）盜抵罪。秦人大悅（心服口服），於是開城門迎接劉邦。由此可知，人同此心，心同此理。凡惡行必有所得，若無所得時，則回報其所作於自身。譬如，傷人性命，則償還以生命；取人四肢，償還以四肢；害人以毒物，自食其毒物，雖看似「以牙還牙，以眼還眼」之報復手法，其實不同！差別所在，要經合法審理，三審定讞方可，絕非私刑報復。《詩》云：「出乎爾者，反乎爾者」。天理昭彰，國法難容。

有人問孔子說：「怎麼樣才算是好人呢？」孔子回答說：「好人都喜歡他，壞人都討厭他，這一定是好人。如果好人壞人都喜歡他，這是『鄉愿』，是道德之賊啊！」照這個原則來看，甚麼是好的法律呢？只要是好人都歡迎支持，壞人都厭惡害怕的法律，那一定是最好的法律。如果治理採用好的法律，人人心服口服，還怕無效嗎？反之，如果處罰他的內容，他不服也不怕；賞給他的獎勵，他不在乎也不喜歡！那這樣的規則或法律，只是徒具形式而已，根本沒有效用！試想，在遊戲規則的引導下，動物尚且可以由野性馴服為寵物、家畜，何況是使用正確的賞罰規則來治理人民，其功效是很驚人的。

不曾學習法律的人民，當然不知道要守法；凡是守法的人民，都是由法律的教育，長期訓練才會有的。法律確實可以立竿見影，即刻見效；但是英明有為的政府，應該接著施以「有恥且格」的禮樂教化，使得民眾素質提升，才能共享大同世界的平安與幸福！

子路問：「聞斯行諸？」子曰：「有父兄在，如之何其聞斯行之！」冉有問：「聞斯行諸？」子曰：「聞斯行之！」公西華曰：「由也問『聞斯行諸？』子曰：『有父兄在。』求也問『聞斯行諸？』子曰：『聞斯行之。』赤也惑，敢問？」子曰：「求也退，故進之，由也兼人，故退之！」

●文意：子路請問老師說：「是不是聽到了就趕快去做呢？」孔子回答說：「應該先告知父母或師長，他們同意之後再去做！」後來冉有也問了同樣的問題：「是不是聽到了就趕快去做呢？」孔子回答說：「當然立刻去做啊！」學生公西華好奇的來問說：「子路和冉求問了一樣的問題，為甚麼老師的答覆卻完全不同呢？」孔子回答說：「冉求個性保守，猶豫多慮，所以鼓勵他積極去做，不要拖拖拉拉；子路的個性急躁莽撞，所以提醒他先找父兄商量，經過討論之後再做！」

◆義解：子路急躁，好勝心強，若無人管束，就像脫韁野馬，後果不堪想像！子曰：「由也不得其死然！」唉！果如其言！冉求剛好相反，要人推動、勸進，否則不動如山；因此容易受人挾制，所以才有「鳴鼓而攻之」的事件，就是受季康子的利用所致。學本無常師，故三人行，必有我師焉！教本無常式，故退者進之，兼人者退之！譬如，治病之道，患者不一病，藥方非一致，一病一藥方，千病千藥治。學生的天資、個性皆異，所以理當「因材施教」、「應病予藥」，而藥材、藥方如教學之工具，治之有效，即是「教之有成」。又如石材、木材、鐵材，也要使用不同的工具切割、塑形、打磨、抛光……，加以時間和審美觀，最後的成品，價值不菲。

子畏於匡，顏淵後。子曰：「吾以女為死矣！」曰：「子在，回何敢死？」

●文意：孔子從匡地脫險出來，學生顏回最後也跟上了。孔子說：「我四處去找，都沒有發現你，還以為你死了呢？」顏回說：「知道老師您安全脫險出來了，學生也不敢隨便犧牲啊！」

◆義解：《禮記》：「父母在，不得許友以死。」顏回視孔子如父親，孔子在，回不敢輕易而死，令孔子傷心。雖然顏回終究「苗而不秀，秀而不實」，髮白早夭，未能傳續道統使命；但以天命不可違，孔子也只能接受不幸的事實。至於顏回「簞食瓢飲、不遷怒、不二過」的「庶矣」、「賢哉」，孔子肯定是非常滿意的。

季子然問：「仲由、冉求可謂大臣與？」子曰：「吾以子為異之問，曾由與求之問？所謂大臣者，以道事君，不可則止。今由與求也，可謂具臣矣。」曰：「然則從之者與？」子曰：「弒父與君，亦不從也。」

●文意：魯國大夫季子然請問孔子說：「子路和冉求二人，他們算得上是大臣嗎？」孔子回答說：「我還以為你要問我其他的事情，原來是要問他們二人啊！大臣的定義是輔佐國君治國，安分守己，盡忠職守，表現得不好或者國君不肯配合，不能信任自己，那就辭職回家。現在的子路和冉求，只能勉強說是稍稍具有臣子的樣子罷了。」季子然又問：「那是說國君要求他們做的事，他們必然完全配合嗎？」孔子回答說：「像殺害父母、殺害國君、領導人的事，他們還不至於盲從配合的！」

◆義解：輔佐治理是能力，堅守立場（原則）是品德。能力是指才能、技術；品德是善惡、對錯。才德兼具是大臣，有才無德是佞臣，孔子不忍說的這麼明白，所以才反著來解釋，說明擁有「治理」（經營管理）才華的兩人，當然是具備了作為臣子的基本條件。孔子曾說：「鳥可以擇樹而棲，樹豈能擇鳥呢？」也許子路和冉求一開始追隨孔子學習，無非就是為了出仕作官啊？但是在亂世中，哪裡有明君可供選擇呢？

像老師這樣的美玉，都還遲遲地等不到「識貨」的買家，何況是弟子呢？

也有人說：「識時務者為俊傑。」子路和冉求調整了自身的標準（以免曲高和寡），來配合長官的需要，似乎也頗合俊傑之道啊！但是他們受主子的擺弄和利用，也是如人飲水，冷暖自知，不足為外人道啊！孟子說：「出仕作官，有時候是因為貧困而不得已的。」顏回家貧卻隱在陋巷，閔子騫寧可逃往汶川之北也不肯奉召出仕，結果歷代稱讚顏回和閔子騫為君子賢人，卻未聞有人稱讚子路和冉求的。看來，學者立志遠大卻半途而廢、委曲求全的也是屢屢可見，要說「堅定志向」、「不為所動」，真是談何容易啊！種種磨難，災禍、阻礙、衝擊、挫折，淘汰掉了多少自信滿滿的英雄豪傑呢？所以到達終點，完成學習的人，多是大智若愚，魯鈍率直之士！還記得孔子這樣說過：「智者過之，愚者不及」，真是貼切啊！

子路使子羔為費宰。子曰：「賊夫人之子！」子路曰：「有民人焉，有社稷焉，何必讀書，然後為學？」子曰：「是故惡夫佞者！」

●文意：子路派任同學子羔出任費縣的宰官。孔子知道了之後說：「你這不是在陷害子羔嗎？他的父母就不擔心嗎？」子路回答說：「費縣不是有現成的老百姓，有祭祀的土地神祇，直接就上任去，然後『邊做邊學』，何必一定要先把書上的道理學完了，才算是學習呢？」孔子回答說：「所以我常說，口才雖然好，但是強詞奪理，說理似是而非的人，最是可惡！」

◆義解：口才好的人，一定是反應快、表達能力強的人；但也往往自以為是，理直氣壯。其結果大多是「見識不及口才」、「說理似是而非」。表達能力強，算是一種天賦的能力，也可以是後天訓練出來的才華；但是用口才扭曲答案，搬弄是非，也許可以得到炫耀的「快感」，最終反而會破壞自身品德，那還不如沒有口才比較好哩！口才像刀劍之雙刃，善用自然是好，若不善用，自害害人也是可怕無比。

子路回答孔子的話，乍聽確實也有三分道理。多數學生不喜歡枯燥死板又無趣的讀書課程，而比較喜歡活動式、有趣的各種課程。但是靜態的讀書是沒有危險性，所以先在安全的狀態下來吸收和消化，然後以此為基礎，再配合動態的實習活動，便有最佳的學習成果。如果直接進入動態實務的階段，可以想見將造成多嚴重的破壞和成本支出，甚至付出自己生命的代價。譬如，學開車、駕船、飛機直接就座，開了就上，那麼不必等到學會，就先一命嗚呼了！腦袋清楚的人，只怕要退避三舍，逃之夭夭了！

子路向來就是暴虎憑河，完全不考慮「後果」和「危險」所在，更不明白何謂「準備工作」，所以習慣性的直接就上。子路當時就任衛國大夫，出於熱心想幫孔子分憂解勞，讓同學子羔直接上任實習，邊做邊學；可是子路沒想到的是費縣百姓又不是「白老鼠」，那裡經得起子羔去做實驗性質的治理呢？孔子認為學生子羔並沒有完成學習，政務必然亂七八糟、雞飛狗跳；如果搞得天怒人怨，以致遭到意外或不測，甚至衛君賜死，難道子羔的父母不擔心嗎？好好的一個孩子去上任，硬挺挺的抬回來，父母不想問是誰害死他的嗎？而子路敢說：「與我無關嗎？」子路不知道該虛心地請教老師，為甚麼這是「陷害」子羔呢？反而強辭奪理，自以為是，還自認是好心沒好報呢？

子路、曾皙、冉有、公西華侍坐。子曰：「以吾一日長乎爾，毋吾以也。居則曰：『不吾知也！』如或知爾，則何以哉？」子路率爾而對曰：「千乘之國，攝乎大國之間，加之以師旅，因之以饑饉，由也為之，比及三年，可使有勇，且知方也。」夫子哂之。「求，爾何如？」對曰：「方六七十，如五六十，求也為之，比及三年，可使足民；如其禮樂，以俟君子。」「赤，爾何如？」對曰：「非曰能之，願學焉！宗廟之事，如會同，端章甫，願為小相焉。」「點，爾何如？」鼓瑟希，鏗爾，舍瑟而作；對曰：「異乎三子者之撰。」子曰：「何傷乎？亦各言其志也。」曰：「暮春者，春服既成，冠者五六人，童子六七人，浴乎沂，風乎舞雩，詠而歸。」夫子喟然嘆曰：「吾與點也！」三子者出，曾皙後。曾皙曰：「夫三子者之言何如？」子曰：「亦各言其志也已矣！」曰：「夫子何哂由也？」曰：「為國以禮，其言不讓，是故哂之。」「唯求則非邦也與？」「安見方六七十，如五六十，而非邦也者？」「唯赤則非邦也與？」「宗廟會同，非諸侯而何？赤也為之小，孰能為之大！」

●文意：子路和曾皙、冉有、公西華四個人陪老師坐著。孔子說：「來吧！不必因為我年紀稍長於你們，所以在我面前總是客客氣氣，今天有甚麼心理話，就痛快的說出來吧！平常你們總說：『唉！沒有人了解我啊！』那好！假設現在有人來打聽你們，詢問你們，也許有用得著你們的地方，那麼你們有什麼能耐呢？」學生子路連想都沒想，劈頭就搶著說：「擁有一千輛兵車的國家，被其他大國緊鄰相夾著，外有連年不斷的戰爭，內有收成不足的饑荒，如果讓我來執政，不必三年，就能使百姓勇敢無懼，懂些道理。」孔子對著子路笑了笑，接著又對冉求說：「求啊！你呢？」冉求起身答說：「大約六、七十里面積的小國家，或者用公定編制五、六十里面積的地方，讓我來經營管理，大約三年吧？可以讓百姓日用不缺，不虞匱乏！至於禮樂制度的教化和提昇，那就有待仁人君子的領導才行！」孔子又問：「赤啊！你呢？」公西華回答說：「我不敢說是全都懂得了，只在這方面特別樂意學習罷了。像宗祠、祖廟的祭典；諸侯來訪，賓主相見的典禮；穿上正式的禮服，戴上禮帽，在旁邊唱誦，引導典禮的進行，勉強可以擔任會中的司儀吧！」「點啊！你也說說看吧！」曾皙把手中的琴瑟音量控制到餘音漸消之後，又猛的一彈做為休止，然後把琴瑟從膝上移開，站起來整理好衣服回答說：「說來慚愧呢！我沒有像他們三個人那樣的志向啊！」孔子說：「哦！那又何妨呢？只是聊聊志向罷了！」曾皙於是說：「初春乍暖的時候，春天的衣物都製作完成了，穿上它，和五、六位戴著帽子的成年人，還有青少年六、七位，一起來到沂水河邊，洗洗手，洗洗臉，然後在求雨的舞台上，走走玩玩，吹吹涼風，輕輕鬆鬆，遠眺風景，然後唱著歌，慢慢的散步回家。」孔子用長嘆的口氣說道：「好啊！我和點一樣，也是嚮往這個平凡而簡單的生活啊！」

子路、冉求和公西華三個人出去之後，曾皙轉頭問說：「他們三位說的如何呢？」孔子說：「也只是說說自己的志向、想法罷了。」曾皙問說：「老師您為甚麼要笑子路呢？」孔子說：「子路所說的話，都是有關於治國的大事，可是剛才看他發言佔先，連禮貌、規矩都沒有，所以我才笑他！」

「那麼冉求說的內容，是不是還不到治國的層級呢？」

「面積有六七十平方大小或實有面積五六十平方里的範圍，怎見得不夠建立一個國家呢？」

「還是說公西華的志向才是和治國無關呢？」

「宗祠、祖廟的祭祀，來訪和出訪的典禮，輔佐的對象，不也都是國君的層級嗎？以公西華的能力，如果只能擔任小小輔相的話，那還有誰敢出任國家的宰相呢？」

◆義解：人的一生有沒有舞台，機會，那是天命所定，無可奈何的！可是力爭上游，自我提昇，則不在此限。從「身不由主」而言，有舞台或沒有舞台，是享福或是受苦，也不過是劇情不同，角色不同而已；其受制於劇情（命運）的安排，大同小異，這種「身不由己」的痛苦，所有的人都是一樣啊！生時與家庭，生活及工作，全不由我，乃至臨終，誰不是任由「安排」？還見過或聽過誰能「想來就來、想走就走」，自由自在呢？

過去任性造作，現在被迫收成；窮人怨天尤命，富人永嫌不足；不管貴賤貧富，一樣煩惱痛苦。智者順天由命，不管恁麼安排；受苦當作還債，享福就像宴客。債清了無遺憾，賓客自知去留。來日親赴現場，莫戀眼前畫面；棚內轉播雖奇，虛假我不受欺。現場浩如法界，三際都由心動，暫為浮雲遮面，覺了不動自在。

十二、顏淵

顏淵問仁。子曰：「克己復禮為仁。一日克己復禮，天下歸仁焉。為仁由己，而由人乎哉？」顏淵曰：「請問其目？」子曰：「非禮勿視，非禮勿聽，非禮勿言，非禮勿動。」顏淵曰：「回雖不敏，請事斯語矣！」

●文意：顏回請問老師關於「仁」的意義？孔子告訴他：「仁的定義是從自我約束，自我克制，讓自己的看法，想法，說法，做法都回到應有的角色本分上，依循本分範圍裡的權利及責任，作為是非對錯的『前提』，遊戲規則的『標準』，內化之後再昇華就是『仁』。如果用盡全力，努力保持一天內都不會違犯『人』的基本角色，那就是整日生活在『仁』的世界裡，獨享心平氣和的『安樂』。切莫以為行『仁』還需要他人的配合，這事完全是在自己怎麼做，與他人何干呢？」顏回問說：「我再請問『仁』有項目嗎？」孔子回答說：「『仁』就是『人』，省察項目有四條：第一是與我無關，非『人』的角色本分不察看！第二是非『人』的角色本分不探聽。第三是非『人』的角色本分不論說。第四是非『人』分內的事，不管也不作為。」顏回說：「我雖然不算多聰敏，但我願意努力完成您說的四種項目！」

◆義解：最初，一念「遍知」，從無所生，稱為「無中生有」；而「有知」是『苦』，因為「不得不知」啊！

接著，念念「欲知」，分別不停，稱為「心動不安」；而「欲知」是『累』，因為「不得不動」啊！

末後，感官「所知」，觸境方生，稱為「合成畫面」；而「所知」是『迷』，因為「不知不覺」啊！

不眼看、不耳聽則「不知」，「不知」即「不在」，「不在（知覺畫面）」則「不迷」；不言說、不動作則「不得」，「不得」則「不失」。裝聾作啞、不癡不迷是智慧，智慧故平安；少欲知足、不得不失是無事，無事第一樂。眼看、耳聽故「有知」；言說、動作則「有得」。先有知故，後有苦樂受（感覺）；有苦樂受，則有求心；先有求心，故有言動；先有言（說）動（作），故有得失；有得失心，故起伏不安、憂愁煩惱。

仁者是君子的再提升。士人的「克己復禮」，範圍只及於服務公職、單位、組織的時候，目標明確，善盡職責。而其他角色常疏忽不力，甚至不及格，受人批評。君子的程度就能遍及所有角色和本分，但也只針對與自己角色對應的人事。仁者的範圍無所不遍，識與未識，往來、不往來，一視同仁，恕而不害。

舉例而言，理直氣壯的士人，就像用柵欄圈養的猛獸，雖經規範訓練，但還有傷人、噬人之習性。心安理得的君子，如同經過多年訓練、調教的馴服寵物，也仍舊要以頸圈繩繫著，時時提醒，莫令犬牙、利爪忽然出現。心平氣和的仁者，則可以完全信任不疑，就如視障人士完全信任導盲犬一樣，絕不可能傷害視障者。又像已完全拆解的炸彈，絕對無害。「克己」是克服習性中邪惡、不善、染污的部分，消滅無餘就是完成了學習。「復禮」是重回規則有序、是非有定的人文世界，涵融其間，悠遊其中。只有在完成「非禮勿視、聽、言、動」的時候，才是「仁者」。只有仁者，天天都生活在「天下無敵」的主觀世界中；這個世界是寧靜祥和，吉無不利，而且無人可以分享！

就事相來說，動物是非食不動（作），小孩是非玩不動（作），小人是非利不動（作），士人是非令不動（作），君子是非請不動（作），仁者是非禮不視、不聽、不言、不動（作）。君子的世界之所以不如仁者的世界，原因在於從外接收資訊畫面的認知和處理方式是不同的，所以內心平靜、清涼、自由的程度也不同。

君子的世界心安理得，仁者的世界心平氣和。君子雖然能以配合的態度來完成「既定」的命運，不忮不求，但卻必須面對外在的因素，常常被（不得不受）畫面和塵境的影響，必須很辛苦的處理、分析、過濾這些資訊，好像忙碌的工廠作業員，手裡永遠有做不完的工作。有時往往因為不小心犯了過失，還是得要自省懺悔，付出代價（贖罪）。而仁者採用直截根源的方式，以「恕」的見解來過濾資訊畫面，同時不隨便往外蒐尋（注意）、接觸，只像待命班似的，如果沒有指令時，就處於休眠的狀態（少知少動、不知不動），所以不像君子那樣辛苦、忙碌。因此小人身忙心也忙，君子身閒心忙，只有仁者身心皆閒。這是因為不欲看、不欲聽、不欲知，所以「心閒」；因為不欲說、不欲做、不欲得，所以「身閒」。

「身心皆閒」再提昇就是「身不動」，常常靜坐如齋戒狀態。「靜坐」長達七日以上時，稱為「禪定」，或稱「入定」。入定的人可以不飲、不食、不睡，完全不動，更高的禪定功夫連呼吸都可以自主停止，甚至腦波也可以停止！心不動有數階段：

第一是離欲無求（厭惡淫慾、感官享受）。

第二是無呼吸心跳（四禪正受時，如瀕死經驗，自由來去）。

第三是無憶想作用（腦波動停止，能解脫生死，不受後有）。

儒家稱呼仁者是「心不動」的人，能無欲無求，但也未超出第一階心不動的範圍。另外，《大學》章句所說的「正心、視而不見、聽而不聞、食而不知其味、心不在焉」的狀態，則是第二階段。由第一階繼續提升，就會像人離開影像、畫面，不見不知畫面，所以心能確保真正「解脫」，但卻不是昏沈入睡而去，而是清清楚楚、了了分明。當這工夫逐步加深，就會慢慢進入「第四禪」，連呼吸也停止（用毛孔呼吸、極緩的新陳代謝、心能自由飄移、反觀自身）的不動世界。不過，別誤會了，這並不是孟子強調的「浩然正氣」或「我心不動」所可比擬的！（禪定功夫若無專門指導，循序漸進，保證走火入魔、精神錯亂！）

小人是身忙心亂，畜牲動物是身心痴迷狂亂。所謂的「痛苦指數」，就是身心狀態的寫照，譬如憂鬱、躁鬱是精神痛苦的顯示。所以只有逐步依序解決煩惱憂愁的知識和學問，才是值得終身努力追求、學習的方向，而不該老是受困在「利害得失、是非對錯、善惡好壞」的庸人世界而沾沾自喜，因為那不過是「井蛙觀天，夜郎自大」罷了！

仲弓問仁。子曰：「出門如見大賓，使民如承大祭。己所不欲，勿施於人。在邦無怨，在家無怨。」仲弓曰：「雍雖不敏，請事斯語矣！」

●文意：學生仲弓向老師請教「如何行仁」。孔子說：「出門在外，就像準備會見國賓一樣，端莊恭敬；派任百姓勞役或工作就像要舉辦盛大的年度慶典般，專注而謹慎。自己不肯接受的對待方式，絕不施加在別人身上。在國內沒有對自己不滿的人，在家族裡也沒有怨恨不服的人。這樣就是行仁了。」仲弓對老師說：「我雖然不算聰敏，但我願以至誠之心來完成您所教導的內容。」

◆義解：己所不欲，勿施於人，即是仁者，略似佛家所謂的「自通之法，禁戒不犯」與「無畏布施」之義。其次再增上，「己所欲、施於人」，略似佛家「財物布施，隨分隨力」。修福德之事，屬於小德（分享）。其次再提升，「人所欲、施於他」則是進德、抑我之道，屬於中德（貢獻）。其次再增上，是「人有危難，哭號求助；匍匐救之，不計生命」，這是大德（犧牲）無我之道；受恩之人，無可報答，也是仁義道德之最高境界！

「出門如見大賓」是待民如客（人）；「使民如承大祭」是視民如親（人）。執政公允，言行忠信，故在邦無怨；孝順父母，友愛兄弟，故在家無怨。「如見大賓」、「在邦無怨」是知禮守法的士人，「如承大祭」、「在家無怨」是知命無求的君子。「己所不欲、勿施於人」是恕他不報的仁者；「人所不欲、勿施於他」是愛人不害的仁者。「己所欲、施於人」如同分享資源給子女的父母；「己之所欲、樂施於他」是奉獻自己的力量（義工）或財物，捐給受苦難者，一視同仁。「人之所欲，恩施於他」是有他無我、捨我救人，最上之德也！

司馬牛問仁。子曰：「仁者，其言也訒。」曰：「其言也訒，斯謂之仁已乎？」子曰：「為之難，言之得無訒乎？」

●文意：學生司馬牛請問老師關於「仁」的問題？孔子說：「身為仁者的人，經常保持靜默，不敢隨便發言的。」司馬牛接著問：「保持靜默，不隨便發言，這樣就是『仁者』嗎？」孔子說：「仁者知道，不管說甚麼事，都會回到自身，如同山谷回音一樣，想到這裡，怎麼能不忍住而隨便發言和批評呢？」

◆義解：孔子既幽默又有智慧，學生所問又高又遠，不切實際；孔子所答，又易又近，拉回現實。就像社會新鮮人手裏提著一籃雞蛋，發大豪語要蓋農舍，要建生產線，要行銷市場，蛋行老闆跟他說：「喂！老兄，你要做甚麼都可以，只是你得先把這一籃的蛋給孵出來吧！」

司馬牛問君子。子曰：「君子不憂不懼。」曰：「不憂不懼，斯謂之君子已乎？」子曰：「內省不疚，夫何憂何懼！」

●文意：學生司馬牛請問：「如何才是君子」？孔子回答說：「君子無憂，君子無懼。」司馬牛又問：「只要不憂愁不害怕，這樣就是君子嗎？」孔子說：「凡事自我省察，自我檢討（輪不到別人多嘴），改正過失，配合規則，就可以心安理得；以做人的道理（角色本分規則）為前提來說，可以做到心安理得，那還要煩惱甚麼？害怕甚麼呢？」

◆義解：君子知禮，本分規矩。君子知命，自信福分（一枝草一點露）。仁者恕他，自省無憂。勇者認錯，自省不懼。智者明辨，事理不惑。人際往來，禮是前提，前提不定，是非難論。親族共處，分享互助；忘恩負義，分崩離析。禮貴自律，不責於人；自省自察，過則修正。福禍天定，君子無怨。君子固窮，小人窮濫。居易俟命，是君子行；行險僥倖，小人之心。過則改之，損則償之。非分之想，君子滅之。顛沛之苦，君子受之。不求非分，不避福禍。角色本分，不敢少做；傷他害命，不敢亂做。達觀知命，是為智者；擔名守分，是為勇者；受辱不報，是為仁者；智勇仁慈，君子之人。

司馬牛憂曰：「人皆有兄弟，我獨亡！」子夏曰：「商聞之矣：『死生有命，富貴在天。』君子敬而無失，與人恭而有禮，四海之內，皆兄弟也。君子何患乎無兄弟也？」

●文意：司馬牛煩惱的說：「人家都有兄弟依靠、共處。而我的兄弟，死的死、逃的逃，沒得依靠和相聚啊！」子夏安慰他說：「我聽大家這麼說：『生有時，死有地，貧賤富貴自有天命。』君子不強求命中所無，不抵抗命中安排，只管對得起自己承諾的角色和本分，謹慎小心，不要犯了『過』或『不及』的錯誤；與人往來時『請、謝謝、對不起』三句不離口，態度謙虛又恭敬，在這樣的自我要求之下，四海之內誰不是我兄弟？誰不肯作我的兄弟呢？又何必一定要同姓的血緣親族才算是兄弟呢？」

◆義解：父母、子女、兄弟、姐妹，相聚一處共為家人是命中所定，若為此困擾，如杞人憂天，思亦無效。司馬牛之兄弟是宋國之亂臣賊子，最後有死有逃，司馬牛感嘆自己如同無兄弟的人。子夏以「天命如此」來勸慰司馬牛，可以看出子夏有「知命」、「認份」上達的智慧。又告以「敬而無失，與人恭而有禮」是學者可以自主學習，非天所定。此語是子夏解說的「君子之道」，可知子夏自孔子所學，既正又明，無怪乎日後成為魏文侯之師也！

人生就像一場旅行團，有大團、有小團，團中遊客彼此往來相識，途中各自依序加入，時至各自離團而去。團員有彼此相愛為親人，有互相憎恨為仇人。旅途中位次、上下、前後，隨時、隨運（劇情發展）起伏；食衣住行，際遇好壞，各依所預繳（夙作）旅費（福分）而有不同。豪華團者，一切照顧、所得，比於王公貴族；欠債團者，如學生打工，邊讀書邊打工，以補旅費（福分）之不足；行善團者，安份守己，恕他不害，量力分享，施恩助他。造惡團者，隨順感官，投入畫面，享樂思再，永不知足。受苦生恨，怨怒不滿；愚痴墮落，罪孽滿身；橫死暴亡，殃累家親；自害害他，報殃來世！

凡與此身有關之一切，皆由未出生前所耕耘、所打造、所支付。人生之成敗苦樂，貴賤貧富亦復如是。〈警世通言〉：「萬般皆是命，半點不由人」；成敗、苦樂、好壞，皆有宿昔因緣也！譬如，農夫或果農不務正業，不知墾其田地，來年豈有穀物可收？若今年（世）收成不佳，所需不足，則應忍耐，省吃儉用，勤用心力於田中耕作，以免歉收不足成為惡性循環，年年（世世）不足；又由不足，落草為寇，或入黑道，殺人害命，只為一餐之值！死後墮落下獄，難有出期！

智者好學，貫通人事，知禮守分，則自平安；進學天命，知命認份，無怨無尤；更學法則，客身必死，戀之何益？努力修心，除諸害意，效諸聖善，有犯則懺；誠心發露，莫匿微惡，必令身心，正直善良。倘有餘力，分享施恩，不分親疏，不求他報。在生之時，問心無愧，正大光明，了無遺憾。大限時至，身心泰然，安詳柔軟，無憂而逝；他方世界，眾尊來迎，天音遠聞，彩雲繚繞，親眷目睹，咸嘆善哉！如此人生，豈不大好？汲汲營利，委曲求全，造惡多端，悔之難及！黃泉一路，無親無靠；奈何橋上，不分貴賤！

世間萬物，有生有滅；男女老少，有生必死。旅途漫長，有始有終；滄海桑田，物換星移；樹高千丈，落葉歸根。連臺好戲，終將落幕；夕陽美好，計時倒數。萬物定則，有來必去；留連迷惘，哀哉可傷！智者預見，未雨綢繆；愚者迷境，臨渴掘井。海灘沙雕，潮汐溶毀；百年功業，風化無跡。生滅無常，莫求莫靠。求之益苦，依賴不牢；幻世浮生，早覺早了。

子張問明。子曰：「浸潤之譖，膚受之愬，不行焉，可謂明也已矣。浸潤之譖，膚受之愬，不行焉，可謂遠也已矣。」

●文意：學生子張向老師請問怎樣才算是「明辨」呢？孔子回答說：「像水一樣無孔不入的挑撥和離間，或者像承受極大酷刑、痛苦的冤屈和申訴都騙不過他，這樣算得上是『明辨』了。像水逐漸溼潤衣物般的謊言，或是像切身之痛的委曲，也不能影響他的判斷，這樣可以算得上是『見識深遠』了。」

◆義解：生活在感官知覺的畫面世界裏而不知不覺，稱為「迷」；終身只能隨著局部的所知、所見、所聽、所嚐、所嗅、所觸來判斷一切。受制於製造、合成的感官畫面世界，接著再進一步繼續的切割、分類這些已經是局部不全的資訊畫面，還只取有趣、有利的部分來思考、判斷，並且作為想法、說法、作法的依據；而原來完整的，全面的資訊畫面四分五裂，碎成無數大小的拼圖，然後胡亂拼湊。結果就是「先自欺、後欺人」，最後冤獄叢生。所以，想找一位不受騙的「明智不惑」者，幾乎像是大海撈針！孟子曾說大丈夫是：「威武不能屈，富貴不能淫，貧賤不能移」的；現在，是不是還應該加上「譖愬不能行」才對呢？否則，大丈夫被人設計、欺騙都無所覺，還能說他是大丈夫嗎？

子貢問政。子曰：「足食，足兵，民信之矣。」子貢曰：「必不得已而去，於斯三者何先？」曰：「去兵。」子貢曰：「必不得已而去，於斯二者何先？」曰：「去食。自古皆有死，民無信不立。」

●文意：子貢請問老師執政治理的要領。孔子說：「糧食充分無缺，國防武力完備，政府大有為受到百姓信任，這樣就可以了。」子貢又問：「如果實在做不到，可以先放下的是那一項呢？」孔子說：「取消國防吧！」子貢又問：「如果還是做不到，只能選一項來做的話，應該放棄那一項呢？」孔子說：「那就放棄糧食的耕作吧！自古以來，有誰不死呢？但是政府失去人民的信任，很快就被百姓推翻了，還需要考慮抵禦外侮的『國防』？或是養育人民的『糧食』嗎？」

◆義解：百姓吃得飽，無人失業、遊手好閒；守備武器精良，軍士訓練有素，國防足以自保。人民對政府信任不疑，效忠支持這樣的國家，不僅生存沒問題，而且一定愈來愈強大。當然，這一定是高明賢人執政的結果。今天這個時代，一切戰火的起因分為國際的和國內的；國際的起因甚多，如種族仇恨、國土紛爭……以及糧食和能源的爭奪衝突，諸如以色列建國、伊拉克入侵科威特……等，以及近日可見的反恐戰爭（蓋達組織，美國911事件）。國內的戰爭則多緣於貧富不均，糧食短缺。像中東國家利比亞、葉門、敘利亞等等。

另外，自古以來，便有宗教信仰之戰爭，近代的意識形態戰爭（共產主義、資本主義、民族主義），以及未來可以預見的太空戰爭、星際戰爭。除非人類再進化，超越仰賴物質的生活模式，否則數百或數千年內都將不能見到「心靈革命」與「人文躍進」，達到徹底擺脫依賴物質所造成的「精神空洞」、「漠然物化」的野蠻世界。當然也不乏在決策岔路中採用「人道精神」，努力扭轉長期偏差墮落的方向。也幸而如此，否則冷漠無情，殘酷的野蠻世界一旦降臨，人類的文明將如曇花一現；世界末日之預言（非指地球毀滅），就不只是電影情節或古老預言了。

再者，由此篇內容可以再衍生出人生的三階段，以及先去後除的提升次序。以「足食」而言，就是吃飽喝足、日用不缺；以「足兵」而言是守法平安，舉證自保；以「民信」而言是盡忠職守，善演角色。篇中所說「去兵、去食、寧死不可『去信』」，因為「人而無信」等於行屍走肉，不能立足於人類社會；不管男女老少，貧富貴賤，都是以「人」為前提所說，只有論說動物時，才是以強弱、大小來論。動物世界是沒有「信、不信」的問題，因為「信」是從角色本分衍生出受人信賴的「堅定承諾」。孟子說：「人之異於禽獸者幾希！」所以，人如果沒有了「信」，那不就是「人形之獸」嗎？

棘子成曰：「君子質而已矣，何以文為？」子貢曰：「惜乎，夫子之說君子也。駟不及舌！文猶質也，質猶文也。虎豹之鞹，猶犬羊之鞹？」

●文意：衛國大夫棘子成對子貢說：「君子最重視的不就是原有的本質嗎？何必還要再加以雕飾，多此一舉呢？」子貢回答說：「可惜啦！您竟是這樣子解讀君子啊！現在用最快的駿馬也追不回您說出去的話了！文化修飾的對象就是人性本質，而人性本質的精煉和提昇，就是文化修養的目的。虎豹的斑紋毛皮，難道會等同狗或羊隻的價值嗎？」

◆義解：不管是小人或君子都是被先、後天的種種條件製造而成，就像基本材料加工製成產品。即使材料完全相同，如果加工的技術和所用的時間不同，其產品最終的優劣好壞，自然也就隨之不同。尤其是「關鍵知識」的傳授，也足以讓「憂煩不安」的小人，改造成為「心安理得」的君子！現今的時代，君子已不多見了，因為製造技術久已堆置倉庫或散佚失傳。現在時下所見，都是計較利害得失、執著輸贏勝負的小人，終身以「榮華富貴」為人生的終極目標，待人是以「坐，請坐，請上坐」、「茶、喝茶、請喝茶」，嫌貧愛富，貪財好貨。雖然富貴不是罪惡，可是貧賤也不犯法吧？何必嫌厭貧賤，如鯁在喉呢？

戰國時期，梁惠王詢問孟子：「如何有利於我的國家？」簡直像極了現今多數資本主義國家的最高指導原則嘛！可惜梁惠王的問題被孟子用二分法來切割，肯定了「禮」，否定了「利」，也就難怪孟子不能受到賞識和重用了！小人的「唯利是圖」並非徹底錯了，只不過是「暫時迷途」罷了。迷路的人需要牽引、指導，而不能只是否定、批判、打擊他；畢竟懂得「唯利是圖」的小人總是比只會吃喝玩樂、遊手好閒、不知利害的「小孩」要好的多、成熟的多了！只不過小人的眼界太窄，資訊不足，還不了解溫柔鄉雖好，卻不是久居之地；若是知有君子心安理得、無憂之樂，則必早早入門耕耘，矢志終身學習，遲早必能收成於未來。

人從父母所生，受父母保護、養育成長，然後入學接受教育，然後求職謀生，娶妻生子，退休養老……，這是可知可見，人皆共有的經驗。技能求生，繁衍後代，行有餘力，生財求富，援上求貴；這樣的一條路就是迷惑顛倒的人生路，偏差的途徑！稱為「半途困滯」。智者知道人生如夢，金玉滿堂，豈能常保？生不帶來，死不帶去！就像旅客從北極把冰雕的水晶宮，帶回熱帶的家鄉，那不是妄想嗎！倒不如省些力氣，好好開發自己內心世界的本有寶藏。譬如，知識、觀念、智慧、見解……，這些寶藏，生生世世，如影隨形，無人可以奪去！何不加緊腳步，早早入門學習？自我雕琢，自我提昇。知識無窮，智慧無價；切莫將求生知識當作智慧。智慧是自知、自覺、自識、自明；技術是自外模仿、青出於藍；智慧是自內省察、減少過失。技術的極限是精雕細琢、出神入化；智慧的極限是無所不知，自由自在。技術的盲點在於陷溺迷惘、敝帚自珍；智慧的困難在於功虧一簣、中斷放棄。人生的時間、資源都是有限的，千萬別都浪費在「吃喝玩樂」上，迷失在「榮華富貴」裏啊！

哀公問於有若曰：「年饑，用不足，如之何？」有若對曰：「盍徹乎？」曰：「二，吾猶不足，如之何其徹也？」對曰：「百姓足，君孰與不足？百姓不足，君孰與足？」

●文意：魯哀公問孔子的學生有若說：「今年的氣候變遷，造成農作物生產大幅萎縮，財政預算不夠用，該怎麼辦呢？」有若恭敬的回答說：「何不減稅呢？」魯哀公用驚訝不已的表情說：「百分之二十的財政稅收都還不夠用，怎麼可能減稅呢？」有若很恭敬的回答哀公說：「如果人民富足夠用了，您還怕不夠用嗎？如果百姓貧困不夠生活，您的稅源枯竭了，即使提高稅率，財政又怎麼夠用呢？」

◆義解：自古以來，主政的人一致有此迷思，總是認定了局部的、可見的問題，所以選定了簡單的、容易的解決方案；於是一錯再錯，搞得天怒人怨，最後把政權給丟了，至死也不知道為甚會這樣呢？有若回答魯哀公的話，才是真正了解問題的全盤性之後，所提出正確又有效的解答。但是以哀公當局者迷的慣性思考，當然難以明白有若「一針見血」的剖析。想要了解有若所說內容與含義，先要建立他與哀公觀點不同之處：

第一、有若看哀公的角色性質是服務百姓的人，因此解決了百姓的問題，就是解決哀公的問題。哀公的看法剛好相反，百姓的問題他漠不關心，當然也不認為是自己的問題。哀公財政預算不足是個全面性、一體性的問題，而他採取的卻是頭痛醫頭、腳痛醫腳的方式。

第二，哀公把百姓看作是自己的財產、物品，好像農牧的牲畜。他只想要從中榨取出最大的產值，並不在乎百姓的痛苦。簡單的說，就是不把人民當人看，而把人民當作是畜養牲口的一種，只不過外型是人罷了。有若則是把百姓當人看待，了解百姓的苦難和需求；因此可以說，有若是完全了解問題的根本和解決的方法。不過哀公的心中早已有了定見和想法，所以才會不以為然的質問有若。可惜啊！哀公已經不像當初年輕時，充滿了好奇與好學的精神，來請教有若關於減稅的所以然，他的心裏只想著稅率到底該加多少百分比？他的財政缺口才能補足啊！

天災地變本來就無可逃避，百姓受到天災的打擊，就像意外事故中的受害人一樣，可是執政者怎麼會對受害人再打擊、迫害呢？幫忙都怕來不及了，怎麼還落井下石呢？況且百姓難道有過失嗎？為甚麼哀公要用加稅來處罰人民呢？哀公對天災荒年是無可奈何的，在諸侯中也算得上是位「受害人」，為甚麼哀公不肯接受天災的結果，反而採取由「百姓承擔」的方式，來確保自己的政權不受天災所害。奇怪啊？這是明擺著製造問題、更大的問題；而他卻認為這是最好的解決方法。看來哀公雖有君王的福分，而他的心智與唯利是圖的小人幾乎一樣！魯國不能強大，屢遭強鄰齊國的侵欺，原因就在哀公這位昏君的身上啊！說昏君可能還太含蓄了，魯國日後積弱而亡國，哀公的責任是很大的啊！就像清朝亡國，有識之士咸以為敗在「十全老人」、乾隆皇帝的身上哩！單單「閉關自守」（驕傲自大、自詡天朝）這一條，就夠把清朝從歷史舞台驅逐下台。反觀日本的明治維新，使得日本在十九、二十世紀成為亞洲第一強國，這不是國家領導人的一念之間嗎？興盛和覆亡，完全繫於一人啊！《詩經》有：「天作孽，猶可違，自作孽，不可活。」一人作孽可以亡其家，一君作孽可以亡其國。天災不能敗家，也不能亡國。敗家、亡國的是人的「昏庸」啊！

所以「人禍」是所有災難中最可怕的，形成的原因就是「昏庸無能」，而且「不自知」，此事唯「學」可解。天災雖然不能避免，但可以順應調整來補救。因此，民眾可以不學、不受教育，而君王、領導人則是一定要接受聖賢教育，而且終身學習、經年累月的反哺消化，否則國破家亡、家族崩解，只是早晚的事！

不過如果以為領導人願意接受教育，成為專家之後，就能治國、會治國，那又錯了！「領導統御」是博學多能的通識教育，絕對不是擁有博士學位的專家所能勝任的！因為專家是迷失在局部領域裡的人，而領導人是宏觀各類領域（拼圖）的導航者。領導人可以是同時身具專業技術的專家，但專家不能代替領航者的地位和角色！因為「當局者迷」的專家，自迷猶可，若率領大眾一同迷路，那可就嚴重了！所以請專家治國，領導團體，那和請鬼開藥單、扶乩問事也就差不多了。哀公就教於有若，可以說是迷路者請求引導，正常之至；但是哀公的心中早已設定了答案的範圍，有若雖然苦口婆心，也無法引出哀公的好奇心，轉而深入探討「減稅」的原因和「實施」的結果，實在是可惜啦！

子張問崇德，辨惑。子曰：「主忠信，徙義，崇德也。愛之欲其生，惡之欲其死；既欲其生，又欲其死，是惑也。」

●文意：學生子張請問老師關於如何提高品德，以及通達事理，遠離迷惑？孔子回答說：「只要忠於已有的角色和本分，不要背叛；承諾了角色的權利和責任，就不要失信於他（對應角色）。初學時因為陌生而彆彆扭扭，逐漸習慣之後就會進入、理直氣壯，理所當然的階段，學成這樣就是品德高尚的君子了。對於某一個人喜愛或欣賞他的時候，衷心期望他長命百歲，好好地活下去。一旦觸怒或惹上了自己，心理厭惡至極，真希望對方早早死去，省得心煩。像類似這樣面對一個人或一件事，在不同時期，而有極端不同的看法、想法，就表示自己迷在局部或單一狀態中。此時所作的決定，日後必將後悔，這樣就稱為不明事理，迷惑顛倒。」

◆義解：孔子所說的「忠於角色」是有前提的，那就是定位角色（承諾演出）、認識角色（權利責任）、了解角色、揣摩角色、進入角色、修正角色、微調角色、然後完美演出，最後放下角色、退出角色、告別角色。雖然，角色二字表面只是個名稱、職銜、稱謂，但實際上卻是涵蓋了權利和責任。權是權力，利是利益；責是職責，任是擔任。如果把權利看作是一種「樂趣」，盡情的「享受」；那麼責任就是一種「痛苦」，必須要「忍受」。由於都是源自於名義、角色，所以權利與責任不可分割，享受權利的人就要承擔責任。如果承擔不起責任的時候，也不能片面的、一廂情願的直接放棄責任，而是必須取得對應角色的同意，然後同步解除彼此承諾的角色名義、權利和責任。如果未經同意，單方面解除角色（權責）的行為稱為「背叛」或「不忠」（對不起他），下場一定會很慘，午夜夢迴時，必然良心不安。如果根本沒有解除角色之前，所作所為，或超過或不及，則是小偷、強盜的行徑，最後算總帳、支付代價時，只會痛不欲生，哀哀叫苦！

現代人幾乎都不明白自己在這世界上有多少個角色要扮演、面對；迷迷糊糊，還以為自己是自由演員，愛演不演，隨心所欲。一般來說，多數人在「工作上」的角色本分是明確無誤，規則清楚，糾紛較少。可是其他的角色，完全無形無影，甚至無感無關。所以聖人為了提醒大眾，於是在成人冠禮，結婚典禮，祭祀喪禮……中，費盡心思，甚至糾集親友、社會大眾一同見證，不許當事人疏忽遺忘，放棄或逃避自己的身分角色以及該盡的權利和責任。

關於角色，究竟要如何實踐呢？從出生在世，就開始學作子女，而父母則是從生下子女之後，才開始學作父母的；所以「角色扮演」就是一種學習（課程）；演的好（心安理得），就是學的好；演的不好，就是學的不好。至於完全不知道自己有「本分」（權利責任）的人，則是在「做人（角色）」的領域裡缺席了；如果農夫荒廢了耕田，也就稱不上是農夫了，或者雖有農夫之名而無農夫之實。

角色扮演的揣摩，是在先有角色之後才開始的，就像沒有孩子的父母要如何學作父母呢？所以「角色定位」之後，才開始學習相關的「理論」和訓練方面的「實務」。理論的研究叫做「學」，實務的推動叫做「習」。只學不習叫「坐而言」；只做不學叫「瞎闖禍」。有學有習才是「知行合一」。當然，要論是非對錯之前，更是非要先「定位」（角色）不可。只要先確定了角色，然後權利的有無，責任的大小就一目了然，毫無爭論！

齊景公問政於孔子。孔子對曰：「君君，臣臣，父父，子子。」公曰：「善哉！信如君不

君，臣不臣，父不父，子不子，雖有粟，吾得而食諸？」

●文意：齊景公向孔子請教治國的方法。孔子恭敬的回答：「國君演好國君的角色，臣子演好臣子的角色，父母演好父母的角色，子女演好子女的角色就可以了。」齊景公說：「太好了！我相信如果一國之君，不知國君的角色和本分，隨便亂演，而且臣子、父母、子女也是如此，那麼就算倉庫裡還有供應無缺的糧食，恐怕也輪不到我來享用了！」

◆義解：齊景公說的太含蓄了，如果角色錯亂，定位失序，只怕連種田的人都不見了，倉庫裡空空的，哪兒來的糧食呢？天下大亂、亡國敗家的時候，連命都快難保了，還顧的上糧食嗎？在這個分工互助的世界裡，能維繫族群系統的存在及發展，就是依靠彼此投入自身扮演的角色，忠心不二。想崩解消滅這個系統，最簡單又有效的方法，就是「上下交征利」。一切都以利害得失為前提的原則下，不管大至國家，小至個人，其消亡毀滅是指日可待！利害得失恰如治病用的階段性用藥，可以專治某一病情，而不能通治皆癒。所以，孔子說：「庶矣、富之、教之。」

齊景公問政於孔子，算得上是「就有道而正焉」！盛讚孔子所答「正名分」之說，可以稱得上「賢哉景公」。可惜齊景公欠缺實踐的勇氣啊！否則「角色本分」正是「利害得失」最好的「銜接性」用藥呢！利害得失就是發展經濟，使人民富裕最有效的一帖良藥；可是這一帖藥有個副作用，它會使人心發狂，迷失自我，六親不認，甚至可以出賣自我。至於「角色本分」的這一帖用藥，雖不能完全解決這個心亂發狂的問題，但也只是留下了「口服心不服」的小小問題；這個小小問題，則要在另外的因果法則層次，才能迎刃而解。

所謂「口服心不服」就是怨天尤人！「怨天」是怨恨老天安排不公平，「尤人」是恨人不守規矩，陽奉陰違。這個問題要從「天命」的法則原理中學習求解，否則必然從禮義廉恥、是非對錯的心安理得，墮落到利害得失、勝負輸贏的憂愁煩惱裏。學如逆水行舟，不進則退，成則棄舟上岸，轉危為安；不學如順流而下，入獄如箭；好學者如鯉魚躍龍門，急登天路；學禮是打開天路之門的開始，稱為「入門之士」。不學禮，那是門外漢，也就是只能困守「顧生，顧身」的小人了。當然啦！若與吃喝玩樂的小孩、殘忍互凌的禽獸來比，那又好的太多了！

子曰：「片言可以折獄者，其由也與！」子路無宿諾。

●文意：孔子說：「只聽了『一面之詞』就可以了解事情原委和來龍去脈，並且據此作出公平公正的判決，這大概只有仲由做得到！」子路承諾別人的事，立刻著手進行，絕對不會拖延到第二天。

◆義解：知人者智，自知者明。孔子說：「不知言，無以知人。」學有所成的人，可以從他人的言語或行為中，認識和了解別人的見解、看法、想法。這是因為他自己也是這樣學習過來的，正是所謂「知己方能知彼」。同時，自己的程度、層次還必須高於對方，否則只能略知而不能悉知、盡知。了解了對方，從淺近來說，可以體恤對方，避免衝突；而就深遠來說，可以勝任調停、化解的第三方，而且受調停的雙方，也會心服口服。

冤獄多寡是反應國家政治清明或貪瀆腐敗的溫度計，而解決之道在於教育人民認識法治，教育官員善盡職責，領導人以身作則（身教）。國家的冤獄層出不窮，訴訟多如牛毛，這是民怨不服的警兆，也是亡國或政權輪替的重要原因。孔子說「民無信不立」，冤獄是人民不信任政府，懷疑政府的不定時炸彈。人民怨恨政府，這樣的政府還能存在多久呢？善良好人害怕打官司，歹徒惡人不怕打官司，這是為甚麼呢？窮人訴訟多敗，富人訴訟多勝，這又是為甚麼呢？冤屈不得平反，甚至二度傷害，法庭上已經是提供內行人生財交誼，建立人脈的地方。踩踏著人民的苦難、折磨之上，建設了另一批人的榮華富貴，這正是孟子所說的「率獸食人」！以利害得失來治國，人民就是生不如死，尊嚴掃地的情景！導之以「利害」，齊之以「得失」，民爭好詐且無恥，民主時代如此治國，必遭輪替的！

子曰：「聽訟，吾猶人也。必也，使無訟乎！」

●文意：孔子說：「訴訟官司，調察審判，我也沒啥不同之處！重要的是怎麼樣使人民知禮，羞於違法；眾人依禮相處，和樂無爭，法庭上沒有堆積如山的待審案件才好啊！」

◆義解：孔子的語氣很像一位交通警察，開單告發，違規攔檢，行事雷同於其他警察。所以，多麼希望路上沒有違規事件，但絕不是為自己的壓力或忙碌不完的工作而說的！

子張問政。子曰：「居之無倦，行之以忠。」

●文意：學生子張請問老師治理國政的要領。孔子回答說：「執政者不要虎頭蛇尾，三分鐘熱度。治理的要領最怕忘失了自己演出的角色，違背自己承諾的角色和本分而已。」

◆義解：何故居之有倦？小人於公倦怠，於私勤勉。君子反是。何故行而不忠？小人借名圖利，假公濟私。君子反此。角色本分是社會上和家庭中，所有人際往來公平、公正的遊戲規則，君子牢守不敢輕犯，不敢有違。小人玩弄規則，曲解擅改。君子大智若愚，看似自縛手腳，其實是自縛野性，約束調伏，日久馴化，身心俱安。小人自作聰明，任性狂妄，其實是作繭自縛，苦難在後，惡貫滿盈，自作自受。

子曰：「博學於文，約之以禮，亦可以弗畔矣夫。」

●文意：孔子說：「廣泛的學習並認識歷代的典章制度和史料紀錄，了解貫通事件的因果關係，建立自己的正確見解。另外，再配合以角色本分的自我約束，自我要求，這樣的一位人士，不管是誰，在他的這一生當中，差不多可以避免掉因為背叛（背離正道）

或作亂（作姦犯科）所造成的痛苦人生了。」

◆義解：孔子所說的「平安」，當然不包括命中應有的劫難。只是論說由無知而誤蹈邪路之後失去的「平安」；或不能慎擇朋友，受惡所染，又以其無力自保，同流合污，終究入於歹途，身毀家亡；上位高層、統治者，甚至亡國敗家的下場。

子曰：「君子成人之美，不成人之惡。小人反是。」

●文意：孔子說：「君子願意無償助人，協助他人追求美好的理想。但不肯幫助他人進行傷天害理的計劃和行動。可是小人剛好與此相反。」

◆義解：君子知命無求，樂於助人。成人之美，無私付出。戒人為惡，為說因果，勉人向善，勸阻行惡。雖有事功，謙虛退讓；於患消弭，說彼之德。行則示先，賞則謙讓。

季康子問政於孔子。孔子對曰：「政者正也。子帥以正，孰敢不正？」

●文意：魯國大夫季康子向孔子請教執政治理的事宜。孔子恭敬的回答說：「推動政務只要公平公正就對了。您善演自身角色，以身作則，還有誰敢亂來呢？」

◆義解：領導人忠於角色，則人心自平。端正自身，則部屬歸正。百姓心服，信任政府。臣屬廉能，依法行政，政治清明，國基穩固。

季康子患盜，問於孔子。孔子對曰：「苟子之不欲，雖賞之不竊！」

●文意：魯國大夫季康子執政期間，接連著有竊盜案件，抓不勝抓，於是請教孔子該如何消弭盜賊的方法。孔子恭敬的回答說：「這要從您喜愛財貨所形成的風氣說起啊！如果您不要帶頭示範『愛財好貨』的行為，那麼您就是用獎賞來鼓勵百姓偷盜，他們也不會幹的！」

◆義解：舉例來說，家中父母不抽煙，不吸毒，而用獎勵或其他方式來要求孩子們抽煙、吸毒，這是不會成功的！因為孩子是自然界中模仿力最強的生物，而不會思考的鸚鵡和思考力有限的猩猩，都算其次。鸚鵡最會模仿言語，猩猩好奇模仿行為動作。孩子因為年紀小，並不太了解父母所有說話的意思，但父母的行為和動作，孩子卻會全盤模仿，甚至以此為樂。所以父母在家中示範吸煙、吸毒種種不良行為，孩子並不能分別好壞對錯，只是本能地吸收消化，然後複製而已。一旦複製完成，卻受父母指責和處罰，孩子只會生起疑惑和不服，甚至根本不理會（不服）父母的「指責和處罰」，這就是孩子們總是不怕打罵的原因。所以身教比言教更有效、更重要啊！

從一家到一國，上位高層是領導大眾的模範，若言語說話有錯，尚可補救；錯誤行為的示範是無法挽回的！這是風氣的源頭，風氣不改，價值觀則漸漸成立，觀點成立，文化深耕浸潤，然後呈現在人們的日常生活之中，無處不顯。最後形成罪惡之人、之城、之國，這也算是一種恐怖的「連鎖反應」吧！當局者迷的人又怎能明白和了解呢？既然不了解，也就不會害怕自己正是那「自我毀滅」的起點、源頭而深自警懼啊！

季康子問政於孔子曰：「如殺無道，以就有道，何如？」孔子對曰：「子為政，焉用殺？子欲善，而民善矣！君子之德風，小人之德草，草上之風必偃。」

●文意：魯國大夫季康子請教孔子關於治國的事，他這樣說：「把那些為非作歹，不守法令的人民殺掉，讓善良守法的人可以平安生活，這樣的治理方式可以嗎？」孔子恭敬的回答：「您治理魯國，哪裡用的著殺人呢？您自己喜愛端正良善，那百姓就會跟著端正良善了！這是因為上位高層的領導人，其見解、想法就像大風，勢強力大，所以風吹草動、風壓草低頭，草只能順風向起伏上下，而不會自動的調整轉向啊！」

◆義解：古時候君權天授，真命天子生就其位。識者知是福分，宿世修福所成；福澤廣大，所以能匡領其國。其事如債主收債，形勢強，說理順；百姓還債，處弱勢，於理屈。上強下弱，勢如天成，因緣會遇，各了宿債。人生於世，若男若女，若美若醜，不由自主，循業受報，只論遲早。生為百姓，福雖微小，本能所趨，心羨強大。上位尊者，未明此理，任性而為，民亦效之。州官放火則百姓劫盜，君王愛人則民眾相親，上有一施，下則群傚。立竿見影，影必隨身。身邪影歪，身正影直；身行如竿，民效如影；形影不離，上下相依；福禍相倚，利害同繫。同則兩利，逆則兩害。愛民則上下相合，好殺則離心離德。治國不難，如烹小鮮，勿為有害人民之政，莫羨財貨感官之樂，言行當懼百姓之傚尤，心思常念人民之苦難，如此而已！

子張問：「士何如斯可謂之達矣？」子曰：「何哉，爾所謂達者？」子張對曰：「在邦必聞，在家必聞。」子曰：「是聞也，非達也。夫達也者：質直而好義，察言而觀色，慮以下人，在邦必達，在家必達。夫聞也者：色取仁而行違，居之不疑，在邦必聞，在家必聞。」

●文意：子張提問說：「一位讀書明禮的知識分子，應該要學到甚麼樣的程度，才算得上是所學有成呢？」孔子回答他說：「你所謂的『學有所成』是指甚麼呢？」子張恭敬地答說：「以在國內而言，自己的名氣可以遠達國外。以在家中來說，知名度能在國內傳誦開來。」孔子告訴他說：「喔！你所謂的學有所成是指名聲啊！既然是問名聲，就不要誤解是『學有所成』了！讓我告訴你知識分子怎麼樣才算『學有所成』呢？那正直不虛偽，循禮而好義的讀書人，他能從交談或旁聽的情形下，洞察他人的看法、想法，或者默默觀察對方的作為，了解對方是真心或假意。隨時自我提醒自抑敬人，謙虛待他，絕對不會仗勢凌人，像這樣的知識分子，就可以稱為在家或出外，國內或國外都算得上是『學有所成』！至於不管在何處也都小有名聲，而且自信不疑，卻不知道名不符實，有名無實的道理。由於愛惜名聲，重視聲譽，所以努力謹慎的建立形象，推展知名度，而實際上所作所為，既不合禮，更非好義，一心只想用包裝形象來換取知名度。像這樣子的人，不管在家或出外，國內或國外，當然可以小有名聲囉！」

◆義解：知識分子想要響亮的名聲或知名度，當然可以透過刻意包裝來獲得。因為一般人並沒有深究事理的智慧，只從現象或作用就予以肯定或否定，甚至人云亦云。所以民眾讚美或責罵的意見像潮汐般，來的快，去的也快，這是因為民眾不管根本內容和實際情況，於是名氣的擴展和顯揚在當代是不困難的。甚至是可以刻意經營的。只是這種名聲改變的速度也特別快。另外，名聲也像雙面刃，一不小心就會惹禍上身，俗云：「人怕出名，豬怕肥」，對於沒有「真材實料」的人而言，名聲的利益，有時候還不如損失來的更可怕。智者或聖賢並不求名，但以真才實學之故，定然名留青史，聲聞宇宙，又豈止是當代而已啊！

樊遲從遊於舞雩之下，曰：「敢問崇德、修慝、辨惑。」子曰：「善哉問！先事後得，非崇德與？攻其惡，無攻人之惡，非修慝與？一朝之忿，忘其身以及其親，非惑與？」

●文意：學生樊遲跟著老師在祈雨臺下四處走走，活動活動的時候，把握機會向老師請問說：「我大膽地請問『崇德』是甚麼意思？怎麼作才叫『修慝』？又要怎樣『辨明而不迷惑』？」孔子說：「你問的很好啊！凡事先耕耘，先付出而不計較得失，就是『提高品德』。自我責備忽然而起的惡念、想法；雖然眼看他人作惡犯錯，但我無權出言批評、教訓他（除非自己是父母師長的身分，否則是在製造問題），這樣就是『修慝』。有時候受了刺激或打擊，因而發怒、情緒失控、瘋言瘋語……，完全忘了自己的角色與安危，甚至也忘了那些關心自己的親人、朋友，這樣的情況不就是『陷入了迷惑』嗎？」

◆義解：緊張刺激的畫面境界，憤怒難抑的情境狀況，沖毀了平日就若有似無的「角色」、「身分」、「立場」等等概念，迷迷糊糊直到「大事不妙」，然後才驚覺糟糕，但又不可挽回。周公於是制定各種輔助的方法，在日常生活中，食衣住行都有清楚的定義，明白的規定。還恐怕不夠，另外再以身作則，示範百姓，引導人民共同趨向「羞恥慚愧」、「榮譽自覺」的人文環境。

說到細節之處，每一種角色都有特定專屬的戲服、台詞、妝扮……的搭配模式和演出範圍。單一角色的上妝、穿著、入鏡到出鏡，然後脫除戲服、卸妝……，到一人分飾多重角色時，同時在一剎那間快速轉換入戲、出戲、再入戲、再出戲……，這是非眼可見的「轉身換位」、「挪移變化」的完美演出；這樣的出神入化，出入戲（角色）自在，就是周公制禮的原始目的啊！否則不必一朝之忿，只要略一恍神就忘了自己是誰，也忘了自己的角色。就像醉酒之後，放縱發狂的言行，清醒之後，才知道錯的離譜啊！而今的現代，自詡是文明科技的我們，其實是長醉不醒、常迷不覺的無根飄萍，無靠無依，茫然無寄，連清醒後悔的機會也沒有！沒有學禮的人，永遠也難以明白「清醒自覺」是甚麼意思，更不必說那人性的尊嚴和價值了！

另外，想要做到「先事後得」，就必須對「自作自受」、「有作必受」的因果定律有充分理解的信心，以及對「自知自覺」的智慧有所培養才行的。「自知」是指自己知道會不會、懂不懂；「自覺」是指自己知道有過失錯誤，也承認自己的過失錯誤。當然，所說的這些事情的前提，還是在「角色本分」的範圍中。

再說「攻人之惡」，這也是反應了自己完全忘記了「角色」、「身分」，才會有空閒去注意他人言行，甚至批判他人。譬如子貢方人，子曰：「賜也賢乎哉？夫我則不暇！」文句中充分描述了子貢完全忘了自己仍是「在學」的角色，才會有空閒去注意觀察別人的是非對錯。這不就像自己的下一餐還沒有著落，竟管到別人該怎麼吃，該吃甚麼嗎？像這樣不是很奇怪嗎？可是偏偏就是會有「當局者迷」，「顛倒糊塗加三級」的人啊！

樊遲問仁。子曰：「愛人。」問知。子曰：「知人。」樊遲未達。子曰：「舉直錯諸枉，能使枉者直。」樊遲退，見子夏曰：「鄉也，吾見於夫子而問知。子曰：『舉直錯諸枉，能使枉者直。』何謂也？」子夏曰：「富哉言乎！舜有天下，選於眾，舉皋陶，不仁者遠矣；湯有天下，選於眾，舉伊尹，不仁者遠矣。」

●文意：學生樊遲請問老師甚麼是「仁」的定義？孔子回答說：「將心比心，不傷害人。」樊遲接著又問：「『智』的定義呢？」孔子說：「認識這個人，包括了解他的看法、見解、想法、說法、作法，以及他對人、事、物的反應和態度。」樊遲不太明白，臉上有茫然的神色，於是孔子接著說：「把正直負責任的人安排在上層高位，這樣一來，原本不正直、不負責任的人，也不敢不正直、逃避責任了。」樊遲聽完之後告退出來，去找同學子夏，並且說：「就在剛才而已，我在老師那裡，請問老師甚麼叫做『智』？老師說：『把正直負責任的人放（安排）在不正直、不肯負責任者的上面，這樣一來，不正直、逃避責任的人，就會正直且負責了。』老師這樣說，究竟是甚麼意思呢？」子夏聽完之後，告訴樊遲說：「老師說的多好啊！確實是如此呢！舜王繼位之後，從百姓當中挑選了正直又負責任的皋陶，任命他來治理國家，原本不正直、不敢負責任的人也因此跟著改過向善。至於不肯改正的人，就自動遠離了皋陶的治國團隊了。不久之前的湯王也是如此，他從大眾當中拔擢任命了伊尹，成立了正直而負責任的治理團隊，於是只要留在團隊的人也跟著都變得正直而負責任了。至於其他不肯改變、配合的人，都待不下去而自動請辭了！」

◆義解：願意先付出，不計較報酬的多寡，甚至完全不求回報的人，稱為「有德」、「大德」。付出是指「施恩」，內容共有三個階段：第一分享，第二貢獻，第三犧牲。

分享是我重他輕，貢獻是我輕他重，犧牲是有他無我。愛人是將心比心，揣摩他心，不傷害人，不生害心；內容亦有三階段，第一不傷害他，第二不妨礙他，第三不影響他。

由於設身處地，所以不敢傷害他；從感同身受，所以不敢妨礙他；因為目中有人，所以也不願影響他。這樣的「愛人」，就是真正的「尊重」，雖沒有提到「人權」，而人權早已穩固在其中了。只有學習成為仁者的人，才會認同人權的當然性；除此以外，沒有人是生而能知尊重他人、不傷害人的。愚昧無知的人甚至自我傷害都不知不覺，何況是要他不傷害人呢？這樣的人，非到一敗塗地、痛苦難當的地步，是不會懷疑：「難道是我錯了嗎」？

子貢問友。子曰：「忠告而善道之，不可則止，毋自辱焉。」

●文意：學生子貢請問有關如何「交友」？孔子說：「勸告他忠於自己的角色和本分，進一步用仁義道德的中心思想來引導他，如果對方聽不進去，話不投機就該適可而止，別弄到自取其辱，不歡而散啊！」

◆義解：病重了，才體會良藥苦口；苦極了，才知道忠言逆耳。逆耳不一定是忠言，而忠言幾近逆耳，那正是因為「逆流而上」本就辛苦不易啊！子貢交友廣闊，上至王公貴族，下至販夫走卒，難免常犯「方人」、「責他」的過失。孔子針對他「好為人師」、「好論議人」的毛病，雖不要求他「自攻其惡」，但要他停止議論他人。子貢的為人算是雞婆型，好管閒事，好打抱不平。但他忽略了自己的斤兩，注意力總放在別人身上，這是子貢不能繼續進步，不能成為仁恕君子的原因，真是可惜啊！」

曾子曰：「君子以文會友，以友輔仁。」

●文意：曾子說：「立志成為君子的人，他交友的方式是處處以禮貌來對待朋友，學習善友的知識和心得來提昇自己趨向仁德的境界。」

◆義解：如果自己所學根基不穩，那就要「毋友不如己者」，否則墮落如射箭。如果自己端正，所學穩固不移，則交友可以多多益善。凡是以利害得失為前提而交往的，就叫做「小人之交甜如蜜」；若是以禮義廉恥為前提而交往的，叫做「君子之交淡如水」。甜如蜜的短暫，快速腐敗，翻臉像翻書。淡如水的長久，韻味雋永，相融似濡沫。交友如攬鏡自照，莫怨鏡中人不堪！

十三、子路

子路問政。子曰：「先之，勞之。」請益。曰：「無倦。」

●文意：子路請問老師執政治理的要點。孔子說：「任何一件事，自己先去做做看，然後再發動民眾。」子路又問還有沒有要特別注意的呢？孔子說：「別只有三分鐘熱度，要堅持到底！」

◆義解：執政或管事的迷失就是「理論治國」。孔子一針見血的話，讓向來頗為自負的子路也只有佩服的分，不但不敢反駁，更因此想再問得更深入些，孔子也不辜負他，用「有始有終」的真理提醒他。孔子把如何有「好的開始」教給子路，然後又用「好的結束」提醒他。唉！幸福的子路，有這麼好的老師指引人生。就像旅行者在旅途中，有導遊的帶領，平安又盡興啊！但是多數人像失去方向的迷航者，茫然四顧，麻木而行……。

仲弓為季氏宰，問政。子曰：「先有司，赦小過，舉賢才。」曰：「焉知賢才而舉之？」曰：「舉爾所知，爾所不知，人其舍諸？」

●文意：學生仲弓受聘為季氏家的總管，就任前來向老師請問治理方面要注意的事。孔子告訴他說：「要領先治理團隊，不要躲在團隊後面，像個慢半拍的領導人。自己剛就任，彼此默契不夠，在磨合期間，除非下屬犯了嚴重過失才依法究辦，否則只要口頭告誡，然後寬恕赦免，以免團隊在建立初期就形成不服領導的氣氛。另外，治理最重要的關鍵工作就是選用有見識、有能力的人，任命他擔任各單位的主官，主管職務，否則自己會忙碌到累垮了也治理不好的。」仲弓又問：「該怎麼樣才能了解誰是有見識、有能力的人來任用他呢？」孔子說：「先從你所認識的人才中，舉用你知道有能力的人來任用，那麼其他不認識的人才，自然就有人或輿論來推薦給你了。」

◆義解：執政能力的強弱在自知和知人，自知就不會好高騖遠、脫離現實，否則容易淪為理想治國、口號治國。知人善任，團結班底，治理才有效率，民眾才有幸福可言。治國三部曲，第一、賞罰公平，守法有獎勵，違法必處罰，民心初定。第二、角色本分，守禮守分者，明令褒揚，特許國士、資政，國家養老，醫療、照護、喪葬、公祭等禮遇，則民有榮譽羞恥心。第三、凡施恩無求，親身示範者（如陳樹菊），明令褒揚、贈勛，尊榮禮遇，如此則民心敬服，人人知恩報恩。須知，守法無賞，違法則罰，制度不公，則民心不服。守禮者受尊重，違禮者當開課教之，民不知禮，只求無損免罰，全無羞恥。民無羞恥心，社會人心如烏雲蔽空，光明不現，風俗市儈、澆薄、良心泯滅。反之，教民以禮，知恥有愧，有所為、有所不為，則風俗日厚，社會祥和，美好幸福，趨近大同。

子路曰：「衛君待子而為政，子將奚先？」子曰：「必也正名乎！」子路曰：「有是哉？

子之迂也。奚其正？」子曰：「野哉，由也！君子於其所不知，蓋闕如也。名不正，則言不順；言不順，則事不成；事不成，則禮樂不興；禮樂不興，則刑罰不中；刑罰不中，則民無所措手足。故君子名之必可言也，言之必可行也。君子於其言，無所苟而已矣。」

●文意：子路假設一個問題來請問老師，他這樣說：「現在衛君想禮請您在衛國執政，您準備先採取甚麼施政重點呢？」孔子說：「嗯！那當然是先教育宣導『角色定位』的共識規則，以及角色所衍生的權利和責任範圍吧！」子路聽了回問說：「有這必要嗎？您這樣的說法未免也太不切實際了吧？怎麼會是先從『角色定位』開始呢？」孔子聽了子路非常不以為然的語氣，於是也不客氣地訓誡他說：「真是個野蠻無知的傢伙！仲由！我不是教過你，立志要成為君子的人，不見得要見聞廣博，無所不知，但是君子對於不明白、不曾學的事理，不必急於肯定或否定，應該暫時擱置，然後找機會請教明白的人；君子所明白的道理，決不是模擬兩可、猜想臆測、或人云亦云、道聽途說而來的。君子既知事之『已然』，也力求明白那不可見的『所以然』，所以透知事理清清楚楚，明明白白。你知道嗎？如果『角色定位』錯亂，名分關係就會失序，那麼人們相處、往來，或在表達、說明的時候就會彆扭和奇怪。說的人彆扭，聽的人一定會質疑不信，那麼不管甚麼政令都推不動了！政令推不動，那麼禮樂教化，斯文之道就無法普及；教化無法普及，那麼法律的規定就難以公平標準；沒有公平標準的法律，民眾就會莫衷一是，簡直不知道該依循甚麼去說和做！所以賢明的領導人所規劃的職務角色，可不是隨便分配或安排的！只要是根據職務角色所規定的、安排的，就一定能說的出這個安排的原因、所以然，絕對不會自相矛盾或是一廂情願。而且推動之後，必然得到廣大的效果，更會得到大眾的欣然支持。仲由啊！立志成為君子的人，對於自己準備要說的話，是不會貿然脫口而出的，你千萬要記住，別再犯了！」

◆義解：領導一個國家，治理民眾，就像導演一齣大型舞台戲劇。先有故事大綱，然後分段（鏡）敘事，最後落幕結束。在故事大綱中，角色的編定就是角色定位。接演的人，在自願、自知的情況下，配合其他舞台上的演員共同演出，不敢有自己的主張或意思。由接演角色之後就會同步衍生關於權力、利益、債務、任務……等等。「權力」是指有權使用一切與戲劇有關的器材、戲服、場地……。「利益」是指片酬、分紅、福利……。「職務」是指有責任範圍、有義務行動，完全配合角色安排的一切活動及演出的內容。「債務」是指凡與自己角色有關之演出，如同欠債，必須償還，決不能因故缺席，或抗拒，或任性自恣，愛演不演（耍大牌），也像奉命出勤，完成任務，不得抗命！

只要出生在人世間，從一落地之後，就接演了「人」的基本角色。人身就是貼身的戲服，這戲服直到死亡才完全脫下來。先有了人類的基本角色再依序發展出其他「次要角色」，如君臣、父子、夫婦、兄弟、朋友……等等。所以制定「次要角色」的規範內容時，絕對不允許違背或侵犯到基本角色——【人】——的最高準則，就像一般法律是不可以牴觸「憲法」，牴觸「憲法」的法律，就是無理，自動無效。「次要角色」的規範，如果牴觸基本角色就是「有罪」，論為過失，判為不善。譬如，軍人行使角色本分時，必須殺害生命，傷害敵人；若從次要角色而言，當然是盡忠職守，但是卻已經違背了「人」的基本精神，也就是「仁」、愛人、不傷害人。雖然這事難以兩全，而且處處可見，但也不能因此以多數為是而以少數為非。

孔子曾經告訴顏回：「克己復禮為『仁』」，要先從許多次要角色的完美演出，約束自己的「野性」、「任性」，學習進入以「基本角色」為中心思想的昇華之旅，而以「仁」為旅程終點，也就是人文的終極目標。能夠自我約束到了「寧死不敢傷害生命」，就是世間的聖人了。所以不明白「基本角色」的人，都還不配稱為「仁人」；不知道自己有哪些「次要角色」，就連「人」都稱不上啊！勉強只能稱為庶民、百姓而已。

民眾是「半人」的性質，可見的身體是「人形」，不可見的心是「獸心」，此「獸心」本能脫序，毫無約束，無羞、無恥、無仁、無德、無禮、無義。政府為了維護社會的治安，制定了法律。為了使民眾能自覺，醒悟，於是施以禮樂教化，提昇精神文明，啟發蒙蔽的心靈，使人民有所自知、自覺。一個人先要自知有多少的「次要角色」，應當反省檢討角色演出的狀況，表現如何？從而決定可否接演更多角色，或者決定、選擇辭演力不從心的角色，以免虧負、欠債，因為遲早會吃不了兜著走，其心難安，下場難看啊！

孔子準備編導衛國國政，其「正名」之說，是理所當然的籌備工作、任務分配，而子路卻以為是多此一舉，就像他想派子羔去就任時，認為「何必讀書，然後為學」，現在「何必正名，然後為政」也是一樣的心態。看來急躁求速的子路，是很難突破這個個性上的瑕疵啊！

樊遲請學稼。子曰：「吾不如老農。」請學為圃。曰：「吾不如老圃。」樊遲出，子曰：「小人哉，樊須也！上好禮，則民莫敢不敬；上好義，則民莫敢不服；上好信，則民莫敢不用情。夫如是，則四方之民，襁負其子而至矣，焉用稼？」

●文意：學生樊遲恭請老師教授與莊稼有關的農事。孔子告訴他：「稼嗇之事，我不如那終身務農的老人。」樊遲接著再請老師教他種植花果蔬菜的知識。孔子告訴他：「這方面的知識，我不如專門從事園藝的專家。」樊遲告辭出去後，孔子說道：「真是志氣狹隘的小人啊！這個樊須。領導的人能堅守角色本分，那麼百姓就會尊敬你！領導的人負責不推諉，那麼百姓就會佩服你！領導的人說話算話、以身作則，那麼百姓就不敢虛情假意，應付上級了。像這樣得到民心的領導人，不管住在多遠的百姓，都要打包家當，背起孩子，千里迢迢的來投靠他、依附他，何必要自己去勞動生產呢？」

◆義解：樊遲頗有自知之明，所以請學稼、學圃，否則日後將靠甚麼為生呢？原本以為老師必有舞台，自己總也能沾光，謀個一官半職，但是眼看老師周遊列國之後，竟如喪家之犬，怎能不退而求其次，預謀後路呢？畢竟舞台不是自己搭的、自己說了算的啊！看來孔子並不了解樊遲的憂慮，逕而責備他是小人。說起來，樊遲真是有點冤！

子曰：「誦詩三百，授之以政，不達。使於四方，不能專對；雖多，亦奚以為？」

●文意：孔子說：「把《詩經》三百多篇都學完的人，由他執政治理，卻不能達成目標。派任他出使外交，又不能獨當一面，完成任務。像這樣雖然名為廣學多聞，又有甚麼用呢？」

◆義解：像這樣能夠強記、背誦《詩經》三百多篇的人，就是死板學習的人。因為過於強調背誦、默記的學習方式，忽略領悟、體會的心得感受，以及不追求融會貫通首尾、前後的錯誤效應。這種學生最害怕「申論」及「心得報告」的考試，因為他們的答案最常出現文不對題，文義不清的現象。而他們最適合的考試就是「照本宣科」、「十足拓印」的是非題和選擇題。這真是想不到啊！孔子所嘆息的這種人，在現代竟然成了主流趨勢之一。

人類大腦的前額葉區掌管了記憶的功能，左右大腦則是主管思考及情緒（感覺）的功能。所以，一定要結合記憶和思考的能力，才能完全明白「禮法」的原理和不忘的效果；而音樂則是抒解情緒、轉移注意力的特效藥。這三種基本功能，如果不能充分的平衡發展，就會出現如孔子所說的現象。情緒最怕是失控、崩潰，尤其是慢性累積；記憶最怕揮之不去的惡夢、痛苦的經驗；思考最怕像上癮的習慣，胡思亂想停不了，久而久之一定會瘋掉（當機）！這三種基本功能，如果沒有透過學習認識，而得到良好安排或控制，只要時間成熟，就一定會使人作出自害、害他的歹事。（「受」：感覺。「想」：記憶。「思」：思考、想像、比較。）

子曰：「其身正，不令而行。其身不正，雖令不從。」

●文意：孔子說：「領導人自己的言行作出示範，那麼部屬或民眾自然效法跟隨，哪裡用得着下令呢？反之，自己說一套做一套，角色與本分互相違背，於是大家跟著依樣畫葫蘆，有樣學樣；即使嚴令禁止，也不會有效的啊！」

◆義解：俗話說：「要刮別人的鬍子之前，當然先把自己的刮乾淨。」領導的要訣就是「能力」加上「示範」，缺一不可。沒有能力而佔上位，則人心不服；自己不作示範，只會出一張嘴，不能服人心。這種口服心不服就是「口號治國」，很快就被看破手腳的，而追根究底還是因為不明白「角色本分」（禮）所造成的！

子曰：「魯、衛之政，兄弟也。」

●文意：孔子說：「魯、衛二個國家的政情文化真是相似啊！就像血脈同源的自家兄弟一樣！」

◆義解：兄弟之親講的是血源關係，兄弟之邦講的是文化認同。認祖歸宗，同是一家人，血脈相連。文化認同、異族可結盟，息息相關。即使兄弟之親，也有衝突決裂的時候；兄弟之邦，卻能唇齒相依的感動。親上加親，就是同姓血脈加上文化思想的認同，那是最好的；否則，相較之下，寧可只有異姓、異族的互助盟友吧！

子謂衛公子荊，「善居室。始有，曰：『苟合矣。』少有，曰：『苟完矣。』富有，曰：『苟美矣。』」

●文意：孔子評論衛國大夫公子荊時，這樣說：「他這個人擅於治家和理財。剛開始才有一點基礎的時候，這樣說道：『要用的都夠了！』等到頗具規模的時候，則說：『想要的都齊了！』到了很富有的時候，他這樣說：『實在是完美了！』」

◆義解：衛公子荊知足的表現，受到孔子的讚美。至於衛公子荊知足的言行，則是源自異於常人的觀點。一般人的觀點，大多是負向、負面的。對於已有的嫌棄、不滿意；對未有的或將有的不知耕耘，不肯努力。也有的是努力不夠而不知自責，只會怨天尤人，負面情緒充滿在生活之中。樂觀正向的人看待自己已有的，都是知足而滿意；

對於未有、將有的，勤奮耕耘，先事後得。因為坦然接受現有的一切所以無怨無尤；因為只問耕耘，不問收穫，所以心定無憂。

如果不滿現有的一切，難道就會因此有所改變嗎？所以，抱怨還不如盡力而為吧！抱怨只是火上加油，於事無補的！及時努力耕耘的人，雖然不問收穫，難道就因此沒有收穫嗎？所以計較收穫不如在乎耕耘啊！計較收穫只會斷絕一切耕耘的（付出的）機會。一旦惡性循環開始，最後就是自縛自困，失敗痛苦的人生。「少欲」就是智慧的表現，「知足」就是樂觀的人生。寧願貧乏艱困而知足樂觀，勿有榮華富貴卻欲求不滿的空虛人生啊！

子適衛，冉有僕。子曰：「庶矣哉！」冉有曰：「既庶矣，又何加焉？」曰：「富之。」曰：「既富矣，又何加焉？」曰：「教之。」

●文意：孔子在衛國期間，學生冉有駕著車，隨從老師參訪衛國各地。孔子說道：「衛國的人口真是多啊！」冉有聽了以後，立刻把握機會發問說：「人口這麼多了，下一步該作甚麼呢？」孔子回答說：「好好的發展經濟，讓百姓都富有起來吧！」冉有再追問說：「如果百姓都富有了，下一步又該作甚麼呢？」孔子語氣肯定的說：「教育他們。」

◆義解：人民富有，能力也就強大了，人民有餘力而不再提昇，那就只好搞怪、作亂，然後墮落、毀滅。如果是這樣發展，追求富有倒不如繼續貧窮些好呢！所以「行有餘力，則以學文」，是唯一的路。先從「道之以政，齊之以刑，民免而無恥」的法治教育，到「道之以德，齊之以禮，有恥且格」的禮樂教育；從「無恥唯法」進入到「知恥有禮」的文明社會。當人民富有了，就有錢、有閒參加學習課程；這時政府應該開辦學校教育，領導風氣之先。人民的素質大幅提昇，家庭和樂，社會安定，國力自然穩固，國際間均佩服與尊重，豈敢侵犯？這是政府應該努力追求的目標，也才算是對得起民眾的託負！所以富有不好嗎？如果富有是終極目標，那富有就危險了！如果富有只是階段，是個過程，那就太好了，太妙了，人民有福了，天下有福了！【法治教育可以教出他（受）管、他律的人民，被動而無羞恥心；禮制教育可以教出自管、自律的人民，主動且有榮譽感。】

子曰：「苟有用我者，期月而已可也，三年有成。」

●文意：孔子說：「假如任用我來領導國家，大約一年左右，國家就可以穩定；經過三年，各方面就能上軌道了。」

◆義解：春秋時期，周天子軟弱無能，政權旁落。而列國君王亦無實權，朝政皆由卿、士、大夫、貴族所把持，最有名的「三家分晉」便是例子，魯國亦由三家大夫執政。所以春秋時，治國的非國君，治天下者非天子，甚至非士大夫，而是家臣，就像季康子任用冉有一樣。季氏徵聘士人（知禮）為家臣，協助打理其家業；季氏攬權執魯國之政，而季氏的家臣也不分公私地參預其中。季氏不是國君，所以不必朝見天子，報告政策和接受監督，真正是有權無責。國君大權旁落（下放）於大夫，若大夫知恥守禮，則支持效忠國君；若是無恥違禮，則弒君篡位。由此可證，權責不對等，權責失序，制度失衡是為亂源。究其亂源，一是大權旁落，過失在領導人無知又無能；二是爭權奪利，過失就在未曾教導禮法。

孔子雖有治國之長才，無奈所處的環境與所學的知識，不容許自己去執行「奪大夫之權」、「還政於國君」，最後「百官各司其職」的三部曲，所以不管孔子多有才藝、智慧，周遊列國多少年，永遠也改變不了現實的情況，因此只能常常處在「待價而估」的狀態。除非孔子接受先以「家臣之身分」善治大夫之家，然後代行大夫治國之職，乃至如管仲之尊奉天子，道施於天下；只是就「禮」的精神而言，這已違禮在先，因為家臣怎可越級干預國事呢？或者季氏心中有人民，真心為國舉才，否則孔子是沒有機會和條件被推舉出來的！不過，孔子也不會為了追求理想，就隨便放棄或改變原則的，這就是孔子令人佩服、嚮往的偉大之處！

子曰：「『善人為邦百年，亦可以勝殘去殺矣。』誠哉是言也！」

●文意：孔子說：「『仁愛百姓、恕他不害的好人來治理國家，連續不斷一百年之久，也可以感化人民，轉惡向善，知恥好禮，就連法律刑罰都可以廢除不用了！』這話說的真是太好了啊！」

◆義解：法律條文及刑罰目的，是維繫社會秩序的最後防線，是逼不得已而設置的。如果人心善良，無人犯法作惡，那麼法律如同虛設，毫無作用。所以政府施政的次序先從百姓足以養家活口，然後小康無缺，接著富裕多財，最後知禮有恥，形成經濟繁榮，文明好禮的大同世界，政府為此而存在，否則不如無政府。

子曰：「如有王者，必世而後仁。」

●文意：孔子說：「即使有『施恩無求、以德服人』的領導人，也必須持續三十年左右的治理和教化，才能使國家進入富強，社會祥和，人民互愛的最佳狀態。」

◆義解：王者以（恩）德服人，霸者以（武）力服人。以（恩）德服人，心服口服；以（武）力服人，口服心不服。以德服人是施恩於民，濟民於水火（戰爭、災變），所以民眾感恩戴德，上下一心，齊力合作；這是「財散人聚」之道。以力服人是視民如敵，殺人取財，人民至死不服，伺機報仇，所以霸主之國，國祚短暫，這是「財聚人散」之道。所以天下之治亂，終究端繫在於一人啊！而今民主時代，領導人由選舉產生，任期最長也不及十年，因此三十年的穩定發展成了夢中樓閣，國家社會和人民都只能在不治、不亂的狀態中，慢慢的「拖」下去了！

子曰：「苟正其身矣，於從政乎何有？不能正其身，如正人何？」

●文意：孔子說：「執政的人想要政通人和，那有甚麼困難呢？只要能確實投入角色，忠於角色，演好角色；自己的主要角色演好了，還怕其他角色不肯配合演出嗎？如果自己亂演一通，愛演不演，還能抱怨別人不肯配合演出嗎？只怕要求別人好好配合演出的資格都沒有啊！」

◆義解：人生像一場無邊際的廣大舞台，上台時大多不知、不覺、不識、不明自己有何角色本分？迷惑顛倒，瞎闖亂撞。有福、幸運的人，透過學習而早早覺悟認知自己的角色。無福、不幸的人，受盡挫折磨難、煩惱痛苦，至死還不知何處有錯呢！俗話說：「各人吃飯各人飽，各人造業各人擔」，自說自作，自得自受，這是千古不變的道理。只要不學會角色和本分的遊戲規則，就沒有判斷的標準可以依循，因此只好生活在恐懼猶疑、痛苦不安的精神狀態中了！

冉子退朝，子曰：「何晏也？」對曰：「有政。」子曰：「其事也！如有政，雖不吾以；吾其與聞之！」

●文意：冉求下班回來見老師，孔子說：「今天下班似乎比較晚哦？」冉求恭敬地回答老師說：「因為參與討論國家的政務，所以晚些回來。」孔子又說：「最多不過是季大夫家的私事吧！如果是國家的政務，雖然我不在朝中參與，也還不至於連些消息都不知道吧？」

◆義解：「政」是公家政府的大事，「事」是私人家族的小事，公務豈可同於私事。冉求在季大夫家服務上班，謀畫的卻是國家的大事，這叫「僭越」，是禮法所不許。貪瀆腐敗往往都是由小小的違禮開始。國家執政大權交由自私自利、唯利是圖的小人所把持，視國政為家事，有利於自己家族則全力推動，有利於國而不利於家則棄之不作。

《大學》中有：「與其有聚斂之臣，寧有盜臣。」因為有盜臣，國家最多蒙受一些損失；而聚斂之臣貪求無饜，非把國家搞到滅亡不可啊！盜臣只能運用一些關係或掌握一些機會，截取利益；而聚斂之臣直接把手中握有的國家機器，用五鬼搬運法，變成私人家族最大的利益。如果地位不高還好，萬一是上位高層，那國家和政權非輪替不可。因為聚斂之臣就是寄生於宿主的吸血蟲，幾曾聽說會關心宿主安危的寄生蟲呢？幾隻小小的寄生蟲，宿主尚可平安無事，如果滿朝文武，均效聚斂自肥的生意人，國家豈能不被掏空、不敗亡的道理呢？

定公問：「一言而可以興邦，有諸？」孔子對曰：「言不可以若是其幾也！人之言曰：『為君難，為臣不易。』如知為君之難也，不幾乎一言而興邦乎？」曰：「一言而喪邦，有諸？」孔子對曰：「言不可以若是其幾也！人之言曰：『予無樂乎為君，唯其言而莫予違也。』如其善而莫之違也，不亦善乎？如不善而莫之違也，不幾乎一言而喪邦乎？」

●文意：魯定公問孔子說：「我聽說只用『一句話』就可以把整個國家興盛強大起來，有這可能嗎？」孔子恭敬地回答說：「有些話是不可以按字面的意思來解釋！有人這樣說：『國君的角色很難扮演啊！而輔佐的大臣又豈是容易呢！』像這樣透徹明白角色扮演很不簡單，能不競競業業，如履薄冰嗎？這不就是因為了解規則原理，然後所說的一句關鍵話，就把整個國家治理的強大而興盛嗎？」定公又問：「還有人說，光是一句話就把自己的國家給滅亡了，這是真的嗎？」孔子聽完很恭敬地回答說：「這句話也不能單從字義表面來解釋的！不是有人這樣說嗎：『我哪裡喜歡擔任國家的領導人啊！』我只是喜歡：『不管我說甚麼話，誰都不敢違背我』罷了。」孔子接著又說：「假使國君說的話都能符合自身的角色和本分，所以沒有人敢違背，這不是太好了嗎？但是如果國君所說的話，都是違背自身的角色和本分，而大臣卻不敢出面勸阻的話，那不就是足以『一句話就把國家給消滅了』嗎？」

◆義解：只顧吃喝玩樂的領導人，亡國只在數年之內；以利害得失為施政依據的國君，純以法律刑罰來治國的，不出三代（百年之內）；以角色本分（禮）治國，除非天災異變，否則不會亡國的；以仁義道德治理，必得天下，必得興盛。由立國精神及思想可以決定國祚久長及興衰。所以，凡是有國有家的領導人，身繫興亡成敗之責，無可推諉逃避啊！

葉公問政。子曰：「近者說，遠者來。」

●文意：葉國公子高請教孔子執政治理的道理。孔子說：「國內的人民安居樂業，國外的人願意移民入境成為國民。」

◆義解：國人安居樂業故「悅」，外人嚮往故「來」。「悅」故政權鞏固，民心團結；「來」故國勢強大、蒸蒸日上。近者不悅，遠者不來，國疲民弱，危在旦夕矣。

子夏為莒父宰，問政。子曰：「無欲速，無見小利。欲速則不達，見小利則大事不成。」

●文意：孔子的學生子夏準備就任莒父的官員，來向老師請教執政的要領。孔子告訴他：「先別求快，要按步就班；別只看眼前的那一點好處，要擬定近、中、長程的計畫，循序完成。凡是一心求快的，往往都到不了終點、目標；眼中只有近而易得的好處，就不會有多餘的熱誠和興趣，去追求那宏大的理想和目標了。」

◆義解：速成文化，自古就有，孔子告誡子夏「無欲速，欲速則不達」。譬如，孟子告訴學生公孫丑「揠苗助長」的害處，其理完全相同。個人求生存，難免只見眼前小利而忽略後患；倘使家族、企業、國家之領導人也只見小利，不計畫長遠目標，則必敗亡無疑。因為小利如何養育龐大的眾人呢？所以國家財政必須有賴「計畫經濟」；而國家整體發展有賴「計畫政治」。因為養民以經濟，服人以政治，缺一不可的。政治改革不可求快，快必翻車；經濟改革不可只求小利，利小不足以養民，何況富民呢？

葉公語孔子曰：「吾黨有直躬者，其父攘羊而子證之。」孔子曰：「吾黨之直者異於是，父為子隱，子為父隱，直在其中矣。」

●文意：葉公告訴孔子說：「在我生長的家鄉，那裡有位號稱正直無私的人。在一次偷盜案中出面作證，證明自己父親確實偷走別人家的羊呢！」孔子聽了回答說：「我鄉里中對正直無私的看法和作法跟這完全不同！父親為子女隱瞞，子女為父母隱瞞，而正直無私早已包含在內了！」

◆義解：父母為子女隱瞞過失，那是出於「愛」的天性；子女為父母隱瞞過失，這是基於「感恩圖報」的智慧。「知恩報恩」是做人的根本，完全不同於禽獸純求生的行為，所以特別尊榮和讚美人類「孝順父母」、「知恩報恩」的美好品德。父母對於子女的愛護，不求回報，如同聖賢大德者，所以推崇父母之恩，山高海深，日月星輝。父母施恩、分享資源給子女；子女自知受恩，常懷感恩，思欲報恩之心。如果受恩的子女，反而恩將仇報於父母、傷害父母，卻有人讚為正直無私，這不是「顛倒至極」嗎？不是「畜生行徑」、「禽獸不如」嗎？

樊遲問仁。子曰：「居處恭，執事敬，與人忠。雖之夷狄，不可棄也。」

●文意：學生樊遲請問老師「仁」的道理。孔子告訴他說：「第一、平常的行為，態度和容貌，隨時保持像入戲那樣的小心謹慎；第二、對於擔任的工作要心存恭敬，懷使命感；第三、忠於自己承諾的角色，配合他人對應的角色。這三點原則，就算是身處文明落後的野蠻部落，也不可以隨意改變或放棄。」

◆義解：「居處」是指平時或居家的時候，也還有著非公職、非工作的其他角色，例如為人父母，為人子女，為人夫妻，為人兄弟……，由於這些非檯面上明顯可見的角色，所以很容易就疏忽遺忘了。一旦忘記了，就胡言亂語，胡作非為，最後總不免遺憾和悔恨。因此，時時刻刻都要保持著像處於「開麥拉」的入戲狀態，才對得起自己演出的角色。至於同台演出的其他角色忘戲了，應該也要輕聲細語的提醒，若提醒無效，則予以尊重，絕對不可以批評、攻擊，甚至反唇相譏（不識好人心）。絕不可任意改變自己的原則及角色，雖然很可能引發與人衝突，也不可以為了配合對方，以大局考量而違背本分的「根本原則」。如果真的遭遇到這種不公、不義、不法的嚴苛狀態，那麼君子寧可辭演角色，也不應該同流合污。還記得一句俗諺嗎？「路遙知馬力，日久見人心」，這句話說的真是好啊！

子貢問曰：「何如斯可謂之士矣？」子曰：「行己有恥，使於四方，不辱君命，可謂士矣。」曰：「敢問其次？」曰：「宗族稱孝焉，鄉黨稱弟焉。」曰：「敢問其次？」曰：「言必信，行必果；硜硜然，小人哉！抑亦可以為次矣。」曰：「今之從政者何如？」子曰：「噫！斗筲之人，何足算也！」

●文意：學生子貢向老師提問說：「怎麼樣的人，才能稱為『有為有守』的知識分子、士人呢？」孔子回答說：「對於自己扮演的角色，有能力反省過失所在，有勇氣認錯改正，敢做敢當不逃避。如果奉命出使他國，從事外交邦誼的任務，能圓滿完成，不辜負國君的期待，像這樣的程度和能力，就可以稱為知識分子、士人了。」子貢聽完又問說：「可以問問其次一點的嗎？」孔子回答說：「在家族裡大家公認是孝子，在鄉里中大家都說他是尊敬長輩、禮讓兄長的人，也可以說是有士人的品格了。」子貢好奇的又再問：「如果再其次呢？」孔子說：「所承諾的事一定信守，所擔任的工作一定完成。看起來像個天不怕、地不怕的男子漢、大丈夫，其實只是個未學禮，不明白角色本分的魯莽漢罷了！也還勉強可以算得上是有士人的『雛形』吧！」子貢聽完老師說明士人的各種層級之後，立刻聯想到實務方面的例子，於是又問另一個話題說：「您可以用『士人』的這個標準，說說現今在位執政的人嗎？」孔子回答說：「唉！這些在位的人，迷惑顛倒，目光如豆，就算是用『士人』中最低的標準來衡量，也排不上他們啊！」

◆義解：只要不曾學禮的人，就是人形（身）獸心的半人，雖然也有潛力提昇為人（全人），甚至成聖成賢，但仍有待各種條件的配合。唯獨在小人中有一種特殊例子，就是孔子說的「硜硜然」的人。這種人是天不怕、地不怕，敢作敢當，直言直語，不拐彎抹角，不曲附逢迎；以選取雕琢的材料而言，算是上等材質，一如璞玉而待「禮」之雕琢。「全人」的低標就是「知恥士人」，高標則是「知命君子」（仁者是善人、天使、天人）。起碼要有「全人」的低標，才會明白甚麼叫「做人」，為甚麼要學做人！更清楚明白「人」與「禽獸」之界線，以及「全人」之價值和尊榮。士人的衡量標準有二個，第一是知恥，第二是知恩。士人雖然已經知道應以角色本分為前提，來判斷和認定是非、對錯，但自己也不見得百分之百無過失、不犯錯；可是士人敢做敢當，有反省能力和羞恥心，這是「爭功委過」、「死不認錯」的小人所不及；小人既沒有羞恥心，也沒有知錯的智慧和認錯的勇氣。士人有自省、自覺之心，小人用不著自省自覺，因為「自省對錯」與「唯利是圖」是相互矛盾衝突的。

其次，要有智慧，才有知恩的能力。智慧是宏觀的能力，如同看見拼圖之全面性，當所知所見完整之後，才會心甘情願地報答所受之恩德，乃至有「雖涓滴之恩，當思湧泉以報」的崇高情操，美好品德！這種品德更是禽獸、小人所無；自古至今，感人肺腑，動人心性，光耀青史，二十四史實，多至不勝枚舉。「知恩報恩」就是學習「施恩無求」的起點，是通往大德、聖賢的正途，也是修得福報最快、最多的捷徑，所謂「捨一得萬」是也。所以，生而為人的我，怎可放棄千載難逢的機會，自利利人，自助助人，方不枉此生為「人」啊！

子曰：「不得中行而與之，必也狂狷乎！狂者進取，狷者有所不為也。」

●文意：孔子說：「如果沒有機會加入『言行舉止、不偏不倚、恰如其分』的個人或團體時，那種『積極進取、應有所為、有所不為』的狂人或狷者也還可以吧？因為不知道謙遜自抑的『狂人』，反而不肯知足、自滿，永遠保持好學好問、奮發向上的態度；而態度保持『膽小如鼠』，凡事先從壞處設想的『狷者』，也具有堅定立場，不敢妄為的優點啊！」

◆義解：如果既「無中行得與之」，亦「無狂狷可友之」，那麼寧缺毋濫啊！否則入鮑魚之肆，受其拖累而下墮，快如射箭。唐太宗以人為鏡、以銅為鏡、以古為鏡。其中以古為鏡是指以歷史及人物為借鏡，可以知興（衰）替（換）。學者雖獨學而無友，容易孤陋寡聞，但還是勝過濫竽充數的任意交往，因為白布染黑，再想回頭，難如登天啊！又何必自找苦吃、自尋煩惱呢？

子曰：「南人有言曰：『人而無恆，不可以作巫醫。』善夫！『不恆其德，或承之羞。』」子曰：「不占而已矣。」

●文意：孔子說：「南方人有一句話是這麼說的：『準備學作巫醫、法事的人，必須有堅定虔誠的信仰之心，如果自己進入恍惚狀態，得到「神啟」的指示，而心中還猶豫、懷疑，那怎麼會有信心為人指點迷津、排解苦厄呢？』是啊！是啊！在《易經》的〈恒卦〉中也有類似的說法——『心中猶豫，不能堅持，也只好領受著羞愧之心，過著悔恨的日子。』」孔子又說：「這是說啊！既然沒有信心，又何必多此一舉來進行占卜呢？」

◆義解：見其「已然」就相信的是迷信，知其「所以然」而相信的是理智、正信。既不見「其然」，也不知其「所以然」，迷迷糊糊、人云亦云、道聽塗說，茫無所知者，完全排不進「信心」的級數中。「局部的」所知，稱為知識；「完整的」認識，成為智慧。「信心」正是力量的來源，知識則是信心的根據。力量和勇氣的大小與信心成正比；知識或智慧是信心的有無和高低。知識的蒐集如同拼圖，由完整無缺的拼圖，造就了至高無上的智慧（遍知），而能展現堅定自信的立場與無懼考驗的勇氣；只有不移不動的「信心」，才有突破萬難的力量。除此以外的「半桶水」、「象跡水」，只能隨波逐流，或進或退，或昇或墮，其心常在不安、不定之中。像這樣的「慘澹人生」，想避免悔恨的日子，又怎麼可能呢？

子曰：「君子和而不同，小人同而不和。」

●文意：孔子說：「君子由其所學，知道尊重他人，平等共處，但不會因此就放棄或改變自己的原則和立場；小人唯利是圖，不明白角色本分的所以然，因此沒有一定不變的立場和原則要堅持，一切以利害得失為依據。小人既不知、也不會尊重他人，更不懂得平等待人。」

◆義解：所以小人是只要權利，不要責任，只爭名奪利，逃避或拋棄責任。這種失衡，失序的狀況，全是因為不曾學禮（角色本分），不了解所以然（遊戲規則）。小人由不知「禮」而成小人，也可以由知「禮」反轉成為君子，所以不必責備，批評或處罰小人，小人只是欠缺教化、改造罷了，如果小人願意學習禮法，成為全人，就必須由認識、了解人類的進化歷史開始。從茹毛飲血，割食生肉到生火熟食、漁獵、採集的自給自足，進步到游牧、農耕、以物易物的市集型態，到百工生產，錢幣交流的社會型態。從自給自足的生存模式到互惠互利的分工方式，於是因為分工的發展進步而成為角色定位的模式規則，然後衍生應有的權利、責任。除非回復自給自足的原始狀態，否則分工合作的發展、角色本分的規則就不能放棄或改變。所以拒絕角色、不盡本分就是破壞分工合作；拒絕配合、反對合作就是傷害生存發展。這種無知小人很快就會從家庭、公司、家族、社會的團體中淘汰出局。

不成熟的自私小人，是難以融入社會、參與分工、分配角色、承擔責任的。小人在社會上只是享用、占用資源而不知回饋的害群之馬。因此如何教化小人成為社會的中堅分子，是領導人重要的任務之一，因為小人的增長，就是阻礙社會進步的真正原因；甚至由小人掌權的國家，帶動風潮，唯利是圖，無惡不作，那社會必然動盪不安了。

子貢問曰：「鄉人皆好之，何如？」子曰：「未可也。」「鄉人皆惡之，何如？」子曰：「未可也。不如鄉人之善者好之，其不善者惡之。」

●文意：子貢請問老師說：「鄉里中的人都喜歡的人，算不算是好人呢？」孔子回答說：「未必。」子貢又問：「那麼鄉里中的人都討厭的人，總該是壞人了吧？」孔子說：「那也未必！不如從正反兩個面向來說，凡是鄉里中的善人都喜歡他；同時鄉里中不善的人都討厭他，像這樣的人就是真正可以信賴的好人。」

◆義解：雖然從正反兩面的交互衡量，遠比單一角度的觀察更值得信賴，但是還可以再力求精確無誤的絕對信賴，那就是時間的考驗。過去的、現在的、未來的善人都不會改變，才是確實可靠的。否則隨時間，隨環境，隨條件而變來變去，該怎樣去相信不疑呢？不是有所謂「晚節不保」的案例嗎？真是很值得警惕啊？當然也有不少「浪子回頭」的例子喔！

子曰：「君子易事而難說也；說之不以道，不說也；及其使人也，器之。小人難事而易說也；說之雖不以道，說也；及其使人也，求備焉。」

●文意：孔子說：「心安理得，不怨天、不尤人的君子是容易相處和共事的，雖然好相處，卻很難得到他的肯定。尤其是用不合理的方式來希望得到他的肯定，那是免談！雖然看似殘酷而無情，可是看他領導用人的時候，則不論親疏貴賤，完全謹守『用人唯才』的原則處理。至於唯利是圖的小人則是陰晴不定，情緒難捉摸，難以相處；可是一旦投其所好，就能輕易得到他的肯定、讚美。不過，就算得到他的肯定，看起來也好像頗能欣賞優點似的，可是當他領導用人的時候，才不管是不是『適才適任』，一律都用完美、高標準來要求下屬。」

◆義解：好相處的人有一個共同特色，雖然不一定能關心你，但一定尊重你。不好相處的人，僅有最初認識的短短蜜月期；過後不久，便會發現他以自我為中心的自私立場，老想佔人便宜，又愛駕馭別人。只要有利可圖，仇人也可以變成朋友。如果遇到極大的利害衝突，小自出賣至親好友，大至自己的靈魂也可以拿來作「魔鬼的交易」。小心啊！有這樣的朋友或上司，要儘快遠離，否則被他賣了，還要向他說聲「謝謝」呢！

子曰：「君子泰而不驕，小人驕而不泰。」

●文意：孔子說：「君子能知命守分，所以平靜溫和，沒有絲毫驕傲自大的樣子。小人驕傲自大，情緒隨環境順逆起伏，不曾平靜祥和。」

◆義解：知命才能認命，知分才願守分，認命守分才能不怨天、不尤人。君子居易以俟天命，即使順境也能泰而不驕；小人行險僥倖，稍逢順境立刻驕而不泰。不學「自作自受」（因果定律）就不懂命運（不知天命），不懂命運就不肯接受命運、配合命運；不學禮就不知道角色（名義）本分（權責），不懂角色本分就不肯忠於角色、安守本分；是君子？還是小人？由此分道揚鑣，天地分隔了。

子曰：「剛毅木訥，近仁。」

●文意：孔子說：「無求而剛正，正直又堅定，可靠且不變，謹言而少話，這樣差不多是位仁者了。」

◆義解：剛正不是剛強，因為心中多欲、多求，或是少欲、無求，那是截然不同的境界。君子稍稍具有仁者的特色就在於「剛」，但是「毅、木、訥」三部分則有待加強。所謂「仁者樂山」，表示仁者的心如山不動，穩固不移。所以「毅、木、訥」的內容，與此有關。仁者寧死不害他人，這「寧死」的原則，不就是「堅定」的意義嗎？而不傷害他人，更是仁者「正直」不惡之行！有了「剛正與堅定」的品德，還擔心不免因改變而墮落，所以還要把「木」的特點，拿來效法自勉。木是木材，木材的特色在於用途，可以生火、造屋，可以塑型、作器，用途廣大，都是基於材質穩定可靠不變的原因，否則豈敢依靠它，使用它！最後仁者有沉默寡言的傾向，那是心平氣和，安祥無事的表徵。如果心中有事，尚未解決，是無法保持安靜默言的狀態，只有心中真正無事要辦時才能「訥於言」。孔子的意思很簡單，只要用這四種觀點，就可以分辨出仁與不仁的差別，也可以此「自我衡量」有多接近仁者的境界，因為「仁者」是極其珍貴稀有的，他是「人的身形，天使的心」，死後必昇天堂的人。我們怎能不知？怎能不羨慕？怎能不效法追隨呢？

子路問曰：「何如斯可謂之士矣？」子曰：「切切偲偲，怡怡如也，可謂士矣。朋友切切偲偲，兄弟怡怡。」

●文意：子路請問老師說：「怎麼作才可以稱得上是讀書明理的士人呢？」孔子回答說：「認真的以善道互相勉勵，和樂相處，做到這樣就可以稱為明理讀書人了。在朋友之間以善道互勉；在兄弟之間和樂相處。」

◆義解：朋友非親非故，所以相處之道是「善道互勉」重於「和樂相處」。兄弟是一家之親，有父兄長輩在，無訓勉之責，但有和樂相處之義（務），莫令父母有憂心之虞。

子曰：「善人教民七年，亦可以即戎矣。」

●文意：孔子說：「仁愛百姓，不忍傷害人民的領導人，施政七年之後，也可以讓百姓勇敢參戰，保衛家園，犧牲生命，不怕死亡。」

◆義解：武士、軍人率兵打仗，是論功行賞，論罪誅罰。士兵征戰，唯命是從，若遇強敵，心中恐懼，未戰先敗。而善人教民，愛鄉愛土，愛國愛民，有恥有勇；雖遇強敵，心無所懼，如母護子，慈心無懼，寧與敵共亡，絕不投降。但是欲得民眾如此萬眾一心，同仇敵愾，至少也要七年的教育訓練，而不能像子路或冉求的特殊領導方式，三年便可有成。這是因為治理方法不同，所需時間便不同。

子曰：「以不教民戰，是謂棄之。」

●文意：孔子說：「在兵荒馬亂的時代，如果領導人不教育訓練人民各種作戰的知識，及各類武器的使用方式，使人民無力保家衛國，自護家園，這可以說是政府棄人民於不顧，任其受害。」

◆義解：同理，父母生而不養，或養而不教；師長視而不教，教而不嚴；領導人知而不任，任而不信；朋友交而不往，往而不勸；自身困而不學，學而不成。父母拋棄子女不養育，是人倫悲劇！師長不教導學生，誰來繼承薪火，承先啟後？朋友相棄不顧，可以絕交矣。他棄於我，猶可自救；自棄於學，無可救藥！

十四、憲問

憲問恥。子曰：「邦有道穀，邦無道穀，恥也。」

●文意：學生原憲請問老師關於「恥」的意思。孔子告訴他說：「在國家安定，社會和諧的時期，可以出任公職服務，領取俸祿養家活口；國家政治腐敗，失序動亂的時候，還任職領取俸祿的話，那就是羞恥。」

◆義解：領導者賢明，所以邦有道。邦有道則出仕食祿，貢獻所學利國利民。領導人昏庸，所以邦無道。邦無道則辭官退隱，不肯自棄同流合污。

「克、伐、怨、欲，不行焉，可以為仁矣？」子曰：「可以為難矣。仁則吾不知也。」

●文意：原憲接著問說：「喜歡勝他，喜歡自誇，怨天尤人，欲求不滿，這四件事都克服了，可以算是仁人嗎？」孔子回答說：「可以算是不容易了，至於這樣是不是仁人？那就不一定了！」

◆義解：人有好勝心，勝他故誇耀，若他勝我敗，則怨天尤人。雖已勝他，猶嫌不足，心求常勝，不受失敗，欲求不滿，貪心不足。所以說「克伐怨欲不行焉」，可以為君子矣！知命君子，讓而不爭，不計勝負，不求勝他。自省心安，不尚浮誇，知命認份，不怨他人，少欲知足，適可而止。君子進修，仁恕之道；將心比心，不傷不害；卑己尊人，自輕重他；心地柔軟，無所不容；譬諸大地，無不承載。

子曰：「士而懷居，不足以為士矣。」

●文意：孔子說：「立志求學的讀書人，如果還會眷戀舒適、滿意的生活環境，這樣就不配稱為讀書人。」

◆義解：從學習中認識角色分工，忠於本分的讀書人，稱為「士人」，就是明理知恥的人。因為了解遊戲規則的所以然，而從內心肯定和支持這個原理法則，所以心甘情願地放棄了過去「盤算利害、計較得失」的慣性思惟。如果恥惡衣惡食，懷居憎貧之心猶在，則是仍未提昇至實務階段的「名不符實」的讀書人。孔子認為還不夠資格稱為「士人」，為甚麼呢？因為他還停留在吃喝玩樂，計較現況的層次上不來啊！

子曰：「邦有道，危言危行；邦無道，危行言孫。」

●文意：孔子說：「國家的政治清明，從政者應小心發言，謹慎於所從事的任務；當國政紛亂時，從政者應謹慎工作，而發言保守、謙遜。」

◆義解：從政者一舉手、一投足都具有示範效果，而發言表達則有啟發和宣告的作用。國家有道與否，攸關該做的工作。至於發言措辭會因時空背景的關係而受批評、攻擊，所以必須調整發言的方式或用語，避免曲解或誤會，才能盡量減少不必要的衝突和傷害。凡是以利害得失為前提的政策，立國的根本，可以算是邦無道，在位及在職的公僕就要危行言遜，否則一定速起衝突，加深誤會，很快就被攻擊下台。反之，國家是以「角色本分」的是非對錯為前提，就是邦有道的國家；如果太過言遜了，會給人不敢承擔，欠缺魄力的印象，因此將得不到民眾的認同與支持。看來因應時空環境所作的調整，孔子也是不得不贊同的！

子曰：「有德者必有言，有言者不必有德。仁者必有勇，勇者不必有仁。」

●文意：孔子說：「有『施恩助人、不求回報』這種品德的人，一定知道如何表達和說話；而擅長表達說話的人卻不見得是有施恩的品德內涵。將心比心，寬恕、不害人的人，一定是有勇氣，敢於自我改正的人；可是敢面對自我角色，勇敢改過的人未必可以做到將心比心，寬恕、不傷害人。」

◆義解：「人」者仁也。仁者愛人。愛人就是不傷害人，而非佔有或貪戀。「仁」是每個人都應該追求並完成的理想，這個理想不同於角色本分的層級。角色本分只論「過失」或「不及、不足」，而仁愛是論善惡、好壞的。先具備是人，才有角色扮演可言，乃至於是非對錯可論。如果不是人，而是獸心人身，那麼所扮演的角色就會出問題，還談甚麼仁愛呢？照這個高標準來看，只要不仁就是惡人、壞人、罪人。有傷害人之心念想法，就是惡人；有傷害人之言語行為，就是罪人。惡人一定煩惱不安，罪人一定處罰受苦；善人一定心安無憂，好人一定平安自由。

至於有德者為什麼一定會表達呢？因為只要明白了「受恩報恩」的道理，就有「施恩分享、不求他人報答」的大智慧，也是明白因果定律的聰明人。這種人豈只是善於表達而已，以傳統文化的標準來看，已經可以排入「準聖人」之列了啊！

南宮适問於孔子曰：「羿善射，奡盪舟，俱不得其死然。禹稷躬稼而有天下。」夫人不答。南宮适出，子曰：「君子哉若人！尚德哉若人！」

●文意：學生南容來問老師，他說：「古代有窮國的國君羿，以射箭聞名，他是個篡位者，後來被自己的臣子寒浞刺殺身亡；另外，這個寒浞的孩子名叫奡。奡長大以後，力大無窮，竟可以在陸地上推著舟船前進。因為仗其猛力，暴虐無道，殘害人民，後來被少康聲討誅殺而死。夏禹率領民眾治水，親身而為，三過家門而不入；后稷則親自下田埂，教導人民耕稼農事。這兩位後來都繼位為君王，領導天下（怎麼獲取天下的反而不是孔武有力，能征善戰的人呢？）」孔子聽完之後默然無言。南容看看老師沒有任何回答，於是告退出去了。南容出去以後，孔子對其他的學生這樣說：「是位君子啊！他這個人！如此堅定崇尚施恩無求的品德啊！他這個人！」

◆義解：力雖足以取天下，德不足以守天下；福雖得以有天下，智不足以治天下。以強大武力取天下，最有名的是秦始皇統一六國。不施恩德而失去民心的，則以夏桀、商紂為車鑑。有福得天下的，那是命中註定，譬如真命天子劉邦、趙匡胤。愚昧無智守不住國家的有阿斗、陳後主等等。至於得民心者，反而不想得天下，也不想守天下，只是貢獻所學，服務民眾；深察百姓之疾苦，視民若親，視民如子，感動天地萬民，而受百姓擁戴登臨帝王之位。所以孔子說「以（武）力服人者霸」，「以（恩）德服人者王」。以（武）力服人者，視他人為敵，而終為強敵所滅，雖霸而難久；以德服人者，視民如己，分享施恩，四海歸心，天下無敵。

子曰：「君子而不仁者有矣夫！未有小人而仁者也！」

●文意：孔子說：「知命守分、不怨不尤的君子，有可能還達不到以死相許，至死不害他人的德行，但絕沒有唯利是圖的小人，卻可以將心比心不害他人的啊！」

◆義解：仁者必是君子，君子未必是仁者。小人尚且不如知恥的士人，何況是遠勝君子的仁者呢？唯利是圖的小人與施恩無求的大德，剛好是正反之比，天地之隔啊！

子曰：「愛之，能勿勞乎？忠焉，能勿誨乎？」

●文意：孔子說：「如果真正愛護孩子，怎麼可以不培養他勞動的習慣呢？如果認真地忠於做好父母的角色，怎麼可以不給予孩子教誨，使他明理、成熟懂事呢？」

◆義解：父母溺愛孩子，從來就不讓孩子勞動工作，造成孩子失去生活或工作的基本能力，處處要人服侍照顧，日夜隨時都完全依賴。萬一有一天孩子必須獨立出門，難道父母也要放下工作，侍應在側嗎？這豈是愛護孩子？這是在傷害孩子，剝奪孩子基本生活的能力。另外，再加上放任孩子，不加以教誨、訓勉，造成孩子幼稚無知、不懂事、胡言亂語、惹事生非，無法與人正常往來相處，那是多麼殘忍的事啊！父母是孩子眼中的「學習典範」，而孩子則是父母的「成績單」。好孩子是父母的榮耀，反之，許多不盡責的父母從未演好自己的角色，更傷害了對應的角色——「子女」；可憐的子女，受苦受難一輩子，卻絲毫不知不覺啊！

子曰：「為命，裨諶草創之，世叔討論之，行人子羽脩飾之，東里子產潤色之。」

●文意：孔子說：「鄭國在制定外交國書的程序上，先由大夫裨諶起草綱要、內容，然後交給大夫世叔主持議論，或增或刪，再由外交官子羽依外交禮儀，定好序列，修正辭句，最後還要送給大夫子產作最終畫龍點睛的工作。」

◆義解：「角色分工」，「各盡所能」，「各司其職」的最佳寫照正是如此！「自給自足」、「一切靠自己」的方式不是不可以，但遠遠不如「分配角色」、「分工互助」的效果。因為團結力量大，所以合作共享多。生活輕鬆便利之後，使人有更多的餘暇，追求更高、更好的精神生活，體驗心靈純淨的喜樂，進而了解生命的意義及存在的目的。

或問子產。子曰「惠人也。」問子西。曰：「彼哉彼哉！」問管仲。曰：「人也。奪伯氏駢邑三百，飯疏食，沒齒，無怨言。」

●文意：有人來問孔子，想知道鄭國大夫公孫僑是甚麼樣的人？孔子說：「子產是一位施恩助人，照顧百姓的人。」接著又問到楚國大夫子西？孔子說：「他啊！他啊！」最後問到管仲，孔子說：「他是仁慈的人啊！在執政期間，秉公處罰犯罪的伯氏大夫，依法削除了駢邑的封地三百戶，從此伯氏只能貧賤度日，可是伯氏心服口服，終身無怨。」

◆義解：「他啊！他啊！」是欲語還休的意思，也是「不好說、不好批評」的意思。這件事要從楚昭王想要賜封孔子，以及書社的土地七百里的事情開始說起。書社地是有入籍、從事生產的土地，而非荒地或待開墾的野地。這事被當時擔任楚國令尹的子西堅決反對而作罷。就因為發生過這番往事，孔子為避免有挾怨報復的嫌疑，所以才會欲語而休。至於管仲則是孔子口中毫無異議的仁慈長官，甚至舉出伯氏的事例來證明。由於管仲的仁慈，以削除駢邑的封地與貶為平民的判決，換取貴族大夫伯氏所犯的死罪，伯氏認罪受罰，而且至死無怨；這是管仲的仁愛，法外施恩，使得伯氏心服口服，無怨無尤。

子曰：「貧而無怨，難；富而無驕，易。」

●文意：孔子說：「生活所需常常不足，卻能泰然自若、毫無怨言，這比較難做到。生活所需富有無缺，但沒有因此驕傲、盛氣凌人，比較容易辦到。」

◆義解：知命難，但不知命卻又「無以為君子」。不知命者，必是凡夫；知命認命，便是超凡。已知命者，知足不爭，貧而無怨，富而無驕。不知命者，索求不滿，貧則怨天，富則驕人。容或可以貧而少怨，富而無驕，恐怕也是三天打漁、兩天曬網，很難持之以恆的！

子曰：「孟公綽，為趙魏老則優，不可以為滕薛大夫。」

●文意：孔子說：「魯國大夫孟公綽，他的性情寡欲好靜，如果去晉國的趙姓、魏姓兩位大夫家擔任家臣的職務，是適才適所，還算不錯！最不適合的就是去滕、薛這種事煩且亂的小國家，出任大夫的官職了。」

◆義解：「麻雀雖小，五臟俱全」，迷你小國，政事多繁而紛亂。三家分晉之前，晉也是大國，有三家大夫。周朝開創了特有的制度，授權地方，列國（地方）自治，天子只是名義上的共主，並無治權。在各國國內掌有實際政權的也不是國君，而是士、卿、貴族大夫。「士」是有功績的官，層級最低，「卿」是舉薦優秀或選拔出來的官員，「大夫」是世襲的王公貴族之後嗣（王孫），也是君王的直系血親。雖然孔子認為大夫要有自知之明，慎選出任的國家和職務，但此事談何容易啊！何況時代環境與主、客觀條件的配合，才是幕後不可見的一隻推手。如果事事都能盡如人意，哪裡會有「身不由己」的感嘆呢？又何須終身學習「知天命、不怨天、不尤人」，如此孜孜不倦、努力不懈的成為君子呢？

子路問成人。子曰：「若臧武仲之知，公綽之不欲，卞莊子之勇，冉求之藝，文之以禮樂，亦可以為成人矣！」曰：「今之成人者，何必然？見利思義，見危授命，久要不忘平生之言，亦可以為成人矣！」

●文意：子路向老師請問如何才算學會「做人」？孔子回答說：「具備了魯國大夫臧武仲知進退的智慧，大夫孟公綽知足少欲的品格，卞莊子無懼殺敵的勇氣，加上冉求的多才多藝，最後再以行禮如儀的訓練和音樂的優雅涵養之後，就可以算是完成了完備人格的成人了。」接著又說：「至於今天的環境和條件，就不用這麼嚴格了！只要在有利的情況下，還記得先想一想是不是合情、合理、合法？在急難的關頭或重大考驗之下，依然能堅持完成託負的任務；不管經過多久，都不會忘記承諾的角色和本分；像這樣也差不多可以算是人格完備的『成人』了。」

◆義解：「成人」就是「全人」，就是「做人成功」、「成功做人」！民是「半人」，雖具人身，未具人心，所以稱之為「民」。臧武仲進退的智慧是人心之所學；孟公綽少欲知足是人心之所覺；卞莊子無懼之勇是人心之志（氣）；冉求的多才多藝是人心之（妙）用；乃至身行之禮，抒情之樂，無一不是心動所成就，一切所學在令我心知所運用而已。古之「成人」標準為一百分，而今之成人約莫有六十分即可列為「成人」矣！智慧、寡欲、勇氣、才藝幾乎是全方位的高標準了，難怪孔子還必須把標準降低到自省角色本分的基本標準，「見利思義」是士人最低標準了，不是自己角色所該有的權利，即使免費相贈也要拒而不受。如果合於分內所有的微薄小利，也應該受而不拒。至於「見危受命」則是在任職的角色上，忽遇非常的緊急命令時，不會違抗，誓死堅守崗位，完成任務，這是盡忠職守的勇氣。反之，就是臨陣脫逃，膽怯懦弱的小人。最後還要用時間來考驗他是不是成人、全人，因為忘記了承諾，不能守信用，履行義務、責任，就是背叛了角色及本分，如同片面毀約的背信行為。哪有背信棄義的人，還可以稱為「成人」、「全人」的呢？總之，「高標的成人」是理想的目標；「低標的成人」是起碼的自我要求，而低於標準以下的半人，最好早早自覺，以免後悔莫及！

子問公叔文子於公明賈，曰：「信乎？夫子不言不笑不取乎？」公明賈對曰：「以告者過也！夫子時然後言，人不厭其言；樂然後笑，人不厭其笑；義然後取，人不厭其取。」子曰：「其然！豈其然乎？」

●文意：孔子聽說衛國大夫公叔文子有品德修養，於是向衛國人公明賈打聽說：「真的嗎？大夫公叔文子可以做到不說話、不發笑、不取一切嗎？」公明賈恭敬的回答說：「那是傳話的人誇大了，我家大夫並不是不說話，而是看場合說話，所以人家不會排斥或討厭他說話。只有心中高興喜悅的時候，臉上才會有笑容，所以人家不會批評他任意發笑。不是合於自己角色份內的權利，就拒而不受，所以人家不會嫌怨他所獲取的。」孔子聽完之後說：「哦！原來如此！但是他能做到像你說的這樣嗎？」

◆義解：名不符實，傳言過甚，這是有求於公叔文子的人，或受過公叔文子恩惠者一廂情願的讚美。再加上公叔文子本人的地位及身分，所以如此。只是對於這些過譽的傳言，公叔文子頗像「樂在其中」似的，否則怎麼不見他謙讓不實的傳言，以致於魯國來的孔子都被他的盛名所動，而前來打聽是否真有其事？如果真有其人，那必是非聖即賢，豈能不登門拜訪，請益向學呢？人有七情六欲，在於有身；心附於身，反應所觸之情境，故有表情。如果公叔文子能不笑，若不是已得禪定之妙，不再以人間塵世為樂，則是深悟世間無常，一切皆苦。否則，凡夫俗子深著五欲（感官）之樂，當欲求滿足時，無不心喜而發笑！至於不取一切，更是達道聖哲之完美境界。公叔文子身為大夫，若不取權力，又如何下令推行政務？不取利益，如何自養養人呢？所以謠言不可輕信，就連孔子都被傳言所打動，但孔子為我們示範了「發問求證」的實際行動，而不是人云亦云，全盤接受！

子曰：「晉文公譎而不正，齊桓公正而不譎。」

●文意：孔子說：「晉文公詭詐求功而不正名仗義，齊桓公正名仗義而不詭詐求功。」

◆義解：手段不同而同樣稱霸於春秋時代，這是「智慧」的高低不同。詭詐求功是小人唯利之心，求利之行。「正名仗義」是君子知禮守分，高舉義旗之行。智者以福助人，愚者以福淩人。助人則福力廣大，綿綿無盡；淩人則反受其殃，苦難無窮。史家稱齊桓公為五霸之首，實有冤枉之嫌！孔子也說桓公是正而不譎，而且九合諸侯，尊王攘夷，完全不費一兵一車之力，使人心服口服，這明明是王者再現，卻入霸主之列，未免奇怪？管仲輔佐桓公，王道大行於天下，孔子也稱管仲為「仁者」，恩澤普施天下之民，那麼重用「仁者」的齊桓公呢？

子曰：「臧武仲以防，求為後於魯，雖曰不要君，吾不信也。」

●文意：孔子說：「魯國大夫臧武仲向魯君提出要求，希望立自己的孩子，繼承自己的封地『防城』，但因為這是他在犯罪之後，以待罪之身向魯君喊話得來的，就算任何人說他並不是要脅魯君，我也不信啊！」

◆義解：史書記載臧武仲犯罪之後，逃到邾地，然後回到自己的封地「防城」，整頓軍備，備妥戰力之後，向魯君放話說：「如果能把防城提早封給自己的孩子臧為，那麼自己就願意交出防城，認罪出奔到齊國，否則……。」臧武仲是怎麼獲罪的，自有公論，而他竟以「私相授受」的方式把封地交給孩子，雖說是愛子心切，終究是自恃大夫之位、王孫之後，要脅魯君答應所請求的「利己」計畫，完全忘了自己的身分、責任。真的是「考驗一到，真假立現」啊！

子路曰：「桓公殺公子糾，召忽死之，管仲不死。曰未仁乎？」子曰：「桓公九合諸侯，不以兵車，管仲之力也。如其仁！如其仁！」

●文意：子路說：「齊桓公（公子小白）把競爭王位的公子糾處死，追隨公子糾的召忽也自殺而死，但管仲竟然苟且偷生的活下來了。像這樣還可以稱為『仁者』嗎？」孔子說：「齊桓公尊奉天子，主持九次會盟，團結了以周為名的中原天下，完全不以武力威脅的方式，使各國都能效忠天子。這是宰相管仲的謀畫成功，安定了周朝的秩序，人民免於水火、爭戰之苦，這就是管仲的仁德啊！是管仲的仁德啊！」

◆義解：「大德不踰賢，小節出入可也」，因此審視衡量的前提不同，則結論就會不同。子路是以君臣的主從關係看待管仲，認為自殺的召忽忠於公子糾，尚且不見得是「仁者」，而管仲苟且偷生，在政爭中不肯犧牲效忠，卻反而得到老師高度讚許為「仁者」，心中非常的不服氣。孔子雖知子路說的是事實，但是偏於局部、狹隘之見。若從天下，世界的觀點而言，管仲有安天下的能力，但始終沒有表演的舞台，所以只能忍受屈辱譏諷，先謀求一個可以完美演出的位置、場地，然後極盡所能的表演一場高水準的大戲，技驚天下各國。

只有智慧如孔子方能明白管仲、鮑叔牙的苦心孤詣之作，至於淺見如子路、子貢之流，還在斤斤計較著這些「莫明其妙」、「奇怪如是」的演員，怎麼沒有買票循序進場，竟可以上台表演而抗議著！這種計較小節、不顧大局的「小人儒之見」，正是士人君子難見聖哲所慮，管見難窺「仁義道德」的原因。心胸廣大，心懷天下是學者自我提昇的終極目標，如果中斷提昇，眼界不寬，恐怕還可以用管仲曾「三仕三罷免」的往事，「三戰三敗走」之表現來批評、攻擊他呢！如果學者自困於「井蛙所知」、「夏蟲所見」，而不能超越，不能提昇，那就是「死於所學」了！

子貢曰：「管仲非仁者與？桓公殺公子糾，不能死，又相之。」子曰：「管仲相桓公，霸諸侯，一匡天下，民到于今受其賜；微管仲，吾其被髮左衽矣！豈若匹夫匹婦之為諒也，自經於溝瀆，而莫之知也。」

●文意：子貢說：「管仲不能算是仁者吧？桓公殺了他的主子，而他不能盡忠而死，背叛了自己承諾的角色，甚至還反過來投靠了殺死主子的桓公，擔任桓公的宰相呢！」孔子說：「管仲輔佐桓公治理齊國，不久就國富民強，稱霸於列國諸侯，如同共主一般。率領各國，宣誓效忠周天子，直接安定了周朝的天下。那些數不清的生靈、億萬人民，免於戰爭的殘忍殺害、血骨塗炭，直到今天都還承受著管仲恩澤的影響啊！要不是有管仲這個人，今天的我們已經被外族統治了，披著像瘋子一樣的散髮，穿著外族的服裝和打扮，過著暴力、野蠻的生活了。難道管仲非要像那些不識大體的士人一樣，放棄匡正天下的志氣，謹守著那用來教訓無恥小人的誡規，然後死在田野的溝渠裡，永遠不再有他的消息不可嗎？」

◆義解：就士人君子的標準來看，管仲完全符合「背叛角色」、「違逆本分」，是個十足的小人；但是小人的唯利是圖，卻在管仲的身上看不到。由管仲執政的種種，一切為公，忠君愛國，鞠躬盡瘁，成為三國時代，孔明（諸葛亮）崇仰的第一人，也是孔子眼中難得的「仁者」，可見其中奧妙，絕非一般人所能明白了解的。其實管仲如同周公在世，文武之道大行，他會盟諸侯，高舉尊天子的義旗，端正各國的名分，但不併吞他國或占領土地；抵禦了夷狄的侵略，卻不用挑起戰火，殺害眾多生命；功高震天，卻沒有侵犯桓公的權位，或弒君取而代之。所以不明究理，不識大體的人，仍然緊抓著管仲的「過失」；也許只有完美無瑕、純潔無染的大聖大賢，才會選擇退隱不出，完全不肯「現身世間」，以致有絲毫「受辱」的可能啊？

公叔文子之臣大夫僎，與文子同升諸公。子聞之曰：「可以為文矣！」

●文意：衛國大夫公叔文子的家臣名為僎，由公叔文子的推薦而升任為衛國的大夫，和公叔文子平起平坐。孔子聽說這件事之後便說：「就憑這樣公爾忘私，為國舉薦人才的表現，就已經有資格在他死後，由國君為他追諡為『文』了。」

◆義解：大夫的品德，關係著國家的強弱；君王的愚智，牽動著國家的興亡。事君能致其身，可說是「盡忠」；為國能推薦其家臣，可說是「有德」。公叔文子是把自家的人才，往國家的地方去放。而魯國大夫季孫氏是把國家的財物往自己的家裡送。同樣是國家的臣子，行為剛好相反；一樣是大夫地位的福氣，卻是各自完全不同的未來下場、果報。

子言衛靈公之無道也。康子曰：「夫如是，奚而不喪？」孔子曰：「仲叔圉治賓客，祝鮀治宗廟，王孫賈治軍旅。夫如是，奚其喪？」

●文意：孔子講述了遊列國時，親見衛國國君私德敗壞的情形。季康子聽了之後，很好奇的問說：「既然這樣，他為什麼沒有被推翻或取代呢？」孔子回答說：「衛國用孔文子大夫掌管來訪賓客事宜，用祝鮀大夫管理祭祀典禮，用王孫賈大夫領導三軍部隊，戍衛國防，像這樣用人唯才、適才適任，他怎麼可能被推翻王位？被取而代之呢？」

◆義解：「私德敗壞」是指雖然做到「忠於角色」、不違本分，但是因為不知如何增上或無力繼續提升，以致「不進則退」，轉向「順流縱慾」而去。至於領導的君王角色，知人善任，完美演出，當然受到支持及推崇，豈有失位、敗亡的可能呢？

子曰：「其言之不怍，則為之也難！」

●文意：孔子說：「一個人說話的時候，蠻不在乎，滿口答應，那麼想要期待他兌現承諾可就難了！」

◆義解：承諾不是從內心肯定，而是隨口應話，有口無心，那麼兌現的機率就很低，而且未來的衝突和糾紛自然不免。如果一個人沒有角色本分的觀念，就不可能由內心的肯定，而心甘情願的努力實踐承諾。因為愚昧妄言、隨便承諾，所以也必定失信於人，終墮為禽獸、小人。舉例而言，男女相識，論及婚嫁，由男女朋友，結為夫婦。男人扮演丈夫，女人飾演太太。如果婚前的男女雙方，對於角色毫無概念，純以癡戀、狂愛求欲結合，以為從此幸福美滿；卻不知在享受樂趣、享有權利的同時，還要忍受痛苦、忍耐壓力，守分盡責，全力以赴。因為茫無所知，於是亂演一通，隨心所欲，彼此嫌棄、抱怨，從相愛變成相恨。最初由彼此優點相吸引、相戀、相愛而結合；再由無知互害、受傷、怨恨而分離。雖然相恨而分離，還怨恨對方之負心背義，而不知、不見、不省自身角色演出之糟糕、離譜！所以不學、不知角色本分，而糊塗上台接演角色，結果就是胡演亂演，瞎搞亂搞，最後被剝奪角色，驅逐下台。所以輕易答應承諾角色，其實反應了「不明白角色演出的沉重與不易」，否則早就「逃之夭夭」了。

陳成子弒簡公。孔子沐浴而朝，告於哀公曰：「陳恆弒其君，請討之。」公曰：「告夫三子。」孔子曰：「以吾從大夫之後，不敢不告也。君曰：『告夫三子』者！」之三子告，不可。孔子曰：「以吾從大夫之後，不敢不告也。」

●文意：齊國大夫田常起兵作亂，他把齊簡公給殺了。孔子齋戒沐浴之後，上朝報告魯哀公說：「齊國大夫田常以下犯上，殺了自己的國君，這個弒君的賊人，請國君派兵討伐他。」魯哀公對孔子說：「你去告訴三家大夫這個消息吧！」下朝之後，孔子對不解的人說：「我身為國家的大夫，所以有責任報告這件事。國君對我說：『把消息告知三家大夫』，因為奉此王命，於是遍至三位大夫家，報告此事，但三家大夫都拒絕出兵討伐。」孔子針對這件事作這樣的說明：「因為我身為國家的大夫，所以不敢不盡報告的責任。」

◆義解：臣弒君，名為「賊」，就是犯上作亂的人。俗話說：「恩將仇報」、「良心泯滅」、「禽獸不如」……。這種叛臣，人人得而誅之，而且無罪有功。忠心守禮如孔子，還用了「齋戒沐浴」，慎重其事，才敢上朝稟報哀公。其實哀公是「兔死狐悲」，怎會不明白事情之嚴重，無奈手無兵權，也只能看三家大夫之臉色。果然不出所料，三家同拒出兵。其實，如果三家出兵討伐弒君的大夫「田常」，那麼魯國三家大夫，也是把持朝政，擁兵自重，又該由誰討伐呢？孔子一系列的動作中，頗有「此地無銀三百兩」的味道，可是也不能只由「利害得失」來衡量此事，於是在事前、事中與事後，一再地說給有心人聽，大約是「身不由己，盡責報告……」。孔子若不多加以說明，而讓有心人曲解誤判的話，恐怕就有命危的可能啊！所以「不敢不告」四個字正是孔子的保命符呢！

子路問事君。子曰：「勿欺也，而犯之。」

●文意：子路請問老師，如何與領導人相處。孔子告訴他說：「不可以目無君上，說話沒大沒小，要恭敬有禮有分寸。至於針對權責本分而發言的時候，即使有所冒犯而讓君王不悅，也要直言而諫。」

◆義解：「勿欺」是就人的基本尊重，「犯之」是為了完成角色的分內責任。以下犯上叫「作亂」、「背叛」；尊重並支持君上是「知恩」、「報恩」。受恩知恩，施恩報恩是人文之道，禽獸所無；忠於角色，信守本分，是做人之道，禽獸不及。子路勇猛，容易使人處於高度「壓力」的氛圍下，所以孔子必須更加強調「尊敬」、「尊重」這樣理所當然，毫不起眼的道理。而該說的、該作的，就不能顧忌太多，直言勸諫，才是忠於角色、忠於本分！

子曰：「君子上達，小人下達。」

●文意：孔子說：「君子藉由學習，循序漸進，日日提昇，貫通事理，達觀知命，心安理得。小孩只管吃喝玩樂，感官享受；小人唯利是圖，全無羞恥，日驅墮落，不知不覺，自作自受，罪有應得。」

◆義解：君子像勤勤懇懇、日日耕作之老農，歲歲年年收之在後，日用無缺，免於饑寒。君子好學進修，不間不斷，流年行月，無時不進，無日不學，改過向善，品德如日月之輝，映照天地，日後福報如帝王大臣，智慧如天生自然，觸物便能悟理，是逆流而上的智者。反之，以消費耗損福分之小人，縱情任性順流而下，隨感官樂趣之湍流，漸墮煩惱苦獄而不覺，未來的去處，天堂座次無一席，地獄大門直直入！

子曰：「古之學者為己，今之學者為人。」

●文意：孔子說：「以前的人進入學習，是為了自我提昇；而現在學習的動機，竟是為了炫耀自己或勝過他人。」

◆義解：以今日來看，孔子說的「為己」或「為人」都很不錯，總是遠勝現代人，因為現代人學習只是為了換取生存。如果以孔子的標準來看，甚至根本就沒有學者可言了。學習就好像治病，凡是「為己」的人，都是由於深受疾病所苦，一心只想把身上的疾病醫治好，目標明確，始終不變。如果是為了他人而學習，雖然忘了先自醫、自治、自療，可是總算有治他、醫他的貢獻，也算沒有白學。所以才說自治和醫他都好、都不錯。

至於這時代的人，努力蒐集各種藥材、藥方，像個生意人一樣，不管是「自治」，或者是「醫他」，都與他無關；他只想藉此換取生存、累積財富。因此累積大量藥材、知識，既不是為了自治、自醫，也不為了教他、醫人，只是想等待機會，出售藥材、知識，換取所求，根本不管病人會不會用藥方、藥材，治療效果如何？以此例彼，所以才說「羞恥良心尚無，高唱甚麼仁義道德」？人心煩惱痛苦，社會動盪不安，又豈是偶然呢？

蘧伯玉使人於孔子，孔子與之坐而問焉。曰：「夫子何為？」對曰：「夫子欲寡其過而未能也。」使者出。子曰：「使乎！使乎！」

●文意：衛國大夫蘧伯玉派了使者來拜訪孔子，孔子請他坐下之後向他打聽說：「最近先生都在做些甚麼呢？」使者回答說：「蘧先生努力想要減少他犯錯的次數，但是還沒有辦法做到。」使者告辭退出。孔子說：「這位使者不簡單！這位使者不簡單啊！」

◆義解：努力自我治療，自我提昇的人，最清楚治療的過程。覺悟病苦的程度不夠，是不會展開治療的，更不可能堅持走完療程。因為他不明白所有疾病都有藥方可治，他更不明白拖延的後果，將有多嚴重；以致於看待自己的疾病，好像是別人身上的，蠻不在乎！孔子讚美使者不但不辱沒他的主人蘧伯玉，而且輝映了主人的上上智慧。正所謂「有甚麼樣的上司，就有甚麼樣的下屬」，也許使者地位不夠高，福報不算大，但是明理、反省的智慧，卻是上下一致不二。遇到這樣的使者，怎麼能忍住不讚美，怎能忍住不讚美呢？自知過失是智者，改過不犯是勇者，力行不斷是仁者；完美無過失是聖人，改過不再犯是賢者！

曾子曰：「君子思不出其位。」

●文意：曾子說：「知命守分的君子，他所關心和注意的範圍，不會超過自己本有的、承諾的角色和本分。」

◆義解：分外之人，不求不見；分外之利，不欲不取；分外之事，不聞不問。盡忠職守，理直氣壯；知命不爭，心安理得；恕他不害，心平氣和；斷欲清淨，心定無憂；感官停歇，心息自由；無我我所，不受後有。

子曰：「君子恥其言而過其行。」

●文意：孔子說：「君子把自己做不到，卻答應、承諾對方的行為，視為莫大的恥辱。」

◆義解：一般人在承諾的時候，就像吃飯喝水那麼自然，全不擔心害怕失信的後果。明知自己做不到，還敢隨便承諾、滿口答應，真是無恥至極啊！這種人最後就成了騙子、金光黨、詐騙集團……，下場堪憐！君子看待小小過失如大過大錯，尤其努力避免「角色」上身，輕易許諾，就是因為明白承諾他人卻做不到，那就是欺騙人、傷害人，所以矢志不犯啊！

子曰：「君子道者三，我無能焉：仁者不憂，知者不惑，勇者不懼。」子貢曰：「夫子自道也！」

●文意：孔子說：「君子有三種成就，我還不能達到啊！第一、將心比心，誓不害人，克己恕人，心定不憂。第二、貫通事理，是非善惡，如理如法，不猜不迷。第三、自省過失，勇敢面對，認錯受罰，心無畏懼。」子貢聽完後就說：「這分明就是老師的自我介紹嘛！」

◆義解：知名守分為士人之智，知命不爭是君子之智，恕他不害是仁者之智，施恩無求是大德之智。由角色本分為「下學」，《禮記》稱為「務施報」；依序提昇至「不求回報」為「上達」，《禮記》稱之為「太上貴德」。譬如，天地創生萬物，養育萬物，供給與劫奪，悉由無心，無欲無求，名之為「道」。小人未學，盡信感官畫面之事，唯利是圖，貪財好樂，厭死好生，苟且無恥。心繫於境，隨浪起伏，憂愁煩惱，身不由己，恐懼不安，迷惑不覺，甚可憐也！

子貢方人。子曰：「賜也，賢乎哉？夫我則不暇！」

●文意：子貢犯了批評、指責他人的過失。孔子說：「賜啊！你學得很好嗎？指正他人能夠公允無誤嗎？換成我的話，可沒有那閑工夫啊！」

◆義解：孟子說：「人病捨其田，而芸人之田。」自己的田地，自己顧。把自己的學業放一邊，卻喜歡干涉別人的事情，像這樣的學者是屬於好勝、驕傲，也是孔子所說「今之學者為人」一類的人。喜歡耕他人的田，難道收成的時候自己有一份嗎？自己的田，尚且會擔心時間不夠，哪有多餘的時間管到別人的田呢？試想，新手駕駛的時候，如果還敢東張西望，說東道西，那麼車禍和事故，恐怕將是免不了的了！

子曰：「不患人之不己知，患其不能也。」

●文意：孔子說：「老是擔心別人不了解自己有甚麼本事，何不擔心自己有啥本事值得人家打聽啊！」

◆義解：就算真的有可能懷才不遇，無人了解自己的本事和能力，但是擔心也應該有先後的次序吧！先擔心自己有沒有能力，再來擔心有沒有伯樂的出現吧？至於知命君子面對既定的戲分，並不在乎有沒有「知遇貴人」，只是一心耕耘，自我提昇，永遠在準備狀態中，排除「臨渴掘井」的痛苦泥淖，直到永卸角色，永除戲名，解除負擔，重獲自由，然後才展開助人的使命。

君子對於從生到死的命運，坦然接受，死心認命，讓他不爭，無怨無尤，知足感恩。因為君子參透了「自作自得」、「有作必受」的因果定律。今日之所得，無非過去所作，故心無怨尤，坦然而受。來日之所收，無非今時所為，故先難後獲，先事後得。

子曰：「不逆詐，不億不信，抑亦先覺者，是賢乎！」

●文意：孔子說：「既不是用分析推理，也不是胡亂猜測，卻能事先知道對方是以利害為目的，採取詭詐瞞騙的手段，因而能有所防範，免受其害，像這樣的人可以說是高明的賢者了。」

◆義解：賢者自處於正理，深諳是非、對錯之道，於他人所處背義無理，專事利害得失之道，完全了然明白，故能先知先覺而不受其害。就像俗話所說的「孫悟空逃不出如來佛的手掌心」那般！

微生畝謂孔子曰：「丘，何為是栖栖者與？無乃為佞乎？」孔子曰：「非敢為佞也，疾固也。」

●文意：隱士微生畝對孔子說：「丘啊！你這麼忙碌不安到底是為什麼呢？莫非就為了逞口舌之能嗎？」孔子說：「我哪裡是喜歡表現口才啊！只是把握機會勸勸那固執不通，非要如此不可的人罷了！」

◆義解：在微生畝眼中，孔子像個忙著到處放話、評論、所以懷疑孔子是不是好逞口舌之能。孔子好歹也是個知理的賢人，怎麼會不明白「水中無魚」、「徒費工夫」的道理呢？還是遍尋不著舞台，只好藉著發表言論的方式，參與這個亂世的戲碼，突顯自己的好口才呢？微生畝觀察的孔子，十足像是在無魚（禮）的水（世道）中，忙東忙西，如作白工一般，而且毫無斬獲。可是孔子實質上並不是忙著捕水中之魚，因為水中無魚，至為明顯；周遊列國，覓無舞台，豈能不知？所以「山不轉路轉」，孔子返回家鄉，改換作法，寫作《春秋》，微言大義，上至列侯下至大夫，行無冕王筆伐誅賞，世傳宗襲；一如水中放養的魚仔，文化養分滋潤後生，待得魚仔成熟長大，中原大地氣象一新，即是孔子遂行之所願也。

至於頑固不通，「非要如此不可」是指上位高層，苟且貪求，不仁無德，履勸不改。雖然勸之無效，然其正語直言，字字句句如放流之魚苗，可以圖謀於未來。而後果然有漢唐盛世之美，文景、貞觀、開元之治，這就是孔子「栖栖之為」，此事非短淺凡夫之所能見也。

子曰：「驥不稱其力，稱其德也。」

●文意：孔子說：「日行千里的駿馬，可貴之處並不在於他的腳程力量，而是牠溫馴善體人意的性情，因而受到人類的信賴與肯定！」

◆義解：最高級的駿馬可以保護騎馬的主人，也能與主人產生配合的默契，人馬合一，完美運作。可以感受到馬兒也有人類的品性，可以稱為「有靈性的馬」。所以君子也以此為效法，能自馴自律，克己復禮，仁慈不害於他，有志之士豈可「人不如馬」呢？

或曰：「以德報怨，何如？」子曰：「何以報德？以直報怨，以德報德！」

●文意：有人請問孔子說：「不但原諒傷害我的人，而且分享和貢獻給傷害我的人，這樣作如何呢？」孔子回答說：「那麼面對有恩於我的人，又該怎麼辦呢？為了避免標準錯亂，法則失序，我看應該要用合理的態度，合法的行為來回報給傷害我的人，用分享和貢獻來回報給有恩於我的人吧！」

◆義解：孔子說：「近者悅，遠者來。」「遠人不服，則修文德以來之。」自古以來，邊境蠻夷常常入侵中國，燒殺擄掠，塗炭生靈，三國的孔明率軍征蠻，七擒孟獲，不殺反釋，再多贈金銀穀物，以修彼此之好。可見「為君之道」是有別於個人之「冤冤相報」。二次大戰，日侵中華，人民死難無數，八年抗戰，日軍戰敗，宣佈無條件投降，本將亡國，永不翻身。但蔣委員長深明「以怨報怨」不足以釋冤解仇，反而會更甚加深彼此的仇恨。因此「以德報怨」，遣返日軍，施以不殺之恩德。雖然日軍未曾有受贈而歸之喜悅，但幸免中國之報復、禁縛、殺戮，如彼屠殺中國人民之罪行，日人早已感戴頂立、銘感五內了。

孔子反對以怨報怨，因為那是近於野蠻、不文明的行為！雖然《禮記》中強調「務施報」就是社會的公平正義，所以制定了「以怨報怨（父母之仇，不共戴天）」，以德報德」的遊戲規則，所有的衝突和糾紛，都是以「私了」的方式解決，受害人秉持「有仇報仇」、「以怨報怨」的觀點，天經地義的展開行動，而且可以得到多數人的支持、讚美，甚至於寫詩「歌頌」！可是那是上古時代，人民不多，法院又非隨處可見，而且這些衝突糾紛之司法權，大多握在白頭長老或族姓大戶手中，用以裁定各種事件；如同三不管地帶之黑道大哥，實掌衝突糾紛的仲裁大權，這也是因應「地下治安」之需要而形成。

當人口眾多之後，「務施報」早已不敷民之所用，於是進化發展成為「以直報怨」的現實需要。先透過中央政府所設司法機關裁判糾紛，執行以法律條文為基礎的

「以直報怨，以德報德」，不再允許私鬥、報私仇之行為。這當然是因應大數人口社會之實際所需，而不必然適合部落、族群、小型社會之傳統標準。孔子的時代，人口眾多，衝突日劇，因此孔子從「務施報」之公平基礎，演繹出「以直報怨，以德報德」，這種「法治」與「道德」並行兼顧的制度，而且至今遍行世界，無處不是。世界各國的法律咸以此為立基，再依國情增減之，但以宗教立國者除外！

子曰：「莫我知也夫！」子貢曰：「何為其莫知子也？」子曰：「不怨天，不尤人，下學而上達，知我者，其天乎？」

●文意：孔子感嘆的說：「幾乎可以確定沒有人能了解我啊！」子貢好奇地請問老師說：「是甚麼呢？您所謂的不了解！」孔子說：「知命認分不怨天，挫折受苦不尤人，從有形可見的事物現象與作用，參透明白無形不可見的奧妙原理、運作法則，想找一位可以訴說談論的人都不可得啊！也許只有老天能了解我吧！」

◆義解：所謂「陽春白雪，曲高和寡」；事有必至，理有固然也。只有放下了「抗拒命運」，才可能重新接受命運，順服命運，配合安排，進而雖受苦難也不怨蒼天、不恨他人。了解了「天命」運作的原理，才肯放下抵抗或努力改造「既定命運」的錯誤想法、說法、做法。而只有學習領悟「一切皆是條件製造」、「自作自得」、「有作必受」的運作法則，才能完整無缺的明白和深信，此生命運皆由宿昔造成，無可改換。

每一個人都有兩塊「命運之田」，接連而耕，相續而收。今生的所得、所遇，以及逐年所收的「福禍」、「好壞」，或多或少，或大或小，都是從「過去」、「之前」所想、所說、所做而來；而未（生）來（世）的將得將受，以及命中應遇的一切，則是依據現世、今生所知所見、所作所為來決定分配安排。所以「天命不可違」，這是從過去、之前的已作已為、既作既為來說；而「命運操之在我」之論，則是由現在、今生在充分的自由、自主的狀態下，不斷作出思考、選擇、決定、說話和行動，等同也安排著未（生）來（世）的所得、所遇、所受。

以上這兩種說法並無矛盾，而且呼應著「因果報應」、「因果法則」的真實答案。不過，多數人只聽過其中一說，不知其二，甚至於完全沒聽過、不知道。就像田地土壤之性質不同已定，有智農夫不會強加改造土壤（破壞），而是依據土壤性質，配合屬性相合之作物，以收必穫之農作。如果行有餘力，於第二田，耕耘他種作物，以期收於來年，自享其所得。君子能知命（田地）認份（收成），不抗天命（安排），認份（福禍）而行，謙退禮讓，與人不爭，不畏他奪，心安理得，心定無懼。若非同為君子，同趨大道，同悟至理，誰能了解孔子呢？略述人道高低、優劣之序，如下：

童子幼稚，不明事理，唯顧吃喝，縱心玩樂；小人迷昧，自私自利，計較損益，全無羞恥；士人知禮，敢做敢當，理直氣壯，怨天尤人；君子知命，認份不爭，心安理得，未能不害；仁者知恕，受辱不報，愛人不害，心平氣和。更學施恩，道德之行，成聖成賢，垂範世人。

公伯寮愬子路於季孫，子服景伯以告，曰：「夫子固有惑志於公伯寮，吾力猶能肆諸市朝。」子曰：「道之將行也與，命也。道之將廢也與，命也。公伯寮其如命何？」

●文意：魯國人公伯寮在季孫大夫面前詆毀子路，建議季孫大夫罷黜子路，大夫子服景伯前來告知此事，並且說：「季孫大夫已經受到公伯寮的誤導而對子路產生質疑了，不過我相信我還有能力讓這小人處以死罪，讓他陳屍在市場口。」孔子說：「不必如此啊！禮樂文化盛行於天下，這是植基於過去種種條件的『前因』，所以造成今天水到渠成『既定』的後果。如果禮樂文化無法興盛於天下，也是法則的發展如此；殺掉一個公伯寮，又怎麼能改變這個『既定』的大趨勢呢？」

◆義解：君子能知「天命」原理，如四季、日夜之運行。春夏秋冬，四季各不相同，稱為「變易」。依序推行，恒常如此，稱為「不變」。命運亦如是，生者必死，人人如此，是「不變」也；日月遷移，運途改變，無時不動，則是「變異」也。

天下合久必分，分久必合。天下合一，禮樂方興；雖盛而行，久則衰滅。天下分崩，禮樂既滅，暴虐殘酷，率獸食人，苦難至極，明主再起。周而復始，環環相扣，生在其中，不由自主。所以，君子見事如此，納天命而不拒；知理如斯，肯下學而上達。孟子說：「殺一人而得天下，君子不為也。」孔子說：「有殺身以成仁，毋求生以害仁。」「仁者」殺一人而得天下尚且不肯，何況只是想改變天下呢？寧可受害、受辱，也誓不害他，何況是因為貪求而傷害於人呢？

子曰：「賢者辟世，其次辟地，其次辟色，其次辟言。」

●文意：孔子說：「次於聖人的賢者，看見天下大亂，就選擇隱居，自修其身，自治其家。沒辦法隱居，就選擇移民搬家。如果也不能離開，只好儘量避免與人接觸。如果也不能不接觸、不往來，那就只能自制少發言、少交談了。」

◆義解：賢者如顏淵，學有高深的智慧，皎潔清白的品德，可惜沒有地位或出仕的天命來服務、領導大眾。因為環境條件是如此，所以就採取「辟世」的生活。「辟世」就是隱居，不問世事，獨善自身。顏回隱居陋巷，簞食瓢飲，樂在其中。這種「生活日用少欲」、「不求仕途聞達」的精神生活，無物可比，智者之所羨，達者之通途。故孔子曰：「賢哉！回也！」

子曰：「作者七人矣。」

●文意：孔子說：「隱居而去的已經有七個人了。」

◆義解：七人是長沮、桀溺、丈人、石門、荷蕢、儀封人、楚狂接輿。孔子若不是有教學的工作，恐怕早早就乘桴出海，成為隱居的第八人了。

子路宿於石門。晨門曰：「奚自？」子路曰：「自孔氏。」曰：「是知其不可而為之者與？」

●文意：子路錯過了入城的時間，就在石門的城外睡了一晚。第二天早晨，守衛打開城門，看到等著進城的子路，就問子路說：「從哪兒來的啊？」子路回答說：「從孔家來的！」守衛又說：「莫非是那位明知不可能卻還是盡力而為的那個人嗎？」

◆義解：孔子效法周公，把「匡正」天下視為「己任」，所以「明知不可為而為之」，認為這不過是「本分」之事罷了！城門的守衛，用訕笑的語句，說出了多數當代人對孔子的看法，而子路卻沒有一字一句的解釋，實在是深知老師的偉大，況且「燕雀焉知鴻鵠之志」？所以「人不知，亦不慍」，自信所及，又何須論辨！

子擊磬於衛。有荷蕢而過孔氏之門者，曰：「有心哉，擊磬乎！」既而曰：「鄙哉！硜硜乎！莫己知也。斯已而已矣！『深則厲，淺則揭。』」子曰：「果哉！末之難矣！」

●文意：孔子在衛國期間，有一次正在室內敲擊磬樂時，屋外有一位挑著草筐的人剛好路過，聽到傳出來的樂聲，於是佇足聆聽，然後這樣說道：「嗯！很有決心啊！這個擊磬的人。」過了一會兒又說：「何必這麼堅決啊！就像這鏗鏘有力的磬聲！世道既然如此，那就算了吧！何苦跟自己過不去呢？《詩經》不是這樣說：『如果水太深了，那就衣褲連身而過；如果水淺，那就拉起下擺，捲起褲管，涉水而過。』」孔子知道這件事之後，感嘆著說：「如果可以像他這麼堅決有力的看待世道，那還有甚麼困難不通的呢？」

◆義解：「深則厲，淺則揭」，詩意是指人應把握時機，順風揚帆，配合面對，量力而為，而不應該逆勢而為，吃力不討好。但是對有弘大志向，欲救世道的孔子而言是還不肯接受，所以才堅決自勉的周遊列國，找尋一片舞台、場地，演一場像樣的好戲。當然，孔子最後也一定會明白，真正收於未來的，就是教學的工作。至於當代現狀，隱士所喻是智慧之語，只是對胸懷天下的孔子而言，一時半刻之間，還無力靜心體會！

子張曰：「書云：『高宗諒陰，三年不言。』何謂也？」子曰：「何必高宗，古之人皆然。君薨，百官總己以聽於冢宰，三年。」

●文意：子張請問老師說：「《書經》裡記載說：『殷高宗（武丁）在服喪期間，住在特設的「凶廬」裡，三年喪期中，不過問政事。』這是甚麼原因呢？」孔子回答說：「豈止殷高宗，古人都是如此，沒有人例外。禮制的規定，如果國君去世，百官各司其職，由宰相代行國君的職務，時間是三年。」

◆義解：所以忠孝不能並行時，則移忠以盡孝。後代卻改為「移孝作忠」，甚違古禮之制。忠臣既出於孝子，豈可逆孝子所願，其心不安而盡忠？《尚書》規定繼位者，不問政事，專注服喪，畢盡哀思，以容孝子之心。由此可知，君臣、父子，孰輕孰重矣！君子先服喪以報恩盡孝，後就職出仕以貢獻盡忠。盡孝安心，了無遺憾；盡忠決心，勇往直前。文化風俗，盡在君子之言行也！

子曰：「上好禮，則民易使也。」

●文意：孔子說：「如果領導人樂意遵守角色本分的遊戲規則，那麼他所領導的人民就會樂於配合，聽從指揮了。」

◆義解：自古以來，百姓最不服的就是「只許州官放火，不許百姓點燈」。或者說一套作一套，欺騙百姓，失信於民眾。領導人自己的角色都演不好、做不到！百姓又怎麼肯心服口服、心甘情願的配合呢？

子路問君子。子曰：「脩己以敬。」曰：「如斯而已乎？」曰：「脩己以安人。」曰：「如斯而已乎？」曰：「脩己以安百姓。脩己以安百姓，堯舜其猶病諸！」

●文意：子路請問如何成為君子。孔子說：「用敬畏之心來修正調整自己。」子路說：「就這樣而已嗎？」孔子說：「修正自己，提昇自己，來確保他人，不受自己的影響、妨礙或危害。」子路又問：「就只是這樣嗎？」孔子說：「如果能力夠強，那就再提昇來保護百姓，民眾，不受各種的傷害、妨礙。確保群眾不受傷害、妨礙，人人安居樂業，就是堯舜二位君王也不能完全做到啊！」

◆義解：學者修己以敬而為君子，君子敬慎修己以安個人，君子好禮、敬慎修己，以安百姓。君子如此，雖有過失，微乎其微矣。

原壤夷俟。子曰：「幼而不孫弟，長而無述焉，老而不死，是為賊。」以杖叩其脛。

●文意：孔子的同鄉原壤，有事來找孔子，他像個鄉下人一樣，蹲坐在路旁等候孔子。不久，見孔子來到也沒起身行禮，打聲招呼。孔子說：「小的時後，就不知道謙恭禮讓，長大之後，也不見有任何長進，現在老了，又拖著不死，簡直是劫奪資源的盜賊啊！」於是用手杖碰了碰原壤的小腿。

◆義解：孔子用「成人」的標準看待原壤這個「老（同）鄉」，真的是好氣又好笑，既心疼又心悲。先是氣原壤蹲坐不起身，莫非孔子也要挨身並坐嗎？責備原壤長大至今，無所貢獻，同情原壤自幼不學，不識禮法，斥責原壤雖老猶不死，劫奪資源，浪費糧食，所以稱他為「賊」、「盜賊」。最後以杖扣其脛是強調「你啊！你啊！說的就是你！」

闕黨童子將命。或問之曰：「益者與？」子曰：「吾見其居於位也，見其與先生並行也，非求益者也，欲速成者也。」

●文意：孔子的故鄉闕黨，有一份訊息要傳達給孔子，於是找來一位不滿二十歲的年青人，出使這次任務。年青人告辭走了之後，有人這樣問孔子說：「這趟任務對這個年青人有幫助嗎？」孔子說：「我看他未受禮請，就自行坐在成年人的位子上；起身行走時，又不知隨行在長者之後。這樣看來，這趟任務對他並沒有甚麼幫助，只是突顯了年青人一心想要快快進入成人之列而已！」

◆義解：童子就是「在學」的年輕人，因奉闕黨長者之命，前來傳達訊息。以其未成年，應循禮所制，行則隨先生後，坐則居於末席，不可違禮。這位受命的童子只想藉著「任務」來擺脫「童子」的身分，獲得「肯定」和「尊重」，以為可以不必學禮、知禮，自然「成人」，行使成人的權利。所以孔子說他一心只想快快成人，不是好學知禮的童子。雖然給他出使任務和磨練的機會，但也沒有任何幫助，反而突顯童子無知違禮的事實真相。像這樣的孩子，恐怕正是「原壤」一類的人，他的人生才一開始就偏差不正，而且不知不覺，真是前途堪慮啊！

十五、衛靈公

衛靈公問陳於孔子。孔子對曰：「俎豆之事，則嘗聞之矣；軍旅之事，未之學矣。」明日遂行，在陳絕糧。從者病，莫能興。子路慍見曰：「君子亦有窮乎？」子曰：「君子固窮，小人窮斯濫矣。」

●文意：衛靈公向孔子請教關於作戰方面的知識。孔子恭敬地回答說：「禮樂文化的知識，曾經涉獵研究過一些，至於作戰方面的知識不曾學過。」孔子告退下去之後，立刻準備行囊，第二天就動身啟程離開衛國，卻在陳國受困絕糧，隨團而來的人都餓病了。學生子路忍不住怒氣來見老師說：「為甚麼君子會有窮困的時候呢？」孔子回答說：「窮困或通達都是天命，君子與小人都不可避免；君子面對窮困低潮的時候，樂天知命，不怨天不尤人；而小人處在窮困低潮的時期，不肯接受，於是用盡方法，不擇手段，只求改變，脫離痛苦的現狀。」

◆義解：問「陣」？這也顯示了衛靈公是「軍事強人」型的國家領導人，不知務本，依序提升；反而專務枝末，不顧人民死活，只想滿足自己擴張領土的私欲。衛靈公不肯施恩，以德服人，大搞軍武，完全不在乎戰爭的殘酷，以及直接或間接傷害生命。孔子對於這麼強烈而明顯的訊息，難道還賴著不走？等著自取其辱嗎？另外，從子路的表現，也充分說明了士人與君子之不同，程度迴異。子路先把士人和君子畫上等號，這是一錯；又以為既然是君子，於是一切都可以迎刃而解，窮困低潮的際遇，應該蒙獲天佑，自動消失或改變，這是二錯。如果敢做敢當、理直氣壯的士人，無力或不能提升為君子，依據「不進則退」的法則，遲早還是會退回小人的層次。

子曰：「賜也，女以予為多學而識之者與？」對曰：「然，非與？」曰：「非也，予一以貫之。」

●文意：孔子對子貢說：「賜啊！你認為老師是博學強記的人嗎？」子貢回答說：「是啊！難道不對嗎？」孔子說：「當然不對，我是先學習定義，然後再將所學分類、用系統歸納的方法來貫穿一切人事物的道理。」

◆義解：從各種可見可聞的事物中，先明確定義，再經過比較分類，最後用系統歸納，推演領悟那不可眼見、不可耳聞的原理、法則、運作模式。例如：有開始必有結束，有生必有死，有來必有去，有君必有臣，有父必有子，有得必有失，有善必有惡……，諸如此類。然後以「一理通、百理通」、同步的領悟其他未知或未見，而不必博聞強記，苦於背誦；這種「知一隅則以三隅反」的推理方式，正是上妙之學習方法，也是聰明人的當然選擇！倘若自己的能力、條件不夠，那就依照孔子所說「人一能之，己十之；人十能之，己百之」的方式學習，最後也一定可以追趕上聰明人的學習成就！

子曰：「由，知德者鮮矣！」

●文意：孔子說：「仲由！明白『分享施恩，不求回報』這個道理的人，太少了啊！」

◆義解：〈曲禮〉：「太上貴德，其次務施報」，說明了仁義道德是逆流而上，品德修養的最高層次；其次是收支相等，損益兩平的交換法則，包括以物易物，公平交易的商業行為。一般的情況是在家中論情，恩情和親情；在社會上論理，是非與對錯；衝突糾紛時論法，合法或違法。（恩）情不難論說，但幾人念念不忘這一生，在何時、在何處受恩於人，亟思報答呢？明明是「施恩分享」的一家人，卻從「利害得失」思考，把利害、是非攪和在一塊兒，也難怪會「清官難斷家務事」！（道）理容易說明，關鍵前提就在「角色本分」，而且必須先定「角色」，後論「本分」。如果先論本分，後定角色，則因人設事，是為顛倒亂源。法（律）最易論斷，依法判決，依法執刑；唯一最怕小人玩法，假公濟私，冤案頻生。

人情、義理、法律的原理，都通達明白的人，才有能力再提昇到仁義道德的層次、境界。「情」是德的基礎，「理」是仁的基礎。父母對子女養育栽培、不求回報的行為稱為「恩德」，但仍夾雜私心，猶分親疏，故不純粹。「道」是無心、無求的意思，「德」就是分享、奉獻、犧牲的行為，又稱為「施恩」；施恩包括布施財物和施予教誨。

強者相對於弱者，往往都會產生同情、悲憫之心，故而能行「恕他不害」。這種仁心都是由「自他換」、「將心比心」的「同理心」而來。如果同情心、仁慈心沒有「同理心」作為基礎，那麼「恕他不害」只是先天性格中偶然的顯露，不能依靠，只要稍遇打擊、痛苦、挫折的考驗，立刻就煙消雲散！所以「仁恕之心」必須由後天學習「設身處地」、「感同身受」的強烈體會所生起的。只有學過「人同此心，心同此理」的人才懂得恕人，才能受辱忍耐，寬恕而不報復。否則天下有同情心的人，應該都能恕他，都是「仁者」了，將來都可以往生天堂了。

仁義道德簡稱「仁德」或「道義」。「義」是義無反顧，理所當然的勇氣、信心。表現在行為叫做「義行」，表現在情感叫做「勇氣」，表現在思想叫做「道義」。義有三種層次，初級的是「禮義」，由角色本分所推動；中級的是「仁義」，由恕他不害所產生。高級的是「恩義」，由施恩無求所養成的。這「三義」必須依序而學，無法跳級而成，否則必白忙一場。古代稱「成人」，最起碼必須是「禮義」的階級學成之後，才有資格稱為「人」。接下來是「仁義」階段的愛人不害人，稱為「仁者」。最後的「恩義」，則是聖人所行，平等待人，博施濟眾，一視同仁。試問？如果社會上連「禮義」的文化程度都沒有，卻高調責備人沒良心、沒道德，這不是等於在「狗吠火車」、「對牛彈琴」嗎？

子曰：「無為而治者，其舜也與！夫何為哉？恭己正南面而已矣。」

●文意：孔子說：「在堯帝的基礎上，既不曾改動政策，也沒有新增政令，然而天下太平，人民安居樂業，這大概只有舜王做到了吧！他是怎麼做到的呢？端正自己，演好領導天下的角色，就是這樣而已啊！」

◆義解：如果沒有堯帝留下承平的局面，只怕舜帝也得下廚烹小鮮，使盡渾身解數吧？如果沒有舜王這位最佳演員接替堯帝，只怕後繼無人，徒留前代美好傳奇，使人唏噓而已啊！

子張問行。子曰：「言忠信，行篤敬，雖蠻貊之邦行矣。言不忠信，行不篤敬，雖州里行乎哉？立，則見其參於前也；在輿，則見其倚於衡也。夫然後行。」子張書諸紳。

●文意：子張和老師同學們受困在陳、蔡二國之間時，也忍不住向老師提出心中的疑惑，想知道到底怎麼做才對呢？孔子告訴他說：「對於自己基本角色的『人』，和次要角色的『五倫』，把握忠於角色不違背，信守承諾不逃避的原則，然後按步就班，腳踏實地，小心謹慎地實踐不中斷，那怕身處文明落後的化外之地，也可以處處通行無礙。如果說話不合自己的角色，違背自己的身分立場；已經承諾的事，常常失信於他人；所作所為敷衍了事，心不在焉、蠻不在乎，那麼就算身處文明的繁華城市，也會窒礙難行。平常所站之處，這個言行準則就像在眼前，好像一面虛擬的牌子一樣；行車時在座位上，這個言行準則又出現在扶手的橫桿上；功夫達到這樣無時無刻、無所不在的時候，自己就可以行遍天下、毫無障礙。」子張聽完之後，下去謄寫在自己的腰帶上，隨時提醒自己，永遠不忘這個言行準則。

◆義解：「人」的基本角色，其最高準則有二，仁義和道德。仁義屬於消極的，就是恕他不害；道德屬於積極的，就是施恩無求。次要的角色是五倫，君臣、父子、兄弟、夫婦、朋友。言語準則是誠信，行為準則是篤敬。如果知道理論規則而不肯做，那是不了解「角色分配」、「分工互助」的運作原理所造成，應該深入研究，才有動力支持肯定，努力實踐。如果做不到、做不好，那是付出的時間不夠；如果有時候做、有時候不做，那是疏忽遺忘，必須加強印象、記憶，勤勤懇懇，認真面對。

子曰：「直哉史魚！邦有道，如矢；邦無道，如矢。君子哉蘧伯玉！邦有道，則仕；邦無道，則可卷而懷之。」

●文意：孔子說：「衛國大夫史魚是一位正直的人。在國家安定的時候，他的言行正直無私；在國家昏亂不安時，也不改變態度和原則。另外，大夫蘧伯玉也是不可多得的君子啊！國家安定的時候，就出來服務大眾，貢獻所學；在國家失序混亂的時候，就收起自己的才能，辭職回家，不肯同流合污，隨波逐流！」

◆義解：邦無道時，史魚如矢而仕，伯玉卷而懷之，孔子皆予讚之！能退與不能退，身不由己或義不容辭，都是天命所定。但是學之與否，則非命運所決，而是自知自抉。所以，君子居易以俟天命，達觀以知進退，量力而為，無可無不可。

子曰：「可與言，而不與之言，失人；不可與言，而與之言，失言。知者不失人，亦不失言。」

●文意：孔子說：「對方程度夠，心態正確，是個值得建議和說話的人，卻沒有把握機會來交談，這叫『錯失對象』。反之，對方程度不夠，心態不正確，則是不可以交談和建議的對象，如果勉強克服各種條件而與之交談，這叫做『錯誤發言』。先觀察對方的行為和發言，而能了解對方程度和心態，如此才不會錯失對象，也不會錯誤發言。」

◆義解：俗話說：「見人說人話，見鬼說鬼話」。孔子認為先從對象的程度和心態來決定交談與否，而不論其貧富、是男、是女、是老、是少、是善、是惡……。想不「失人」和「失言」，自己必須先有識人之明的慧眼一雙。不過，萬一自己沒有「明眼」可以分辨對方的程度和心態，甚至也不了解自己的程度和心態，那就只好等待智者來交談吧！雖然「失人」不免有遺珠之憾，而「失言」卻是以自取其辱為收場。智者既沒有「失人」的遺珠之憾，也不會因為「失言」而自取其辱。

子曰：「志士仁人，無求生以害仁，有殺身以成仁。」

●文意：孔子說：「志節崇高的仁者，不會因為面對死亡威脅的考驗，就改變了仁恕不害的立場和原則；仁者可以平心靜氣的接受死亡的來臨，完成一向堅持仁恕不害的信念，心平氣和，了無遺憾。」

◆義解：堅定不改變的動力是源自「己所不欲，勿施於人」的透澈了解，進而寬恕幼稚愚昧的加害人，因此成為恕他不害的仁者。仁者就是活生生的天使，雖然還是凡夫的身體，可是心地善良如天使。「仁者」死後，剎那往生天堂，列隊天使之中，德配天宮之席，心受天堂之樂。凡夫面對痛苦折磨，不堪忍耐，只想報仇雪恨，何況是面臨生死存亡的逼迫，豈能平靜的接受呢？沒有天生的仁者，都是透過後天層層學習，長期淬煉的結果，否則只是「口號」仁者，那是經不起考驗的！

子貢問為仁。子曰：「工欲善其事，必先利其器。居是邦也，事其大夫之賢者，友其士之仁者。」

●文意：學生子貢請問老師如何實踐「仁恕之道」，做到誓死不害於人。孔子告訴他：「工匠要完成他的工作，一定要先準備好工具。你在任何地方，任何國家，應該要選擇賢明有為的大夫作為上司，與那『立志成為仁者』或已經是『眾所周知的仁者』結交往來，從耳濡目染，相濡以沫開始，直到自己成為仁者。」

◆義解：事上擇賢，於友擇仁，對下擇能。事上擇賢，是名「自保其身」；若不擇賢，同流合污，如冉求仕於季氏，幫助季氏，壓榨百姓，聚斂財物，富於周公，子曰：「嗚鼓而攻之。」於友擇仁，是名智者。子曰：「擇不處仁焉得智」。居處擇仁，交友擇仁，浸潤仁恕，理所當然。對下擇能，名為善治。部屬臣下，如器之用，但求效果，莫論賢否，雞鳴狗盜，亦有奇效！

讀書明理，稱為士人。樂天俟命，方為君子。恕他不害，真實仁者。施恩無求，可謂大德。士人知恥，依名盡份。君子知命，認分無怨。仁者知恕，寬宥不害。大德知恩，施恩無求。施恩求報，不名為德；求生害他，不是仁者；怨天尤人，未達君子；做不敢當，不配稱士；爭名奪利，行險僥倖，唯利無恥，真實小人！

人皆有畏，各各不同：嬰孩所畏，養育不成；幼童之畏，不得玩樂；小人之畏，損財失利；士人之畏，犯錯羞恥；君子之畏，愧對不安；仁者之畏，傷害他人；大德所畏，濟之不及；不救不害，救之反害！依此觀之，自知位處，有為志士，何得自欺？

顏淵問為邦。子曰：「行夏之時，乘殷之輅，服周之冕，樂則韶舞。放鄭聲，遠佞人，鄭聲淫，佞人殆。」

● 文意：學生顏回請問老師如何治理國家。孔子回答說：「採行夏代的曆法，乘坐商代設計的車輛，穿戴周代設計的禮服、禮帽，慶會典禮則用舜王時期的音樂舞蹈合一的『韶舞』。立法禁絕演奏鄭國的音樂，疏遠那些口才好，唯利是圖的小人。鄭國的音樂多是抒發、導引男女之間不正常的感情，使人意亂情迷不能自己；治國要以禮，而小人自私自利，鑽營其中，哪管國家是否危亡或受害？讓小人圍繞在身旁是十分危險的！」

◆義解：意亂情迷，身不由主的音樂，如同吸食毒品，使人樂在其中，但是不久之後，會使原本正常的人，變得精神萎靡，心志耗弱，最後成為廢人一個。現代人處於經濟至上，享樂第一，剛好使「鄭聲」成為主流市場，時時處處播放著腐蝕人心，耗散心神的靡靡之音。雖然也有些微抒解情緒的效果，可是如同飲酖止渴，弊大於利。一個人生活在世上，既沒有崇高偉大的目標和計劃，卻有著吃喝玩樂、感官享受的團團圍繞，這樣還能奢談「覺悟過失，自力提昇」嗎？恐怕是很難了！

子曰：「人無遠慮，必有近憂。」

●文意：孔子說：「每個人都應當要有長遠的準備，如果不知道準備或沒有準備，那麼措手不及、憂愁煩惱的事，很快就來了！」

◆義解：現在有準備，將來沒煩惱。〈朱子治家格言〉：「宜未雨而綢繆，勿臨渴而掘井。」現在痛苦煩惱的事，一定是過去的準備不夠，甚至沒有準備。如果現在還不為將來準備，恐怕就只能活在悔恨不及，惡性循環的煩惱痛苦中了。只有「遠慮」的聰明人，才肯心甘情願的在辛苦準備著，畢竟「辛苦」還能承擔得了，而「痛苦」實在是難以承擔啊！想要未來過著沒有問題、沒有痛苦，那現在就要辛苦地努力學習解決問題，不要製造問題；想要將來過著富足有餘，日用無缺的物質生活，那現在就要辛苦地學習一技之長，以自身的貢獻來交換所得，滿足日常生活一切所需。《聖經》也有這樣的記載：「凡是以汗水耕耘的，必以歡呼而收割。」這句話真是千古不變的真理法則啊！

子曰：「已矣乎！吾未見好德如好色者也！」

●文意：孔子說：「唉！算了吧！我至今不曾見過重視道德如同重視美色的人啊！」

◆義解：美色為人所愛，即使在天堂也不例外。飲食為人所需，即使窮賤也不能免。見美色，思欲得，以其樂也；渴思飲，飢求食，為其苦也；求樂避苦，人所同也。何故如此？因為都是感官作用的本能反應罷了！未經理智分析，周密思考的結果，所以必然如此！至於「好德者」必是「知德者」，如果不知德之好，豈肯「好德」呢？道德二字，對於現代人而言，毫無概念，更何況是愛好呢？即便有人知道羨慕，那也是沒啥用的！因為立志「終身學習」，才有條件通往「知德」、「好德」、「有德」的光明境界，所以知難而退的比比皆是。須知玉女、美人無非「革囊眾穢」、「骷髏暫飾堂皇」、「色衰不長久」，智者觀之如銷融之冰、褪色之畫，不免於敗壞；愚人好色受捆自縛，貪戀不捨，愈迷愈深。美色是無常不可靠的，道德才是尊貴可靠的。所以是「好德者」能知「色不好」，「好色者」卻不知「德之好」啊！

子曰：「臧文仲，其竊位者與！知柳下惠之賢，而不與立也。」

●文意：孔子說：「魯國大夫臧文仲是個嫉賢佔位的人啊！他明明知道柳下惠是有能力的賢者，卻不肯為國舉才，與他同事於朝廷之上。」

◆義解：俗話說：「同行相忌」、「同行是冤家」。這是商人在利害衝突中所體會的道理。而身為大臣的臧文仲，竟忘了自身角色及本分，自貶降格為生意人，先求利己，國家其次。大夫無恥，是謂「國恥」。歷史上千古罵名，或是流芳百世的人，都在於角色演出所致。譬如，雖是商人身分，但心中愛國，如胡雪巖、喬致庸；雖是重臣角色，卻叛君賣國，如秦檜、和珅。商人無真情，以利為心；小人無真愛，以利為愛。小人以利為心，以利為愛，豈肯施恩無求、讓而不爭呢？是故小人，卑鄙無恥，唯利是圖，自私自利，不肯利他，詭詐虛浮，自食苦果！

子曰：「躬自厚，而薄責於人，則遠怨矣！」

●文意：孔子說：「有志氣的人，應該用高標準來自我要求；對於其他人，盡量用最低標看待和相處，這樣就能避免無謂的紛爭與結怨了！」

◆義解：立志成為知書達禮、明理知恥的上等人，在自我提昇的過程中，最容易犯了子貢

「方人」的過失。想要完全尊重他人，都不批評、也不指責，就必須先通過「躬自厚，薄責於人」的階段。小人責他多於自責，士人自責多於責他，君子唯自責而不責於人。「責他」就是孟子所謂「耘人之田」。自田不耕，收成無期；耕他之田，糾紛之源。況且「責他」是「父母、師長」之職，不是「心存善念」就可以隨意妄說的！所以「自責」要以高標準，「責他」標準要低，這是自我提昇階段性的目標，如果上溯不成，當然就只能隨流而下了。

子曰：「不曰『如之何，如之何』者，吾末如之何也已矣！」

●文意：孔子說：「從來都不問說：『該怎麼辦？該怎麼辦？』的人，對於這種人，我也不知道該怎麼辦啊！」

◆義解：好學近乎智，「好問」才是好學。好學的人不在學校裡，也不是穿上校服，手拿課本的人。因為好學與否，在於「好問」之多寡有無。心中有疑，志在求解，故有「如之何？」之問。若心中存疑而不知發問求解，則疑心（好奇心）凝為冰雪，最後活潑的「慧命」也僵固而亡。就像雪崩活埋的人，動彈不得，痴呆以對直到生命的尾聲。

有五種原因使人不發問，第一自卑不敢問，第二自傲不用問，第三害羞不肯問，第四小事不急問，第五有事耽擱問；由此五種原因，最後造成了「不問」的事實和習慣。由不問故不知，由不知而犯過失，由過失而痛苦悔恨。便宜又繳得起的「學費」就是好問，付不起的學費就是出事以後的慘痛代價。不肯辛苦的勤學好問，當然只好痛苦悔恨的猛繳「罰單」、「罰款」啦！所以不會問「為什麼？」，不知道要問「怎麼辦？」的人，那也只好「看著辦」了！

子曰：「群居終日，言不及義，好行小慧，難矣哉！」

●文意：孔子說：「荒廢學習的時間，游手好閒，整天耗在一塊，消磨時間。聊天的內容，沒有一句正經話。喜歡搞些賭博鬥智的小把戲，只要玩樂就興致高昂，沒得玩樂就死氣沉沉、懶洋洋！這樣的人很難期待他會有甚麼了不起的成就了！」

◆義解：現代的網咖店裡更是群居數日不回家，眼動、手動、口不動，勤練小慧賺天幣，卻是創造龐大市場的消費族群。韓愈說：「業精於勤荒於嬉」，子夏說：「雖小道必有可觀焉，致遠恐泥，故君子弗為也」。花錢消費（非投資）玩樂，雖有一些紓解情緒、釋放壓力的好處，最終不會有任何事業成就的；而提供玩樂，使人沈迷不知上進的商人，一樣有罪。法律雖然未明令禁止，可是摧殘腐蝕人心，不輸給毒品；誘人享樂墮落，罪在不赦！

子曰：「君子義以為質，禮以行之，孫以出之，信以成之，君子哉！」

●文意：孔子說：「君子把正確的道理作為中心思想、根本原則，然後用合適的禮節去實踐，以謙虛的心態來調整面對，以堅定不變的信心來達成，我必須說這就是君子啊！」

◆義解：了解「義」的人，必然有中心思想，有根本原則的人才有「勇氣」。依禮而行就是文明之士、知識份子。虛心好問，彈性調整才叫「謙遜」。堅定信心，完成承諾，稱為「誠信」。「義」是由了解事理的原理、所以然，進而產生「理所當然」的勇氣，就像士人了解角色本分的規則之後，所產生「理直氣壯」、「敢做敢當」的勇氣，叫做「禮義」。也像仁者學習「將心比心」之後，產生「恕他不害」的勇氣叫做「仁義」。而大德由受恩而知恩，由知恩而欲報恩，由報恩而施恩的勇氣也叫「道德勇氣」，簡稱「恩義」。如果把仁義再加上恩義，就稱為「道義」，也就是「仁義道德」的簡稱。沒有仁義的基礎就沒有道德可言，因為道德是建立在仁義的基石上，假仁假義的道德是「空中樓閣」，所以寧可不要施恩，不做施恩的事，也不要「一邊傷害（妨礙影響）人、一邊施恩（分享奉獻）於人」。由士人進步為君子，由君子提升為仁者，再由仁者配合是否有其地位、有其財富、有其福分，而提升為施恩奉獻、犧牲的大德。所以仁者由己，大德要看天命。甚至大德肯助他、救他，若他無福、無分，即使大德欲助，也是力不從心啊！

其次，再論「施恩」、「施報」與「報恩」。由我領受他人恩惠，名為「受恩」。自知受人恩惠，名為「知恩」。濟助他人，名為「施恩」。若回報施我恩惠者，名為「施報」；有施有報是交易，不名為「恩」。所以，回報恩人，則破此恩。譬如，現買現賣，銀貨兩訖，兩不相欠。又如種菜，半月回收，價值有限；若植檜木，不期速收，幾經千年、萬年，滄海桑田，當於久遠（來世）回收。所以「施恩不求」非不回收，是不求速成速收，而是慢成慢收，大成大收，否則「自種自收」、「自作自受」的真理法則將不能成立了。

子曰：「君子病無能焉，不病人之不己知也。」

●文意：孔子說：「君子苦於自己沒有能力，倒不怕沒有人了解自己的能力。」

◆義解：不製造問題，就是「居易俟命」；不肯「行險僥倖」來解決問題，就是自我約束馴服、自我提昇進步。愚痴顛倒是亂源，貪求不足是苦根，君子好學成就智慧，自滅亂源；從多欲多求、貪心不足，轉為少欲知足，則滅苦根。君子能自力學習轉愚為智，轉苦為樂，而以不能自轉為病、為苦、為憂。至於「人不知我」，並不在「少欲知足者」擔心的範圍內，只怕沒有能力進入少欲知足的「無憂世界」而已！君子程度以下的士人，知識份子則是苦於不能盡忠職守、盡禮無違，而不怕有過失不能改正。小人、百姓則是苦於日用不足、無利可圖，而不怕羞辱、刑罰臨身。

傳統文化中，人分三等。君子為上等人，士人為中等人，小人是下等人，這三等人是由後天的「學習」所造成；而國君、大夫、百姓三種身分地位，則是由先天的「福分」造成。福分是由宿昔耕耘，而在今世驗收領取。雖可商延，但不可改換，猶如討債、還債。福分是宿定，所以生死有命；學習則非宿定，端在自我選擇。不知、不肯學習視同棄權；放棄入學，如同放棄耕耘；不知耕耘，永無收成。君子又可分三級，大德為上等，仁者為中等，知命君子為下等。君子樂天知命，讓他不爭，無怨無尤，皆因通達福分宿定，自作自受。仁者將心比心，恕他不害，皆因通達己所不欲，勿施於人。大德受恩知恩，報恩施恩，皆因通達施恩無求，聖賢之行。

子曰：「君子疾沒世而名不稱焉。」

●文意：孔子說：「君子深怕死後沒沒無名，而使自身之所學，不得為人所效法學習，如荒煙蔓草一般，沒有貢獻社會，垂範世人的機會。」

◆義解：孟子說：「達則兼善天下，不達則獨善其身。」達與不達，有位與無位，君子不爭。稱與不稱，有名與無名，君子有慮。在生之時，無機會、無地位可以貢獻所學，那是世人無福，無須抱憾；死後如糞土朽木，無所立言，澤施後人，君子遺憾！所學智慧是從古聖先賢所受，雖不能在生之時立德、立功，但猶可著書立言，恩披後世，澤施晚輩。若立言而名不稱（揚）者，君子無以回報前賢，傳續斯文於將來。是故君子應求後世未來之顯揚，無須刻意追求當代的聲名。

子曰：「君子求諸己，小人求諸人。」

●文意：孔子說：「君子自我要求，端正自己；小人要求他人，放過自己。」

◆義解：君子和小人的看法不同，目的也不同。君子認為問題在自己，自己理解不足，知識不足，能力不足，於是透過學習來雕塑自己，要求自己，提昇自己，最後達到端正自己的目的。小人認為問題都在別人，別人無知，辦事無能，自己受他牽連所害，於是糾正於他，斥責於他，打擊報復於他，最後達成原諒自己，放過自己的目的。君子追求自我完美，所以「求諸己」，小人希望別人完美，所以「求諸人」。「求諸己」則自責而不會怨他，「求諸人」則怨他而不知自責。自責故肯改過，不怨故心平靜；不自責故積過危身，怨他故心煩苦惱。自省自責，改過在今；心安理得，無悔在後。辯解卸責，不肯改過；積過累錯，受殃有日。

子曰：「君子矜而不爭，群而不黨。」

●文意：孔子說：「君子堅定自守原則不退讓，嚴拒非禮非分而不與人爭；尊重他人，和諧相處而不肯結盟求利。」

◆義解：小人爭而不矜，黨而不群，與君子相反。只要有利可圖，所有原則都可以放棄，因為最高原則就是「利益」。只要有利可圖，殺頭、送命也在所不惜，出賣靈魂與魔鬼交易也無不可。說起來，小人是很聰明的，不夠聰明還做不成小人的！如果聰明的小人，能把所知的範圍和層次再擴大一些，而不要只以感官所知當作完整的資訊，更不要以此為想法、說法和作法的依據，就足以避免一錯再錯，惡性循環的悔恨下場。小人唯利就像井底之蛙，難知世界之大，神奇而奧妙。況且小人結盟成黨，擴大實力，加強競爭實力，最終仍是為自己謀利。小人沒有永遠的朋友或敵人，只要有共同利益，敵人也可以攜手互助；如果利害衝突產生，至親好友也一樣恩斷義絕。小人逼使自己冷酷無情，只認利益為主人，所以不知不覺就成了利益的奴僕，身不由己，唯命是從了！小人是自害害他的亂源，如同道路上的危險駕駛，交通事故的主角，肇事逃逸的罪嫌，驚恐慌亂，永無安寧之日。

子曰：「君子不以言舉人，不以人廢言。」

●文意：孔子說：「英明的領導人，不會因為這人一句正確有理的回答，就立刻拔擢，予以任用；也不會因為這人不受自己的欣賞和肯定，就掩耳不聽，杜絕諫言。」

◆義解：簡單說就是「一碼歸一碼」，不可混為一談。如果說的對而做的不對，那麼就肯定他的說法，否定他的做法。如果說的不對而做的對，那麼就否定他說的，肯定他做的。如果說的、做的都對，就都肯定；如果說的做的都不對，則都否定。否則因為他是家中的孝子，也進而肯定孝子一切的行為，不就是混為一談嗎？朋友眼中的至交，難道一定是愛國的忠臣，孝順父母的人嗎？那可未必啊！所以說「一碼歸一碼」，千萬不可混為一談。以言舉人，可能受之欺誑；以人廢言，可能失之忠諫。領導人不可因其言，而妄行舉用；不可因其人，而罷杜諍言。

子貢問曰：「有一言而可以終身行之者乎？」子曰：「其恕乎！己所不欲，勿施於人。」

●文意：學生子貢請問老師說：「有沒有一句可以終身奉行的話呢？」孔子說：「那是指『寬恕』吧！人的一生都應該終身奉行這句話啊！自己不肯接受的，也不要施加在別人的身上。」

◆義解：己所不欲，勿施於人只能算是片面的、單方面的寬恕，還要進一步做到「他所不欲，勿施於人」才算是完整的、全面的仁慈；否則會有「一廂情願」的傾向，畢竟各人之所不欲，不盡相同啊！只有能將心比心、感同身受、為他著想的仁愛思想，而且不忘不斷，這樣才有源源不絕的恕他動力，否則行仁還要看時間地點及對象，那怎麼能稱為「仁者」呢？另外，如果繼續從將心比心發展下去，那麼「人之所欲」及「己之所欲」昇華推進至「樂施於他」與「施於人」，這就是「大德」。

己所欲、施於人，只是「分享」的階段，心量還小；如果人之所欲，樂施於他（不求回報），則心量廣大，是世人讚美的「貢獻」、「犧牲」的偉大情操。像子路所說：「願車馬輕裘，與朋友共，弊之而無憾」，就是「分享」階段的施恩。又像神父、修女為苦難無靠的孤兒棄嬰，殘障人士，流浪漢，付出關懷與照顧，終身不嫁不娶，就是真正「奉獻」、「犧牲」的大德！

子曰：「吾之於人也，誰毀誰譽？如有所譽者，其有所試矣。斯民也，三代之所以直道而行也。」

●文意：孔子說：「我甚麼時候基於私人的好惡、喜怒去詆毀或讚美他人呢？有時候我確實會讚美他人，那是因為經過長期觀察和有事實的根據，才敢對外說的啊！這個時代的人，可都是由夏、商、周三代聖君所教化的，雖然已是流風之末，但也還是遵循著善良正直的大道而行，我怎麼敢隨便的妄加批評呢？」

◆義解：古人說：「隱惡揚善」。為人隱惡，並不是要同流合污。孔子說：「攻其惡，勿攻人之惡」。勿攻人之惡，就是「隱惡」，雖知他人之惡，姑為隱藏勿揚，只於私下或單獨見面時，以善言勸告、提醒。由「己所不欲，勿施於人」，應知並非人人都能接受批評、指教。遭人惡意否定，唯君子能歡喜以對！士人君子在受人否定的時候，能自我反省檢討，改過修正，提昇自我趨於完美。所以不管認不認識或有無關係的人，都不可以隨便肯定或否定，以免衍生誤會。

子曰：「吾猶及史之闕文也，有馬者，借人乘之，今亡矣夫！」

●文意：孔子說：「我曾在史料記錄中，看過缺字或缺頁以及完全空著沒有記載的情形。另外，擁有馬匹車輛的人，都會基於分享、助人的善意，借給別人乘坐使用，現在已經沒有人願意把馬匹、車輛借人使用了。」

◆義解：孔子讚美史官能如實記載史實，不猜測、不虛擬、不造假。如果史官是帝王御用的自己人，或是受賄、受脅迫，不能正直如實的記錄所見所聞，存心誤導後人，那麼就不配擔任史官了。史官如同監督者，所以使得君王隨時隨地謹慎戒懼，史官的重要作用可見一般了。

至於借馬給人乘坐，是社會風俗，人情味厚薄的表現，也是人與人之間互信互助的指標。孔子感歎社會日漸澆薄無情，人們已經不再互信，出借的馬兒可能討不回來，做了善事反而吃虧，於是不肯互助分享了。說到底，這都是在位者無道或無能所造成，無道多是貪財好色所致，無能則是昏庸不學所致。貪腐則國家滅亡，昏庸則國家衰敗。貪腐亡國快，衰敗亡國慢。有國者國亡，有家者家敗，人生悲慘際遇無過於此了！（貪腐由利害，無能因教育）

子曰：「巧言亂德。小不忍，則亂大謀。」

●文意：孔子說：「顛倒是非的花言巧語是破壞品德，墮落的元凶。如果小小的委屈不能有所忍耐，就會阻礙或破壞正在謀畫的大事。」

◆義解：酒後亂性，巧言亂德，不忍亂謀，無能亂事，無知亂理，無禮亂倫，……。「亂」是動亂不安，破壞阻礙的意思。想要消滅動亂不安，先要知道亂源，否則會有消滅不完的「亂事」。「亂」必有源，而且亂源幾乎都在有地位、有權利者身上。如果是一般人，就算是個亂源，也只是阻礙、傷害自己或極少數人，不致於危害大眾。

凡是喜歡包裝巧言的人，不管是自己說或聽人說，都是自害害人，因為一定是基於吃喝玩樂或利害得失而有的。在是非對錯的世界裏只有誠信正直的言說，忠言逆耳的勸勉，絕無投其所好的巧言。生意人若不能忍耐投資損失，尚且不能回收未來的豐厚回報；何況士人君子不能忍受小小苦難的考驗，那要如何回收「高明中庸」的道德聖智呢？

子曰：「眾惡之，必察焉；眾好之，必察焉。」

●文意：孔子說：「大家都討厭的人，這是不尋常的情況，應該要好好的調查，不要跟著人云亦云，自棄於理；同理，大家都喜歡的人，也是不正常的事，應該要花點時間觀察，不可以聽信而不疑。」

◆義解：孔子說：「鄉愿，德之賊也！」人人都說他好，人人都喜歡他，這是非常不容易的，也是不可能的，所以孔子說：「必察焉。」社會上有各式各樣的善人、惡人、君子、小人，怎麼可能人人都喜歡他，或人人都討厭他呢？難道不奇怪嗎？譬如變色龍，在甚麼樣的背景之下就呈現甚麼樣的保護體色，融入環境，不受排斥，是生存競爭的強者。鄉愿就是以放棄自我立場、身分、角色的鮮明色，才能融入他人或善或惡，或好或壞的團體中。但這樣的生命存在是毫無意義的。因為這是自貶人格為物格，一切只為生存、為利益，絕非人性尊嚴的偉大價值，這也是立志非凡者，追求自我提昇的原因所在！

子曰：「人能弘道，非道弘人。」

●文意：孔子說：「是人透過學習，進而了解法則，運用法則，發揚法則大道；並不是法則大道支配人，運用人，而使人偉大。」

◆義解：道是法則、原理。因為無處不有、無時不在，所以稱為「大」。道是廣大無邊，非眼可見，卻要藉眼方可推知。從肉眼觀察其現象作用，由心領悟其法則原理，因為法則大道，奧妙神奇，故名「妙道」。法則大道之運行，本是無心、無意、無意識，但隨種種條件而演化推進。智者就是由「法則大道」的啟發和領悟，依循其理，倣效不違，達到自我昇華的目的。大道發揚的時候，如太陽當空，光明遍照；如和煦春風，庸容普潤。當大道隱褪，如雲蔽日，則文明隱滅不現，世道墮落，野蠻殘酷，橫行殺戮，人類幾近滅絕，遑論文明發展、文化傳續。故法則大道不能發揚，人道即滅。禮義廉恥是人道，仁義道德為天道，人道天道，都是善道。野蠻殘忍，惡行無恥，即是惡道。

子曰：「過而不改，是謂過矣！」

●文意：孔子說：「既然不是聖賢，當然會有過失；知過能改，就是君子。知道過失而不肯改正，繼續的犯錯，這是有心故意犯錯，稱為真正的過失。」

◆義解：「過」是過失，意思是太過和不及。太過是過份、過頭，超過本分。不及是不夠、不足，沒有盡到本分。沒有超過、也沒有不夠，就稱為「中庸」。就像下藥治病，太多是毒，太少無效。檢驗過失的標準就是「中庸」，有無過失的前提是「角色本分」。至於不學禮，不知禮的「庶人」、「百姓」則無過失可論，也不必論其是非對錯的，因此才有「刑不上大夫，禮不下庶人」之說。小人是未曾學過禮的「庶民」，一如受牧之羊群。士大夫如牧者，是知禮、知恥的管理者，天子、諸侯則是天下、國家之擁有人，稱為「國君」或「天子」。

民主時代，國家為人民共有同享，人民依法選舉政黨推選之代表人組織政府，領導國家。政府的成立是由人民授權，為治權管理之基礎。因此「庶民」之程度有必要提昇為「公民」之水準，否則「庶民」與「小人」本就不知義理，唯利是圖，容易受到賄選、綁樁的影響，不能堅定立場，堅持主張，而使國家直接或間接受到金主或財團所把持。如果人民握有選舉之權，而無是非對錯，善惡好壞的明理程度及堅定勇氣，那民主制度反而不如君主制度或強人政治。如果是知恥、知禮的士大夫階級，來統治管理人民，國家尚可團結，一致對外；由「庶民」所選出的「無恥」、「貪財」的管理階層，將會把國家帶往一心求利的亡國下場。舉例而言，「庶民」就像「未成年人」一樣，是由法律規定禁治產業的人，因為尚無辨識之能力，所以不能賦予「未成年人」權力來指定家族事業的經理人、代理人；同理可知，由「庶民」選出的政府，就像把家業經理人指定權交給未成年的小孩子一樣，那麼家業必毀，家族必衰、國家必敗啊！

子曰：「吾嘗終日不食，終夜不寢，以思；無益，不如學也。」

●文意：孔子說：「我曾經用一整天的時間，不吃也不睡的不斷思考，但結果並沒有甚麼收穫，所以還不如讀書、不斷思考的學習方法。」

◆義解：一日不食，對於身體並無傷害；一夜不睡，精神只是略顯不濟。如此靜思終日，當知理無所獲也。孔子似以身不動的方式，嘗試另類學習的可能性，結果並不理想。倘若孔子能以心不動的方式來靜思，才能以全新的角度，看待一切萬物，就像曾有過「瀕死經驗」的人，再回復身體知覺之後，對於人生、生命的看法，都會有大幅的調整及改變，尤其是「生死」的問題，會有超然無懼的態度。孔子的好奇心，著實令人讚嘆、佩服！但是即使孔子三日不食、不寢，也無法達成這「超凡入聖」的全新體驗。這是因為孔子的時代，中原地區尚未有完整的「禪定」理論、功夫。至於甚麼是「禪定」呢？略說如下：

禪定是由調整「言行」開始，進入心安之後，依序學習「調身」及「調心」。「調身」從減食到少食，然後斷食；若順利得定、入定，則不必飲食，出定之後才恢復進食。這是使新陳代謝逐步趨緩，安全而有效的方式，但較耗費時間，而且需有合適環境，甚至必須要有專人的守護（護法）才行。

其次，再往上一階段是「調心」。我們身心合一太久了，完全不知甚麼是「心」，更不覺「心」的存在和所在；譬如肉食者嗅不到「葷辛」的強烈臭味，因為適應麻痺了。心息相依，久而不覺，頓失心之所在，唯知有身，不知有心。心是指「注意力」，或稱為「意」，或稱「能知」，不可稱為「感受、感覺」。「感受、感覺」是注意力和感官知覺相對接觸後所起的作用，稱為「所知」，是能知的內容、對象。感覺和記憶都是由心與境（相）融合而生的再製品，而不等於心，不可錯認。「身」是眼睛、耳朵、鼻子、舌頭、皮膚這五種感官，各有其功能，或稱「作用」。眼睛有攝「相」、「物」的功能，就像照相機、攝影機一樣。景物是所攝物，眼睛是能攝體，兩者相對，畫面同步便生。雖有畫面，卻無所知，因為（和）合（製）成的畫面不能自知，也無自覺，必須等待「心」（注意）到之後，才會知道、知覺。「心到」就是「注意力到」，如果不注意、沒注意就必然不知、不覺。

我們的身心依附、合一太久了，注意力從沒有一刻離開過身體，只是不斷地注意「五感畫面」，處理畫面上的無窮資訊，盡忠職守。即使在睡眠無夢的時候，「心」也還鎖定在「出入息」上面。息就是呼吸，所以「調心」就是「調息」。「調身」的目標是不動，也就是端身正坐，使五感（所知畫面）作用由緩至慢，由慢至不動，不起作用。由於困難度高，所以調身期間必須配合調息，把注意力強迫專注在呼吸上，注意出息，注意入息，注意出入息。透過調息可以快速有效地使五感作用趨於停止。當畫面停止，心無處可依（注意），又不能自由離身，於是就只能再回到「呼吸」上面來。由於此心久動成習，而今忽如退休老人，無事可忙，便有昏昏欲眠的傾向，所以學禪定的過程，總不免常常去「夢周公」，這稱為

「掉」，就是「走失念頭」的意思。又有時候，心會興奮難抑，想東想西，想做這、想做那，不肯休息，這稱為「舉」，是「飄揚」的意思。「掉舉」是由「好奇本能」和「貪求所知」的習慣性造成，想要完全消除掉舉必須靠「智慧」、「見解」的圓融通達才有辦法，單靠禪定只是治標，不能治本。穩穩入定的時候，就不會有掉舉；而失定的時候，必是掉舉時。至於一般人則是終身在掉舉之中，從不知不識「心」是何物？「定」是何意？

人類的文明及文化的發展是以五感為基礎，是永不出感官畫面的範圍，所以文明受限而成宿命。除非能超越這種生命型態，心不再緊依此身，徐圖超越感官範圍，察見感官以外之資訊，否則像登不了月的地球人，永不見地球之全貌，不知太空之無極，宇宙之浩瀚。禪定亦如是，若能離形（體）反觀自身，如登月之太空船，反觀地球，則「色界」的禪定功夫已成，這稱為「心解脫」或「心自由」！如此再進修「無我智慧」，便可早證解脫自由、自在無礙的終極理想。（既不在醒，也不在睡，就是禪定狀態。）

子曰：「君子謀道不謀食。耕也，餒在其中矣；學也，祿在其中矣。君子憂道不憂貧。」

●文意：孔子說：「立志為君子的人，追求的是通曉法則大道的意義，而不會把榮華富貴、權勢地位當作追求的目標。一個人肯耕作、也會耕作，即使沒有美食，難道會餓死嗎！

君子從事思想文化的耕耘，何必擔心沒有成就呢？君子就怕不會耕耘，不肯學習，以致學無所成。至於免不了的辛苦過程，君子倒不怎麼擔心！」

◆義解：依據長養、教養環境的不同，各人有各人的「人生路」；雖然途途迴異，但是「身安」與「心安」二者，應該是所有人的基本目標！也許會有先後次第的不同，但是絕不可以「茫無所知」、「歧路亡羊」。如果「身不安」，則痛苦難免；一旦「心不安」，則煩惱憂愁。所以，人必須能「安身」，遠離痛苦；更要「安心」，擺脫煩惱。簡易的「安身」之道就在一技、一能，以此技能交換生存所需，則能順利「安身續命」。「安身」之後接著要學「安心」，「安心」之道就是能「無愧於人」與「知命無求」，無愧於角色本分則「心安理得」；了知生死有命、富貴在天，則能「死心無求」；所以君子「氣定神閒」、「威儀端莊」，因為「誠於內者必形於外」。立志要成為君子的讀書人，就是知道羨慕「心安理得」、「心平氣和」的聰明人。君子通達「天命之道」，所以心甘情願地配合、接受命中「福分」的有、無與多、寡，不再擔心「貴賤貧富」的問題。當然，除了少數人以外，一般人都是在先擁有「身安」之後，才有餘力學習「安心之道」，追求「心安理得」的寧靜與祥和。孟子也這樣說過：「學問之道無他，求其放心而已矣。」

子曰：「知及之，仁不能守之，雖得之，必失之。知及之，仁能守之，不莊以涖之，則民不敬。知及之，仁能守之，莊以涖之，動之不以禮，未善也。」

●文意：孔子說：「首先，即使有智識才華，受到賞識而任職，如果沒有仁恕之心，謹慎小心，不敢傷害百姓，那麼已經就任的職務，也會被拔除職務的。其次，智識才華足以任職，同時又有仁恕之心，也能處處小心，避免傷害百姓，但是面對百姓的態度踞傲輕浮，那麼百姓就不會尊重你、配合你。如果智識才華足以任職，仁恕之心能不傷害百姓，而且面對百姓的態度謙恭而莊重，可是在執行各項工作時候，凡是需要百姓配合的工作事項，卻沒有用禮貌、客氣的方式邀請大家配合，這樣的領導仍然有瑕疵啊！」

◆義解：「為君難，為臣不易」。「為君之難」在識人之明，舉而任之，用而不疑。識人標準是士人的禮義廉恥。舉任困難在於排除眾議、各種阻力。信任的關鍵在莫求小利，勿求速利，否則常常換人，施政紊亂，百姓定然不安。「為臣不易」在智可及之，仁能守之，莊以涖之，動之以禮。所以明君和賢臣，就是國家之福；也是人民有福，而有明君賢臣出世。有明君出世，必有賢臣相隨，有賢臣出世，不必然欣逢明君在位，是故有「懷才不遇明主」之說。賢臣不遇明主，當如之何？立言傳述，自求大道，獨善其身，隱居明志而已！

子曰：「君子不可小知，而可大受也。小人不可大受，而可小知也。」

●文意：孔子說：「樂天知命、讓而不爭的君子，不會在小事上表現突出、搶盡風頭的；可是在大是大非的任務上，君子是可以安心託付、無庸置疑。反之，唯利是圖，無羞恥心的小人是不能託付重大任務的，但可以在攸關利害的事務上，看到他優異的表現。」

◆義解：只要利益不大，不足以誘動小人的貪心，就不必擔心他變節出賣。但是都無利害，也很難引出小人之欲心，使小人有傑出的表現。君子不問利之有無，利之大小，只問該或不該，義與不義而決定受請與否。小人之心，在於利害，君子之懷，在於心安。心在利者，利為主人，心奴隨之；心能安者，居易俟命，樂天無憂。小人為利，自降為奴，終日憂思，求利避害，四處問卜，趨吉避凶。有求於人，矮他一截，有求於利，自矮為奴。矮他為慚，自矮為恥。捨有求心，莫管利害；但問是非，明辨好壞；君子心安，小人心煩。心安者由學而成，心煩者純信感官；智者善用感官，體悟法則大道；愚人受制感官，自欺迷惑顛倒。

子曰：「民之於仁也，甚於水火。水火，吾見蹈而死者矣，未見蹈仁而死者也。」

●文意：孔子說：「只要是人都需要水火才能活下去，而仁恕的品德，遠比水火更重要。我看過被水溺斃或焚身而死的人，可是還不曾見過為了實踐『將心比心，不害他人』而死亡的人。」

◆義解：佛法中有「寧持戒而死，不破戒而生」之語；孔子說「未見蹈仁而死」的人，那麼實踐仁恕並沒有多可怕嘛！只是未經學習耕耘的仁恕之心，只怕是「日月至焉」、

「偶一為之」而已，難成大用的。

子曰：「當仁不讓於師。」

●文意：孔子說：「面對仁恕的考驗時，不必有『不敢超越老師』的想法。」

◆義解：良師難得，益友難尋。良師授徒，旨在傳道，弟子的成就，也是老師的榮耀。若不願、不肯學生的成就超越老師，這是惡師、邪師，應該早早遠離，拜在門下也不會有成就。良師自受師恩，故願報答師恩，全力栽培弟子，惟恐學生無成，對不起所受師恩，怎麼會怕學生超越自己呢？所以學生當仁不讓於師，足證師德，山高海深，學生感佩。

子曰：「君子貞而不諒。」

●文意：孔子說：「君子把握正直高尚的根本原則，甚至為此而違背了承諾和角色。」

◆義解：在是非對錯的前提下，利害得失不值一提；在善惡好壞的標準前面，角色本分的是非對錯也可以不信守的。譬如奉命殺人，受命害他，雖身有任務，執行殺害之事，但君子必設法放生、不殺不害，因為「仁恕道義」更重於角色、是非。又如，只要違背角色本分，便有利可圖，即使士人都不恥為之，何況君子知命不爭的智慧呢？

子曰：「事君敬其事而後其食。」

●文意：孔子說：「服務公職的人，要把配合上級領導人，完成份內工作，當作優先，至於自己的薪資和福利，則看成次要的。」

◆義解：有其職必有其事，必有其食（俸祿）。以農為例，職為農夫，事為耕作，食為收成。以士為例，職為有司，事為公務，食為薪俸。孔子說有職者要「先其事而後其食」，即先事後得，先難後獲。又以「敬」來先其事，以「禮」來後其食。「敬」是誠心誠意，「禮」是謙取本俸。有職者是有角色要扮演的人；有其事是有工作內容和責任範圍，有其食是權利收益，福利待遇。臣子擔心工作不力，任務不成；君王擔心照顧不周，臣子待遇不好，這叫上下一心，水乳交融。反之，則是君臣猜忌，離心離德。

子曰：「有教無類。」

●文意：孔子說：「我從事教育工作，只看他願不願意誠心學習，並不會設定他要具備甚麼條件，我才肯教他。」

◆義解：願學之心，至高無價。孔子不強迫人學，也不勉強勸學，身為教育者像個指路人，只是被動配合求學者、問路人而已。來人肯問、願學，孔子不拒教；不願來學、來問，孔子不勸教。若已入學，孔子舉一隅，他不能以三隅反，則孔子也不再教了，因為學者不肯主動好學，只靠老師是沒有用的。《禮記》中有：「禮聞來學，不聞往教。」就像治病一樣，有「病聞來醫，不聞往治」的道理。又如叩鐘，學者自叩，然後聞聲發悟；鐘鼓豈能自叩自鳴，強迫聞者之必聽呢？

子曰：「道不同，不相為謀。」

●文意：孔子說：「如果受到領導人邀請出任職務，但是服務之後發現彼此志向和理想不同，差異甚大，就應該請辭職務、卸除角色而去。」

◆義解：小人為利而任職，沒有志向可言。士人、君子都是立志聖賢之道，所以雖任職或未任職，概以合不合於正道，決定相助謀畫或不相為謀。像冉求幫助季氏富於周公，聚斂百姓而受孔子責備，是因為冉求放棄仁義的提升，屈身甘做季氏發財的工具，致使孔子傷心、自責而不得不表態啊！

子曰：「辭，達而已矣！」

●文意：孔子說：「文字語言，只要能清楚表達自己的心意就可以了！」

◆義解：見解只求正確，不要模擬兩可，似是而非。在想法上，只要求簡單不複雜，不知道的不猜，知道的不忘；在說話方面，只要能清楚不含混；在做法上，只求能努力實踐不中斷，量力而為有效果。

師冕見。及階，子曰：「階也。」及席，子曰：「席也。」皆坐，子告之曰：「某在斯，某在斯。」師冕出，子張問曰：「與師言之道與？」子曰：「然，固相師之道也。」

●文意：名為冕的樂師來拜訪孔子。孔子到門外接他，進入內庭，到了階梯前，孔子出聲說：「這裡開始是階梯，往上共幾階。」進入屋內，孔子引導樂師到客席位置然後說：「這裡是您的席位，請坐。」當大家都就坐之後，孔子又再介紹說：「今天同會的人有某甲，他在您右手第一位，某乙在您左手第四位……」直到介紹完成，然後才正式開始由樂師說明來訪的事由。來訪結束之後，樂師告辭離開了。學生子張請問老師說：「剛才我看到的，就是和盲眼樂師說話的方式嗎？」孔子回答說：「對啊！這正是輔助盲眼樂師的說話方式。」

◆義解：盲眼為殘障弱者，若能得到明眼人的幫助，也能完成各種工作。盲眼者不受色相干擾，故能專心於音聲，適合習樂，而且容易成就。人生命運高低起伏，或成或敗；不順之遭遇，亦如盲者之待助。如果無力相助，亦不該落井下石，或乘他處於弱勢，而欺壓凌辱之，小心「各人造業各人了」，現在自作罪孽，將來承受惡報啊！

十六、季氏

季氏將伐顓臾。冉有季路見於孔子曰：「季氏將有事於顓臾。」孔子曰：「求！無乃爾是過與？夫顓臾，昔者先王以為東蒙主，且在邦域之中矣，是社稷之臣也，何以伐為？」冉有曰：「夫子欲之，吾二臣者，皆不欲也。」孔子曰：「求！周任有言曰：『陳力就列，不能者止。』危而不持，顛而不扶，則將焉用彼相矣？且爾言過矣！虎兕出於柙，龜玉毀於櫝中，是誰之過與？」冉有曰：「今夫顓臾，固而近於費，今不取，後世必為子孫憂。」孔子曰：「求！君子疾夫舍曰欲之，而必為之辭。丘也聞，有國有家者，不患寡而患不均，不患貧而患不安。蓋均無貧，和無寡，安無傾。夫如是，故遠人不服，則修文德以來之。既來之，則安之。今由與求也，相夫子，遠人不服而不能來也；邦分崩離析，而不能守也；而謀動干戈於邦內。吾恐季孫之憂，不在顓臾，而在蕭牆之內也！」

●文意：魯國大夫季孫氏準備出兵攻打魯國的附庸國顓臾。學生冉求和子路一起來見老師，報告說：「我們服事的大夫季孫氏準備要討伐顓臾。」孔子說：「求啊！這豈不是你身為家臣的過失嗎？那依附魯國的顓臾，自古就由歷代的魯國君王同意下，敕封為東蒙山的主祭國，分管東蒙山和附近一帶的土地和人民，也可以算是魯國的國境之內，同為納稅和朝覲的臣子，顓臾立國有名有分、有憑有據，為了甚麼事而要出兵討伐呢？」冉有說：「季孫大夫執意如此，我們兩個身為他的臣子，雖然不贊成，但也沒用啊！」孔子說：「求啊！周任先生曾經說過：『就任在位的人，要忠於自己的角色，努力完成自己份內的工作，如果做不好、做不到的話，就該辭職離開。』季孫大夫準備要從事錯誤又危險的戰爭，身為家臣的你，竟沒有能力剖析對錯，告知季孫大夫並加以勸阻，這樣看來，季孫大夫任用你們為家臣，到底是要輔助甚麼呢？你剛才說的話，真是大錯特錯啊！猛虎從圍欄裏跑出來，咬傷了路人；無價的珍寶美玉，碎裂在儲藏的盒子裡，難道都沒有人要負責任嗎？」冉有急著辯解說：「可我是為了季孫大夫的後世子孫設想，這個顓臾，愈來愈強大，又那麼接近季孫大夫的封地費城，現在不先出兵佔領，將來後世的子孫一定會為此煩惱啊！」冉求以為自己身為家臣，所以要為季孫大夫出兵佔領顓臾找個理由，這應該就是「陳力就列」了吧！沒想到老師回答說：「求啊！君子最痛恨那心裡想要，口說不要的小人，還弄些冠冕堂皇的理由來掩飾，自欺欺人。我曾聽說，凡是擁有國家的君王，或是擁有家族、家業的大家長，並不煩惱人數不夠，只擔心分配不平均；不憂愁日用不足，只擔心動盪不安。這是因為資源分配公平了，人心就平服，所以即使日用不足、餘糧不多，也不成問題。君臣上下相安，國家就能安定不亂，人民彼此和諧共處，團結互助，就不怕人數太少。像這樣的國家，如果邊境或遠方的人，常常作亂，不服我國的領導，那麼就要好好的推行文明的教化，作一個文化的強國來吸附他們的向心力，甚至願意歸化為我國人民。對於願意入境歸化的人，也要進一步安置他們，使他們融入社會，安居樂業。

如今子路和你二人，共同輔佐季孫大夫治理國政和家政，對於遠在邊境的人不肯服從領導，又不能透過推行教育來吸引他們的心服歸順；國境內分封、分管的附庸國不能同心協力，反而離心離德，於是開始擔心守不住自己的封國領地，然後計劃用武力，發動國內的戰爭，佔領顓臾這個無罪的小國，還要美其名說是為後世子孫設想。我看啊！季孫大夫真正該憂愁的，不是在顓臾的問題上，而是在季孫大夫自家宅內，你們君臣上下之間啊！」

◆義解：孔子的傷心是可想而知了；自己的學生受到賞識，就任季孫大夫的家臣，可是不能輔助季氏往光明正大、仁義大道、普施萬民的正確方向前進，反而用「利害得失」的價值觀去引導季氏大夫，在孔子看來，簡直是導盲之人牽著盲人走在懸崖山巔、瀑布、峭壁上，真是居心不良。看似忠心，其實是害人的主意，是恩將仇報的行徑。孔子自認羞恥有愧，竟教出這樣顛倒，自以為是的弟子。

政府存在的目的，是透過施政來協助人民解決問題，而不是製造問題；任用人才輔助施政，不是幫忙誤導方向，製造問題。冉有認為討伐顓臾是解決問題，是忠臣之所為；孔子認為是製造問題，是佞臣之所為。其實這件事不難說明，就是「車走陸路、船行水路」罷了！治理國家要分享施恩，照顧民眾，絕對不能像「營利」的公司企業，甚至與民爭利，否則國家必然分崩離析、政權輪替。營治家業如同經營事業組織，講求安居樂業、事業興盛，營利倍增，枝葉繁衍；否則，損益難平，日不敷出，家業凋零，樓蹋家滅。如果反其道而行，錯把家業當慈善事業，施恩無求，分享大眾，則家道必亡，家業必滅；而把國家當私人家業經營，則官員貪污、掏空、五鬼搬運，國運必然衰敗，最終難逃滅亡。嗚呼！車行水路，必遭滅頂；船走陸路，豈能移步；治理用工具，善用則興盛，誤用則敗亡。冉求、子路非不用心，只是身處亂世，欲求出仕，當然只能迎合「主子」的喜好啊！像顏淵、閔子騫都是「早知如此」，所以「隱居明志」、「獨善其身」去了！

孔子曰：「天下有道，則禮樂征伐自天子出；天下無道，則禮樂征伐自諸侯出。自諸侯出，蓋十世希不失矣；自大夫出，五世希不失矣；陪臣執國命，三世希不失矣。天下有道，則政不在大夫。天下有道，則庶人不議。」

●文意：孔子說：「天下太平，社會安定的時候，禮樂的制度和戰爭的發動，都是由最高領導人（天子）來決定。當天下大亂，社會動盪，人心不安的時期，天子不能決定，反而是由國力強大的諸侯在主導。如果是由諸侯來主導，這個天下大概也傳不了十代了！如果諸侯的政令是由大夫來主導，那麼這個國家的壽命，大概最多再傳五代吧！如果不是大夫，而是大夫家裡的家臣，陪同大夫治理國家，名為陪臣的來主導，那麼不出三世，國家一定滅亡啊！天下太平，社會安定的時候，政權是集中在天子，最高領導人的身上，而不會旁落在臣子、大夫的手中。如果領導人英明有為，施政得宜，天下太平，那麼即使是平凡無知的百姓，也不會因為抱怨生活困難，而大街小巷的議論施政了！」

◆義解：秦國統一天下之後，打破分封，實施郡縣，所以政出大夫，陪臣的情況消失了，代之而起的是宦官干政，後宮干政，乃至外戚（姻親）干政，直到清末的垂簾聽政，形式雖然不大相同，性質卻是如出一轍。歷史法則顯示，小人無恥，嗜利貪求，犯上作亂，永不知足。所以，與其要求小人知恥有禮，盡忠職守，不如選出敏捷睿智、宏觀遠見的上位領導人來統御大眾；否則國一日無明主，家一日無賢長，亡國敗家，指日可見矣。

孔子曰：「祿之去公室，五世矣。政逮於大夫，四世矣。故夫三桓之子孫，微矣。」

●文意：孔子說：「魯國君王不能行使爵祿賞罰的權力，已經將近有五代了。推動國家政令的行政權皆由大夫掌握，也已經差不多有四代了。照這個情形發展下去，那麼桓公的三房子孫，仲孫、叔孫、季孫，也正走向衰微的方向了。」

◆義解：魯國君王大權旁落，成了有責無權，大夫執政則是有權無責。不管是刻意或無心所造成，但亡國的起步就從這裡開始了。名不正則言不順，言不順則事不成；「禮」的教育和執行，蕩然無存，那麼再好的制度也會成為亡國的幫兇啊！

孔子曰：「益者三友，損者三友：友直、友諒、友多聞，益矣。友便辟、友善柔、友便佞，損矣。」

●文意：孔子說：「可以幫助自我提昇的朋友有三種，造成我日趨下流的朋友，也有三種。行事正直的朋友，信用可靠的朋友，見聞廣博的朋友，這三種朋友是肯定有幫助的。表面正直，背地裡是另一套的朋友；溫柔體貼但沒有信用的朋友；口說甚麼都懂、甚麼都會，其實是略知皮毛而沒有真才實學的朋友。這都是肯定有害於我，會拖累在學的我，千萬別懷疑啊！」

◆義解：樹木不能選擇生長的環境，也不能選擇來棲息的鳥類，可是身為人的「我」，擁有多於植物、礦物選擇的自由。不過，一旦選擇錯誤的方向、內容，那麼最後的下場將比沒有選擇權的樹木、礦物還悽慘哩！因此如果不會選擇，不知道怎麼選擇，那就乾脆不選擇，放棄選擇吧！這樣總比亂選擇要好得多；就像沒有把握答題，就乾脆空著別答，起碼不會倒扣分，付出代價；如果硬要猜、硬要選，就該先想想付得起、付不起痛苦又昂貴的代價啊！假如沒有放棄的權力、非答不可的話，那就趕快加入學習的行列吧！益友有三種，略說如下：

首先，「友直」的朋友，在日常生活中，不會在私下是一套行事風格，而面對你相處時又是一套，就是俗話說的「兩面人」、「雙面諜」，這是表裡不一的人。以學生為例，在老師面前是一套，在同學面前又是另一套；或在父母面前是一種態度，在朋友面前，他又是另一種樣子，好像變色龍一樣。雖說是適應力強，生存高手，但這是迷失自我，毫無原則立場，他是被時空環境所擺布的傀儡（布偶）而且不知不覺地成為生命和生活的奴隸，不知何去何從！所以，千萬不能與「兩面人」交往，因為「物以類聚」啊！（自己遲早也會變成兩面人）。

其次，「友諒」的朋友誠實而可靠，不會欺騙我，甚至利用我、出賣我來獲取他的利益。最後，「友多聞」的朋友好學又好問，是終身學習、致力提昇的人，這種朋友一定見聞廣博，因為好學，所以日日月月、歲歲年年、時時進步，是真正一輩子可以幫助我終身學習的好朋友。當我氣餒灰心將墮落的時候，他像阻力板，擋住向下墮落的力量；而在我欲振乏力的時候，他像彈力墊，助我騰空上躍的力量。兼具三益友於一人時，那才是真正的知己、摯友，千萬務必珍惜善護。

孔子曰：「益者三樂，損者三樂。樂節禮樂，樂道人之善，樂多賢友，益矣；樂驕樂，樂佚遊，樂宴樂，損矣。」

●文意：孔子說：「有三種習慣應該要努力培養，可以幫助自我提昇；也有三種喜好一定要禁絕，不禁絕則於未來必使我墮落，無法自拔。喜好有節制（規矩）的禮樂生活；喜好談論別人優秀的表現；以及喜好有眾多能力強、智慧高的朋友。這種喜好的傾向，對自我提昇肯定是大有幫助；至於喜愛勝他而驕的快樂，喜歡四處旅遊的快樂，以及喜歡酒食聚會的快樂；凡是喜歡『感官享受』的快樂，對於自我提昇的人，就像吸毒上癮、慢性自殺般的自我傷害啊！」

◆義解：「樂節禮樂」，所以作息正常，做人正派，做事成功。「道人之善」，可以長智慧，砥礪自勉，效法追隨。「多賢友」如入芝蘭之室，潛移默化，亦染其香。「好驕樂」，則常觀他過；好責人，則停止進步。「好佚遊」，則縱心四散，浪費光陰；「好宴樂」，則追求享受，發狂墮落。立志提昇的人，務必謹慎交友，三益三損，皆由人始，交友之道寧缺勿濫。提昇者求三益友，習三益之樂。一般人則要避交三損之友，禁絕三損之樂。

孔子曰：「侍於君子有三愆：言未及之而言，謂之躁；言及之而不言，謂之隱；未見顏色而言，謂之瞽。」

●文意：孔子說：「陪同君子的時候，要注意的三種過失：第一種是君子沒有問話，你卻搶著要發言，這叫做『急躁』；問到你了，請你發言，而你卻靜默無言，這叫做『隱瞞』；不管君子的臉上表情如何，就任性而說，這叫做『白目』。」

◆義解：侍於君子也可以解釋為陪同父母、師長、領導人的意思。至於平輩朋友和晚輩子姪，則不依此論。本篇下對上說話的原則，是做人的禮節，也是硬性規定，無可商量。

孔子曰：「君子有三戒：少之時，血氣未定，戒之在色；及其壯也，血氣方剛，戒之在鬬；及其老也，血氣既衰，戒之在得。」

●文意：孔子說：「君子有三件警惕不敢忘的事：第一、二十歲以前，身體的器官組織還在發育中，要禁絕男女性行為，以免傷害身體。第二，二十到四十歲時，身心處於亢奮的狀態，容易失控犯錯，不要因為意外的小事，加入口角爭鬥，後果難以預料。第三，七十歲以後，精神和體力都大不如前，時時提醒自己要放緩、放慢和放下。」

◆義解：少年多行淫欲容易傷害身體，使身體早衰，老化，故當戒之。壯年好爭好鬥是惹禍上身的重要原因。俗話說：「是非多為強出頭」，如果惹出大事，傷人害命，國法難容，家敗財散；即便小事，也要道歉賠償。所以中年戒鬥，最好忍耐。老年時期，身衰力竭，而心如風，忘卻此身已老，不能如意而行。登高爬梯，上階下階，危若懸絲，萬一跌倒，輕則肢障，重則喪命。老人家日常有人陪侍最好，如果沒有，那麼自己務必學習放緩、放慢生活的作息，別以為那些習以為常的活動，都是簡單容易、平安無事、理所當然的！更重要的是用「放下、放鬆」來調整生活態度和心情。若不放下，則於己緊縛，常與人結怨；不放鬆，則於己緊逼，與人常齟齬。老人生活應該不管閒事，也不問事，日常生活寬寬鬆鬆，悠遊來去、任來任去，便是快樂活神仙。

孔子曰：「君子有三畏：畏天命，畏大人，畏聖人之言。小人不知天命而不畏也，狎大人，侮聖人之言。」

●文意：孔子說：「居易俟命的君子，由了解大道而生敬意，由敬意而生畏懼的三件事：第一敬畏天命的運作，接受命運的安排，不怨不尤。第二敬畏有地位、身分的領導人，佩服他的智慧和能力。第三敬畏聖人所說的法則真理，不敢違背，以致後悔。唯利是圖的小人因為不了解法則大道的運作，僅憑感官所知所見，對於人生起伏不順，逆境低潮，行險僥倖，抵抗衝撞，拒不受命，完全不知道自己是一錯再錯，惡性循環；對於上級領導人，輕視戲弄不尊重；同時還鄙視和羞辱聖人所說的法則真理。」

◆義解：有智者「畏天命」，甘願配合命運安排，故心無憂。知禮者「畏大人」，效忠支持，故心無愧。知大道者「畏聖人之言」，依言而行，故未來無悔。小人未學之故，但憑視聽感官所知所見，據以為是。管中窺豹，瞎子摸象，以偏蓋全，迷走利害之井，不見井外天地之大。由不學、不知故，於天命法則運行，不肯接受，不願配合，抵抗衝撞，螳臂擋車，可笑至極。乃至嘲笑君子宿命消極，懦弱悲觀。小人自大驕傲，瞧不起上級領導人，甚至不服領導，抗命不從。更曲解玩弄聖人所說的真理，製造笑梗，娛樂大眾、百姓，其罪在三惡趣，長劫難出。

孔子曰：「生而知之者，上也；學而知之者，次也；困而學之，又其次也；困而不學，民斯為下矣！」

●文意：孔子說：「生下來沒有經過學習，就能看懂事情，明白事理的本末因果，可以算是第一等的上上人。經過學習之後，也能看懂事情，了解事理的人，可以算是其次的上等人了。如果是因為遭遇困難，身處困境而生起求解之心，進而學習有成的人，則又次於上等人，可算是中人吧！如果受諸苦難，煩惱憂愁，卻還不知道要進學求解的人，那正是平民百姓始終是平民百姓的原因了！」

◆義解：從孔子的分析可知人分四等，並非天生。不像身分、地位與福分是天命不可改換！生而知之的人是自觀察、自學習，不必人教，確實聰明有智慧，宛如「天生」。其次的就需要老師有系統、有階段，按步就班，循級而上的教學方式，才能完成。再其次的是被迫，被動而學，逼不得已，又名「苦學」；幸好這一類的人，最終也能完成學習，解決困難。至於一般人則是不學、沒學、未學，原因是「不知道學」。就像生病的人，放棄醫治，因為不知道、不相信自己染病，或不知道、不相信有治病之藥，故不知往醫求治。已知求學而不成功，過失在老師；困而不學，過失在己，無可怨人。所以棄學、不學，就是自暴、自棄、自損、自害，必悔於後，必苦在後啊！

孔子曰：「君子有九思：視思明，聽思聰，色思溫，貌思恭，言思忠，事思敬，疑思問，忿思難，見得思義。」

●文意：孔子說：「君子有九項長期培養的思考習慣。

第一、自問看的完整，看的清楚了嗎？
第二、聽到的清楚完整嗎？能明白意思嗎？
第三、自己的臉部表情，舉止態度，都能保持溫和不過分激動嗎？
第四、舉止態度能保持謙讓（不爭）恭敬（有禮）嗎？
第五、發言能不忘自己的角色，配合自己的角色本分不違背嗎？
第六、任職工作能以敬慎之心，有始有終的完成嗎？
第七、遇事有疑，能打破沙鍋問到底嗎？
第八、受人侮辱，氣憤難平，想要採取報復行動的時候，能先想想、估算一下，自己能不能承擔將來的後果嗎？
第九、見到意外的財利，能同時想到合情、合理、合法的標準（是非對錯、善惡好壞）嗎？」

◆義解：以此九思自問，自省角色本分，是非對錯，善惡好壞，砌磋砥礪，自強不息。君子以此自勝，兼勝他人，為他人所不及也。

孔子曰：「『見善如不及，見不善如探湯。』吾見其人矣，吾聞其語矣！『隱居以求其志，行義以達其道。』吾聞其語矣，未見其人也！」

●文意：孔子說：「『看到好人和好事，就像獵物追不上似的難過；看到惡人和壞事，就像把手伸到沸騰的水裏似的害怕。』我見過這樣的人，也聽說過這樣的說法！『時代環境不允許，沒有施展抱負的舞台，那就隱居起來，完成獨善其身的理想；時代環境允許，各種條件都配合，那就把握登台的機會，大演一場貢獻所學、兼善天下的好戲。』我曾經聽過這樣崇高的言論，只是至今沒有親眼見過這樣的人！」

◆義解：「見善如不及」是自強不息之道，永遠為追求理想和目標而努力。「見不善如探湯」是自保不墮之道，也是上進不退的最佳保險栓！「隱居」是不得已而為，不是吝於分享、貢獻，只因「道不同不相為謀」。「行義」不是為自得其樂，而是「獨樂樂不若與眾樂樂」，「先天下之憂，後天下之樂」。仁德君子之志，救民於水火，拯民於苦難，置民於安康，教民以禮樂，導民以仁善，昇民於太平。

齊景公有馬千駟，死之日，民無德而稱焉。伯夷、叔齊餓於首陽之下，民到于今稱之。其斯之謂與？

●文意：齊景公個人擁有上等的駿馬幾千隻，到了他去世當天，老百姓竟然想不起來齊景公有甚麼了不起的德政，讓百姓追憶和紀念。武王伐紂，平定殷亂，伯夷、叔齊認為這是「以臣弒君」，於是隱於首陽山，採食野菜充饑，誓不食周朝生產的穀糧，最終也如其誓願，餓死在首陽山上；可是他們謹守人臣的光輝品德，至今流傳在民間百姓口中，「隱居以求其志」說的不就是他們嗎？

◆義解：富貴不知施恩助人，枉費歷劫修福，福報現前而不知善用。貧賤能依禮守分，恕他不害，及至命終，天眾來迎，升天享福。貧者日用不足，富者日用無缺；升天之道，無關貧富！墮獄之路，問罪有無？

角色本分，禮義廉恥，人道之極；善惡好壞，仁義道德，天道之域。生時不修，死後必悔。續福之道，施恩不求；人天之道，受辱不報；禽獸之道，無禮亂倫；孤魂鬼道，唯利貪求；刑獄之道，傷生害命。小人知禮，便入士林，羞恥有愧，別於禽獸。士人知命，躋身君子，讓他不爭，心安理得。恕他仁者，施恩大德，民之所依，世之所典。文明所本，天道所佑！

陳亢問於伯魚曰：「子亦有異聞乎？」對曰：「未也。嘗獨立，鯉趨而過庭。曰：『學詩乎？』對曰：『未也。』『不學詩，無以言！』鯉退而學詩。他日，又獨立，鯉趨而過庭。曰：『學禮乎？』對曰：『未也！』『不學禮，無以立！』鯉退而學禮。聞斯二者。」陳亢退而喜曰：「問一得三：聞詩，聞禮，又聞君子之遠其子也。」

●文意：學生陳子禽來請問孔子的兒子孔鯉說：「你是不是聽過不同於課堂上所教的內容呢？」孔鯉回答說：「沒有啊！有一次私下的對談，那時父親在廳堂裡，我快步的從堂下的前庭通過。父親問我說：『學過詩了嗎？』我回答說：『沒有。』父親接著說：『不學詩，怎麼與人溝通，表達心意呢？』於是我就開始學詩了。還有一次，也是父親在廳堂中，我正好從前庭通過。父親又對我說：『學過禮了嗎？』我回答說：『還沒有。』父親接著說：『不學禮，怎麼與人相處，立身社會呢？』於是我就開始學禮了。我和父親私下的對談，就是這兩次吧！」子禽離開後開心說：「我只是提問一件事，沒想到卻得到了三個答案啊！第一、原以為學詩不過就是課程罷了，現在才知道學詩才會與人溝通，表達心意呢！第二、本以為學禮是一種課程而已，現在才明白，與人相處，和諧融洽，才能立足社會上的方法，就是透過禮來達成。第三、君子對於自己孩子的教育方式和其他學生也沒有甚麼不同嘛！」

◆義解：《詩經》裏的詩，都是作者以委婉、含蓄的方式，摘取生活故事、情境、自然萬物來影射、諷喻，使聽者自己領悟，避免直言刺耳，令人不快，以致偏離主題，甚或觸怒聽者，引動殺機。說話表達比吃飯更重要，飯亂吃不會要人命，話亂說會要人命的。所謂「良言一句三冬暖，惡語一句六月寒」啊！好事不怕多，好話不怕少，會說話才能有效溝通，完成目的！

「禮」就像「交通規則」一樣，學會並遵守實踐，才能通行無礙，安全回家。人們想要立足社會，如同行車於道路車陣之中，依序依法而行，就會平安無事。反之，必然事故連連，罰單接不斷，罰金繳不完。所以，不懂「禮」就不會做人，不知如何扮演自身角色，連帶影響、妨礙他人，最終一定淘汰出局，驅趕下台，為人恥笑，痛苦煩惱，憂愁悔恨，竟不知是不懂「禮」所造成的啊！

十七、陽貨

陽貨欲見孔子，孔子不見，歸孔子豚。孔子時其亡也，而往拜之，遇諸塗。謂孔子曰：「來，予與爾言。」曰：「懷其寶而迷其邦，可謂仁乎？」曰：「不可。」「好從事而亟失時，可謂知乎？」曰：「不可。」「日月逝矣，歲不我與！」孔子曰：「諾，吾將仕矣！」

●文意：季氏家臣陽貨時任大夫，來拜訪孔子，可是孔子不想見他，於是先一步出門，陽貨撲了空，於是留下見面禮，一隻蒸熟的小豬。孔子不得已，於是打聽了陽貨不在的時候，依禮回拜陽貨。結果，好巧不巧，竟在路上相遇了。陽貨告訴孔子說：「過來吧！我們談談吧。」陽貨說：「擁有治國的才能，而任令國家昏亂，能算是仁者嗎？」又說：「這可不是仁者吧！」又接著說：「雖然有興趣從政，卻常常把握不住機會，能算是智者嗎？」陽貨頓了頓又說：「這也不算是智者吧！」最後陽貨把目光移向遠方，看著遠方說道：「光陰飛逝的很快啊！歲月不會為我們等待的，你好自為之吧！」孔子回答說：「好的！我要出來任職，服務大眾！」

◆義解：陽貨雖然是個佞臣、叛臣，可是他的見識，分析能力，表達能力也是一等一的高明。他知道孔子不願見他，於是用「蒸熟的小豬」這種貴重的見面禮，逼使孔子不得不「依禮回拜」。陽貨甚至料見孔子回禮時，也一定會打聽自己不在的時候來訪，所以將計就計，先放出假消息，自己則提前在路上等待，安排一場「不期而遇」的戲份，以及一段「知交體己」的肺腑之言。陽貨的字字句句，入情入理，深深打動孔子。尤其年輕未經歷練的孔子，根本就像陽貨手中的「珠子」，任他轉來轉去；太厲害啦！這個陽貨，如果不是私心太重，年輕的孔子也不會因為成見而不肯見面，甚至可以為陽貨效犬馬之勞。如果陽貨能一心為國，也許魯國也會成為五霸之一呢！

子曰：「性相近也，習相遠也。」

●文意：孔子說：「人的天性，本來是相差無幾的，但是由後天的環境，條件之不同，天天接觸的薰染也不同，日久養成之後，當然就千差萬別啊！」

◆義解：「心」的性質和作用，人人相同，原來都是清淨無染的。但是，因為迷境（感官畫面）、染污（貪愛享受），所以如同「鏡面」一樣，就會暫時喪失了鏡面「無物不照」（遍知）的功能，而呈現垢穢髒汙的狀態；嚴重時，甚至就連「鏡體」的樣貌也看不出來。可怕啊！深沉而緩慢的汙染，令人不知不覺，逐漸墮落，無力反抗。想要回復「本有清淨」、「無憂無慮」的人心，就必須依序逐級地由下往上學習，就像「蓋樓房」一樣，要先打好「筏式」基礎，接著建築「地下室」，然後一層、二層、三層……，直到完工，才能安享辛苦付出的「回收成果」（安居無憂）。「筏式」就是自給自足、日用無缺，做到就能「身安」。「地下室」則是要奉公守法、敢做敢當，也能大致「平安」；「地上一層」是角色本分、禮義廉恥，做得到就能「心安」（無愧）；「地上二層」是恕他不害、心平氣和，做到了就能「了無遺憾」（無憂）；「地上三層」是離欲無求、心淨無染（色界）………。從「身安」到「心安」，然後「心平」，再來「心淨」；如果行有餘力，繼續「上達」還有「心定」、「心自由」、「心自在」、「自由自在」。奮起吧！有志氣的學者！

子曰：「唯上知與下愚不移。」

●文意：孔子說：「只有『智慧圓融、通達法則』和『心靈閉塞、愚頑癡鈍』的這兩種人，在這輩子裏，不管用盡任何方法也不能改變他們的！」

◆義解：俗話說：「冰凍三尺，非一日之寒」。厚達三尺的凍冰，是不可能用一天的日曬來融化的。所以除了上智之免學，以及下愚之棄學外，一般大眾都可以透過學習來改變自己的氣質、形象和命運（指未定的）。如果人壽可以長達千歲，那麼下愚也可以經改造而成上智的！「學如逆水行舟，不進則退」，愚昧不是倒楣、不幸、運氣不好的結果，而是因為既不知自己受制於感官所知的不足，又不能停止如滾雪球般的下墮，因而無可避免的逐漸淘汰。所以只要棄學、不學，那麼最後的下場就是愚昧、迷惑、煩惱、痛苦啊！

子之武城，聞弦歌之聲，夫子莞爾而笑曰：「割雞焉用牛刀？」子游對曰：「昔者，偃也聞諸夫子曰：『君子學道則愛人，小人學道則易使也。』」子曰：「二三子！偃之言是也，前言戲之耳！」

●文意：學生子游任職武城的領導人，孔子由子游陪同參訪武城。孔子進入武城內，聽到了彈琴唱歌的聲音，孔子禁不住的笑著說：「殺雞何必用上牛刀呢？」子游回答說：「以前我聽老師說過：『在上位的領導人，學習禮樂之道，就了解如何照顧百姓，避免傷害百姓；而在下位的民眾，學習了禮樂之道，就知道為甚麼要支持政府和配合政令了。』」孔子聽完之後說道：「各位，子游說的很對！我剛才是句玩笑話，大家可別當真啊！」

◆義解：由此來看，不僅治理國家，治理城市，治理企業，甚至治理家族、家庭、臨時團體，也是大同小異的。領導與被領導看似對立，角色本分迥然相異，但其實同為一體，而為對應關係。由目的相同，說是同為一體；從各據其位，各司其職，故說為「對應角色、演對手戲」！

「獨木不成林，獨角不成戲」。群龍無首，便是一盤散沙；上下齊心，可以戰無不克。上位領導人不學禮樂，必隨感官而去，放縱七情六慾，必然危害百姓，激怒民怨。若民怨沸騰，則政權不保。下位百姓不學禮法，必隨求生目的；只顧利害得失，漠視法令如無物，鑽營苟且。毫無羞恥心，全無榮譽感，必遭刑戮或禁錮囹圄。

公山弗擾以費畔，召，子欲往。子路不說，曰：「末之也已，何必公山氏之之也？」子曰：「夫召我者，而豈徒哉？如有用我者，吾其為東周乎！」

●文意：季氏的家臣公山弗擾佔據了季氏封邑費城，公然叛變，並派人通知孔子，請孔子前往相助，而孔子也有意前往。子路不高興的對老師說道：「沒有地方可以弘揚理想，那就算了吧！何必去將就那個叛變的公山氏呢？」孔子說：「這個公山氏高舉正義旗幟，高喊復興魯國的名義來徵召我，難道都只是為了叛變找藉口嗎？如果公山氏有心重振魯國而專任於我，那麼我將使周公的文治禮樂，大大地推行在周朝的東方啊！」

◆義解：子路以為老師有「饑不擇食」的傾向，大違平日孔子的形象。而孔子以世亂國危而憂，再不挺身而出，將難力挽狂瀾，若及時覓得舞台，弘揚禮樂之道，則不必太久便能復興斯文道統於天下。而魯國和齊國都在周朝的東方，又是兄弟之邦，所以才說「東周乎」！孔子認為公山氏雖然背叛季氏，但季氏自己不忠於君王是「始作俑者」，所以不忍以「竊鉄者死，竊國者侯」的標準來看此事，而是用更高層次的觀點，不計個人毀譽，先上舞台，逐步推動貫徹禮樂制度，只要正了魯國君臣的名分，那麼季氏的不忠和「目中無君」就自然消滅不現，而公山氏的叛行和口號就更不可能成立。由子路的出言反對，更能體會孔子所說：「知我者，其天乎！」的原因了！

子張問仁於孔子。孔子曰：「能行五者於天下，為仁矣。」「請問之？」曰：「恭、寬、信、敏、惠。恭則不侮，寬則得眾，信則人任焉，敏則有功，惠則足以使人。」

●文意：學生子張向老師提問「仁」的實踐方式。孔子說：「在這個世界上，能夠做到五點原則，那就有資格稱為仁者了。」「可以說明是哪五點嗎？」孔子說：「恭敬有禮、恕他不報、說話誠信、勤快敏捷、施恩分享。對人恭敬有禮，就不會自取其辱；寬恕而不報復，就可以得到大家衷心感佩的支持；說話誠實信用，就會受到人們的相信和依靠；動作勤快敏捷，辦事就有成績和效率；施恩分享所有，就可以使人心甘情願為你效勞。」

◆義解：對人恭敬尊重，就不會換來屈辱，而是換來尊重，所謂「敬人者，人恒敬之」。其次，如果自己沒有過失，但卻因雙方誤會而衍生摩擦或衝突，甚至受到對方的嚴重傷害，而能寬恕對方，不報復對方，則對方將從害怕畏懼報復轉為愧疚、報歉、悔恨以及感念饒恕，心生佩服，進而成為自己背後默默支持的力量，這與施恩不求報答有異曲同功之妙。說話有信用的人就像企業商譽之無價。信用不容易建立，卻很容易破壞，尤其是從利害得失的觀點出發，信用變得可有可無，甚至出售信用交換利益。因為守信不易，所以不可輕易承諾他人，而忘了量力而為。簡單的說，角色不可隨便接演，戲服別隨意穿上，如果上了舞台，就像過河卒子一樣，再也沒有回步重來的機會啊！總之，嚴格地說，「失信」就是「背叛」啊！

勤快敏捷的人，樂在耕耘，雖然不能確定何時、何地可以回收成果，但深信不耕耘，絕對沒有回收。至於有氣無力，敷衍了事，消極被動的人，除了不知道或忘掉了自己的角色本分之外，大概根本原因就是沒有因（想說作）果（收穫）律的概念，或者懷疑不信的態度所致吧！最後能為人奉獻，也願意分享自己所有資源的人，不但受到歡迎，而且人人甘效犬馬之勞，深知不會被利用白作工的，甚至於毛遂自薦，自動請纓，主動配合，這就是施恩分享的感召力、影響力啊！

佛肸召，子欲往。子路曰：「昔者由也聞諸夫子曰：『親於其身為不善者，君子不入也。』佛肸以中牟畔，子之往也如之何？」子曰：「然，有是言也。不曰堅乎？磨而不磷。不曰白乎？涅而不緇。吾豈匏瓜也哉？焉能繫而不食！」

●文意：中牟領導人佛肸派人來徵召孔子前往相助，孔子有意前往救助中牟百姓。學生子路一聽說佛肸來召之事，立刻來提醒老師說：「我曾經聽您說過：『領導人敢於親身做出不仁不義的事，像這樣的國家或地方，有品德的君子是不肯進入的。』現在范氏大夫的家臣佛肸佔據中牟城抵抗晉國的軍隊，這是犯上背叛的行為，而您卻有意前去幫助佛肸，這是明顯的前後矛盾，不是嗎？或者您還有別的解釋呢？」孔子回答說：「是的，我曾說過這句話。可是也有一句話：『最堅硬的東西，怎麼打磨也不會受到磨損而改變；最潔淨的東西，永遠也不會受污染而變質的。』況且我怎麼能像那味道苦澀的匏瓜，一直掛在那架子上，永遠不拿來食用啊！」

◆義解：魯哀公五年，晉國大夫趙簡子（鞅），利用執政的優勢，想要消滅世仇范氏大夫，於是出兵伐范氏，圍攻范氏的封邑中牟。當時中牟的宰官叫佛肸，率兵抵禦晉君的軍隊。孔子認為趙簡子挾晉君以令諸大夫，這分明就是公報私仇。佛肸據城抵抗，表面上像是背叛晉君，而實際上是為求自保，免於受趙簡子大夫的滅族戰爭。

「親身為不善，君子不入」，這是怕他人誤會，以為君子也能接受不善之人、不善之國、不善之家、不善之行，所以君子必須有所表態。可是現在孔子遇到了非常狀態，這次佛肸的召請，頗有求助於孔子的味道。可是孔子明知趙簡子大夫與范氏大夫之間的世代仇恨由來已久，現在范氏滅族已經迫在眼前，再加上孔子求覓舞台許久之際，大有一拍即合之勢。所幸孔子終究打消念頭，辭不受請。倘若孔子執意而往，介入二家之爭，即使孔子能如所說不受污染，全身而退，也難以化解二位大夫的世仇家恨，何況當時的孔子既無勢（地位）又無德（身分），誰肯接受孔子之調解勸化呢？春秋時代，這些內亂多不勝舉，甚至孔子學生冉求幫助季氏伐顓臾，也是同類性質的事。周朝採行封建制度，封是指「封邑」，簡單說就是地方勢力、領地，是由中央授權。最高是裂土封國的諸侯，最低是大夫的家臣，就是士人。若以大夫家為企業，則士人相當於行政人員、業務執行；若以國家為企業公司，則大夫相當於部門經理；若以天下為企業、公司，則國君為分公司經理。這就是授權眾人，分工互助的文明思想，也是人類族群強大茁壯的根本原因，但是前提是必須配合「禮法教化」的條件（遊戲規則）才能達成，否則如鼎之三足，去一必倒。從

「春秋時期」的「失禮而亂」，到了「戰國時代」更甚於前，已經是「無禮而亡」了！例如「三家分晉」，那也是「戰國時代」的起點。沒有角色本分的養成，則「授權」成了小人在朝當權，而不得不自取滅亡。毋怪乎法家能應時而起，秦用李斯之議、設郡縣、廢井田，行中央集權，政出中央了！（禮制授權以信任為基礎，法制授權以不信任為基礎！）

《大學》裏有格物、致知、修身、齊家、治國、平天下之語。「格物」就是「正物」，正是端正、效法；物有可見之「相」與不可見的「法則」，集可見之「相」與不可見之「法則」，合之而稱為「物」。「致知」是完成應知，就是學習。人人皆有「生而能之」的感官知覺能力，可以見物之相，聽物之聲，嗅物之香，嚐物之味，觸物之體，但卻不能知「物之理」，解「物之則」。或說只能知物之「已然」，不能知物之「所以然」。同時，感官作用只能呈現環境的「局部」，不能完整顯現「全部」，這稱為「感官所知不足」，所以孔子說：「多聞闕疑、多見闕殆」，為的就是「以補不足」。

人生存於天地之間，受萬物法則所支配，逆之則消亡，順之則興盛；所以先由人中智者，發現其中所以然，輾轉以教後來者，名為「文化傳遞」。由學習完成的「知致」，由養成（訓練）完成「身修」。士、大夫完成修身，名為「家齊」；國君完成修身，名為「國治」；天子完成修身，名為「天下平」。反之，家不齊、國不治、天下不平，一切皆由學習成否開始，因為「其本亂而末治者否矣」。想要天下平，怎麼能撇開「修身」的養成起步呢？

子曰：「由也，女聞六言六蔽矣乎？」對曰：「未也。」「居！吾語女：好仁不好學，其蔽也愚；好知不好學，其蔽也蕩；好信不好學，其蔽也賊；好直不好學，其蔽也絞；好勇不好學，其蔽也亂；好剛不好學，其蔽也狂。」

●文意：孔子說：「由啊！你聽過六種棄學或不學而產生的流弊嗎？」子路恭敬地回答老師說：「沒有。」孔子說：「坐下來，我告訴你：『雖然羨慕仁者的恕他不害，可是自己卻不肯展開學習，最後將受人欺瞞戲弄的下場。羨慕別人聰明有智慧，可是自己卻不肯加入學習，最後一定隨波逐流，一無所成。羨慕別人一言九鼎，擲地有聲，可是自己卻不肯加入學習行列，最後一定好說大話，自欺欺人。羨慕別人正直有禮，可是自己卻不想加入學習之列，那只有表面的血氣之勇，最後一定自縛自困，動彈不得。羨慕別人勇敢無懼，自己卻不加入學習之列，只是模仿表面行為，最後一定造反作亂，下場悲慘。羨慕別人剛正不阿，寧死不屈，自己卻不肯加入學習之列，終將狂妄自大，人群排擠，無處容身。』」

◆義解：見其「已然」而知道「羨其然」，那是不夠的，也是沒用的！或者以為模仿表面就夠了，叫做「畫虎不成反類犬」、「東施效顰」。須知：入學為始，畢業為終；他教我做，他演我看，他說我記，有知有解，能說能行，如此為「學」。

子曰：「小子！何莫學夫詩？詩，可以興，可以觀，可以群，可以怨；邇之事父，遠之事君；多識於鳥、獸、草、木之名。」

●文意：孔子說：「各位同學們，何不學學《詩經》呢？《詩經》裏的內容豐富而廣泛，可以振奮人心，也能啟發自己看待人事的角度，有的故事可以明白人與人的相處之道，或是心受感動、引起共鳴，獲得抒發鬱悶心情的管道；說到淺近處，起碼還可以學習如何對待父母，遠的可以瞭解面對上司、主管的方式；又能旁及世界上各種的飛鳥、動物、植物的名稱和自然環境的各種生態。」

◆義解：學《詩》的好處甚多、甚廣，孔子又以「不學詩，無以言」來警惕學者，所以應該學《詩》、學「禮」、「天命之理」！學《詩》才能掌握溝通之道，委婉有效。學「禮」才能端正名分和規矩，也能安定人心。學「天命之理」，才能接納命運，不違不拒，居易俟命，平安無事。

子謂伯魚曰：「女為周南召南矣乎？人而不為周南召南，其猶正牆面而立也與！」

●文意：孔子告訴兒子伯魚說：「你學過《詩經》裏〈周南〉和〈召南〉篇了嗎？一個人如果沒有學過〈周南〉和〈召南〉二篇詩句，那麼在他面對別人，想要表達溝通的時候，就像是面牆而立，往往不知如何開口說話啊！」

◆義解：《詩經》中〈周南〉、〈召南〉二篇，總共二十五首；有見事直述性質的「賦」，有借物比心性質的「比」，有抒情砥礪性質的「興」。由地方民情的不同，分為十五國「風」；在中央京畿、諸侯聚會的歌樂，稱為「雅」；而祭祀家廟的舞曲歌辭，稱為「頌」。這三種詩的種類不同，作用不同，目的不同。而抒發情感的「興」，借物喻心的「比」，以及見事直述的「賦」三種性質、手法，則遍於風、雅、頌中，並無不同。所以從風、雅、頌，可以默領說話的場合、環境、背景，必須念念察覺在心，就是隨時自知身處所在，然後由「賦、比、興」三種抒情的方式，傳達於人或自我曉諭。當然也要配合「禮」的外在形式和規範內容，才算完美。形式是指「請」、「謝謝」、「對不起」的口語部份和肅立鞠躬、當胸抱拳、點頭、單手示意、伸迎等等的基本禮節。規範內容是指角色扮演的不同，分為賓主、君臣、父子、夫婦……等。從內容到形式都不違背，又學詩能言，這樣做人就保證成功了！

子曰：「禮云禮云，玉帛云乎哉？樂云樂云，鐘鼓云乎哉？」

●文意：孔子說：「禮啊！禮啊！難道說的是用來相互致贈的玉器和絲綢製品嗎？樂啊！樂啊！難道說的是能發出聲音的樂器嗎？」

◆義解：玉或帛，那是「禮」的表徵、信物；衣與帽，則是「禮」的外飾、型制；名和分，才是「禮」的根本精神、究竟內容、最高原則！有了「禮法」才能使人們有別於禽獸，顯現人性尊嚴。「禮法」就是為了分工互助、團結合作、和諧共處、共享共榮所製定的遊戲規則，一如交通規則之於城市交通的不可或缺。道路若無交通規則可資依循，則交通失序大亂；社會若無法律可供遵守，則糾紛衝突無法解決，國家若無禮法可作依據，則人心不得平服。

小人學禮、知恥，當然可以昇華為士人君子，但絕不是模仿相互致贈禮物，當作是「禮」！如果違背角色本分，就算天天送禮，處處作揖，也是不能立足於社會的！同理，隨時耳聽音樂，隨處引吭高歌，而不能抒發內心情緒，處理苦悶鬱結之氣，那就像「鸚鵡學語」罷了（鸚鵡怎能明白音樂的神奇美妙和重要）！

子曰：「色厲而內荏，譬諸小人，其猶穿窬之盜也與！」

●文意：孔子說：「表情嚴厲威猛，而心裡擔心害怕的人，可以拿無知的小人作例子，差不多就是鑽牆挖洞竊取財物，小偷騙子一類的人吧！」

◆義解：「色厲內荏」就是裝腔作勢，又怕被拆穿真相的意思！無知無恥的小人中，最下等的大概就是小偷或騙子吧！在還沒有被逮捕或拆穿之前，也是人模人樣的瀟灑，但是他的心裡沒有一刻不害怕，害怕所做的「案子」，不知何時何日會被逮捕？也無時不憂慮，憂慮著下一次要如何成功「犯案」。

孔子為什麼把小人說的這麼「不堪」呢？因為小人不懂「角色本分」，所以幾乎隨時隨地都在「竊名」、「奪分」；對於「已承諾」、「應善盡」的角色本分，該說的沒說，或說的不夠，該做的沒做，或做的不好；不該說不該做的，胡說亂做一通，搞得天下大亂！已經犯錯了，又不能反觀自省，察覺過失，還說自己冤枉，都是別人的錯。唉！說小人是「穿窬之盜」，實在是太客氣了！根本就是一切的「亂源」啊！

子曰：「鄉愿，德之賊也。」

●文意：孔子說：「鄉里中有一種人，外表忠厚對人客氣有禮，可是心裡面沒有堅定的原則和想法，是個表裡不一、奸詐狡猾的僞君子，如果用仁義道德作標準，鄉愿就是假仁假義的騙子吧！」

◆義解：若把人分上、下二等人：上等人是通曉禮義廉恥、仁義道德者；下等人是吃喝玩樂，唯利是圖者。下等人中的「穿窬之盜」，差不多等於上等人中的「鄉愿」。小人無知又不知學習，憑藉本能求生求存，故成盜賊；地方士紳學不通貫，假借道學欺世盜名，故成鄉愿。那麼應該如何辨認「鄉愿」、「僞君子」呢？只要是不敢理直氣壯，振聲說理者，平日雖也能說是道非，一遇糾紛衝突，卻不敢據理力爭的這類人！看似脾氣不錯，其實是畏首畏尾。

仁德君子必然通達是非對錯、善惡好壞的道理，而且見義勇為，助人急難，雪中送炭。遇人過失不善，能先加以曉喻義理，同時恕他不報，而非忍氣吞聲，默默無言，卻在事過、人後批評攻擊；或者應該挺身而出、仗義執言的時候，卻懦弱怕事，溜之大吉。平日看似道貌岸然，在酒酣耳熱後，像狐狸尾巴，露出他虛偽不實、裝模作樣的真相。鄉愿就像是山寨仿冒品，破壞正版真品的信用，誤導世人看待正人君子，以為都是偽善欺人，表裡不一的騙子！

子曰：「鄙夫！可與事君也與哉？其未得之也，患得之；既得之，患失之。茍患失之，無所不至矣。」

●文意：孔子說：「真是自甘墮落的人啊？要怎麼和他共事一起效忠上級呢？這種人還沒發達的時候，朝思暮想著唯恐不能發達；終於有一天發達了、成功了，他又開始煩惱，害怕失去辛辛苦苦得到的一切。如果真的害怕失去這一切，那麼他將會不擇手段，保護他所擁有的一切，就算背叛上級、國家、眷屬……，也沒有甚麼好顧忌的！」

◆義解：飲食、交配是需求的緣起，稱為「欲」；快樂、趣味是喜愛的宿因，稱為「貪」。由貪欲故競爭而起，由競爭（比賽）和鬥爭（傷害）發展為戰爭（殘殺）。二次大戰中，德軍共殺害六百多萬猶太人，那是因為戰前的德國，政治、經濟多由勤奮聰明的猶太人所把持，而德國人撒克遜的種族自信的危機感彌漫，於是為了追求民族生存，避免猶太人蠶食鯨吞德國，由奉行法西斯主義的希特勒掀起戰爭，逐步發展為報復的樂趣，否則只要把猶太人驅逐出境即可，何須種族的大屠殺呢？德國人害怕失去國家，竟可以動員全國人民，展開「消滅猶太人」的行動，不正是孔子所說的「無所不至」嗎？孟子說：「殺一無罪而得天下，君子弗為也。」何況是大規模的屠殺呢？文明的價值，在於尊重並保障人人生存的權利；以及節制享樂的時間和次數，規範享受樂趣的程度，這兩項根本問題沒有下手處理，即使全人類共同祈願，天天祝禱世界和平，那不啻是癡人說夢！

子曰：「古者民有三疾，今也或是之亡也。古之狂也肆，今之狂也蕩；古之矜也廉，今之矜也忿戾；古之愚也直，今之愚也詐而已矣。」

●文意：孔子說：「以前的人民，普遍來說有三項缺點，可是時至今日的百姓，連這樣的缺點也不見了呢！以前的人民雖然狂野，還知道該有所節制，現在的人不但狂野，而且不知道適可而止！以前的人們，雖然喜歡做做樣子，但真的可以通過收買的考驗；現在的人，除了表面還煞有樣子，可是才稍稍考驗、刺激他一下，立刻就顯露出一副不共戴天、恨恨不平的樣子；以前的人雖然不大開化，可是性情率直可愛，現在的人不但沒有規矩，而且還姦詐狡猾、不老實。」

◆義解：「在山清，出山濁」。泉水如人心，在山裡的泉水，沁人心脾；途經數里（代、年）之後，隨其屢受染而漸污濁，人心亦是如此。因此，唯有教育，開化大眾，如淨水場的基礎設備及過濾方法，才能保持水之潔淨，雖是加工而非天然、本然，但是依然遠勝放縱染污的下場啊！

子曰：「道聽而塗說，德之棄也。」

●文意：孔子說：「在路上聽來的話，未經查證就信以為真，而且還跟著到處傳述，甚至加油添醋，唯恐天下不亂，簡直就是謠言的幫凶；這是自我放棄，背離品德的開始啊！」

◆義解：耳語或謠言是不負責任的惡行，只說是「德之棄也」，未免太客氣了！「道聽塗說」如同「包覆糖衣的毒藥」，可以傷害人於無形，誤導人於偏徑，是必須嚴格禁絕的惡行，因為那會害人不淺啊！同理可知，凡事只相信「眼睛」所見、「耳朵」所聞……也是容易受騙的人，最後難逃慘痛的後果。切記啊！感官知覺（視覺、聽覺……）可以參考，不可全信，因為感官的功能只能呈現「局部」的事實，不能呈現「完整」的真相；不過「事實真相」卻又必須借助「感官」這個工具才能達成的，別無他法！

子曰：「惡紫之奪朱也，惡鄭聲之亂雅樂也，惡利口之覆邦家者。」

●文意：孔子說：「我厭惡不黑不紅的紫色，往往取代了紅色的純正；也厭惡靡靡之音的鄭國音樂，破壞了莊重肅穆的正統音樂；更厭惡那些說著動聽的話，其實是包覆個人私欲，不惜出賣國家民族的無恥小人。」

◆義解：「非禮勿視」故惡「紫之奪朱」；「非禮勿聽」故惡「鄭聲之亂雅樂」；「非禮勿言」故惡「利口之覆邦家」；「非禮勿動」故惡「唯利之亂天下」。其實，紫未必奪朱，乃無智使然；鄭聲亂雅樂，貪欲之喜好；利口覆邦家，如魚就餌去；若為國家計，一切從學起！

子曰：「予欲無言！」子貢曰：「子如不言，則小子何述焉？」子曰：「天何言哉？四時行焉，百物生焉，天何言哉？」

●文意：孔子說：「我不想說話了！」子貢大吃一驚地說：「老師如果不說話，那麼學生們要拿甚麼來往後代傳述呢？」孔子說：「天有說過甚麼嗎？四季不是照樣運行，萬物不是一樣生長，老天有說過甚麼嗎？」

◆義解：如果以傳述的目標來說，孔子說的實在夠多了，做的也不算少！刪《詩》、《書》、寫作《春秋》、教授弟子；其若有效，至此可以「無言」矣！其若無效，則又何須「再言」也。聖人無（欲）心以為體，有言、無言皆為用；亦是法天地之無心，萬物生之、滅之為用。古人之「無心恰恰用」是「極高明而道中庸」也。孔子欲入無言，即天地之無心；觀四時之流行，任萬物之竄生；如天地之無言，如大道之無心也。

孺悲欲見孔子，孔子辭以疾。將命者出戶，取瑟而歌，使之聞之。

●文意：有一位魯國人，名為孺悲，前來請見孔子，希望能拜孔子為師，學習「士禮」，孔子請人轉告孺悲，目前身體微恙，不能相見，但也沒有交代另約時間，改日再見。傳話出去之後，孔子開始彈琴唱歌，而且讓琴音傳到孺悲耳中，有意讓孺悲好奇的想想是甚麼原因不見他？

◆義解：古代禮制的規定，求助或請見長者，不但要有介紹人、介紹信帖，還要準備適當的見面禮，不是想見就見、想來就來的！簡單說就是有求於人、求助於人的時候，應當有所準備，豈可隨性而來、任意而見。以將心比心來說，他人要見我、求助於我，也不可以不管我的意願，不顧我的狀況，以及是否有能力，有準備。所以透過介紹人，傳達想見之心；透過介紹信，簡述來意及求見者的自我介紹，見面禮則是感謝撥冗允見之心意。孺悲本意就是要來向孔子學習這方面的知識，所以當然不會知道自己是「違禮」請見，純粹只是憑著滿腔的熱誠而來。孔子明白孺悲的來意之後，是「依禮」辭而不見，而不是不近人情。然後請人傳話說自己有恙在身，不方便相見；另一方面，卻又彈琴唱歌，要讓孺悲知道孔子沒病，欲使孺悲不得不好奇思索其中的道理，難道是自己錯了嗎？後來孺悲果然如願地拜孔子為老師，並且成為以「喪禮」聞名的飽學之士。看來孔子處處教人、時時啟蒙，並不計較身份、地位或形勢啊！

宰我問：「三年之喪，期已久矣！君子三年不為禮，禮必壞；三年不為樂，樂必崩。舊穀既沒，新穀既升，鑽燧改火，期可已矣。」子曰：「食夫稻，衣夫錦，於女安乎？」曰：「安。」「女安，則為之！夫君子之居喪，食旨不甘，聞樂不樂，居處不安，故不為也。今女安，則為之！」宰我出。子曰：「予之不仁也？子生三年，然後免於父母之懷。夫三年之喪，天下之通喪也，予也，有三年之愛於其父母乎？」

●文意：宰我請問老師說：「『禮制』規定，父母之喪要守三年，我看一年就足夠了！有身分、地位的領導人，用三年守喪，種種禮儀必廢棄破壞；守喪三年中，遠離音樂，也不彈唱，一定會生疏忘失。舊米吃完，新米登場，用來生火的材料也重復一輪了，父母之喪，一年之期，應該夠了吧！」孔子問說：「服喪期間，吃著新米，穿著錦衣，你安心嗎？」宰予回答說：「安心啊！」「你能安心的話，你就去做吧！有身份、有地位的領導人，在父母之喪期間，心情哀戚悲傷，想到所受的恩德，再美味的食物也不覺得好吃，再美妙的音樂，也不覺得快樂，住處再好也不覺得舒適，所以在三年守喪期間，粗食素服，不習禮樂，用以表達孝子感恩父母養育的恩德。現在你說服喪一年，便能安心飲食，重習禮樂，那你就去做吧！」宰予告退出去。孔子感嘆的說：「宰予真是不仁啊！兒女出生後要滿三年之久，才能不再讓父母抱著照顧，時時刻刻，不敢休息。所以三年守喪的制度，通行全國各地，從來沒有人會反對。宰予啊！難道就沒有從父母那裡得到三年的襁褓照顧嗎？」

◆義解：雖然「禮不下庶人」，但是三年禘祼，世之所同也。不過，現實條件差異甚大，譬如君侯、王公、貴族，他們家大業大，不愁吃穿索用，可以專事於喪。反觀平民百姓，只要一日不作，便是一日無食；乃至自幼為父母所棄、或者無父、或者無母，沿街行乞度日，云何守喪？何況三年？是故論孝須問二個要件，第一問「受恩」，其二問「所能」。一論「受恩」。若是父母所棄，不曾受恩，僅有生育，未得養育；當知「以直報怨」，自是「福分」如此，不必怨天尤人！應當自立自強，面對「天命」安排。倘得父母生養呵護，栽培教育，恩似大海，情比山高；當知「以德報德」，孝子念恩，頂立戴德，昊天罔極！生育之恩，應葬父母，養育之恩，應祀牌位，教育之恩，終身不忘，施教後人，報答師恩。二問所能。若自養尚且有虞，況乎廢日棄作，專事守喪？當自量力，營作喪禮；幸有孔子曰：「與其奢也，寧儉」之語，為人子者，依之而行，可以安心也。

子曰：「飽食終日，無所用心，難矣哉！不有博奕者乎？為之，猶賢乎已！」

●文意：孔子說：「每天就只知道把飯吃飽飽，而不知道用心學習，用心耕耘，將來怎麼會有收成（就）呢？不是有各種的益智遊戲嗎？就算是玩玩遊戲吧！也比睡覺、發呆好得多啊！」

◆義解：飽食終日，望天發呆，無所用心，雖生如死。吃喝玩樂是人中最下等，但還勝過活死人呢！看來好奇、玩樂心也可以開啟學習的大門，通往成功之路。當然遊戲所啟發的智能是不足以處理人生諸事的，只有進入有系統、有階段、有目標的完整學習，才是躍升理智、心安理得、平安無事的康莊大道啊！

子路曰：「君子尚勇乎？」子曰：「君子義以為上。君子有勇而無義為亂，小人有勇而無義為盜。」

●文意：子路請問說：「君子重視勇敢嗎？」孔子回答他說：「有身分、有地位的領導人最重視的是『為所當為』、『理所當然』。有身分、有地位的領導人，好勇鬥狠而不知道自己角色和本分，那麼依恃他的地位、身分遲早要叛上、作亂的。至於沒有身分、地位的普通百姓，好勇鬥狠而不知道做人的規矩，那麼由他的社會層級來看，早晚要淪落為黑道兄弟，走上亡命天涯的不歸路啊！」

◆義解：子曰：「知恥近乎勇」。勇敢有二：一是對己，一是對他。愚昧無知又悍不畏死的必入「黑道」，下場悲慘、悽涼。好學有智，知錯認錯，知過改過，敢作敢當，慚愧知恥，是行正道；心地光明，斷惡行善，無所畏懼，是真勇敢，非匹夫之勇。且有義（理）有勇（氣）者為善；有義必有勇，有勇未必有義；有勇無義為惡，惡人未必有勇，但一定無義。人之有義無義，全在知角色本分與否，在學過「禮」否？知禮為大人，不知禮為小人，這是做人的標準；有地位（官職）是大人，沒地位是小人（百姓），這是福分的標準。福分由天定，做人由學習。天定之事無可怨，怨亦無效；可學之智當自勉，學之即會。若有勇而無義，則領導人更悲慘於百姓，小人最多身敗名裂，逃亡至死。君子亡國敗家，連累所有人，乃至有滅家、滅族、滅國之虞也！

子貢曰：「君子亦有惡乎？」子曰：「有惡。惡稱人之惡者，惡居下流而訕上者，惡勇而無禮者，惡果敢而窒者。」曰：「賜也亦有惡乎？」「惡徼以為知者，惡不孫以為勇者，惡訐以為直者。」

●文意：子貢請問說：「明理知義、知命守分的君子還有討厭害怕的事（過失）嗎？」孔子回答說：「還有討厭害怕的事。討厭自己當面直指他人的過失（缺點），討厭自己被領導的角色，卻不服或譏笑、批評領導自己的上司，討厭自己違背角色本分又好勇鬥狠，討厭自己不見全貌（純憑感官所知），不通因果事理卻當機立斷，處事果決。」孔子說完接著問子貢說：「賜呢？賜也有討厭害怕的事嗎？」子貢回答說：「討厭把抄襲、仿冒（山寨）當作自己的成績；把爭先恐後、不肯禮讓當作是勇敢；把指責、攻擊看作是正直的行為。」

◆義解：君子自責，小人責他。自責故日新又新，責他故結怨報復。薄責於人可以遠怨，不能完全無怨，唯有仁者能忍受侮辱而不報復。子曰：「攻其惡，勿攻人之惡」。雖見他人之惡，事不干己，又不必代受其苦報，但自警惕在心即可。居下而訕上，是言語不敬，自壞品德；傲慢自大，任性不服，君子恥之。君子依三種德行，所以德業日進：思想念善，不肯念惡，是為「念德」；言語論善，不願稱惡，是為「口德」；行動作善，拒作諸惡，是為「行德」。「果敢而窒者」，必常悔恨於後。「徼而以為智者」，應屬「狗偷鼠竊」之行為，君子寧死不屑為之。「不孫以為勇者」，是野蠻無禮，歸為禽獸、畜牲之所行，君子亦恥也。「訐以為直者」，最損三德，君子畏懼，如臨大敵。君子好學，力求宏廣，自知不足，自顧不暇，如何顧他之所為？

子曰：「唯女子與小人為難養也！近之則不孫，遠之則怨。」

●文意：孔子說：「那大夫臣子的家中，就屬侍妾和僕役最難相處了！關係親近些，多所往來，就忘了自己的身分角色；關係疏遠些，不常招呼、噓寒問暖，他就抱怨不受到重視，毫無關懷。」

◆義解：「秀才遇到兵，有理說不清」。侍妾和僕役把家主人視為領導人、管理者，掌握了生殺予奪之大權，故盡心盡力服事，不敢怠忽。如果主人關懷多所慰勞，則會「侍寵而驕」，以致逾越分寸，令主人常生戒心，不敢接近相處。若是久不聞問，則又「哀怨歎息」，以為主人漠不關心，無情無義。故知主僕之道，殊為不易也。

子曰：「年四十而見惡焉，其終也已！」

●文意：孔子說：「一個人活到四十多歲了，還被人討厭，不受歡迎的話，那他算是活到頭啦！沒指望了！」

◆義解：浪子回頭，反敗為勝，不是沒有，也不是不可能，而是太少了，太不可靠了。「四十而見惡」是性格已成，心性已定，習慣已然，除非大徹大悟，幡然悔改，否則就像三審定讞般，無可挽回了！至於「見惡」的標準是「好人不喜歡我、遠離我」、「壞人喜歡我、親近我」，或吃喝玩樂、自甘墮落，或唯利是圖，無恥避責。

★人生須知：

1. 只知道吃喝玩樂，不知道利害得失的是「小孩」。
2. 已知道利害得失，不知道是非對錯的是「小人」。
3. 已知道是非對錯，不知道生死有命的是「士人」。
4. 已知道生死有命，不知道恕他不害的是「君子」。
5. 已知道恕他不害，不知道施恩分享的是「仁者」。
6. 既知道施恩分享，也實踐施恩分享的是「有德」。

7.學習要依序提升，逆流而上、不進則退是「法則」。

★心安不安：

1.小孩有玩樂則安，無玩無樂則不安；小人在乎利害，超越吃喝玩樂，心安勝於小孩。

2.小人利於己則安，不利有損則不安；士人在乎對錯，超越利害得失，心安勝於小人。

3.士人合於禮則安，過失違禮則不安；君子在乎天命，超越是非對錯，心安勝於士人。

4.君子俟於命則安，抗不順命則不安；仁者在乎不害，超越生死有命，心安勝於君子。

5.仁者不害他則安，妨礙傷害則不安；仁者恕他不害，獨善其身。

6.仁德者施恩濟助，兼善天下，心安無憂，福廣自在，更勝仁者。

★解脫順序：

1.學習一技之長，自力更生，擺脫無食之苦。
2.學習角色本分，守法守分，擺脫衝突糾紛。
3.學習天命之理，居易俟命，擺脫怨天尤人。
4.學習將心比心，受辱不報，擺脫受害妄想。
5.學習因果定律，持戒不害，擺脫往生惡趣。
6.學習施恩無求，分享奉獻，擺脫貧賤困阻。
7.學習安靜無為，退出角色，擺脫人事惱苦。
8.學習清淨無欲，退出家庭，擺脫世俗悲苦。
9.學習離欲禪定，退出欲界，擺脫五欲憂苦。
10.學習緣起四諦，退出邪見，擺脫老病死苦。
11.學習般若空慧，退出生滅，擺脫不自在苦。
12.學見本性，退出法界大夢，擺脫不得不知苦。

十八、微子

微子去之，箕子為之奴，比干諫而死。孔子曰：「殷有三仁焉！」

●文意：微子啟是殷紂王同父異母的哥哥，他見紂王昏庸無道，傷害百姓，於是進言勸諫，不幸惹怒了紂王，被削去爵位，罷黜為百姓。另外，殷紂王的二位叔叔，一位名叫箕子，也是因為直諫紂王，被削去封爵，罰為奴隸；另一位叔叔比干，更因為直諫而受到剖心之刑而死。孔子說：「殷代有三位忠君愛國，犧牲奉獻的仁德君子啊！」

◆義解：明知山有虎，偏向虎山行，殷有三位仁者，明知不可為而為之！明知殷紂王無道，可是自己的角色、身分不容許置身事外。為國為民，直言相諫，本就福禍難料，但是義不容辭！微子啟最先發難，勇氣非比尋常，後繼的是叔父箕子，冒著由富貴封爵貶為奴隸的凶險，以大義之心，行直諫之事，勇氣可嘆！最後比干豈只冒著罷封削爵之危，更令自身涉險至死，而無所畏懼；唯念身受國恩，欲報其德，不忍見殷之亡國，唉！螳臂擋車，雖不量力，捨身忘我，其心可佩啊！

柳下惠為士師，三黜。人曰：「子未可以去乎？」曰：「直道而事人，焉往而不三黜？枉道而事人，何必去父母之邦？」

●文意：魯國大夫柳下惠曾任魯國管理囚犯的典獄長，多次被免職。有人問他說：「您何不到別的國家去發展呢？」他回答說：「我選擇用正直的態度來服務，該到那個國家去才不會被多次免職呢？如果我改以完全配合上級領導人，拋棄正直守法的態度，那還需要離開自己土生土長的家園嗎？」

◆義解：以「正直」（光明磊落）為前提，哪裡不得罪人？雖然不免困頓、受阻，但是「因果定律」一定還你公道！不用「正直」來做人，哈腰小心不得罪人，也許受人歡迎、肯定，不過「天堂大門」不會為你開啟！

古人說：「知人者智，自知者明」，柳下惠自知所作所為、所得所受，堪稱為智者啊！忠於士師的角色，不依人君（領導人）之私欲，導致三黜其位，真實君子人也！善哉！君子人也！

齊景公待孔子，曰：「若季氏則吾不能，以季、孟之閒待之。」曰：「吾老矣。不能用也。」孔子行。

●文意：齊景公準備授權任用孔子，這樣說：「要像魯國那樣完全授權季孫大夫執政，這在齊國是有困難的；大約可以在季孫大夫和孟孫大夫二者之間的地位那樣來授權執政吧！」不久之後又對人說：「我老了，雖然很幸運的認識賢人孔子，但卻無力任用他來治理齊國了啊！」孔子知道了齊景公的想法之後，就辭行離開了。

◆義解：齊景公任用孔子治理齊國，要克服三項困難，第一就是他的年紀大了，無力再操心國政，除非重燃熱情，否則體力不足，難以為繼啊！第二項困難，是擔心萬一識人不明，所托非人，則貽笑國際，擾亂百姓之罪名擔當不起啊！第三個困難，是任用孔子是「空降」部隊，有「眾不服」、「無人脈」、「乏基礎」……等等的問題，如果沒有完善處理，反而造成上下不和，政令不通的爛攤子，孔子大可拍拍屁股，一走了之，可是齊景公卻得要收拾善後，年紀六十多歲的老人是經不起這樣的政治風暴啊！不過，歷史上齊桓公任用「叛臣」管仲，秦孝公用商鞅變法，何嘗都沒有困難呢？成功的原因就是克服了困難啊！因為困難不是無緣無故產生的，更不會無條件消失的。可惜啊！齊景公之遇孔子，可謂「雖有緣而無福分」，否則春秋、戰國史必將改寫無疑的。

齊人歸女樂，季桓子受之，三日不朝，孔子行。

●文意：魯定公十四年，孔子任職司寇，統攝行政（宰相）大小事，魯國大治。齊國害怕魯國強大了，齊國將被併吞或割地臣服，於是著手訓練一批美貌歌姬和舞女，然後送到魯國季孫大夫的家裡。季孫大夫不但接受了這批歌舞團，還找來魯君一起來欣賞玩樂。因為通宵達旦，體力透支，所以起不了床。結果連續三天魯君都不上朝，而且也沒有派人向孔子說明，無禮至極，於是孔子以「不告而去」的方式來警醒魯君和季孫大夫。

◆義解：由此可知魯君的昏庸逸樂，季孫大夫的自私不忠，孔子的無力回天。形勢比人強，天命不可違，孔子由此而周遊列國，求覓一方執政舞台。惜哉！劇情已定，時不我與啊！

楚狂接輿，歌而過孔子，曰：「鳳兮！鳳兮！何德之衰？往者不可諫，來者猶可追。已而！已而！今之從政者殆而！」孔子下，欲與之言。趨而辟之，不得與之言。

●文意：楚國有一位裝瘋賣傻的隱士，名叫接輿，他高聲唱著歌曲，故意從孔子車隊前面經過，唱的內容是：「鳥中之王啊！鳥中之王啊！怎麼會淪落至此呢？既定的事就別再管啦！未定的事還來得及準備啊！唉唷！唉唷！現在做官的很危險唷！」孔子知道這首歌是對自己唱的，於是下車，想與他說說話。可是佯瘋的接輿，快步閃避到人群中去，因此孔子終究未能和接輿有談論的機會。

◆義解：春秋戰國時代之亂，正是君子在野、小人在朝的寫照！各地隱士、賢人何其多呢！可惜不是市場主流，這些人可以說是「生不逢時」啊！歌曰：「生不逢時嗟可喜，隨份自修掘苦根，生死煩惱誰得免，身心受囚苦萬分。舞台不為我常備，歸隱勤耕樂自由，世間受苦有多般，霽月出塵任悠遊。」

長沮、桀溺耦而耕。孔子過之，使子路問津焉。長沮曰：「夫執輿者為誰？」子路曰：「為孔丘。」曰：「是魯孔丘與？」曰：「是也。」曰：「是知津矣！」問於桀溺，桀溺曰：「子為誰？」曰：「為仲由。」曰：「是魯孔丘之徒與？」對曰：「然。」曰：「滔滔者，天下皆是也，而誰以易之？且而與其從辟人之士也，豈若從辟世之士哉？」耰而不輟。子路行以告，夫子憮然曰：「鳥獸不可與同群！吾非斯人之徒與而誰與？天下有道，丘不與易也。」

●文意：楚國二位隱士長沮和桀溺，結伴耕作在田中。孔子的車隊正好經過，孔子派學生子路前去詢問渡河的碼頭位置。隱士長沮不答反問子路說：「指揮車隊的人是誰？」子路回答說：「是孔丘。」長沮又問說：「是魯國孔丘嗎？」子路回答說：「是的。」長沮說：「那他應該知道碼頭在哪裡啊！」頓時，子路楞了好一會兒，不知道該怎麼接話，於是又轉身去問桀溺，桀溺說：「你是誰？」子路回答說：「我叫仲由。」桀溺問說：「是魯國孔丘的學生嗎？」子路回答說：「是的。」桀溺於是說：「天下大亂，社會失序，已經不是人力可以改變的了！現在與其跟隨躲避小人的賢達之士（指孔子），還不如來追隨躲避亂世的智者（指隱士）呢！」手裡翻土的動作完全沒有停止。子路走回來報告老師，孔子聽完，撫著鬍子，若有所思，然後說：「遠離世人，與鳥獸同群共生，這可不是人們應該追求提昇的方向啊！我不和世人在一起努力改善這個世界，那該和誰在一起呢？如果天下太平，社會安定，那也用不著孔丘加入這個努力改善世道的行列（隊伍）了。」

◆義解：孔子雖有撥亂淑世的崇高理想，可惜遍尋無有知音者，就像手握奇珍異寶的行商，遍尋不得識貨的買家，還落個受人嘲諷的下場。弘道是困難險阻的大事業，本人必須先有弘道的大智慧，加上護道的大富長者，以及有福有命（指有緣）的受弘（教）對象才行，三者缺一不可。孔子雖然俱備改善天下的能力，但欠缺像齊桓公信任管仲的護道大人，而且亂世百姓又地位低賤，福分不足。所以，即使周公在世，堯舜再臨，也改變不了這樣頹隳的趨勢啊！

子路從而後，遇丈人，以杖荷蓧。子路問曰：「子見夫子乎？」丈人曰：「四體不勤，五穀不分，孰為夫子？」植其杖而芸。子路拱而立。止子路宿，殺雞為黍而食之，見其二子焉。明日，子路行以告。子曰：「隱者也。」使子路反見之。至，則行矣。子路曰：「不仕無義。長幼之節，不可廢也；君臣之義，如之何其廢之？欲潔其身，而亂大倫。君子之仕也，行其義也。道之不行，已知之矣！」

●文意：子路在老師的車隊墊後。不久，因故與車隊失散了，在路上遇到一位老人家，正用扁擔挑著竹筐走向田裡。子路於是走向老人請問說：「請問您有看見我的老師和車隊嗎？」老人回話說：「你們這些人，既不勞動四肢下田工作，也不能分辨五穀生長的不同，誰管你的老師啊？」老人邊說邊把扁擔和竹筐放下來，然後開始除草。子路不知道該說甚麼，只好雙手交疊在前，肅立一旁，等待老人。老人見子路言語不俗，行動有禮，於是決定留子路在家過夜，並且宰殺雞隻，磨黍作麵，盛情招待子路，又介紹自己的二個孩子給子路認識。

第二天，子路告辭離開，回來向老師報告此事。孔子聽完以後說：「這也是一位隱居不仕的賢者。」於是要子路再去拜訪。子路到老人住處時，老人已經出門了。子路不得已，只好把追隨孔子周遊列國的原因，說給老人家的孩子聽，並請代為轉達。子路這樣說：「讀書明禮知義的君子，放棄為國家人民服務奉獻，這是違背道理的。在家庭裡，長幼的禮節尚且不能廢棄不用，何況是影響國家存亡、社會安定的君臣制度呢？怎麼可以片面的自我放逐，隱居山林，否定這個制度的功能呢？難道只為了顧及個人、小我的高尚志節，所以堅持不肯混跡淌水，這樣反而會破壞了五倫中最高的人倫大義啊！學禮的讀書人出任公職服務大眾，這是理所當然、當作、該作的事啊！至於天下是否因此而安定太平，那不是你、我、大眾，早就知道的事嗎？」

◆義解：個人由父母養育成人，由婚姻而成家庭，三代五代而成家族，家族發展為部落，部落發展為國家，國家發展進而廣有天下。由個人以至於天下，就像從一粒種子逐漸發展長成大樹，是天地法則運作的真理。人類效法自然法則所以成為有生命的動物中，最強大的一支系統。強大的團體有利於個人的發展及危險的排除。

所以，個人不如家庭，家庭不如家族，乃至不如天下統一。為了達到天下統一、天下太平的目標，就必須克服個人「生性自由」的問題。歷史上解決的方法有二種，第一是禮，第二是法。「禮」是角色本分，是自律、自尊、羞恥和榮譽。「法」是法條，強制的他管、他律，完全漠視人性的尊嚴，否定、不信任人有羞恥心、榮譽感，所以「民免而無恥」。至於戰爭的亂世，那是「禮法全無」、「無法無天」的禽獸世界，唯有殘暴及毀滅，何來發展可言？

凡事強調個人自由的發展，最後就會演變成為自私自利，而自私自利正是破壞團結的根本原因。因此不得已制定了法律及規定，用以保障團體的安全與穩定。但這僅止於治標而不能治本，只能事後的解決，不能防範於未然；只能規範言語行為，不能轉變思想觀念。國家社會並非不需要法律，而是法律、法治是消極的、不夠的，也不足以達成長久而穩定的文明社會，徹底遠離殘暴殺害的恐怖世界。

因此歷代的聖哲，積累了無數血淚教訓，摸索出獨有的「禮樂文明」，幫助人類擁有更長久、更穩定的生活方式。歷史上，以法治國的下場，古代如秦國，近代則有二戰的德、日……，國力雖然強大但短促，絕非理想的人類文明和生活方式。所以為求長久而穩定的人類文明，應當先以「法治」為基礎，然後銜接以「禮樂」來教育大眾、安定民心；如此依序而學，就能安定社會，安定國家，安定天下。天下安定之後，人類追求心靈的昇華，探究生命的意義，於焉開展！

逸民：伯夷、叔齊、虞仲、夷逸、朱張、柳下惠、少連。子曰：「不降其志，不辱其身，伯夷叔齊與？」謂柳下惠、少連：「降志辱身矣，言中倫，行中慮，其斯而已矣！」謂虞仲、夷逸：「隱居放言，身中清，廢中權。」「我則異於是，無可無不可。」

●文意：面對亂世也不肯改變格調的高尚人士有：伯夷、叔齊、虞仲、夷逸、朱張、柳下惠、少連。孔子說：「不肯降格妥協，堅守既定的看法和立場，也不使自己受到羞恥和屈辱，這是伯夷、叔齊的志節吧！」又評論柳下惠和少連說：「考慮身處的時代、環境，放低身段、標準，以致多次受到小人的羞辱，但是仍舊保持發言謹慎，務必符合角色身分；態度謙虛，行動之前都能深思熟慮，不過，也就是這樣罷了！」又提到虞仲、夷逸說：「像伯夷、叔齊般隱居，像柳下惠、少連般發言，保持自身高尚，不至於受辱，但也因此放棄了推動中道的使命。」「自己就不同於他們，條件允許配合就出仕；條件環境不允許就隱居；可以發言就說說，不可以發言，或說了也沒用，就默然以對。」

◆義解：「逸民」是格調高尚的人士，也是堅守原則和立場的「有志之士」。孟子稱之為「有所為，有所不為」的志士仁人！而小人以「利害」為前提，也是堅守「賠錢生意絕不做，殺頭有利亦可為」的立場。孔子所說的「逸民」略有三種：

第一種是退隱山林，自給自足，與世隔絕，不與世人往來。

第二種是入於人群，參與眾務，屢受羞辱，依然恆守中道。
第三種是憤世嫉俗，批判世道，糾舉人心，立論世事國情。
這三種人生態度，雖然很不簡單，但稍有「頑固不通」的可議之處和不近人情的傾向。孔子說自己就不同於他們，當條件允許、配合，就出仕服務；條件環境不允許、不能配合，就隱居自修、不強求。可以發言就說一說、談一談，不可以發言，或說了也沒用，就默然以對。這是「無可無不可」、「隨心所欲」的瀟灑人生；這樣的自在，也是自古讀書人所嚮往的心靈境界。孔子的修養到此已經超然無礙，也是他說的「七十從心所欲不踰矩」人生境界了！

大師摯適齊，亞飯干適楚，三飯繚適蔡，四飯缺適秦，鼓方叔入於河，播鼗武入於漢、少師陽、擊磬襄入於海。

●文意：（殷紂王貪婪腐敗，世代傳遞的制度，被他破壞殆盡！以生活中的飲食為例，禮制的規定，天子用膳是一日四餐，除了「早餐」還勉強遵照祖制，在音樂演奏的氣氛下用餐，其餘的各餐，已經不在餐桌上食用，甚至在通宵酗酒之後，爛醉如泥，毫無食欲，還傳甚麼「用饍」之旨呢？何況是用以配合的音樂和演奏官員呢？）所以，從音樂的總指揮摰，帶著樂器去了相當於今日的齊國一帶隱居。另外，負責第二餐的干去了大約今天的楚國附近，而負責第三餐的繚，去了大概今日的蔡國。還有第四餐的缺，去了西邊的秦國一帶。擊鼓的方叔，聽說是藏身在黃河附近；手搖小鼓的武，可能是去了漢水，以及輔佐樂師們的陽和擊磬的襄，這兩人好像去了更遠的海邊隱居了。

◆義解：國家領導人昏庸無能，貪婪腐敗，必由自身開始破壞禮樂制度和法律制度，以遂其吃喝玩樂、感官享受的目的。由消極的不遵守或積極的破壞國家制度，美其名為「體制外改造」，徹底崩解國家依靠的體制，可長可久的行政制度，這就是領導人的腐敗或無能所造成亡國（政權輪替）的開始；而更不幸的竟然是當局者、領導人完全不知、不覺，還怨天尤人，怪罪萬方，唉！天地之道，分分合合，無常無恆，無長無久，又能奈何？

周公謂魯公曰：「君子不施其親，不使大臣怨乎不以，故舊無大故，則不棄也，無求備於一人。」

●文意：周公用嚴肅的語氣教誡魯公（兒子伯禽）說：「身為國家的領導人，不可以做出不關懷父母、不施恩親屬的錯誤示範；不可以讓輔佐自己的大臣不受任用而有不滿、抱怨的情緒；老臣和舊識朋友，如果沒有犯大錯以致終身不得錄用的話，應該盡量安排工作或職務，從而使他能肯定自我的價值；對待一般人不可以用十全十美的標準。」

◆義解：上位領導人有身教和言教的示範作用，「君王不愛親人」事小，民眾「有樣學樣」事大；「大臣怨乎不以」事小，賢才「不肯出任」事大；「無大故而棄舊」事小，「不報恩德」事大；「求備責全」事小，「自絕於人」事大。四事有一，國家不幸，何況四事兼具，國家豈能不危呢？周公之語，似愛其子，廣鑑其義，實為百姓。仁德君子，世人所仰！

十九、子張

子張曰：「士見危致命，見得思義，祭思敬，喪思哀，其可已矣。」

●文意：子張說：「讀書學禮的知識分子，能夠在緊急危難發生的時候，不怕犧牲自己的生命，堅守崗位；面對利益誘惑時，能夠衡量是否符合自己的角色本分；參加喪禮的時候，能以真誠心恭敬祭拜；主持或參加喪禮，能以感恩、悼念的心情來投入，能做到這樣就可以了！」

◆義解：「見危致命」是盡忠職守的極致表現，如同子路在衛國殉職，這是四維中的「義」（勇氣）。讀書明理的士人，對於自己承諾的角色，以及由角色所衍生的本分是權力、利益（福利）和職責、任務，具有堅定不改變的勇氣，依其責任而有所為、有所不為稱之為「義」。依其權利有所取、有所不取稱之為「廉」。若有疏失，過與不及，自知慚愧，勇於改過，稱為有「恥」、有「榮譽感」。如果再肯「下學而上達」，學「知天命」、「仁恕之道」，循序必成仁德君子。「天命」的起步，就在「自作自得、有作必受」，「恕道」的起步在「能近取譬、將心比心（自他換）」。「知命」的結果，能夠讓而不爭、樂天俟命（配合命運、不怨天不尤人）、心安理得。「知恕」的結果，能夠仁慈愛人，安詳無懼，心平氣和。

子張曰：「執德不弘，信道不篤，焉能為有？焉能為亡？」

●文意：子張說：「已經能把握住禮義廉恥，仁義道德的真實意義，可是卻不見他實踐於生活和工作中，或者斷斷續續、或者侷限範圍；像這樣的情形，怎能說他是「學有所成」的君子呢？同時，怎能期待他是『行不二過』的賢者呢？」

◆義解：禮義廉恥與仁義道德，合併簡稱「倫理道德」。明白倫理道德，卻不肯、不能實踐在生活工作中，原因就是「自以為明白了」，這是自欺欺人所造成。解決方法只有再回到理論上的加強研習、討論和背誦，沒有其他妙法解決。從耕耘到收成，必須按步就班，缺一不可。耕耘有二個階段，第一是理論階段，用於建立自己的思想系統；第二是實踐階段，按照理論的內容，依序實踐，逐步完成，就是累積收穫的能量。完成二階段耕耘的人，想不收成也難啊！試想水庫裏的水蓄滿了，怎麼能不往外溢堤或洩洪呢？

子夏之門人，問交於子張。子張曰：「子夏云何？」對曰：「子夏曰：『可者與之，其不可者拒之。』」子張曰：「異乎吾所聞：『君子尊賢而容眾，嘉善而矜不能。』我之大賢與，於人何所不容？我之不賢與，人將拒我，如之何其拒人也？」

●文意：子夏的學生來請問子張關於交友之道。子張說：「子夏是怎麼說的呢？」子夏的學生恭敬的回答說：「子夏這樣說：『各方面條件都不錯的就可以結交往來，如果條件程度不夠的就拒絕往來。』」子張聽完之後說：「我聽過的交友之道不是這樣，而是『知禮守分的君子能尊崇學有所成的賢者，也能包容接受不曾學習或未完成學習的人，讚美學有所成而體恤那些沒有機會學習或學而不成的人。』如果說，我是堅定不變、學有所成的賢者，那還有必要擔心受人影響、妨礙而拒絕往來嗎？如果自己所學未成，只怕別人先要拒絕和我往來，我哪裡有機會去拒絕他人呢？」

◆義解：子張無禮之言，從開頭便可知！他對子夏之門人不說：「夫子云何？」竟直呼子夏。子張是目中無子夏呢？還是自傲？還是自信過了頭呢？自我提昇的人，最怕的是在學習期間，誤交惡友而成阻力；最好是結交善友而成助力。「可者與之」就是結交善友形成助力，「不可者拒之」則是不交惡友形成阻力。除非是仁德君子，誰能不「近朱者赤，近墨者黑」呢？孔子說：「無友不如己者」，難道是說錯了嗎？子張用「君子尊賢……矜不能」這句法語之言，來否定另一句「可者……拒之」的善護之意，未免太奇怪了吧！

有一次子貢問老師：「貧而無諂，富而無驕，何如？」孔子回答說：「可也，未若貧而樂，富而好禮。」以此為例，子張回答子夏學生也應該先用「可也」來肯定子夏善護學生之心，然後再用「君子尊賢……」的正直法語來引導提昇。因此，雖然全篇不見子張攻擊子夏的話，但很明顯的，子張對於子夏是甚不以為然的。子張出言不敬能算「尊賢」嗎？於子夏教學所說「可……」之語完全否定，能算是「容眾」嗎?孔子曾說:「師也辟」、「師也過，商也不及」(先進)，可說是旁觀者清啊!

子夏曰:「雖小道，必有可觀者焉，致遠恐泥，是以君子不為也。」

●文意:子夏說:「不管是多麼微不足道的技能或藝術，鑽研、練習久了，也一定有『不可思議』或『出神入化』的表現。雖然令人嘆為觀止，但也不免入迷太深而受縛、受困其中難以自拔。所以君子會過濾、捨棄這一類雕蟲小技、旁門左道的吸引和誘惑，大步邁向正道。」

◆義解:鑽研小道而終其一生，勢必出神入化，引人入勝，但是也一定執迷其中，難捨難棄;雖勝於庸庸碌碌的凡夫，但也未免可惜了!與其花費將近一生的光陰在技能和藝術，不如在大道上三、五年的成就。孔子說:「朝聞道，夕死可也。」這句話還只是聞聲悟「道」(法則)之所以然而已，尚未行至落實與回收的階段呢!試想在人生大道上是背負著玩具用品呢?或是金銀珠寶呢?何況「大道」、「法則」的智慧，遠遠勝過金銀珠寶無數倍，非算數、譬喻之所能及啊!

子夏曰:「日知其所亡，月無忘其所能，可謂好學也已矣!」

●文意:子夏說:「每天吸收和發現一些新的知識，每個月還要溫習加強印象直到不忘，這樣的學者，稱的上是好學不倦了。」

◆義解：日知其所無，容易；不忘其所能，困難。知其然，容易；知其所以然，困難。知其局部，容易；知其完整，困難。知其一時，容易；知其長遠，困難；知其已然，容易；知其未然，困難；後知後覺，容易；先知先覺，困難；先知先覺，容易，無知無覺（正心）困難。昔日子夏舉一隅，今返三隅以報之。

子夏曰：「博學而篤志，切問而近思，仁在其中矣。」

●文意：子夏說：「大膽而廣泛的接觸各類學問，不必害怕，但是不要忘了原始的初衷和志在提昇的目標；凡是有疑問的一定要打破砂鍋問到底，找到真正的答案；而且還要反覆思考，不斷的模擬想像，直到通達不疑；像這樣努力求知，按步就班的方式，那麼即使像『仁德』那樣崇高的理想目標，也可以循序而至的！」

◆義解：正確的方向，正確的過程，加上毅力和耐心，就可以保證得到成功的結果。成功是耕耘的結果，因為耕耘的方法正確；失敗也是耕耘的結果，因為耕耘方法（內容）錯誤。至於沒有耕耘和實踐的人，就連失敗的教訓和體會都沒機會！又怎麼會有「失敗為成功之母」的體驗呢？

子夏曰：「百工居肆以成其事，君子學以致其道。」

●文意：子夏說：「各種技術的專業人才都是在工廠、實驗室中來完成他們的工作；君子也是如此，把握學習要領，持續不中斷來完成追求的目標。」

◆義解：木工、泥水匠在工地或現場，生產和製造業主託付、委任的工作。紡織工、陶藝工則根據客戶的訂單，在工廠中製造商品，完成交貨。君子立志，目標明確，持續不斷，努力學習。自己就是客戶，立志如同下單，自己收下訂單，所以目標明確，開工、開模就不停工，商品製造陸續完成，就像持續不斷、努力不懈來達成目標。自己是交貨人，也是驗貨人、收貨人。

君子所學的是「形而上」的大道，往往抽象又模糊難辨，常令學者萌生退墮之心，因此子夏用形式清楚，事例明確的百工技藝來舉例說明，避免學者在製造「君子」、「仁德」這種非肉眼可見的商品時，本來信心就不足，再加上陌生又模糊不清，以致往往迷失或放棄；甚至很辛苦的耕耘，卻功虧一簣，實在非常可惜啊！

子夏曰：「小人之過也必文。」

●文意：子夏說：「唯利是圖的無恥小人，當他犯錯時，為了避免他人求償或自己付出代價，因此會想盡辦法掩飾，曲解（硬拗）來達成自己逃避損失的最終目的！」

◆義解：沒有學過「禮教」的人，是不會「自責」和「知恥」的；沒有學過法律知識的人，是不肯「守法」和「受罰」的。沒有經過損失打擊的人，是不會在乎利害得失的。

凡是經過損失的打擊，卻不管造成的原因，而只在乎結果的就是小人。小人對於利害得失的結果，看得比自己生命還重要，所以說小人只是奴隸，利害才是主人。小人不明白感官所知有限、不足、不可靠，並不是小人不夠聰明；君子因為學習法則，遵循原理而成君子，並不是君子比小人聰明。損失和打擊是人生不免的事，但君子在乎原因，從了解原因下手，調整修正，避免再犯，對於損失看作是值得付出的學費，勇敢承擔。小人恐懼、在乎結果，只想從結果下手解決，直接改變、逃避損失的結果，於是錯上加錯，不可收拾！小聰明怎麼能抵禦、違逆法則的運行（作）呢？這樣的小聰明還不如憨厚老實些來的好啊！

子夏曰：「君子有三變：望之儼然，即之也溫，聽其言也厲。」

●文意：子夏說：「依遠近不同的觀察，君子有三種氣質上的變化，與眾不同。第一種是遠遠看他，舉止優雅，儀態從容，端莊肅靜。第二種是接近相處時，溫和不過激，交流無壓力，如沐春風裏。第三種是聽他說話，誠懇實在，義正辭嚴，簡單肯定。」

◆義解：心安理得，光明正大，所以「望之儼然」；樂天知命，讓他不爭，所以「即之也溫」；知禮守分，無所苟且，所以「其言也厲」。望之儼然，有大人貌；即之也溫，如寒冬暖陽；其言也厲，如驚蟄春雷。

子夏曰：「君子信而後勞其民；未信，則以為厲己也。信而後諫；未信，則以為謗己也。」

●文意：子夏說：「有身分、地位的領導人，對下先與民眾溝通，取得共識和信任之後，再號令民眾一起行動；如果沒有先取得共識和信任，就下令要求民眾配合，民眾會以為是要打擊整肅自己，因此勢必引起反彈和激憤。面對上位的君王或領導人，先要累積足可信任的績效表現，然後再根據事務之需要，進行建議和勸告；否則上位領導人會誤以為是在諷刺、毀謗他呢！」

◆義解：「為君難」、「為臣不易」。為君難，難在取信百姓，故孔子說：「民無信不立」。為臣不易，在於王不懷疑臣子，故俗云：「忠臣出於孝子之門」，唯孝子將心比心，知恩圖報，故能得王之信任不疑！若非孝子，不易取得君王之信任。王知臣忠，不疑其心，則解其言為「忠君為國，不是謗己」！民知君仁，不疑所說，則解其言為「為國為民，不是厲己」！

子夏曰：「大德不踰閑，小德出入可也。」

●文意：子夏說：「在大原則不改變的前提下，無關緊要的小細節，偶而脫序是可以容許的，不必非到吹毛求疵的程度不可啊！」

◆義解：「踰」是超過、太過；「閑」是不足、不及。「大德」是指品德節操、大是大非，有禮義廉恥、仁義道德，共八個字。以學習的成就，分為：君子、仁者與大德三種。符合「八個字綱領原則」的前提，為是、為對，違背前提，則非、則錯。論是非對錯，當先定前提；前提若不定，各吹各的調。前提先確定，雖小節偶有出入、脫序，亦不過莞爾云云，一如子曰：「前言戲之耳！」，無傷大雅也！

子游曰：「子夏之門人小子，當洒掃應對進退則可矣，抑末也；本之則無，如之何？」子夏聞之曰：「噫！言游過矣！君子之道，孰先傳焉？孰後倦焉？譬諸草木，區以別矣。君子之道，焉可誣也？有始有卒者，其惟聖人乎！」

●文意：子游說：「子夏的門人學生，所學的是整理環境，清潔衛生，接待賓客，言語對答等等的禮儀動作，似乎很不錯，但終究只是枝末細節的知識，至於角色本分的做人道理，卻沒有教給他們，照這樣下去要怎麼樣成為君子呢？」子夏聽到子游的批評之後說：「唉！子游說的話，錯啦！學習成為君子的方法和內容，甚麼是應該先教的呢？又甚麼應該放在後面教的呢？如同草木是不同的植物，總要加以區別分類吧！教人成為君子的方法和順序，怎麼可以隨便錯亂呢？就怕不能根據先後次第、有始有終來教而已啊！如果能夠根據先後次第，而且有始有終來教的話，就算要成為聖人，又有何難呢？」

◆義解：子游和子夏的爭議在「本之先後」，至於「本的重要」，二人是毫無異議的。如果子夏的學生沒有學到角色本分的話，那洒掃應對、進退禮節，就成了家丁、僕役、管家了。如果子夏是先把「應對進退」當作基礎教學，就像出任工作由基層做起，那是對學生最好的安排了。由此可知，子夏的見識果然不凡！

子夏曰：「仕而優則學，學而優則仕。」

●文意：子夏說：「出任公職服務大眾，如果表現優秀，成效炳然，就應該為了提昇而再加入學習，不可自滿知足，停止不前。學習有成的人應該出任職務，服務大眾，同時可以藉此檢驗自身所學是否有所差誤。」

◆義解：子夏所說正是「終身學習」的雙軌式運作。既要有基本理論的基礎，還要持續新知的吸收，又要有實務工作的測試檢驗，避免「一廂情願、自以為是」的過失。如果學以致其用，施展有效而無誤，則又再次準備學習更高層次或不同範圍和其他領域的知識，永保持續不中斷的耕耘，更保有收成不中斷的福分。學習的目標或終點，最起碼要訂定在「解開生命的意義，明白存在的目的」這二點，千萬不可以「得少為足」啊！

子游曰：「喪致乎哀而止。」

●文意：子游說：「參加喪禮或在服喪期間，應以感恩念德的心情來辦理，容貌態度哀傷不捨，但千萬不要弄到悲痛欲絕，米粒不進，憔悴枯槁，而要有所警覺節制，適可而止。」

◆義解：孝子追悼父母恩德，都在感念自己受恩的大小輕重。因為恩深情重，所以呼天搶地，不能自已，這也算是「人情之常」啊！但為活人與家計，豈可任情縱性，欲隨死者而去呢？至於典禮的豪奢或儉樸，則視喪家的能（財）力，量力而為即可。有人誤會儒家崇尚喪禮，甚至要賣兒賣女來籌辦，真是歪曲了事實，也是天大的誤會！從子游所說就可以知道，喪禮之本是在一份從「感恩戴德」所生的「哀戚之心」。沒有「哀戚之心」是「不及」，「哀痛欲死」則是「太過」；不過分、無不及就是「哀而止」，才是人情之至，中庸之道！至於祭典的張羅排辦，則是隨分隨力，各家、個人有所不同了！

子游曰：「吾友張也，為難能也，然而未仁。」

●文意：子游說：「我的同學子張，在學習方面的成就，用一般人的標準來看，可以算是難得了，可惜還沒有進入仁者的範圍啊！」

◆義解：子游所說，若子張察納雅言，那真是「盡忠以勸」的「肺腑之言」啊！倘若子張不以為然，那就成了「好為人師」的「批評責全」了。俗話說：「人前讚，人後勸。」究竟子游的話是故意藉別人傳話給子張，或只是單純表達看法而已呢？說子張「為難能也」，這是肯定用語；「然而未仁」卻又是否定句。其語氣和內容也頗似師長，而不像同學、朋友；像這樣的發言，從角色本分的前提來看，子游是有過失的啊！除非是由子張來請教子游，而子游要當面告訴子張。如此才是既懇切又能避免誤會的溝通之道！

曾子曰：「堂堂乎張也！難與並為仁矣。」

●文意：曾子說：「子張的相貌堂堂，儀表不俗！不過，很難跟他共同追求仁道啊！」

◆義解：曾子否定子張更甚於子游，子游還肯定子張所學為「難能」，而曾子卻認定子張完全是模仿表象的空殼子而已！子張似乎被周圍的同學們看透透了，大概只有子張自己不知道吧！至於曾子的發言和子游一樣是有過失。因為就算曾子所說內容，完全符合事實真相，但這也仍是違禮之言的。畢竟子張並無發言請教曾子，曾子也沒有得到子張的授權指正，難不成曾子身兼有難以卸責的「師長」角色嗎？

曾子曰：「吾聞諸夫子：『人未有自致者也，必也親喪乎！』」

●文意：曾子說：「我曾聽老師說：『一般的人在平時，都不會溢流、顯露出自己的真情，除非在父母至親過世、往生的時候吧！』」

◆義解：中國人表達情感是含蓄、委婉的；表現在行為是有所約束、節制的。不敢縱情任性，這是禮樂教化的良好結果；直到父母親人死亡，才忍不住傷心痛苦而流露真情。禮教文化的制約，雖然不免有雕偽之嫌，卻足以使社會人群安定和諧，有序不亂，一如法律制定的必要之惡。因此崇尚禮的文明世界，就像人人戴著角色的面具，游走在人生的大舞台上，依序就位的盡職演出。當然，其中也不乏「入戲太深」、「迷不知返」，樂在其中的「傻子」、「瘋子」，全然不知「粉墨登場上台日」，終有「卸妝鞠躬下台時」；眷戀不捨只是自找麻煩而已！

人生必學的三件大事，依序是先學「禮」、了解「名分」遊戲規則之後，明白自己「已有」或「將有」的角色，接受自己的角色定位（同意遵守角色本分的運作規則）。其次，配合角色、演好角色，對得起自己的承諾。最後，作好隨時「卸除角色、脫下戲服」、「謝幕告別」的心理準備，如此而已！

曾子曰：「吾聞諸夫子：『孟莊子之孝也，其他可能也，其不改父之臣與父之政，是難能也。』」

● 文意：曾子說：「我曾聽老師說：『魯國大夫孟莊子盡孝的方式和內容，只要是真實感恩的孝子，大多數都能做到，唯獨他從父親繼承下來的臣屬和施政方式，持續不改變，這一點是其他孝子不容易做到的！』」

◆ 義解：大孝是繼承父母之志，發揚光大；其次，繼承父母之志，墨守成規；再其次，則是不辱父母，或致親憂也。孟莊子是魯國大夫，具有特定身分、地位，所以孔子論孟莊子的孝行就必須一併納入考量，甚至可能是最重要的關鍵因素。歷代的君王，總是以「一朝天子一朝臣」的理由，大肆汰換朝臣和更改行政制度，以遂私人之願。當然，國政腐敗時，難免要有所興革，順天應人；但於百姓有益，國家安定的人才和制度，豈可輕率增減呢？所以孟莊子的孝行，難在父母去世，依舊遵循父母之志而不改變，這也是孟莊子心中不忘感恩父母的表現啊！善哉！善哉！有子如此。

孟氏使陽膚為士師，問於曾子。曾子曰：「上失其道，民散久矣！如得其情，則哀矜而勿喜。」

●文意：大夫孟氏（慶父）指派陽膚出任典獄長，管理囚犯和訴訟、審問、判決的事務，陽膚就任之前來請教老師曾子。曾子告訴他：「國家昏亂、政治不安，百姓處在這個時代環境之下，社會紛亂失序，不知何去何從，各種違法亂紀的事情，層出不窮！如果你任職用心，能審查其中真相（苦衷），給予百姓公平的判決，但也不可以因此自滿高興，要多想想百姓們究竟是受了甚麼樣的委屈和遭遇，以致於此。因此對犯法的人民，同情都來不及，怎麼能以此為榮、為樂呢？」

◆義解：「生而不養母之過」、「養子不教父之過」、「教而不嚴師之惰」！同理，上位領導人不能善待民眾、教育民眾，這是對不起民眾在先，然後又在民眾觸犯法律之後，隨即緝捕、處罰。孟子說：「這是盜賊啊！」這那裡是「民之父母」啊？孔子說過：「其身不正，雖令不從」。教民如教子，父母自身不正，子女如何效法呢？因此教子之前，父母要先學做父母；父母角色的學習完成，就是教子完成，但誰來教育父母呢？難道天下有「天生優秀的父母」嗎？還是生來就懂得做父母呢？因此「開班教學，教導父母學做父母」，這是政府的天職。如果子女有過失，就是父母的過失，父母的角色難辭其咎！同理，政府如同人民之父母，如果社會失序，民心不安，那就是政府的失職！

子貢曰：「紂之不善，不如是之甚也。是以君子惡居下流，天下之惡皆歸焉。」

●文意：子貢說：「傳說殷紂王暴虐又邪惡，實際調查之後發現，其實並沒有像大家傳說的這麼可惡。由此可知，傳言的力量是多麼的可怕。因此，立志自我提昇的君子，或有身分地位的領導人，都是極度厭惡和害怕自己墮落到污穢不淨的下流之地，因為如同河流的下游，總是骯髒、污染、腐敗、臭穢的聚集之處，就像紂王這樣，天下的罵名，從過去到現在，甚至於無盡的未來，都匯聚到他的身上去了。」

◆義解：人生在世，感官誘惑、墮落的力量，遠遠大過於「地心引力」，初學者就像逆流而上的魚，進一步、退三步；如果不靠學習，不會泳技，那麼日後的墮落，叫做「一瀉千里」；尤其下墜之勢，不知將於何日何處，方得歇止啊？

子貢曰：「君子之過也，如日月之食焉。過也，人皆見之；更也，人皆仰之。」

●文意：子貢說：「有身分地位的領導人犯錯的時候，就像天上的日蝕和月蝕一樣清楚。犯了錯，百姓都看到了；改過了，人民都佩服他。」

◆義解：不管是有身分地位的領導人，或是有禮義廉恥品德的君子，難免也還有過失的時候。過而不改是無恥小人，過而能改是謙謙君子。小人因為不懂角色本分，所以沒有正確概念和觀點，因此不可能知錯，不知錯又何來認錯？不認錯又何用改過？小人只有迫於利害或生存壓力之下的暫且認錯，或者妥協式的認錯，而不會有心服口服的真心認錯。所以，小人永遠不明白君子「無愧」於人、於事的「心安理得」是怎麼一回事！知過的人有智慧，認錯的人心柔軟，改過的人有勇氣；努力減少過失的人就是已入「聖賢之門」；言語行為沒有過失的人，就是「聖人」；不犯第二次錯誤的人，稱為「賢者」；立志崇高的人，好好努力吧！

衛公孫朝問於子貢曰：「仲尼焉學？」子貢曰：「文武之道，未墜於地，在人。賢者識其大者，不賢者識其小者，莫不有文武之道焉。夫子焉不學，而亦何常師之有？」

●文意：衛國大夫公孫朝請教子貢說：「你的老師仲尼，他是從哪裡學來的知識啊？」子貢回答說：「周文王、武王兩位聖人，流傳至今的典章、文物制度、禮樂教化，時至今日都還算普及，尤其是賢者們在持續的接力傳承著。那些知識學問高明的賢者，就能明白那法則原理的博大精深；至於知識學問普通的人，也稍稍能認識法則大道的重要性而不敢輕視和違背。不管是高明或普通人體會的內容，全部都是文王、武王兩位聖人所流傳下來的大智慧，這一點並無不同。我的老師豈能不學聖人所流傳下來的知識和學問？又何必非要在當代有特定的老師教授，才算是學習呢？」

◆義解：聰明人知道學習目的在明白法則，了解原理，主動而積極。愚昧的人誤以為是向老師學習，所以被動而消極。只要知道學習的重點是在認識法則，了解原理，融會貫通，然後接受法則，依循法則；那麼有老師的教誨，就會「青出於藍」；沒有老師教授，也能「無師自通」！向師長或特定的人物學習，比較容易陷於「以師為天」，往往不敢質疑師長；又因為禮敬師長，常有「故步自封」不敢超越之心態，於是便有「一代不如一代」的現象。看來「學有常師」固然有好處，缺點也不少。倘若一開始學習，就知道目標是「通達法則」、「了解原理」的人，那麼有常師的訓誨很好，沒有常師的教導也無妨！

叔孫武叔語大夫於朝曰：「子貢賢於仲尼。」子服景伯以告子貢。子貢曰：「譬之宮牆：賜之牆也及肩，窺見室家之好；夫子之牆數仞，不得其門而入，不見宗廟之美，百官之富。得其門者或寡矣！夫子之云，不亦宜乎？」

●文意：魯國大夫叔孫武叔在殿上朝會時，當著大夫們這樣說：「子貢比他的老師仲尼更加優秀。」大夫子服景伯退朝後把這話告訴子貢。子貢聽完之後回答說：「就拿房子外面的圍牆作例子吧！賜的圍牆只有肩膀那樣高，站在牆外的人可以很容易就看見房子裡的規模和美好；而我的老師孔子，他的圍牆有好幾丈高，如果找不到大門，親身進去房子裡的話，就無從得見宗廟的盛美堂皇，文武百官的眾多濟濟。也許吧！能找到大門進去的不多啊！武叔大夫的發言，不正是此情此景最貼切的描述嗎？」

◆義解：孔子死後，周朝的國勢，更趨衰微，晉國在孔子去世後約一百年被三家大夫瓜分，晉國絕祀之後，也正是「戰國時代」的起點。由此可知時勢所趨，絕非孔子及其學生所能力挽的。周朝的封建制度，採取中央南面無為而治，授權地方自治自理，由於上位領導人帶頭破壞「禮法」，違禮、無禮，所以造成「名實不相符」、「權責不對等」的紊亂結果；既然制度都破壞殆盡了，天下豈能不亂？戰爭又焉能不起？雖然周代克享國祚約八百年，但也將近一半是亂世，勉強撐完。此後再由法家學者，針對周朝的制度加以改良，但是在國富兵強，中央集權，採行郡縣的秦國身上，看到變法、玩法之徒，擁權自重，指鹿為馬，假傳聖旨，殺害太子。大約四十年的國祚，連周朝的十分之一都不到，真是「矯枉過正」的最好實例。子貢心知肚明，人心不古，跳樑小丑，班門弄斧；雖然費心地為他說明，也不過是徒費唇舌而已啊！

叔孫武叔毀仲尼。子貢曰：「無以為也！仲尼不可毀也。他人之賢者，丘陵也，猶可踰也；仲尼，日月也，無得而踰焉。人雖欲自絕，其何傷於日月乎？多見其不知量也！」

●文意：叔孫武叔繼續詆毀批評孔子。子貢為老師辯護說：「這樣做是沒有用的！仲尼的道德學問是任何人也無法否定和毀滅的啊！一般賢者的成就好比小山丘，只要努力奮起，多數都可以攀登而上，超越過去；可是仲尼像日月一樣，凌空普照，根本就不知道從那裡去超越啊！如果有人想要自絕於日月光明，可是對日月而言，又有甚麼損傷嗎？只有更顯得多麼的不知自量而已啊！」

◆義解：叔孫武叔對於孔子的不滿和刻意打壓，明顯至極。如果說是基於個人利害或政治利益，那他又何必拉攏子貢呢？除非孔子在世時曾經得罪了他吧？回想當初，孔子任魯國大司寇的時候，曾經要拆季孫氏、孟孫氏、叔孫氏這三家的封地城牆，觸怒了當時三家大夫，這個舊帳不曾排解。此事可想而知，當年的叔孫武叔年紀雖小，但受到家人的看法所影響，勢必也是懷恨或不諒解孔子，因此難免在當權之後，幾近本能的要打擊孔子，努力剷除孔子在魯國一切的事蹟或美名。

近代的文化大革命，批孔揚秦，除四舊，簡直就是「叔孫武叔毀仲尼」的翻版再現，而當年有子貢的據理悍衛，於今卻沒有任何人有能力了解孔子的偉大，竭誠地為孔子闡述「名正言順」的中心思想。所謂「復興中華文化」、「重振傳統斯文」的口號，簡直就像早期非洲大草原上的原住民族布希曼人，雙手捧著高科技文明的衛星電話，卻對著太陽神虔誠膜拜，又怎麼不使人唏嘘、令人扼腕（傻眼）呢？

陳子禽謂子貢曰：「子為恭也，仲尼豈賢於子乎？」子貢曰：「君子一言以為知，一言以為不知，言不可不慎也！夫子之不可及也，猶天之不可階而升也。夫子之得邦家者，所謂『立之斯立，道之斯行，綏之斯來，動之斯和，其生也榮，其死也哀。』如之何其可及也？」又問曰：「夫子至於是邦也，必聞其政，求之與？抑與之與？」子貢曰：「夫子溫、良、恭、儉、讓以得之。夫子之求之也，其諸異乎人之求之與？」

●文意：陳子禽對同學子貢說道：「那是你太謙虛了，仲尼會比你優秀嗎？」子貢回答說：「立志自我提昇的君子，發言要特別謹慎小心，因為每一句話不但透露著自己對事理的通達與否，更要承擔由發言而造成的後果，所以說話要三思，小心再小心啊！老師的成就，那是追趕不上的，也不能相比的，就像要登天卻沒有梯子可以踏上去一般。老師在位執政的時候，就完全達成了『教人自立，人民就能自立；引導人民，人民就樂於跟從；安撫人民，人民就無遠不至；勞動人民，人民就甘心任使；活著的時候，備受各國君王禮遇，人民擁戴，學生敬服，死了以後，受世人感念哀傷，如喪親人一樣。』像這樣的偉大成就，要如何追趕上去呢？」

陳子禽又問說：「我很想知道為甚麼老師每到一個國家境內，他就有辦法知道那個國家的政治情況，就好像是本來就住在那裡似的，到底老師是怎麼得到那些資訊的，是自己去打聽探訪求來的呢？還是有專人，朋友主動告知的呢？」子貢回答說：「老師他憑著性情溫和不暴戾，善良仁慈不害人、恭敬謙虛不責人、廉潔儉樸不奢華、依禮讓他不競爭，這樣完美崇高的知識和品德，所以能從直接或間接的方式認識這個國家，了解這個國家的政局情勢和社會狀態。老師的這種了解方式，說起來真的是神奇微妙，而且與眾不同啊！」

◆義解：從子貢說明中，也可以反推子貢的學習成就，這時的子貢已非當年「方人」、「瑚璉」的程度，就是得力於「終身學習」而來啊！另外，再從其他同學、大夫們的發言推崇、各國君王的禮遇來看，子貢是不愧為孔子的七十二高足之一的！現在由他口中描述的孔子，也足以證明子貢是非常佩服老師的真才實學，因為只有英雄才會惜英雄、讚嘆英雄，只有慧眼才識得英雄、惺惺相惜！舉個例子來說吧！子貢眼中的老師，大約是等於孔子的心目中，那位「制禮作樂，超凡入聖」的周公吧！

二十、堯曰

堯曰：「咨！爾舜！天之曆數在爾躬，允執其中！四海困窮，天祿永終。」舜亦以命禹。曰：「予小子履，敢用玄牡，敢昭告于皇皇后帝；有罪不敢赦，帝臣不蔽，簡在帝心！朕躬有罪，無以萬方；萬方有罪，罪在朕躬。」

●文意：唐虞國的君王名叫堯，對繼位的領導人，名字叫舜的這樣說：「注意聽著！你這個名叫舜的人！現在繼承王位的天命已經來到你的身上了，要不偏不倚的貫徹中道，努力不懈啊！如果五穀不收，饑荒連年，百姓難以生存，政治昏亂，姦邪干政，人民痛苦不安，那麼上天賜給你的福祿和身分地位也就自動結束了。」於是舜登基帝位，後來也把這個〈誥命〉傳給了禹王。

商朝的君王名字叫做履的，他對著天地起誓說：「渺小的我，今天要大膽的殺了黑色的公牛用做祭品，勇敢果決的向偉大的天帝立下誓言，然後登基帝位，誓言如下：『百姓犯法有罪的，依法處置，不敢隨便赦免；輔助我治國的臣子，忠心耿耿，不敢暗藏私心，欺下瞞上。在天帝的面前，一切清楚明白，無所隱藏啊！我身為最高的領導人，如果犯了過失，有罪當罰，就請天帝降罪處罰我，不要連累百姓，使他們也跟著遭殃受害。如果百姓無知犯了罪，就請天帝降罪處罰我，免去百姓的罪吧！』」

◆義解：從這些「誓詞」的內容來觀察體會，就可以知道為甚麼英明而偉大的帝王或領導人，一心要禪讓賢明而有智慧的人了。賢明的領導人，獻身國家是全心全意，他深知重責大任，因此義無反顧的一肩挑起，沒有怨言，沒有私心。心量廣大，天下一家。聖王在位，世界大同！

「周有大賚，善人是富。」「雖有周親，不如仁人，百姓有過，在予一人。」

●文意：周武王說：「如果說我們周國擁有得天獨厚的恩賜，那就是仁慈善良的好人特別多啊！」「我姓周的族人親戚多而且很可靠，但要治理天下的話可靠的親人也不如仁慈善良的好人；如果天下百姓有任何一位犯了錯，那都是我的領導有問題，責任在我身上。」

◆義解：小人與昏君，有過失則推卸或強辯；仁德的君子，主動負責不推諉，敢挑大樑。權重者責任大，權輕微者責任小，無權者不必負責。所以，當百姓無參政權時，亦不需負政治紊亂腐敗之責，更不應代受大亂之苦；而執政者有權，當負施政成敗之責，而不得享治世之樂，這是〈禮運〉大同篇中「民為主，君為僕，天下為公，世界大同」的成功至理。

謹權量，審法度，修廢官，四方之政行焉。興滅國，繼絕世，舉逸民，天下之民歸心焉。

所重民、食、喪、祭。寬則得眾，信則民任焉。敏則有功，公則說。

●文意：要謹慎那些事關百姓日常的交易往來，制定標準的公衡量器，提供一致有序的重量和長度標準；依照各地的民情風俗和時代變化，隨時調整行政規定、法律制度。因應人民的需要，重建或廢除為民服務的各級職務和場所，如此一來，天下的事務，不管是公或私，都能暢行無阻了！對於已經絕祀的國家，想辦法找到他的後代子孫，恢復他們本有的封地和爵位，延續他們祖先的香火，幫助他們生存和發展。接著，再探訪那「高明賢德」的隱士，舉薦給地方或中央政府，加入服務民眾的行列；把這些工作完成之後，天下的民心就像河流之趨向大海，人民自然全心擁護政府了！政府施政完全以百姓的生活、飲食、喪禮、祭祀為優先，這也是政府成立的意義和存在的價值所在。領導人寬待部屬就能得到下屬的忠心支持；言出必行，誠信不欺，百姓才敢托負身家性命。努力不懈的勤奮耕耘，自然就能創造偉大不朽的功業，足以流傳後代。最後，處事公允不偏不私，百姓就會心服口服，心悅誠服的。

◆義解：任何的領導人，只要依照這些綱領和原則，盡心盡力，奮起不懈，那麼掌聲與喝采齊來，久而不歇。善盡本分的人，也必是善知「自身角色」者！只要他在場，只要他上臺，劇情一定精彩，震撼人心，動人肺腑；因故下台時，令人悲傷難捨，正是「其生也榮，其死也哀」的極致表演啊！

子張問於孔子曰：「何如斯可以從政矣？」子曰：「尊五美，屏四惡，斯可以從政矣！」子張曰：「何謂五美？」子曰：「君子惠而不費，勞而不怨，欲而不貪，泰而不驕，威而不猛。」子張曰：「何謂惠而不費？」子曰：「因民之所利而利之，斯不亦惠而不費乎？擇可勞而勞之，又誰怨？欲仁而得仁，又焉貪？君子無眾寡，無小大，無敢慢，斯不亦泰而不驕乎？君子正其衣冠，尊其瞻視，儼然人望而畏之，斯不亦威而不猛乎？」子張曰：「何謂四惡？」子曰：「不教而殺謂之虐；不戒視成謂之暴；慢令致期謂之賊；猶之與人也，出納之吝，謂之有司。」

●文意：子張請問老師說：「要具備甚麼條件，才有資格出任公職，擔任領導和管理民眾的角色呢？」孔子回答說：「尊奉嚴守五種美好的德行，棄絕有害人民的四種惡行，具備這樣條件之後，就可以出任公職，擔綱演出領導和管理民眾的角色了。」子張接著問說：「甚麼叫做五種美好的德行呢？」孔子回答說：「領導民眾的人能用智慧廣施恩德給百姓，而自己卻沒有損失和花費；下令民眾勞動服役，而民眾心甘情願，毫無怨言；有許多計劃和理想要追求達成，而人民不認為領導人是貪求無度；態度愉快和靄，一視同仁，雖然地位崇高尊貴，卻沒有因此驕傲自大，盛氣凌人；言行舉止安祥從容，威儀有氣質，而不會剛猛暴躁，給人壓力，使人畏懼。」子張再問說：「怎樣是施恩給眾人而自己又沒有損失和花費的智慧呢？」孔子回答說：「順著百姓所需要的利益，來幫助他們追求得到利益，這不就是施恩給百姓，而自己又沒有損失和花費的智慧嗎？替百姓過濾那應該和不應該做的事，必要和不必要的工作，以及可以勝任和不能勝任的人，然後下令民眾配合完成，像這樣有利於百姓的勞動，有誰會抱怨而不肯配合呢？所有的計劃和理想，都是為了解決百姓生存的問題，保護百姓生命財產的安全，誰會說這是領導人貪求無度呢？領導人態度誠懇一致，不因人數多或少，不管事大或事小，始終盡心竭力，這不就是一視同仁，態度誠懇不驕慢、不自大嗎？領導人端正自己的儀容，舉止從容和緩不急迫，那樣莊重的氣質，使人看了自然生起尊敬佩服的信心，這不就是具備威儀和氣質又不會使人害怕和壓力嗎？」

子張又問說：「那麼四惡呢？」孔子回答說：「事前完全不向民眾公布、說明清楚自己的政令；民眾不瞭解政令，也不加以溝通協調，事後卻任意處罰、殺害人民，像這樣傷害百姓，叫做『虐待』。平時都不提醒民眾，任由民眾懶散懈怠，可是到了要驗收的時候，卻要民眾繳出最好的成績和功效，這樣子的要求百姓，叫做『暴政』。政策命令遲遲不發布，時間不夠又不肯寬限通融，如此的方式對待百姓，叫做『賊害』。發放財物，救濟百姓的時候，嚴格審查，如同對待犯人一樣，懷疑人民虛偽報假，好像那會計單位的錙銖必較，吝嗇小氣，這樣的心態和執行方式，叫做『大人物卻只有小官員的氣度』。」

◆義解：簡單來說「五美」、「四惡」，都是以民眾、百姓的生活福祉為出發點，如同父母養育子女的心情；具備「五美」的領導人，就像不辭辛勞的稱職父母，當然是子女、百姓最好的依靠。

「五美」和「四惡」，在性質上還分為消極與積極二個部分，就像仁義（恕）是消極的善，而道德是積極的善。消極的善是「無作為、不作為」；於惡不作為，不傷害百姓，不傷害他人。積極的善是「強作為、有作為」；於善有所為，施恩於百姓，救助苦難無依。做人處世和領導施政，其理相同無二，會做人也一定會領導人、管理人，並且深得人民擁護和支持。因此領導人若以「五美四惡」為目標，首先要去除「四惡」，使民心服無怨；再進施「五美」，使民支持愛戴，才不愧為人民託負的領導人啊！

子曰：「不知命，無以為君子也；不知禮，無以立也；不知言，無以知人也。」

●文意：孔子說：「不明白命運的道理（運作方式），是不能成為樂天俟命、讓他不爭、不怨天不尤人、心安理得的君子啊！不了解『禮』的原理和運用，就無法順利的在任何時間、任何地點與人和諧相處，更不可能成功的立足社會的！不明白說話、溝通的方式，就不能藉助言語來說明和認識彼此的問題和需要！」

◆義解：「命運」是「壽命和行運」的簡稱。「壽命」就是身體存在的時間，或者說是讓我使用的「有效期間」。「行運」是從出生到死亡，從開始到結束，從起點到終點的過程或路程。因為有了「人身」，就必然有「命運」（起始的過程），因為「人身」不可選擇，不可逃避，於是也不得不受制於命運的繫縛，毫無自由可言！有人想改變命運是徒然枉費的，再怎麼努力也免不了一死，就像在沙灘上築起的沙堡，潮汐過後，不留蹤跡！

君子明白「人身」的種種不可抗（逆）性，如同天地間的自然法則，因此從抵抗命運進昇到接受、配合「命運的安排」。因為了解命運，所以能「居易」（輕鬆過日子），因為接受、配合安排所以說「俟命」。路程中順境、逆境之際遇不可避免，但君子不會怨天尤人。君子時時刻刻，日日夜夜，以此「知命」配合度日；所以能心安理得，毫無遺憾，從此平安無事！但是，君子不僅以「知命之智」看待命運，接受和配合命運，但對於人心潛藏之無限智能，則是積極努力學習，提昇自我之「心靈智慧」，領悟貫通「生命意義」，以期超越受制的命運與無奈的生死循環！

其次，做人的道理就是「禮」，這是維繫人群和諧相處，互敬互重的原理法則；「禮」也像交通規則一樣，可以幫助車輛的行進，通暢無阻，小至人行，大至飛航，莫不如此。「禮」是從求存、分工、互助的模式演化而來，是族群、團體所必需。因為求生存，所以分工互助；因為分工，所以各有角色扮演；因為互助，所以各有本分範圍。「禮」就是人際關係的基本骨架，如同建築物的樑柱；如果骨架破損，崩解了，那就只剩下一堆肉泥！個人不學禮、不知禮，就會與人衝突不斷，乃至令人厭惡，人人避之唯恐不及（俗稱白目，動則得咎），這樣的人是無法立足在人群社會上的。

最後，還要具備「知言」的能力，因為言為心聲，說表心意，透過言說才能溝通彼此。所以，欲識其人，當先解其心意；欲識其心意，當知其言；若不能知言，則無以解其意；不解其意，則無以識其人。孔子說「不學詩，無以言」，因為最好的溝通以及情感表達，應該要像詩詞一般的含蓄委婉，不激情也不過於剛烈，無障也無礙。

國家圖書館出版品預行編目資料

論語如是知 / 薛僑東著
--初版-- 臺北市：蘭臺出版社：2016.4
ISBN：978-986-5633-29-5(平裝)
1.論語 2.注釋

121.222 105005483

中國思想史研究叢刊 7

論語如是知

作　　者：薛僑東
編　　輯：高雅婷
美　　編：常茵茵
封面設計：常茵茵
出 版 者：蘭臺出版社
發　　行：蘭臺出版社
地　　址：台北市中正區重慶南路1段121號8樓之14
電　　話：(02)2331-1675或(02)2331-1691
傳　　真：(02)2382-6225
E—MAIL：books5w@yahoo.com.tw或books5w@gmail.com
網路書店：http://bookstv.com.tw/ http://store.pchome.com.tw/yesbooks/
華文網路書店、三民書局 http://www.5w.com.tw
博客來網路書店 http://www.books.com.tw
總 經 銷：成信文化事業股份有限公司
電　　話：(02) 2219-2080　傳 真：(02) 2219-2180
劃撥戶名：蘭臺出版社　帳號：18995335
香港代理：香港聯合零售有限公司
地　　址：香港新界大蒲汀麗路36號中華商務印刷大樓
C&C Building, 36,Ting, Lai, Road, Tai,Po, New,Territories
電　　話：(852)2150-2100　傳真：(852)2356-0735
總 經 銷：廈門外圖集團有限公司
地　　址：廈門市湖裡區悅華路8號4樓
電　　話：86-592-2230177　傳 真：86-592-5365089
出版日期：2016年4月 初版
定　　價：新臺幣550元整（平裝）
ISBN：978-986-5633-29-5